LES

Sept Plaies et les sept Beautés
de l'Italie contemporaine

DU MÊME AUTEUR

ROMANS (MŒURS COSMOPOLITES)

La Dame de l'ennui, 1 vol. in-16............ 3 fr. 50
Comme une rose. 1 vol. in-16............ 3 fr. 50

EN PRÉPARATION :

Entre la folie et la mort.
Les cinq nuits de la passion.
Ce qu'il fallait savoir.

OUVRAGES DE CRITIQUE LITTÉRAIRE

Les évolutions de la critique française (MM. Ferdinand Brunetière, Jules Lemaître, J. Barbey d'Aurevilly, Edmond Scherer, Paul Bourget et Emile Hennequin). Ouvrage couronné par l'Université de Genève. 1 vol. in-16............ 3 fr. 50

Le drame norvégien (Henri Ibsen, Biornstierne Biornson, Adaptations). Ouvrage couronné par l'Académie française. 1 vol. in-16........ 3 fr. 50

EN PRÉPARATION :

La renaissance de la littérature italienne (MM. Gabriele d'Annunzio, Antonio Fogazzaro, Giuseppe Giacosa, Mmes Neera, Ada Negri, Mathilde Serao).

Le livre des reines (S. M. la reine Victoria, l'impératrice Frédéric, l'impératrice Elisabeth, la reine Marguerite de Savoie), avec quatre portraits en héliogravure, 1 vol. in-16............ 3 fr. 50

ERNEST TISSOT

Les sept Plaies

&

les sept Beautés

de

l'Italie contemporaine

PARIS
LIBRAIRIE ACADÉMIQUE DIDIER
PERRIN ET Cie, LIBRAIRES-ÉDITEURS
35, QUAI DES GRANDS-AUGUSTINS, 35
1900
Tous droits réservés

A MES CHERS PARENTS.

J'offre cette gerbe de sensations italiennes, nouée avec des soins attentifs, en humble témoignage de l'inaltérable amour et de l'immense reconnaissance que je leur ai voués.

Paris, 22 juin 1899.

INTRODUCTION

Ces pages renferment les impressions recueillies pendant neuf années, au cours de cinq voyages transalpins, qui me firent demeurer plus de vingt-cinq mois sur la terre classique. Me défiant, à juste titre, de mes propres observations, — car la vue d'un homme est si facilement égarée, — j'ai pris soin, avant de l'écrire, de discuter, en quelque sorte, ce livre, de le discuter avec des avocats passionnés, dans les milieux les plus opposés, et en Italie aussi bien que hors d'Italie. Mais ensuite, avec une sincérité spontanée, laquelle par le temps qui court, et d'après nos habitudes, semblera déjà d'une originalité considérable, je l'ai achevé, nettement, franchement, sans aucune arrière-pensée de ménager la chèvre ou le chou, — « la chèvre parce qu'elle était jolie et le chou « parce qu'il était gras ou pouvait le devenir ! » — comme disait un maître d'autrefois.

D'autre part, depuis les *Lettres familières* du Président de Brosses jusqu'aux *Sensations* de M. Paul Bourget, on a tellement écrit sur l'Italie qu'il eût été téméraire et qu'il eût paru puéril de prétendre, à mon tour, tracer un tableau historique ou une description plus ou moins incomplète de ce pays béni entre tous les pays. Aussi, sauf pour la Sicile, qui nous reste moins connue, me suis-je borné avec un parti pris que j'estime de circonstance — à noter des observations, à enregistrer des faits, à raconter des incidents qui me fussent strictement personnels. Selon une disposition que m'indiquait la diversité même des matériaux dont je désirais composer une mosaïque harmonieuse, — une de ces plaisantes mosaïques florentines où sur un fond noir des fragments de marbres bizarres dessinent un panier de fleurs ou une corbeille de fruits, — j'ai donc assemblé en gerbes variées :

D'abord, des *Notes de voyage*, auxquelles j'ai tenu à conserver leur impressionnisme parfois excessif, afin qu'elles témoignassent mieux de ma profonde admiration pour les grandeurs passées et pour les paysages actuels de la patrie latine.

Puis, en des séries d'*Images*, j'ai relaté, en les romançant peut-être, quelques-uns des incidents ou comiques ou pénibles qui marquèrent quelques-unes de mes journées de voyage. D'autres en eussent tiré un dizain de contes cosmopolites. J'ai préféré décrire, comme je les avais vus, ces tableaux de mœurs italiennes.

Ensuite, pour distraire l'attention et parce que les violons sont de toute fête bien ordonnée, j'ai demandé aux musiciens de nous offrir deux *intermezzos*. C'est ainsi que nous écoutâmes les romances de la *Cavalleria Rusticana* et celles, qu'on ne saurait oublier, ne les eût-on entendues qu'une fois, des pauvres chanteurs napolitains !...

Enfin, dans une dernière partie, je me suis amusé à grouper autour de quatorze thèses plus ou moins discutables mes sympathies et mes antipathies pour les choses et les hommes de l'Italie d'aujourd'hui.

Toutefois, je serais désolé que mes amis de là-bas prissent ombrage de ce titre plutôt ambitieux des *Sept Plaies et des Sept Beautés*. Il a l'éclat mensonger d'un paradoxe, et plusieurs des thèses qu'il annonce ont également, dans leur exposition, ce je ne sais quoi de trop affirmé qui donne à une vérité les allures provocantes d'un paradoxe. Qu'ils acceptent donc ces *Sept Plaies et ces Sept Beautés* pour des conversations de fumoir sans aucune prétention didactique, dont l'ensemble formera la conclusion pittoresque et qui n'ennuiera pas, je le souhaite, d'un volume dont je n'ai point voulu faire une œuvre de combat, mais une œuvre d'art et une œuvre de sentiment.

Paris, juin 1899.

LES SEPT PLAIES ET LES SEPT BEAUTÉS
DE L'ITALIE CONTEMPORAINE

PREMIÈRE PARTIE
LA COTE D'OR – LA COTE D'AZUR
LES LACS ITALIENS

I. — NOTES DE VOYAGE

I

Pour M. Louis Guéry.

Dijon, 16 mars.

Le départ de Paris, de la ville où qui veut apprendre à vivre et à penser doit habiter, fut pénible. L'heure était trop matinale, il faisait gris, et quelques précautions que j'eusse prises, la dernière minute d'affolement ne pût être évitée. Aussi, — et j'en fais amende honorable, — dus-je paraître singulièrement préoccupé à l'ami de fraîche date qui avait accepté de me mettre en train, puisque c'est une de mes fantaisies de vouloir être mis en train, ainsi qu'un enfant capricieux veut être mis au lit. Il me demanda comment j'allais, selon la phrase conventionnelle. D'après la sincérité de mon esprit, je répondis sans y penser : *Drôlement !...*

J'éprouvais, en effet, la sensation bizarre d'être parti,

déjà, tout à fait, depuis des heures, pour la Côte d'Azur et les provinces d'Italie. Seul mon corps s'attardait à Paris ; ma pensée l'avait devancé, allant, d'instinct, vers le bon soleil. Que mon jeune ami me le pardonne, l'hiver m'avait fatigué, et il me semblait qu'il ne partirait jamais assez tôt ce train qui allait m'emmener, toujours moins vite que mes désirs, au pays du printemps.

Ensuite, ce furent à travers des landes rayées de nuages et de reflets, d'inévitables heures d'express. Mais ici, déjà, dans le bois solitaire, troublé de galoppades d'officiers en culottes rouges et de brusques passages de tandems lancés en éclairs, mes yeux surprirent quelques visions charmantes d'hiver finissant parmi les bourgeons et les primevères nouvellement écloses d'un avril qui ne tardera guère. Tous ces paysages de la Côte d'Or sont d'une grâce inexprimable. Le ciel à peine bleu, les terrains à peine verts et de grands peupliers monotones mélancolisant encore la douceur engrisaillée des horizons. La nature n'est que tintements et nuances : cloches lointaines de paroisses perdues et le clairon, assourdi par la distance, d'un trompette s'essayant aux fanfares ; puis des pas brassant avec insistance les feuilles mortes de l'autre été, et voici deux *tourlourous*, la main dans la main, le képi sur la nuque, les joues roses, deux *tourlourous* que tourmente sans doute l'obscur retour des mois d'amour. Partout enfin, dans l'ombre verte des sapins aux fines aiguilles, dans l'ombre grise des taillis de brindilles sèches, des oiseaux apprennent à pépier, des oiseaux de l'automne qui connaîtront demain, pour la première fois, la félicité d'égrener leurs roulades dans la lumière ressuscitée des Pâques refleuries...

Quant à la ville, c'est une ville d'hiver aux maisons calfeutrées contre le froid, une petite ville abandonnée de la province française, où la vie doit être indigeste et superflue comme une tranche de *Plum-pudding*. Mais j'ai tort d'écrire ces choses. En vérité, qu'importe le décor? Pourvu qu'on aie un peu de bonheur, n'est-on pas bien partout?... Dijon d'ailleurs a des perspectives charmantes d'anciennes rues bordées de maisons à pignons, surchargées de serrureries, qui lui confèrent des apparences vivantes de cité moyen âge. Et l'on ne peut négliger le parc nostalgique, le parc en terrasses, à vingt pas de la gare, en face du planturcux *Hôtel de la Cloche*. Oh! l'exquis jardin de solitude dédié aux âmes qui s'ennuient avec ses escaliers et ses balustrades romanesques que les feuilles mortes, tristement, ont tachés de rouilles indélébiles. Discrète, l'eau murmure sa chanson toujours la même, qui répète à sa manière, que l'homme oublie, que la femme ne sait plus, que nos joies et nos amours sont plus fluides et plus passagères que ces eaux courantes aux haleines parfumées de mars!... C'est ici que devraient venir *les dames blondes qui ne sont plus tout à fait jeunes*, qu'a décrites en amant le maladif Gabriele d'Annunzio. Comme elles sentiraient le spleen de ce jardin d'un premier printemps qui rappelle la mélancolie des ultimes journées de novembre. Très lentement elles descendraient les vingt marches de pierre blanche pour aller s'accouder au bord de l'étang merveilleux que les végétations marines ont tapissé de verdures moirées. Leur beauté crépusculaire aurait plaisir à se mirer dans ces eaux d'émeraude et ce parc qui n'est pas encore antique, mais que l'abandon désole, deviendrait un cadre digne de leurs grâces automnales!...

Hélas! *les dames blondes qui ne sont plus tout à fait jeunes* ne sont point venues, pour moi, dans le jardin de solitude de Dijon. D'affreux voyous y fumaient des lacets de bottines; des bobonnes bébêtes y présidaient aux ébats de ridicules moutards. C'était la morne détresse des villes provinciales. Et comme le soir tombait, — un soir bleu qui n'en finissait plus de mourir, — mes épaules frissonnèrent. Avec la nuit, le froid revenait, un froid d'hiver. Non, décidément, ce n'était pas encore le printemps!... Il fallait descendre beaucoup plus bas, vers le Sud!...

II

Lyon, 17 mars.

En approchant de la cité, je connus le charme dix-huit cent trente des bords de la Saône. Les Chères-Chassel, Saint-Germain au Mont-d'Or, l'Ile-Barbe, autant de villages hospitaliers, aux pintes vieillottes où il doit faire bon, pour un demi-calicot, venir boire quelques litres autour d'une poule au tonneau. La rivière s'arrondit en courbes légères, et, comme dans les gravures coloriées d'autrefois, ce sont, sous des bosquets prétentieux, des minauderies de dames en toilettes multicolores, tandis que passent au triple galop, sous des claquements de fouet, dans la poussière des routes, des chars à bancs où s'entassent père, mère, cinq enfants, la bonne, le chien et le cocher...

... Je suis arrivé très tard, à la nuit tombante, devant repartir très tôt, au petit matin clair. Quand on est fatigué, où peut-on être mieux que dans une chambre d'hôtel? D'ailleurs, c'était l'hiver toujours; dehors, il faisait froid, et mes pieds et mes mains se chauffèrent volontiers à la flamme égayante de la cheminée...

III

Pour M. Victor Margueritte.

Antibes, 19 mars.

Le coup de baguette, l'enchantement magique, ce fut le réveil d'Antibes.

Après une longue journée de chemin de fer et l'unique distraction de voyager avec la collection de perroquets vivants d'une marquise italienne — j'étais débarqué enfin, par un soir de suie, minuit passé, dans une gare perdue de la Côte d'Azur. Je ne fis alors qu'échanger le compartiment enfumé contre une calèche disloquée et ce furent, immédiatement, par cette nuit de four, sans lueurs possibles sur ce que pouvait être le paysage, — trois quarts d'heure de course folle sur des chemins de poussière, en lacets montant et descendant. Puis l'hôtel endormi aux lampes fumantes, aux portiers en savates. Il était près de deux heures. Songez un peu !...

Mais ce matin, dans l'azur, sous le soleil, au milieu d'une nature d'oliviers, d'eucalyptus et de palmiers, mes yeux s'ouvrirent. C'était comme si les fenêtres eussent été tendues de stores d'azur et de lumière. Après l'allée d'une blancheur de route algérienne, au travers de gigantesques massifs de feuillage que les sels marins rendaient d'un vert de métal, s'apercevait l'eau bleue, sans une ride, sans un mousson, insoutenable d'éclat, rutilante au point qu'on l'eût dite dorée.

Vers onze heures, je partis pour ce *Chalet des Alpes* que les Lettres Françaises sont en train de rendre historique. Il est sur l'extrême hauteur ; des fenêtres de l'étage supérieur, « comme d'un phare, on aperçoit le doux pays d'Antibes, qui coule en pente jusqu'à la mer : là, l'horizon se redresse en un colossal mur de ciel et d'eau. Sur la droite, le cap fuit, massif et vert. Sur la gauche, la baie des Anges s'arrondit mollement au pied des Alpes, dont les sommets blancs deviennent roses au coucher du soleil, puis bleu de fumée, puis ombre morte. » Et quand le ciel est pur, au-delà du cap *massif et vert*, l'eau bleue du golfe Juan se distingue encore.

Coiffé de toits compliqués, ce *Chalet des Alpes* étale au Nord et au Midi ses façades mignonnes, que la fantaisie de l'architecte a surchargées de balcons, d'ornements, de peintures qui durent être déplorables, mais que les vents avec les pluies ont définitivement harmonisées. Des vignes folles suspendent partout le caprice de leurs guirlandes. C'est dans ce cottage écossais au milieu d'un paysage d'Italie que le hasard conduisit, aux approches de l'automne, le sympathique romancier de *La Tourmente*. Comme tant d'autres, M. Paul Margueritte redoute les crépusculaires hivers parisiens. Pour mener à terme son œuvre dont on peut répéter surtout qu'elle est frissonnante et passionnante de vie, il a besoin de longs mois au soleil. Depuis quelques années, c'est sur cette Côte d'Azur qu'il a pris l'habitude de venir les chercher. Parce que l'endroit lui plaisait, que la maison était à sa convenance, il s'y installa sans rien savoir, mais plus tard, il apprit qu'avant lui, attiré peut-être par la même vue prestigieuse, un grand écrivain, un viril auteur, un artiste qu'il honorait comme un maître, avait habité, médité et travaillé à la place où il écrivait : Guy de Maupassant.

« **Je ne l'ai su qu'après** », écrivit Paul Margueritte

« dans une page d'un sentimentalisme singulier, et
« cela m'a troublé davantage. Je suis resté longtemps,
« ce jour-là, à contempler le ciel et la mer, l'horizon
« dont il avait empreint ses yeux de clairvoyant. La
« lumière du soleil pâlissait sur l'eau, des oiseaux sau-
« taient dans les arbres avec de petits cris; il faisait
« adorablement doux. Et je songeai que lui aussi avait
« vécu des heures pareilles, en ouvrant larges ses
« poumons à l'air qui grise, vif et pur. Je me rappelai
« les pages pénétrantes de son livre : *Sur l'eau*, *et je
« me sentis triste à pleurer.* »

Ainsi, vers 1889, à l'époque à peu près de la publication du *Horla*, cette maison avait été la demeure de Maupassant, ou plutôt de sa mère, car l'inquiétude de son esprit lui rendait intolérable la vie casanière. Chaque semaine, c'étaient des fugues à Monte-Carlo, à Menton, à Cannes, ou bien de longues bordées sur la mer si bleue dans ce yacht où il a composé les pages les plus désolées de ses derniers livres. Mais il revenait volontiers et souvent se cloîtrer dans ce *Chalet des Alpes* auprès du foyer maternel, qui remplace jusqu'à un certain point le foyer dont tout homme a besoin passé la vingt-cinquième année. Alors c'était un Maupassant familial, bien différent, certes! du Maupassant boulevardier dont les prouesses sont déjà légendaires, un Maupassant intime dont la mère se plaît à raconter la bonté, la sollicitude parfaites. Avec curiosité, il suivait les essais d'apiculture auxquels s'intéressait son frère, mais déjà les nerfs le tourmentaient, déjà des angoisses sans cause enténébraient sa magnifique intelligence, et pour pouvoir supporter, oublier un peu, il abusait de l'éther... Puis toutes les folies, toutes les passions! Ah! pauvres que nous sommes! et quelle chose triste que la vie!

Comme j'insistais, M. Paul Margueritte m'arrêta par ces phrases d'une délicatesse digne d'approbation :

— « D'ailleurs, je ne sais presque rien, et, par un
« sentiment complexe, je n'ai pas cherché à savoir. Il
« me semblait que ç'eût été de l'indiscrétion. S'il se fût
« agi de Balzac ou de Stendhal... peut-être, mais Guy
« de Maupassant est trop près de nous, une pudeur
« vague me retient. L'occasion ne s'étant pas présen-
« tée, je n'ai point osé la faire naître... Il me suffit de
« savoir que Maupassant a vécu ici, avec sa mère, il
« n'y a pas très longtemps !... »

Ces phrases mélancoliques, nous les échangions devant le panorama merveilleux de la mer couleur d'or et couleur de saphir, dans le petit jardin violet d'iris fraîches que Paul Margueritte aime tant. De monstrueux aloès hérissaient à l'entour leurs dards et leurs lances, — et sur ce banc à demi-brisé, sous l'ombre grise d'un très vieil olivier, notre nonchalance se délassait au soleil du printemps revenu.

... Plus tard, notre conversation revint sur ce sujet. C'était dans la chambre haute du *Châlet des Alpes*, une pièce bizarre, écrasée par le plafond, aux parois arc-boutées, tendues d'insignifiantes étoffes vertes sur lesquelles de nobles photographies des immortelles fresques de la Sixtine mettaient une note d'art. Avec ses fenêtres en *bow-window* sur le paysage de lumière et de méditerranée dont de frêles mousselines Liberty, spécieusement semées d'orchidées, atténuaient l'éclat sans en voiler l'azur, — cet appartement rappelait une cabine de navire. Quand souffle le vent d'Ouest, on s'y croirait, me dit-on, en pleine mer, en pleine tempête ; on a jusqu'à l'illusion du tangage, mais aujourd'hui, le vent d'Ouest ne souffle pas ; le ciel si pur, la mer si calme, la terre si bonne, sont au beau fixe — la paix règne partout !...

Avec cette grâce fatiguée qui lui est spéciale, le maître du logis me conte que c'est dans cette pièce, probablement, que devait travailler Guy de Maupassant. Un bureau d'aspect commercial s'étale massif et noir en pleine lumière ; c'aurait été celui du romancier de *Notre Cœur*. Paul Margueritte le croit, mais qui peut se vanter d'en être certain ? De blondes fillettes aux doux sourires le détiennent actuellement ; leurs mains jolies s'y occupent à des besognes puériles.

— « Et son esprit ne revient jamais vous conseiller ?
— « Vous voyez bien que non. Plus rien n'a subsisté
« des terreurs qui assaillaient son âme lorsqu'il composa
« le *Horla*. Entre lui et moi, d'autres, tant d'autres
« sont passés, ont vécu, ont rêvé dans ces chambres ;
« les choses ne savent pas se souvenir. Et même ces
« taches d'encre, qui nous dit que c'est lui qui les ait
« faites ? »

Cependant mon hôte m'assurant que les meubles étaient restés les mêmes, j'avisai un extraordinaire miroir encadré de fleurs roses se détachant sur un ovale blanc, — *un miroir qui sûrement n'est point pareil aux autres*. Et, malgré moi, je me suis demandé si en fixant longuement, un vendredi soir, vers minuit, à la lueur d'un cierge maudit, *ce miroir qui ne semble pas un miroir ordinaire*, on ne finirait point par y discerner les yeux inquiétants, la figure lointaine de *l'autre ?* Mais, selon les prescriptions infaillibles de la Kabbale, il faudrait avoir soin de tenir, dans la main gauche, trois gueules de loup, sept pieds d'alouette et cinq branches d'orties cueillies près d'un cimetière, au clair de lune, le treize d'un mois impair, d'une année bissextile...

. . . .

Le hasard du lendemain me fit rencontrer, à la gare champêtre d'Antibes, le cocher qui fut, autrefois, celui de Maupassant. Avec une facilité de paroles toute provençale, il se mit à babiller, mais à mon tour, au moment de transcrire ses propos, j'éprouve cette sorte de pudeur que m'avouait Paul Margueritte. Oui, ce serait de l'indiscrétion, d'autant que la vie privée de Maupassant fut traversée de trop de passions, de trop d'expériences !... Et l'homme aux yeux singuliers, avec des gestes emphatiques, me racontait les extravagances de cette existence ballotée entre Nice, Cannes et Monte-Carlo ; les stupéfactions du pharmacien aux invraisemblables quantités d'éther qu'il fallait envoyer au *Chalet des Alpes*, et la joyeuseté de langage, le sensualisme ardent, presque sadique, des conversations du romancier. Mais comme refrain à tant de folies un passage de *Sur l'eau* ne quittait plus ma mémoire : « En « certains jours, j'éprouve l'horreur de ce qui est, jus- « qu'à désirer la mort. La médiocrité de l'univers « m'étonne et me révolte ; la petitesse de toutes choses « m'emplit de dégoût ; la pauvreté des êtres humains « m'anéantit. » Oh ! les sombres pensées qui durent traverser *son* âme aux temps où *ses* yeux aujourd'hui fermés s'ouvraient sur ces mêmes horizons d'azur et de soleil devant lesquels mon inquiétude est venue, elle aussi, chercher quelque soulagement. Ce tourbillon de péchés, c'était pour essayer encore de vivre, mais au fond de lui toujours, il entendait « cette voix qui crie sans fin et « qui nous reproche d'une façon continue, obscurément « et douloureusement, torturante, harcelante, inconnue, « inapaisable, inoubliable, féroce, qui nous reproche « tout ce que nous avons fait, et en même temps tout ce « que nous n'avons pas fait : la voix de ce qui passe, de « ce qui fuit, de ce qui trompe, de ce qui disparait ;

« *la maigre voix qui crie l'avortement de la vie, l'inu-*
« *tilité de l'effort, l'impuissance de l'esprit et la fai-*
« *blesse de la chair.* » A ces paroles qu'ajouter ? De
mois en mois, les ténèbres descendirent jusqu'à cette
heure où, d'une main égarée, il tenta de se tailler la
gorge.

Étrange destinée méritant toute notre pitié et contrastant si fort avec l'œuvre de santé robuste du maître écrivain que la théorie fameuse, chère aux professeurs de rhétorique, que *le style c'est l'homme*, s'en trouve considérablement infirmée. Voyez plutôt, il y a dix ans, quinze ans à peine, lorsque débutaient Paul Bourget et Guy de Maupassant. Si quelqu'un se fût avisé de définir leur personnalité morale d'après leurs œuvres, pour ne pas dire leur style, à coup sûr, c'eût été le délicieux poète d'*Edel*, le subtil critique des *Essais de psychologie contemporaine*, le maladif romancier de l'*Irréparable* qu'on aurait tenu pour névrosé, adonné à toutes les décadences, à toutes les fantaisies, tandis qu'au contraire, la langue simple, en pleine pâte, de l'inépuisable conteur de *Boule de suif*, du romancier si peu sentimental d'*Une Vie*, de *Bel Ami*, aurait paru l'image même d'une pensée saine dans un corps robuste. Et jusqu'aux derniers livres, cette illusion eût paru vraisemblable. Puisque d'entre *Un Cœur de femme* et *Notre Cœur*, l'œuvre troublante, l'œuvre raffinée, presque inquiétante, eût encore été celle de M. Bourget ? Tandis qu'au contraire Maupassant continuait à signer des pages classiques de fond et de forme, trahissant à peine la neurasthénie dont il était tourmenté — et encore, dans ce temps-là, pouvait-on s'y méprendre — par un pessimisme vraiment exagéré. La réalité cependant contredisait ces apparences; les faits depuis ne l'ont que trop montré. Alors que le robuste conteur sombrait dans la folie, le romancier, que les critiques comparaient volontiers aux auteurs du Bas-Empire en venait à écrire des livres si pleins de choses graves que le *Journal des Débats* pouvait sans injustice, mais non sans perfidie, prétendre qu'ils continuaient ceux de Mme Augusta Crawen. Remarquez en outre que le style de ces deux auteurs ne nous induisait pas seulement en erreur, mais que jusqu'à leur pensée intime, tout était pour nous égarer. Car les nuances subtiles, les distinctions arbitraires, jusqu'aux complications perverses, on les trouvait chez Paul Bourget, tandis qu'au contraire Guy de Maupassant restait l'esprit droit, qui sait ce que parler veut dire, et dont un grain de pitié tempérait rarement la dure et froide logique. Oh! le curieux problème et combien propre à nous montrer qu'entre tant de vanités dont se pare notre civilisation une des plus vaines est bien cette psychologie qui se targuerait de sonder les cœurs et les âmes. « Des mots! des mots!... » Hélas! ni dans les livres, ni dans la vie nous ne pénétrons la conscience d'autrui, et l'esprit des auteurs que nous avons les plus étudiés, les mieux aimés, nous restera toujours aussi inconnu que le cœur de l'Amie à laquelle, pour la grâce de ses yeux, nous aurons sacrifié jusqu'à notre avenir.

. . . .

C'est là, dans ce jardin dévasté, à l'ombre lumineuse des oliviers et des aloès, au milieu d'une nature plus africaine qu'italienne, surtout en ces journées de mars où les arbres n'ont encore pas de feuilles pour atténuer les clartés, que le romancier subtil a vécu les mois de froidure envoyant, chaque semaine, à l'*Echo de Paris*, les contes si variés de ton, d'intérêt, d'une personnalité pourtant toujours si particulière, et dont le charme se

subit mieux qu'il ne s'analyse. Car elle est toute d'intime
bonté, de communicatives tendresses d'âme et de
style, cette personnalité un peu mystérieuse dans sa
très aristocratique modestie. C'est là encore qu'il écrit,
à tête reposée, sans hâte, dans la douceur d'un hiver
sans hiver, fleuri de chrysanthèmes, de crocus et de
jacinthes, le nouveau roman qu'attendent les abonnés
de la *Revue des Deux Mondes* et dont je ne sais rien,
pas même le titre, sinon qu'il sera rempli de personnages divers, — et nombreux et flottant comme la
vie[1]. M. Margueritte ne compose point rapidement, n'a
aucune méthode de travail; il écrit à sa fantaisie, sur
le conseil de l'heure; certains de ses livres ont été
ciselés, phrase à phrase, avec un laborieux souci du
détail, — ainsi la *Tourmente* ou *Tous Quatre*: d'autres,
au contraire, tels la *Force des Choses* ou *Amants* furent
tracés d'un jet, sans reprises, sans bavures, dans un
bel élan d'enthousiasme.

Ces détails, M. Margueritte me les donne d'une voix
lente, avec l'évident regret de parler de lui-même.
Tout de suite, la conversation dévie, va vers d'autres,
ailleurs. Et l'on n'ose insister de peur de paraître im-
portun. Il est si peu l'homme de lettres en quête de
réclames, d'interviews, dont M. Zola restera le type

---

[1] Depuis, le volume a paru, et si ce n'est pas le plus connu des
romans de M. Paul Margueritte, d'excellents esprits ne sont pas
loin d'estimer que c'est le plus personnel, celui qu'il composa
avec le plus de grâce. En tous cas, l'*Essor* est un livre à relire;
on a rarement analysé avec des clairvoyances, des indications
aussi complexes l'éveil du cœur, le début de la vie. De fugitives
figures de femmes sèment aux marges de ces pages de délicates
silhouettes. D'ailleurs, parmi tant de récits d'amours criminelles,
c'en est un de ceux qui prennent le plus nettement parti et qui
montrent le mieux l'ignominie de l'adultère. A ce titre, à ce
seul titre, il mériterait de survivre.

définitif. Quoiqu'il soit né Lorrain, de pur sang français, toute la nonchalance de la patrie algérienne, où il apprit à vivre, se mire encore dans les yeux lointains de ce visage qu'Edmond de Goncourt comparait naguère à celui d'un joli Pierrot triste et qui, avec les années, s'est assombri d'impressions nouvelles, de données étrangères.

Dans cette chambre haute du *Chalet des Alpes* vaguement tendue d'insignifiantes étoffes vertes, vaguement voilée de transparentes mousselines Liberty, les dernières nouveautés de la librairie française sont toutes parvenues. M. Margueritte lit volontiers, et, bien qu'il ne soit critique ni de tempérament, ni d'occasion, il aime à raconter ses lectures. Ses préférences d'instinct vont aux choses rares, aux subtilités de l'art nouveau. Ainsi, Mallarmé est son poète préféré, les Rosny lui paraissent des romanciers supérieurs. En revanche, il n'admet pas, sans conteste, les livres à la mode. *Le Lys rouge* ne lui paraît pas au-dessus de toute critique, ni l'*Enfant de volupté* au niveau des vrais chefs-d'œuvre. Volontiers, par bonté d'âme, comme le lui reprochait un chroniqueur sans indulgence, il parlera aussi d'amis, d'inconnus qui en sont encore à leurs premières armes. Cependant pour qui le devine un peu à travers ses chers romans, ces opinions parfois bizarres s'expliquent si parfaitement que l'idée de les discuter ne se présente même pas. Il s'y refuserait d'ailleurs, probablement, corrigeant plutôt ses appréciations, se dérobant dans des phrases ambiguës, de banalité conventionnelle : « Peut-être ?... C'est selon les jours !... Est-ce qu'on sait vraiment ?... »

Des scrupules me viennent à raconter cette vie de travail. Je le fais pourtant avec l'assentiment de M. Margueritte. Mais je sens si bien que sa modestie s'effaroucherait d'autres détails et je passe avec le souvenir des choses jolies pour lesquelles je regrette de n'avoir pas su trouver de paroles assez délicates.

Et comme je m'en retournais, solitaire, par la route déserte, ces vers que M. Margueritte doit aimer autant que je les aime, puisqu'ils sont de son frère, me revenaient en légende de l'unique journée que je passerai jamais au *Châlet des Alpes* :

> Heureux qui loin du flux de la boue éternelle
> A su garder son âme intacte comme vous,
> Vivant avec un rêve au fond de ses prunelles.

IV

Antibes, 20 mars.

A l'extrémité du cap de la Garoupe, avec vue sur la baie des Anges et le golfe Juan, l'hôtel est dans une situation unique, en plein azur, au bon soleil. C'est une caserne blanche que Villemessant construisit pour servir d'hôpital aux hommes de lettres que le travail forcené et la vie fiévreuse de Paris avaient détraqués. Mais Villemessant mourut, le projet fut abandonné, et d'aucuns cherchèrent à utiliser l'immense bâtisse. On essaya d'un hôtel, sans résultat pratique ; enfin, de faillite en faillite, l'installation tomba aux mains d'un Italien qui me paraît connaître l'art d'exploiter les Anglais. Quelques détails m'ont fait rêver. Ainsi, dans la chambre, cet avis en grosses lettres : *Le prix de pension par chien est de 1 franc par jour.* On vient donc ici avec des meutes ?...

Le vilain spectacle, par exemple, que la table d'hôte du dîner ! Une longue galerie de misses pincées et disgracieuses à vous faire reprendre immédiatement l'omnibus du départ. Ils n'ont jamais été autant de circonstance les plaisants vers-bibelots du Comte de Montesquiou-Fezensac :

>   La folle Miss anglaise
>   Qui croit avoir vingt ans,
>   Au teint de terre glaise,
>   Aux formidables dents,
>   Offre la lame mince
>   D'un visage sans chair
>   Et sa taille que pince
>   Un bizarre spencer.

Et puis cette prétention ridicule de toilettes claires et quelles toilettes, juste ciel ! De vieux corsages cousus par des mains osseuses, tordant à toutes les coutures et que de trop fréquents séjours dans trop de malles archi-pleines ont à jamais froissés de plis ineffaçables.

Je ne suis pas très loin d'estimer que les pensions du Midi sont des couvents protestants à l'usage des demoiselles ayant passé l'âge des espérances. Les hommes non plus n'ont guère permission de s'y attarder, et la pruderie des conversations dépasse l'imaginable. Une Française m'assurait que ces personnes au-dessus de toute critique disaient toujours *robe de nuit* au lieu de *chemise*, cette expression leur paraissant moins immodeste pour la grâce fanée, ô combien ! de leurs fronts pâlis par le célibat. Mais comme il faut toujours quelque compensation en ce bas monde et que notre nature hélas ! ne prend goût qu'aux faiblesses, les petits verres de cognac, de rhum et de whisky, consoleront des chers péchés que l'on a pas voulu commettre. Les petits verres et même les grands, *yes my darling!* seulement pas en public, *oh schoking!* dans le mystère de la chambre exactement et prudemment close. A Florence, une année, je fus trois semaines, le voisin de chambre d'une Anglaise très sage et très laide. Ses longues veillées jusqu'à deux et trois heures du matin me surprenaient. Lorsqu'elle fut partie, on trouva au bas d'une armoire dix bouteilles vides de cognac J. F. Martell. W. S. O. P.

. . . .

C'est le matin, un matin bleu et or d'une douceur maladive. Assis parmi les pierres sauvages des dernières grèves du cap, à deux pas de cette enfantine villa mauresque qu'un caprice de grande dame millionnaire a voulu en ce lieu battu des vents et des vagues, je passe mes dernières heures d'Antibes à rêver.

Des palmes roussies se balancent dans l'air tiède; fuyante et sinueuse, la Côte d'Azur se perd dans la lumière, et là-bas, sur l'eau dorée, les léviathans de l'escadre évoluent pareils à de fugitives ailes blanches. Le paysage est divin ; il ressemble pourtant à d'autres paysages que j'ai vu ailleurs, autrefois. Il ne suffit plus à charmer ma pensée, à captiver mes sens. Décidément c'est un peu triste qu'à force d'errer par ce monde on en vienne à se lasser des plus beaux spectacles de la nature. En se répétant, les impressions s'amortissent, perdant chaque fois de leur jeunesse, de leur grâce souveraines. Alors il faut autre chose, toujours autre chose, des horizons moins connus, des expériences moins banales?... Oh! quel pays jamais me rendra l'émotion que j'éprouvai à voir pour la première fois fumer le Vésuve sur un ciel à peine bleu de matin, ou plus tard, quand, par un soir passionné,

mes yeux contemplèrent une mer du Nord qui s'éclairait tragiquement de flammes phosphorescentes !...
Comme nos visages qui vieillissent si vite, nos cœurs et nos sens s'usent au contact de la vie monotone.

V

Pour Mme Lola de B...
Domo d'Ossola, juillet.

Sans que j'en pusse exactement définir la raison, la montée du versant suisse, de Brigue au Simplon, m'avait paru infiniment monotone.

Par un ciel maussade, dans une vilaine chambre d'hôtel, le réveil n'avait pas été heureux. Puis ce fut un déjeuner exécrable au beurre rance et au thé de fleurs des Alpes. Pourtant la voiture était là, et nous partions au petit pas, paresseusement, comme si les chevaux eussent compris qu'ils en avaient pour deux journées. Bientôt la route se mettait à monter, et l'attelage ralentissait encore son allure ; il semblait que nous n'arriverions jamais ; pour un peu nous nous serions tous mis à pousser le coche hésitant sous la pluie qui recommençait. Une pluie fine, en aiguilles, comme il en tombe dans toute la Suisse, sans se lasser, quatre jours sur cinq, quand le baromètre est au beau fixe. C'était à désespérer. Aussi, lorsque après des heures d'un ennui qui nous laissa aussi brisés que l'étaient les petits chevaux piémontais qui n'en pouvaient plus parce qu'ils n'avaient pas deviné qu'ils s'en allaient loin du pays aquatique, vers leur patrie de soleil, — lorsque après ces heures exténuantes nous aperçûmes enfin les ruines de l'ancien hospice, ouvrant sur le vide leurs fenêtres abandonnées, une minute nous eûmes l'impression d'être parvenus au terme des choses, au seuil même de la vie.

Pourtant la table d'hôte devait nous intéresser. Avec son cosmopolite appariement, elle est toujours curieuse à l'observateur, et souvent elle amuse celui qui sait comprendre. Au dehors, le vent faisait rage; des chiens hurlaient à la pluie; à l'intérieur, il y avait du feu et trois *marcheurs* des boulevards à monocles carrés et à guêtres jaunes réclamaient des huîtres et du champagne; plus loin deux vieilles Allemandes, laides comme il n'est pas permis de l'être, se partageaient un œuf, et le bavardage fastidieux de leurs lèvres tremblottantes gonflait les veines de leur cou qui apparaissaient rouges, monstrueuses, pareilles à des câbles. Vers la fenêtre du fond s'immobilisait un groupe plus énigmatique; une dame très grande, vêtue de noir, voilée de noir, qu'entouraient avec d'infinies prévenances, trois suivantes entre deux âges dont l'une avait un coffret carré long qu'elle ne quittait ni des yeux ni de la main. Et tandis qu'on offrait à la dame en noir tous les mets de la carte, elle les refusa dédaigneusement, n'acceptant, et encore sur les vives instances de ses compagnes, qu'une minuscule tasse de consommé froid. Avez-vous remarqué à quel point, dans l'imprévu de ces rencontres de voyage, les caractères s'accusent plus nettement qu'au milieu des conventions de la vie journalière: plus d'amis, de parents, de grade social à respecter. Et allez-donc, chacun y va de ses petits défauts privés! Comme a dit ce brave Florian, *le naturel revient au galop*. Regardez plutôt, à l'arrivée des plats, les yeux suivent gloutonnement.

On dirait une curée. Ou bien c'est une bonne place qui devient vacante et dix, vingt personnes se feront des insolences pour l'occuper. Et puis l'éternelle malveillance, les remarques désobligeantes, les sourires qui mériteraient une gifle, les portes lancées sur le nez des dames !... Ah ! l'humanité n'est pas drôle vue ainsi dans les coulisses de la vie avec ses égoïstes prétentions et ses mesquines niaiseries !

Ensuite, fut-ce la bonne impression du dîner ? Fut-ce que le paysage en se rapprochant de l'Italie devenait décidément plus joyeux ? Fut-ce surtout que quelques flèches de soleil glissant au travers de l'amoncellement prodigieux des nuées jetèrent un peu d'or dans l'éternel gris de cette nature morose ? Je l'ignore, mais le fait est que nous commençâmes à respirer plus librement, à espérer des journées meilleures, à rêver au parfum des fleurs des îles Borromées. Nous avions en nous le frisson de l'Italie prochaine.

Et comme pour préciser l'impression inconsciente, voici que le cocher nous apprit cette chose charmante qu'ici la rivière change de nom. Jusqu'alors c'était le Krummbach. Dès maintenant ce sera la Doveria ; l'Allemagne s'éloigne, c'est déjà l'Italie. En artistes, sans le savoir, les habitants n'ont pu se résigner à appeler une rivière aussi jolie d'un nom aussi barbare. Krummbach ! Krummbach ! ça grince comme une porte de prison, tandis que Doveria ça chante comme un allegro de Mozart. Mais voyez l'esprit des choses : il semble, en vérité, qu'en changeant de nom la rivière ait aussi changé de caractère. Auparavant, c'était un banal cours d'eaux vives comme il y en a des milliers dans les Alpes Suisses ; maintenant, c'est un torrent roulant avec fracas, des ondes écumantes entre de hautes parois de roches schisteuses, un vrai ravin de légendes infernales qu'il ne ferait pas bon traverser un soir d'hiver, à l'heure des chauves-souris, un remord sur la conscience. Mais c'est l'après-midi, au mois des roses ; le ciel redevient bleu, il y a du soleil, de la joie dans l'air ; notre conscience est pure ; jouissons de l'heure présente. Evohé ! c'est le Piémont !

Ensuite le paysage redevient aussi alpestre et aussi romantique qu'un tableau de Calame. La route s'engouffra sous des tunnels à donner le cauchemar, franchit des ponts qui mieux que d'autres mériteraient de s'appeler *Ponts du Diable*, longea des abîmes, côtoya des rochers, passa à l'ombre de sapins, sous la pluie de cascades qui valaient les plus belles décorations qu'on ait jamais brossées pour *Guillaume-Tell*. M. Baedeker a raison : « C'est un tableau des plus grandioses qui surpasse en beauté les endroits les plus vantés de la Via-Mala. » Malheureusement, je ne suis pas de ceux qui admirent, c'est-à-dire qui sentent à sa juste valeur, la nature alpestre. L'harmonie des lignes, la douceur des nuances, l'uniformité de la lumière sont chez moi des besoins trop instinctifs pour que je puisse apprécier comme d'autres prétendent les apprécier ces paysages chaotiques où les teintes les plus vives se heurtent avec une violence outrageante, — où les lignes les plus zigzaguantes s'enchevêtrent et s'interrompent au mépris de toute perspective. Sapins noirs et vertes prairies, rochers jaunes ou cascades d'argent, cette nature est plus bariolée qu'un habit d'arlequin, et la lumière, l'éclatante lumière des soleils d'été au lieu d'atténuer ces dissonnances les avive et les exaspère, au contraire, jusqu'à vous en donner le malaise. Et puis décidément, malgré toute la bonne volonté du monde, ces gorges et ces ravines, ces sommets et ces glaciers ont je ne sais quoi de théâtral qui indispose en leur faveur :

> « Les Alpes et la mer évoquent mêmes rêves,
> L'infini des sommets vaut l'infini des grèves »,

a dit un poète très pauvre artiste, car je trouve, inversement, qu'avec leurs arêtes nettement dessinées, leur flore de conifères et d'arbustes au feuillage persistant, leurs rochers durs et leurs vallées qu'éclairent brutalement le soleil, les Alpes, sauf en des heures très rares de crépuscule d'automne, manquent précisément d'inachevé, d'incertain, d'infini. Elles ont trop de détails qui retiennent l'œil, trop de rugosités où se déchirent les rêves. La pensée parmi elles ne plane point en liberté; elle est prisonnière, et de sa prison elle regarde le ciel, dont elle ne parvient à découvrir qu'un morceau. Et qu'importe que ce morceau recouvre une vallée, du moment que l'on sait qu'il est d'autres vallées voisines recouvertes elles aussi par d'autres pans de ce même firmament, — du moment que l'œil est de tous les côtés arrêté dans ses regards, qu'il ne peut jamais embrasser cette rotondité cosmique du globe qui seule donne à l'horizon l'au-delà de l'infini.

Enfin, voici Gondo, le dernier village suisse groupé au pied d'une tour carrée solitaire et morose comme une colossale borne frontière. C'est un amas de chétives maisons basses suant l'ennui et puant la misère que notre voiture traverse en dix tours de roues. Ensuite, toute la descente jusqu'à Domo-d'Ossola fut joyeuse et rapide comme une *stretta* d'opéra. Le soleil s'était mis de la partie; il y avait des oiseaux dans les buissons, et notre voiture peinte en blanc et en vert, avec de beaux coussins de velours rouge, notre voiture éclatante comme une roulotte d'arracheur de dents, glissait emportée par le trot frénétique des chevaux piémontais. Le cocher, un beau gars, aux yeux noirs, qui devait être la fièvre de toutes les filles du canton chantait d'une voix de tête, en faisant claquer son fouet. Assourdis par le tintement des grelottières, aveuglés par la poussière blanche de la route et secoués comme des épis dans un van, nous allions ainsi que des fous au risque mille fois de nous rompre bras et jambes. Cependant nous n'y pensions guère si grande était notre joie d'être enfin sur le sol d'Italie. Là-bas, par delà ces montagnes rocheuses, dans le pays des jours de brouillard et des soirs de brume, elles étaient restées les tristesses sans cause qui nous rendaient l'âme vieille. Maintenant c'était la descente en pleine gaieté, sous la belle lumière, avec, pour remplir nos poumons, l'air parfumé des campagnes sur lesquelles l'été répandait magnifiquement ses corbeilles de fleurs et ses paniers de fruits.

Et quels tableaux de poésie et d'abondance! Aux champs de maïs plantureux et frissonnants à la brise succédaient de longues tonnelles dont les pampres folles retombaient jusqu'à terre, ou bien c'étaient, coupés par la ligne blanche de la route, des kilomètres de blé couleur du pain, de blé couleur de l'or. De loin en loin, une maison semait les taches claires de sa façade jaune, de ses volets bruns, de son toit rouge. Pourtant la chaleur devenait fatigante, la route se faisait déserte. A l'ombre des hêtres, les moissonneurs dormaient anéantis. Mais voici qu'un frémissement de joie monta soudain de cette nature extasiée jusqu'à la pamoison sous les baisers trop violents d'un soleil de canicule. C'étaient les cigales qui chantaient, les vieilles cigales d'Anacréon; et c'était toute la vie, l'âme même de cette nature si blanche et si verte sous la victoire de la lumière que cette longue et troublante vibration des cigales :

« Tu es heureuse, ô cigale! sur les rameaux élevés,
« ayant bu un peu de rosée, tu chantes comme un roi!
« Tout ce que tu vois, tout ce qui pousse dans les
« champs et dans la forêt est à toi. Le laboureur
« t'aime, car tu ne lui fais point de mal. Les hommes
« t'honorent, parce que tu leur annonces l'été. Les
« Muses t'aiment. Tu ignores les maux et la douleur,
« tu n'as ni chair ni sang, tu es presque semblable
« aux dieux! »

Enfin voici Domo-d'Ossola, — l'étape de la journée. Déjà le soir tombait; nous avions les yeux fatigués par toutes les belles choses que nous venions de voir, et surtout nous avions douze heures, douze heures de voiture aux ressorts insuffisants dans les os. Aussi mes souvenirs sont-ils confus comme un crépuscule de lièvre, et j'ai beau chercher, je ne retrouve sur la plaque sensible de ma mémoire que deux tableaux suffisamment nets pour que j'en puisse tirer une épreuve que ma fantaisie n'aura pas besoin de retoucher :

D'abord, la terrasse d'un café, la terrasse minuscule aux chaises de paille et aux tables de bois d'un tout petit café de province, blasonné des éternelles queues de billard, — et qui en reste encore aux rideaux de coton blanc et à l'éclairage au pétrole. Des officiers y faisaient la partie en buvant l'absinthe, un cigare d'un pied à la bouche. Or c'étaient les premiers uniformes italiens que j'apercevais ; pantalons gris à bandes rouges, dolmans noirs à brandebourgs d'argent, képis bouffants à visière brillante, — et, je l'avoue, sans fausse honte, je fus émerveillé. Le groupe avait la vivacité de teintes d'une aquarelle de Vallet. Il se peut, et plus tard, je le reconnus, que ces uniformes soient déplorables au point de vue militaire, mais au point de vue pittoresque, ils sont parfaits; ils ont la ligne et la note et l'éclat — un costumier de théâtre n'aurait pas trouvé mieux.

Pourtant à les observer encore ces officiers d'apparence si fringante, on devinait qu'ils subissaient tout l'ennui de la petite ville morte où les avait relégués les exigences de la vie militaire. Une fille de service vint à passer, une cruche à chaque main; ils l'arrêtèrent, l'un d'eux frisait sa moustache; tous se mirent à rire. Vous devinez le dialogue d'ailleurs hors de la portée de mes oreilles. Puis ce fut un marchand de journaux, sa liasse d'imprimés sous le bras, sa sacoche noire au côté. Chacun y alla de son petit sou et, pendant une minute, on se fût cru au salon de lecture. Bref la vie banale, la vie paresseuse sans idéal et sans intellectualité des pires garnisons perdues au fond des provinces les plus reculées.

Ces mêmes sensations d'isolement, d'ennui, je devais les retrouver, ce soir-là, plus accablantes encore, dans une allée plantée de tilleuls où j'étais venu prendre le frais après le dîner. A la pâleur de la lune, je distinguai des villas hermétiquement closes, aux murs dégradés de balafres hideuses. L'herbe folle poussait partout; le bois des bancs était pourri; il y avait des lychens sur les troncs et des branches cassées sur les trottoirs. Rarement, j'avais vu lieu plus maussade, donnant davantage l'impression déprimante de la vanité de toutes choses, de l'inutilité de tout effort. Pendant ma promenade, qui fut longue, je n'ai rencontré qu'une vieille femme: elle marchait lentement, boitante, cherchant l'ombre, oiseau de mauvais présage qui donnait envie de faire le signe de la croix. D'où venait-elle? Où allait-elle? En vérité, qu'importe, puisque je me suis imaginé que c'était le Passé, — ce Passé qui revient, le soir, pleurer sous les arches des vieux ponts, — qui revenait ici pleurer les temps où défilaient, parmi les victorieux claquements de fouets, les chaises-postes charmantes de Monsieur le Marquis et de Madame la Présidente. Las! où sont les postillons de Longjumeau d'autrefois? L'allée déserte est devenue le séjour préféré des scorpions et des araignées fatidiques!...

VI

Pour Mme Neera.
Pallanza, juillet.

Sans nous faire prier nous partîmes de grand matin de Domo-d'Ossola.

Gaiement, follement, notre voiture bariolée, tel le chariot de la reine Mab, sautait sur les pavés disjoints des vieilles rues. A une borne fontaine, une payse tirait de l'eau, et dans la pourpre dorée de ce matin d'été avec sa chemise ouverte, son corselet de toile à peine lacé et sous l'ombre de ses cheveux noirs, l'effarouchement de ses grands yeux, la fraise humide de sa bouche rouge, elle avait une grâce champêtre sentant bon la jeunesse et l'amour. C'était une amie?... qui sait? c'était peut-être l'amie de notre cocher. Dans son patois sonore et heurté, comme un choc de cymbales, il lui cria : « Adieu, à bientôt! » et la fille eut un tel sourire, un tel regard qu'il n'y avait plus à en douter. Si la fraise vivante des lèvres de la Piémontaise était d'un rouge aussi brillant, c'est qu'il y avait mordu, le beau gars aux yeux de braise et qu'il s'en était grisé comme un renard maraudeur introduit à la brume et qui aurait passé la nuit dans la vigne mal gardée aux grappes planturenses. Mais déjà nous étions passés, et l'amoureux riait toujours, faisant claquer son fouet sur les petits chevaux frénétiques. Le tableau de mœurs avait été charmant : couleurs, gestes, sentiments, tout me paraissait d'un italienisme achevé. Van Muyden n'eût pas trouvé mieux.

Puis la chaleur commença ; la grande, la bienfaisante chaleur des étés lombards. C'était un écroulement de tout le corps sur le velours brûlant des banquettes, une impuissance d'observer, d'entendre, même de penser, et pourtant le sommeil ne venait toujours pas. Sans un relai, sans un arrêt, nous roulions indéfiniment le long de routes blanches dont le ruban de poussière crayeuse se déroulait à perte d'horizon, avec une monotonie désespérante. A droite et à gauche, c'étaient des prairies que l'été avait remises en jachère, coupées de haies grises dont les chenilles dévorèrent les feuilles. De loin en loin, apparaissaient des chaumières bâties en pierres sèches, dont les toits misérables évoquaient l'image d'un chapeau défoncé d'un coup de poing. Pareils à des gibets, des arbres aux branches noires, aux branches dépouillées de toute végétation, dominaient significativement ces paysages de sécheresse et de solitude.

Enfin voici le Val-Anzasca, au fond duquel apparaît le tragique Mont-Rose avec sa couronne à cinq pointes. Mais la voiture roule toujours, et sans nous arrêter nous traversons des villages pimpants ou historiques dont le cocher, avec de beaux éclats de voix et des commentaires parfois amusants, nous énumère les noms

« gais comme des cris d'oiseaux » : C'est Masone dont le curé a une bedaine célèbre vingt lieues à la ronde ; c'est Vogonia, mélancoliquement endormie à l'ombre de la montagne, Vogonia, la petite cité romantique avec ses ruines démantelées, où les soirs de lune doit s'en venir rêver quelque Dame Blanche. Mais hélas ! nous sommes passés trop vite : la Dame Blanche n'est point venue ; ce grand soleil lui aura fait peur. Et déjà, voici Premosello célèbre pour la beauté de ses filles, Ornavasso célèbre pour la beauté de ses marbres et Gravellona célèbre pour la beauté de ses toiles...

Soudain une envolée de musique joyeuse nous réveille et nous surprend. Bientôt, nous apercevons des arcs de verdure, des oriflammes tricolores. Tout un village est en liesse : c'est la grande foire de l'année. A l'entour des boutiques offrant en plein vent leurs marchandises désassorties, c'est un vacarme à vous rendre sourd : la fanfare de l'endroit joue des marches guerrières ; un orchestre napolitain fait danser pays et payses sur un plancher en plein vent ; un arracheur de dents frappe à tour de bras sur un tambour ; un montreur d'ours souffle à pleins poumons dans une trompette. Et sous le soleil qui sème partout ses pièces d'or, avec cette chaleur qui affole les têtes les plus calmes, le tableau bariolé devient d'une gaieté de carnaval qui ne rappelle aucunement nos foires mornes de pays du nord, où des indigènes aux souliers alourdis de clous passent leur après-midi à marchander gravement un mètre de ruban. Ah ! qu'elles étaient vives les taches claires que semaient sur cette animation les éventails rouges des filles, les uniformes gris des soldats ! Vraiment, il ferait bon s'arrêter ici, et après avoir lampé dans l'auberge aux treilles vertes quelques litres de ce vin doré du Valais qui doit vous mettre la joie au cœur, il serait charmant d'aller consulter dans sa roulotte branlante la vieille tireuse de cartes à demi aveugle que j'aperçus, au bord du chemin, la tête ceinte d'un madras imposant et qui, sûrement, aurait su me dire dans combien de jours, de mois ou d'années, je dois rencontrer le bonheur que je désire.

Mais déjà la fête se fait plus lointaine; les derniers flons-flons de l'orchestre s'atténuent dans la distance, et nous voici, de nouveau, en pleine campagne. Pourtant la paix n'est toujours pas revenue, car, sur la route étroite, c'est le défilé ininterrompu, le défilé criant et gesticulant des paysans qui se rendent à la foire. Pour passer le temps, des cochers ont imaginé de lutter de vitesse. Alors sur la chaussée déjà trop étroite, c'est la course à fond de train des chevaux s'élançant à perdre haleine, zébrés de coups de fouets. Il faut voir, tandis que les hommes rendent les rênes et se penchent sur les attelages, le fouet en l'air, la voix claironnante — il faut voir les femmes dressées sur les sièges qui s'interpellent et s'injurient avec des vociférations presque démentes. Vraiment, c'est merveille que tout se passe sans accident. Ailleurs, il y aurait pour sûr bris de voitures et périls de vie, mais les Italiens sont adroits comme des clowns et les chevaux savent leur affaire.

Pourtant la cohue cesse, la route redevient libre et, brusquement, au détour du chemin, voici l'enchantement du lac.

Bleu, merveilleusement bleu, d'une nuance vive qui étonne d'abord, mais qui s'harmonise bientôt aux teintes lumineuses du paysage, — ainsi que les dissonnances d'une symphonie, — l'azur de l'eau encadré de l'émeraude des rives se fond avec l'azur du ciel là-bas, du côté de Locarno, et l'on dirait une trouée sur l'infini que ce lac allant jusqu'à la ligne de l'horizon. Puis sur ce tapis couleur du ciel qui a les reflets cassants du satin et les chatoiements voluptueux du velours, — pareilles à des guirlandes de fête qu'une nymphe, un soir d'amour, eût laissé tomber de ses tresses dénouées et qui auraient germé et qui se seraient épanouies, — les îles d'un vert de pierreries, les îles toutes riantes de roses et qui, sous la lumière violette du crépuscule, apparaissent irréelles et charmantes comme des bouquets de fleurs flottant à la surface des eaux. L'Isola Madre, véritable gerbe d'orangers et de citronniers que domine la mélancolie d'un château toujours fermé. L'Isola Bella avec ses terrasses débordantes des essences les plus rares, avec ses portiques et ses balustrades parées d'invraisemblables floraisons et toute son apparence un peu factice de nature xviiie siècle. Plus loin, enfin, modeste et dédaignée ainsi qu'une parente pauvre, l'Isola dei Pescatori avec ses misérables cahutes de pêcheurs dont les cheminées fument dans la douceur du soir. Subrepticement en effet la nuit violette s'en venait à pas silencieux par les sentiers pavés d'étoiles du ciel lointain. Une grande mélancolie tombait sur le paysage de couleur et de lumière. Nous ne rencontrions personne sur la route en corniche; il n'y avait plus d'oiseaux dans les branches dentelées des châtaigniers. La paix des choses, le calme des eaux devenaient impressionnants. La sensation vous manquait d'être encore dans ce monde, par un jour pareil aux autres jours de l'année... On se serait cru très loin, dans quelque Thulé de rêve, hors du temps et de l'espace. J'avoue me souvenir à peine, très vaguement, comme de choses entrevues au fond d'un rêve, d'une place de petite ville entourée de maisons régulières, d'une vieille église sous le porche de laquelle des diseuses de sorts nous demandèrent la charité et d'un hôtel tout neuf à colonnade de pierre blanche où nous reçut avec la révérence d'usage un sommelier parfait, aux lèvres exactement rasées. — C'est que toujours, devant mes yeux, s'étendait, inoubliable et enchanteur, le lac aux eaux profondes.

Maintenant encore, dans la banalité d'une chambre louée, tandis que je m'attarde à rédiger ces notes, je ne peux me retenir de relever la tête et d'admirer indéfiniment le mystère de ce lac qui, sous la nuit venue, s'accentue jusqu'à paraître tragique. Pourtant je ne suis victime d'aucune mélancolie, puisque ce pays n'a pas de souvenirs pour moi, et je ne subis non plus le mirage d'aucune illusion, puisque je n'ai jamais pensé qu'aucune de mes espérances pût se réaliser ici. C'est bien la seule beauté de ce paysage aquatique qui me trouble à ce point. J'en arrive même à oublier les tristesses et les ombres; le voyage a jeté sur le passé son manteau de lumière. Des figures mauvaises s'effacent dans le recul des souvenirs; des noms qui ce matin encore évoquaient des êtres ne sont plus que des termes dénués de signification précise. La paix du décor italien descend en moi peu à peu. C'est si bon de savoir que la page est lue et qu'il ne sera pas besoin de la relire jamais. Je revois mes années finies comme de vieilles gravures feuilletées en une heure d'ennui. L'intérêt de l'avenir me paraît moins palpitant. Le charme de l'heure qui passe suffit à captiver ma pensée indécise.

Depuis si longtemps c'est la première soirée de parfaite accalmie; je voudrais, oh! je voudrais tellement que nul réveil ne succédât à la douceur de cette nuit. Les vaines tristesses se sont endormies; les ratiocinations inutiles ne tourmentent plus mon esprit; cette nuit, c'est la nuit du bon repos et des rêves dorés!... Silence! les colombes dorment au colombier!...

VII

Pour Mlle Alice S...
Pallanza, juillet.

Ce sont les sensations colorées, que me procura une rapide visite au palais et aux jardins de l'Isola Bella que je voudrais rappeler ici, en paroles, frappantes si possible, — mais je ne songe nullement à décrire minutieusement en commissaire priseur :

D'abord, un vestibule aux larges escaliers, un vestibule aux colonnes de pierres blanches portant aux murs, — blanc sur champ bleu, l'écu des Borromées, — un de ces atriums de palais moyen âge où l'on se prend à marcher plus lentement, envahi malgré soi, du vague respect d'un passé qui avait encore la gloire des grands noms et la poésie des grands luxes. Ensuite, c'est la salle du trône, théâtrale comme un décor de mélodrame avec ses tentures de soie rouge, brochées d'or et brodées d'or, avec son dais de drap d'or surchargé de plumes d'or et toute sa splendeur dorée de château construit pour ceux qui passèrent au travers de l'histoire,

« Tenant en mains le sceptre et la couronne au front ! »

Il suggère à l'esprit, cet intérieur de somptuosités, les visions des brillants seigneurs en pourpoints de velours, en simarres de satin, en toques à panaches et à aigrettes qui s'inclinèrent devant ce trône où notre XIXe siècle ne laisse plus défiler que des Anglaises à voiles verts ou que des Allemandes à lunettes d'or. Ce palais qui dut servir autrefois de cadre enchanteur à des fêtes prestigieuses où les vins de Grèce coulaient à flots, dans des coupes de pierreries, où les colliers de perles s'égrenaient sur les manteaux de brocart des courtisanes, — visions triomphales comme en peignit le Véronèse! — ce palais, misère des temps, expiation de l'histoire, en est réduit à servir de passe-temps aux nouveaux mariés, aux professeurs en retraite et à toutes les grosses dames qui promènent par le monde leurs robes démodées et leurs camées matrimoniaux.

A petits pas, avec des regards indiscrets et des observations d'une sottise à mériter la gifle, le cortège des touristes se déroule, au travers des salons tendus de satin clair, baguettés d'or fin, aux plafonds caissonnés, ornés de peintures et de sculptures d'un effet Renaissance. Puis ce sont de longues galeries où, graves et jaunes, dans leurs cadres rougis, de fiers chevaliers et de belles dames, aux joues fardées, évoquent les Chroniques de gloire et de victoire de la Maison Borromée. Voici encore des amoncellements de miniatures, d'émaux, d'ivoires, d'écailles, d'éventails, de chinoiseries, d'argenteries, de potiches et de curiosités sans noms et sans prix dont l'assemblage forme le plus hétéroclite musée qui ait peut-être été offert à la curiosité des badauds. Mais toujours nous traversons de nouvelles galeries soutenues de colonnes de marbre poli, aux chapiteaux guillochés comme des pièces d'orfèvrerie, avec, de loin en loin, des portes ouvertes sur de petits salons encombrés de divans « profonds comme des tombeaux ». Les années ont atténué les nuances des tentures jusqu'à les rendre idéales. Est-ce que j'ajoute? est-ce que j'invente? est-ce que ma plume brode comme l'amour brode, selon la métaphore de M. de Curel? je ne sais, mais j'ai gardé, dans ma mémoire, une image de ce palais qui le rend aussi éclatant, aussi féerique et aussi improbable que celui qu'en une seconde construisit pour Aladin à la lampe merveilleuse le géant, le bon géant, vous savez bien, le géant des *Mille et une Nuits?*

Et puis fut-ce l'effet d'une hallucination ou assistai-je vraiment à quelque phénomène occulte ? — je l'ignore, — mais en passant devant le portrait d'une jeune princesse momifiée dans l'éclatant apparat d'une robe de brocart jaune, soutachée d'argent florentin, j'ai cru voir, ou plutôt j'ai vu deux larmes tomber de ses yeux grand ouverts sur la médiocrité des choses, et glisser le long de ses joues pâlies par les siècles. Sans un geste de ses mains jointes en une éternelle prière, sans un frémissement de son corps anémié par une aristocratie trop ancienne, elle pleurait en silence, de voir le palais de ses pères livré à la foule cosmopolite. Ah certes ! que c'est une impudeur révoltante de livrer ainsi, aux regards de tous les lieux et les choses qui ne devaient être vus que par quelques-uns. Elle pleurait, la petite princesse à la robe jaune, d'apercevoir les escouades de Master Cook dans la galerie, où, vierge heureuse, elle passait, le matin, en allant à la messe, — dans le petit salon où, un soir de bal, le prince lui demanda de l'aimer, — dans la chambre confidente où elle a tant souffert de son injuste abandon qu'elle a fini par en mourir. Et, maintenant, si elle pleure encore, en dépit de sa robe de fête et de sa volonté passionnée de princesse qui ne veut pas faiblir, c'est qu'elle craint, c'est qu'elle croit que ces murs témoins de tant de scènes déchirantes révèlent à tous les secrets de sa vie manquée, — de sa vie d'il y a deux cents ans.

Mais voici les corbeilles épanouies, les guirlandes traînantes, les urnes remplies de gerbes multicolores, les cornes d'abondance débordantes d'invraisemblables moissons de fruits d'un jardin tourmenté, contourné, paré et magnifique comme un sonnet de José-Maria de Hérédia. Des terrasses soutiennent d'autres terrasses reliées les unes aux autres par des escaliers sculptés que le temps a vert-de-grisés. Partout, il y a des bassins où les feuilles mortes ont étendu leurs tapis de velours, des charmilles taillées au ciseau à l'ombre desquelles on s'attend à voir paraître la robe à paniers de Mme de Montespan. L'exhubérance splendide d'une nature tropicale recouvre les dix étages de ces jardins suspendus d'une floraison perpétuelle de lauriers-rose et de lauriers-cerise. Les plates-bandes sont des jardinières artificielles de camélias rouges et de roses blanches. C'est à l'ombre parfumée des orangers que les bancs de marbre blanc arrondissent leurs courbes harmonieuses. Le paysage de saphir et d'émeraude a pour cadre naturel les branches chargées d'étoiles des magnolias crèmes et des jasmins jaunes. Toute l'île est en fleurs et, par cette journée d'été étouffante et paisible, il s'en dégage des parfums trop forts, mille émanations entêtantes ainsi que dans les boutiques remplies de fleurs des marchandes de Nice ou de Monte-Carlo. Et, comme pour rire à nos admirations, échos ironiques de la réalité qui n'aime pas les extases prolongées, dans les buissons, sur les plates-formes, élevées au sommet de colonnes ou cachées sous des arbres, au bord du quai, jusque sur la dixième terrasse, partout s'élèvent, hideuses et grimaçantes, des statuettes de Calibans difformes, de Trinculos tordus, de Stéphanos monstrueux. Avortons d'enfer, hideurs hantantes et railleuses, ils méritent les vers de Victor Hugo :

Nain qui me railles,
Gnome aperçu
Dans les broussailles,
Ailé, bossu ;
Face moisie,
Sur toi, boudeur,
La poésie
Tourne en laideur.
Magot de l'Inde,
Dieu d'Abydos,
Ce mont, le Pinde,
Est sur ton dos.
Monstre apocryphe,
Trouble-raisons,
On sent la griffe
Dans ces buissons.

Mais ce que l'on ne saurait dire, en paroles suffisantes, l'enchantement qui a persisté dans ma mémoire aux parfums évanouis des fleurs déjà fanées, à la saveur des fruits sous lesquels pliaient les branches trop chargées, à toute la splendeur de cette nature tropicale, c'est l'éclat prodigieux du lac qui, sous le soleil, s'étendait éblouissant comme une nappe de lumière, véritable hymne de gloire que la nature chantait à la face des cieux ! Barques attardées, chaloupes paresseuses, rivages aux anses symétriques, montagnes lointaines, le premier plan et l'horizon, tout disparaissait dans une lumière d'or dont les rayons montaient pareils à de prodigieuses flammes de bengale. Vraiment ces jardins d'Armide où coulait le cristal pur des sources semblaient perdus en une mer de feu. Et sur le rocher paré d'une moisson odorante de fleurs et de fruits paradisiaques, nous étions, comme la Walkyrie, séparés brusquement des contingences de la vie, car les eaux que le soleil incendiait bizarrement nous entouraient, paraissait-il, d'infranchissables espaces de rayons et de flammes.

Pourtant il a fallu quitter cette Isola-Bella, belle de tant de beautés. Gentillette avec sa tente de coutil rayé bleu et blanc qui lui donnait un faux air de gondole, la barque nous invitait au retour. Déjà l'après-midi s'avançait, et les radeleurs nous pressaient, craignant la brise du soir. Hélas! toute chose a une fin; nous avons repris le lac au balancement cadencé des grandes rames. Alors, pour changer d'impressions et par un instinctif besoin après le rêve de rentrer dans la vie, je me suis mis à examiner nos deux bateliers : le père et le fils sans doute ou plutôt, car la différence d'âge était trop sensible, le grand-père et le petit-fils. Un vieillard tanné, ridé, usé, un vrai loup de mer sur la face recroquevillée duquel toute trace de jeunesse avait disparu. L'autre, un gars de vingt ans, au front bas, aux larges épaules, à la carrure un peu brutale des paysans élevés au grand air, que n'ont point encore entamé la vie militaire ou l'alcoolisme. Pour manœuvrer plus à l'aise, il avait retiré sa veste, et sous sa chemise plaquée par la sueur on devinait la robustesse, la virilité intacte de ses muscles. Avec des jurons incompréhensibles, des éclats de voix et des éclats de colère ignobles, le vieux le réprimandait sans cesse. Indifférent, faisant celui qui n'entend et ne comprend rien, l'autre accomplissait méthodiquement sa besogne mécanique. Quoique les boucles de ses cheveux fussent noires et que les pupilles de ses yeux eussent une certaine flamme, on ne pouvait pas dire qu'il fût beau, mais dans la largeur de son cou de taureau, dans la sûreté pesante de ses moindres mouvements, jusque dans la massivité de ses mains expertes à manier les rames, on devinait une telle santé, une telle harmonie de moyens que les pages dithyrambiques où Benvenuto Cellini et Chiberti célèbrent la force humaine me sont revenues en mémoire et que je les ai mieux comprises. Vraiment ce groupe du vieillard vociférant et du jeune homme impassible évoquait des images de bas-relief antique, car il avait la ligne, le mouvement et je ne sais quoi dans les attitudes de définitif, de classique.

Sur ce lac aux eaux moirées, avec cette barque de bois et ces hommes à moitié vêtus, tout l'accessoire de la vie moderne s'oubliait facilement. Et c'était par-delà les siècles, aux premiers âges de notre civilisation qu'ils nous reportaient, ces hommes aux mains calleuses, aux muscles magnifiques, pareils à ceux dont nous admirons les parfaites anatomies sur les coupes d'argile ou sur les frises de marbre de l'antiquité hellénique.

VIII

Locarno, juillet.

Ma malle est fermée, ma couverture de voyage bouclée : j'ai mes gants, mon chapeau, ma canne ; dans un quart d'heure, je serai parti et je suis triste de cette vague mélancolie :

Que même sans regret et sans déboire laisse
La cueillaison d'un rêve au cœur qui l'a cueilli !...

Il tombe, lentement, une pluie très douce, en gouttes très petites : le ciel, le lac, les paysages sont uniformément gris. Il n'y aura pas de soleil ce jourd'hui. L'horizon de vapeurs et de nuances atténuées convient tout à fait à l'état de mon âme. L'avez-vous remarqué, partir un jour de pluie est moins triste que partir un jour de soleil? Quand les choses ont l'air d'avoir pour nous quelques sympathies, nous souffrons moins des hasards de la vie et, pour peu que le ciel semble nous regarder avec complaisance, nous courbons mieux la tête et subissons notre destinée avec plus de docilité. D'ailleurs, pourquoi regretterais-je de m'en aller? On s'attache aux lieux où l'on a souffert; on regrette ceux où l'on a cru être heureux. Or, si je n'ai point souffert ici, si j'ai même trouvé quelque plaisir à respirer quelques soirées, le parfum des fleurs des îles Borromées, — je ne peux pas dire pourtant qu'aucun de mes rêves se soit réalisé devant la douceur charmante de ces lacs d'azur. Sans doute ce paysage est admirable, mais ce n'est qu'un paysage, c'est-à-dire un cadre, et le cadre restera vide et la toile restera blanche.... Aussi, partir, rester — rester, partir!... En vérité, qu'importe?...

Pourtant je laisse des amis — des amis anonymes qui n'ont peut-être jamais su mon nom et qui, s'ils ont eu pour moi une pensée de bienveillance, l'ont eue spontanément, parce que le hasard m'avait placé en face d'eux, au détour du chemin. D'abord, le cocher, le cocher aux moustaches conquérantes, qui nous fit traverser le Simplon et dont les chansons joyeuses nous aidèrent à trouver moins longue la route de Domo-d'Ossola à Pallanza, — puis les bateliers, ceux qui me menèrent aux îles Borromées et d'autres qui nous aidèrent à passer les journées de ce premier séjour en Italie. Que de choses ils me racontèrent, ou plutôt que de choses ils voulurent me raconter dans leur patois sonore; mais, dans ces temps-là, je n'entendais point l'italien, et leurs récits passèrent devant mon esprit comme des paysages devant les yeux morts d'un aveugle... — enfin et surtout, il y avait la petite marchande de fruits brunette et maigrichonne, aux yeux ardents sous des cheveux si noirs et à laquelle fidèlement, nous, — je dis *nous*, car nous étions deux, — revînmes chaque jour acheter notre provision d'oranges. Elle non plus n'entendait pas le français, mais ses yeux comprenaient pourtant nos sourires. Et je me souviendrai aussi longtemps que je vivrai que ce matin, comme j'essayais de lui indiquer que c'était la dernière fois, que je ne reviendrai plus acheter ses oranges dorées, elle eut un regard presque mélancolique, et gentiment, avec un peu d'hésitation et une ombre rouge aux pommettes, elle s'enhardit à m'offrir une branche fleurie de grenadier dont la pourpre égayait la monotonie de ses corbeilles. Ce n'était rien, et pourtant ce geste charmant d'une femme de quinze ans offrant des fleurs, rien que des fleurs, me restera comme le meilleur souvenir de ces vagues semaines de voyage...

Mais on frappe : c'est le portier qui vient enlever les malles. D'un regard disons un dernier adieu au lac. Sous la pluie qui tombe il est devenu tout gris, couleur de mon âme. Il n'y a plus d'horizon, plus de paysages, rien que des brouillards et des ombres. L'humidité devient transperçante. Est-ce que ce serait déjà l'automne ? Autant rentrer à Paris. Une autre année, nous connaîtrons peut-être l'Italie, la vraie Italie ! Jusque-là nous attendrons dans la patience et, si décidément le *heimweh* du pays que nous ne connaissons pas encore, mais que notre imagination aime à doter de si fabuleuses beautés, — nous tourmente avec une obsession trop insupportable, nous en serons quitte pour retourner une fois de plus à l'Opéra, admirer les décors de *Roméo et Juliette*.

II. — IMAGES

I

SOUVENIR D'ENFANCE

Pour le Dr Gustave Bastard.

« Italie, empire du soleil, Italie, maîtresse du
« monde, Italie, berceau des lettres, je te
« salue !... »

(Mme de Staël, *Corinne*.)

Ce fut ainsi que j'eus, pour la première fois, la sensation directe de l'Italie.

J'étais encore un garçonnet bien sage en pantalons courts et en veste à l'anglaise qui s'en allait gentiment, une boîte verte de botaniste au côté, faire de longues courses de montagne avec un vieux diable de Magister, lequel avait la voix ronchonnante, trouée d'impayables cris de tête, qui a fait la fortune de l'acteur Baron, et une figure demeurée en traits d'eau-forte, dans ma mémoire, comme la preuve la meilleure que j'aie jamais rencontrée des théories darwinistes sur la parenté des hommes et des singes. Au demeurant le plus brave des êtres, pédagogue jusque dans la moelle des os, une encyclopédie en redingote et en souliers ferrés. Tout en marchant, il ne perdait pas une occasion d'enseigner, et ma curiosité ne s'en plaignait pas, tant cette science universelle était pénétrée de bonhomie. C'est d'ailleurs au vieux Magister et à ses leçons en action que je dois le peu de botanique et de géologie qui soit demeuré dans ma pauvre tête; les belles choses que j'ai apprises par la suite, dans de belles salles avec de beaux professeurs munis de beaux diplômes sont restées dans les cahiers où ma main dut les noter durant les longues, durant les lourdes, durant les tristes heures de classe.

Or, cette semaine-là, nous avions fait un petit voyage d'exploration dans ces vallées de la Suisse valaisanne qui touchent à la frontière d'Italie et qui conservaient, — je parle d'une époque vieille de quinze ans, — la sauvagerie pittoresque des terres inconnues; depuis, trop de *misses* anguleuses sont passées, et les funiculaires ont achevé de rendre ces montagnes impraticables. Un soir, donc, de cette bienheureuse semaine de jadis, nous revenions à grandes enjambées, le Magister et moi, nos mains dans nos poches et nos bras remplis d'une moisson multicolore, cueillie sur les derniers sommets, au bord des ruisseaux glacés, très loin, sur les pentes qui mènent aux abimes. Et nous portions gaiement, des brassées de *rhododendrons* aux fleurs rouges de la rougeur des lèvres, de gentianes bleues comme des morceaux de ciel d'été, de soldanelles mauves ainsi que des yeux de jeunes filles et de trolles délicats, de trolles transparents, pareils à des coupes de nacre. Nous avions aussi les marguerites d'or de l'aconit aux feuilles déchiquetées, les marguerites violettes des asters aux longues tiges, et les marguerites blanches des *Edelweiss*, la fleur pure, la fleur des neiges et des fiancés. Le tout un peu pêle-mêle, au hasard des cueillettes, dans un mélange champêtre d'herbes folles et de racines humides. Mon professeur, qui était un homme d'ordre, souffrait de cet état de choses, tandis que j'en riais heureux comme un bossu d'avoir les deux mains noires de terre. Aussi, avisant une fontaine rustique, un tronc creusé, étendu à l'ombre des sapins et qui se trouvait, devant nous, à l'orée d'un village dont j'ai oublié jusqu'au nom, Messire Magister m'engagea-t-il à trier mes fleurs et à laver leurs queues, avec soin, dans l'eau claire. Posément, il se mit à la besogne, vidant ses poches et son bissac, — car il portait un bissac de toile bise, pour que la silhouette fût complète, — un bissac imposant sur lequel sa digne épouse avait brodé, tendre symbole, deux *edelweiss* en laine blanche.

Cependant, parce que nous n'en finissions plus de laver les queues de nos fleurs, le bruit de notre arrivée se répandit dans le village, et des filles aux beaux cheveux, aussi curieuses que leur grand'mère, sortirent des maisons closes afin de voir les étrangers de la fontaine. En ces temps-là, l'événement comptait encore. Elles s'approchaient, se tenant par la taille, distraitement, ouvrant des yeux dont on pourrait dire avec le conteur allemand qu'ils étaient grands comme des tasses à thé. Mais à la vue du vieux bonhomme, couleur brique, des bourses flasques sous chaque œil, la mâchoire carnassière à force de proéminence et si pareil à un vieil orang-outang avec son collier bocager de barbe grisonnante, — des rires glissèrent sur les lèvres irrespectueuses de ces jeunesses. Cependant, sans rien soupçonner, le Pédagogue qui avait le culte du beau sexe ayant, en un tour de main, lié deux ou trois petits bouquets, les offrit d'un geste galant aux jeunes filles interloquées. Avec un peu d'hésitation, après s'être concertées du regard, avoir souri, avoir rougi, la plus hardie avança la main, puis les autres l'imitèrent, et la moitié de nos fleurs y passa. Alors, pour remercier, ces jeunes filles eurent ce mot charmant qu'elles répétèrent en découvrant la blancheur de leurs dents, souriantes et radieuses :

— Grazie !... Grazie !... Grazie !...

Et ces mots d'italien qu'il n'est pas besoin de savoir l'italien pour comprendre, ces mots de musique et de grâce m'ouvrirent soudain des perspectives merveilleuses. J'entrevis confusément tout ce que je devais voir plus tard, en réalité et, — ce qui est bien rare, — en une réalité plus colorée, plus pittoresque, plus enthousiasmante que mes songes de petit garçon. Paysages de verdure, plages de lumière ou forêts d'ombre, aux seules paroles des Valaisannes aux lèvres rouges, je devinai l'indicible magie du pays où les rosiers ont des fleurs plus soyeuses et les visages des yeux plus noirs qu'en aucun autre de ce monde !...

Et comme je restais béat à contempler mes rêves, le Magister au bissac, craignant que les quinze ans des jeunes filles ne m'eussent déjà mis martel en tête, reprenait son bâton noueux en me criant allégrement, de sa voix de vieux chaudron fêlé :

— Allons !... en route, mauvaise troupe !...

II

NOCTURNE

Pour celle qui écrivit et pour ceux qui aiment « Italian Garden ».

À la tombée de la nuit, je m'en suis allé, à l'aventure, du côté d'Intra. Laissant la route blanche, à travers les pierres et les herbes brûlées je suis descendu, à pas hésitants, jusqu'au bord de l'eau. Après l'étouffement de la journée, la nature semblait comme évanouie ; avec la torpeur des choses privées de vie le lac stagnait pareil à une nappe d'huile. C'est à peine si l'on apercevait, au loin, estompés dans la brume bleue montant des eaux bleues, les bouquets parfumés des îles Borromées. Sombres, sur cette nuit d'étoiles, les montagnes se crénelaient évoquant les fantastiques remparts de quelque cité cyclopéenne. Peu à peu le paysage devenait irréel ; la paix du soir tombait dans un silence religieux. Aucune trace de vie ne parvenait plus jusqu'à moi. L'horizon s'ensevelissait dans le suaire violet du crépuscule. Et tout là-bas, au-delà des vapeurs et des ombres, glissait mystérieusement — une barque oubliée. Dans l'accalmie totale de vents apaisés la voile carrée pendait, immobile, ainsi qu'une aile cassée au flanc d'une hirondelle malade. Or cette barque passait si loin que ni le bruit des voix, ni le battement des rames ne pouvait parvenir jusqu'à moi — et vraiment, vue ainsi, à travers le mystère de la nuit d'été, après la fièvre ardente de la journée tropicale, avec tout ce que j'avais au cœur, cette barque à demi effacée par les brouillards semblait un mirage : *la barque des illusions perdues* que nous avons tous vue ou que nous verrons tous, tôt ou tard, passer et sombrer à l'horizon de notre destinée.

Sur le sable encore brûlant, je me suis étendu presque à fleur des eaux, dont les ondulations soupirantes semblaient le soulèvement d'une poitrine de femme. Une volupté singulière, une volupté triste montait de l'épuisement de cette nature à bout de forces, de cette nuit de violettes fanées et de bluets mourants, de ce lac enfin sur lequel flottaient toujours les parfums écœurants des rives et des îles fleuries de trop de fleurs!... Ah! malgré tout, l'âme rêvait autre chose, les lèvres murmuraient d'autres paroles ; un désir de tendresse vous amolissait le cœur ; et les mains souffraient de leur solitude!...

Mais voici soudain qu'avec un traînement de sabots une voix jeune, une voix de femme passa en chantant sur la grand'route :

> E l'amore e fatto come una nocella.
> Che se non la rompi non la puoi gustare.
> Ne lasciarti io voglio ; tu sei troppo bella !
> Chi ti ha veduto non ti puo scordare
> Ohé Carolin, non mi far struggere cosi [1].

C'était fini. Sur mon âme en espérance, cette chanson était tombée avec la fraîcheur d'une rosée. Déjà je n'entendais plus le toc toc des sabots. Elle était passée, l'inconnue, celle dont je ne devais jamais voir le visage et qui pourtant m'avait apporté la parole que je n'avais pas su trouver. Hélas ! hélas ! qu'elle était lugubre ! qu'elle était morte et vide la solitude de cette nuit enchantée de juillet ! Comme j'ai compris alors ces vers qu'une femme d'Angleterre écrivit, peut-être quelque soir de découragement et d'abandon pareil à celui-ci : « Puisque d'autres chantent, oublions, mon « âme, combien longue et sinistre est la route de vie. « Viens, cherchons des pâquerettes, cueillons les « giroflées des vieux murs, mais, hélas ! il est si triste

---

[1] L'amour est comme une noisette.
   Qu'on ne peut goûter sans la briser.
   Tu es trop jolie pour que je veuille t'abandonner !
   Car celui qui t'a vue, celui-là ne te peut oublier.
   O Caroline ! ne me fais pas tant souffrir !

« d'être seul¹! » Mon Dieu! que cette femme a raison et comme on sent que ces vers furent écrits avec l'âme même de sa pensée. Lus jadis, par hasard, restés dans ma mémoire, je ne saurais dire pourquoi, je ne les ai compris, je ne les ai vécus, tout à fait, que ce soir.

Et plus tard, le plus tard possible, tandis que je remontais la berge, que je reprenais, à mon tour, la grand'route dont la poussière était devenue bleue sous la nuit, tandis que je m'en retournais, à pas lassés, vers l'hôtel où il fallait bien revenir une fois, — après encore, en remontant les escaliers bordés de géraniums des terrasses, — en traversant les vérandahs encombrées de *rocking-chairs*, — en rentrant dans ma chambre vide, toujours, comme une plainte et comme un regret, j'entendais chanter la chanson de la paysanne aux sabots sonores, et toujours, sans que je le voulusse, mes lèvres répétaient la phrase toute simple et trop vraie : « Hélas! « il est si triste d'être seul ! »

Maintenant enfin, assis devant la table banale où bien des mains inconnues ont écrit mille choses oubliées, tandis que je rédige ces notes sous la clarté familière de la petite lampe de voyage abat-jourée de perles vertes, — je regarde, au delà, par la porte-fenêtre grande ouverte sur la féerie d'ombres et d'étoiles de la nuit aux doigts bleus. Contre les escaliers blancs du petit port, les eaux du lac clapotent avec un murmure de sanglots. Dans les buissons en fleurs du jardin effacé sous l'ombre, les insectes susurrent la mélancolie de la saison qui passe, — et tous ces bruits indistincts de la nature qui ne connaît que dans la mort le repos absolu répètent, à leur manière, la parole doulou-

---

¹ *Italian Garden* a book of songs by Miss Mary Robinson. *Personality*. Fisher Unwin, 1886.

reuse, la parole prophétique qui fit couler tant de larmes et qui brisera tant de cœurs, — *leitmotif* poignant de cette soirée mauvaise et que jamais, plus jamais, je n'oublierai : « Hélas! il est si triste d'être seul! »

III

PROFIL D'IMPÉRATRICE

Pour M. Gabriele d'Annunzio.

La journée était sans beauté; le lac sans poésie. Un horizon de nuages opaques nous écrasait de sa platitude. Pas une brise, pas un zéphir ne passait sur les eaux d'huiles. La température avait cette torpeur qui prédit les orages. Et ce furent d'entre les plus mauvaises heures de ce voyage aux lacs italiens que cette traversée fastidieuse, sur un vapeur qui n'avançait guère, sous un ciel qui n'annonçait rien de bon, par une après-midi qui ne me semblait réserver aucune impression nouvelle. Rarement, j'avais rencontré sur le pont d'un bateau société plus anonyme, moins susceptible de distraire par son charme ou par ses excentricités l'observateur en voyage. Quelques vieilles filles insignifiantes, quelques vieux messieurs grognons, deux ou trois enfants maussades, une bonne au nez cassé, un barbet d'une race incertaine : le tableau ne valait pas la peine d'ouvrir les yeux. Pour cette fois, le hasard ne m'avait point favorisé. J'arriverais à Locarno sans avoir recueilli le souvenir d'une figure, le dessin d'un paysage. Et j'en étais à attendre la fin de l'aven-

ture, à essayer même de dormir, pour abréger la durée
du temps, lorsque........

.... lorsqu'à une station dont le nom s'est effacé de
mon esprit, quatre personnes, sans embarras, montèrent
sur le vapeur : deux dames et deux messieurs. Les messieurs étaient en tenue de voyage ; les dames en robe
de deuil, de la dernière simplicité. D'abord, une paire
de favoris grisonnants surmontant un ventre en passe
de devenir considérable. La silhouette classique du
médecin autrichien, à la belle chaîne de montre. Puis
une jeune fille dont le chapeau noir laissait apparaître
quelques boucles d'un or admirable, et à laquelle volontiers on eût donné les noms gracieux des plus virginales héroïnes de Schakspeare, Miranda ou Rosalinde,
tant son visage avait dans sa pureté je ne sais quoi de
chaste et d'énigmatique. Ensuite, c'était une dame
plutôt grande dont on pouvait admirer les opulents
cheveux roux, car elle portait son chapeau suspendu à
son bras, mais dont le visage restait dissimulé derrière
un vaste éventail de plumes noires qu'elle tenait obstinément, à hauteur de ses yeux. Quoique l'inconnue fût
large d'épaules, la minceur de sa taille était telle qu'elle
en devenait douloureuse. Rarement l'expression de
corselet de guêpe convenait mieux dans ce qu'elle a
d'un peu cruel et comme de pervers. A ces détails près,
la nouvelle venue ne présentait aucun caractère intéressant. Sa robe de lainage noir, ornée de franges
déplorables, laissait apercevoir des pieds peu aristocratiques, chaussés de solides bottines anglaises. Un léger
châle noir assez défraîchi, de chenilles de soie, comme
le voulait la mode il y a une dizaine d'années, entourait
son cou avec négligence. Enfin, un petit jeune homme
fermait la marche, un petit jeune homme dont les cheveux étaient aussi blonds, le visage aussi régulier, les

4

yeux aussi candides et aussi surprenants que ceux de la jeune fille. Seul l'habillement de teintes sombres, mais de coupe anglaise, et une moustache, une fine moustache dorée, au-dessus de la fraise rouge des lèvres, indiquaient la différence des sexes, la virilité probable.

Mais déjà les roues du bateau avaient recommencé à tourner et nous avions repris la largeur du lac. Alors, sur deux bancs vides, séparés par une table, les nouveaux venus s'installèrent. Lorsque la dame sans chapeau se fut assise (et l'on put remarquer que ceux qui l'accompagnaient attendirent), le jeune homme prit place, à gauche et la jeune fille, à droite après avoir eu soin, l'un et l'autre, de placer entre eux et l'inconnue un petit sac de voyage. Ensuite le gros monsieur s'installa tout seul sur le banc en face, et tirant de sa poche un guide et un calepin se mit à les étudier. Puis longtemps le groupe demeura dans les mêmes attitudes, s'immobilisant dans le silence. D'un mouvement imperceptible, la dame aux cheveux roux agitait mécaniquement son large éventail ; tandis que la jeune fille et le jeune homme, frère et sœur par la beauté sinon par le sang, étaient devenus positivement de ces parfaites statues de cire comme on en voit au Musée Grévin. Leurs lèvres, leurs paupières, leurs prunelles elles-mêmes avaient acquis la fixité du plâtre et de l'émail. J'allais cesser d'observer le tableau décidément peu varié de ce quatuor que la plupart eussent trouvé insignifiant, lorsque la dame aux cheveux roux, écartant son éventail, adressa une question à sa voisine de droite. Celle-ci répondit brièvement, en inclinant la tête, puis le groupe reprit son aspect antérieur.

J'étais assis trop loin pour avoir pu comprendre les paroles. L'incident n'avait duré qu'une seconde, cependant cette seconde devait suffire pour me permettre de reconnaître les traits de l'inconnue, ses yeux surtout, agrandis par les fièvres de l'insomnie, par la continuité douloureuse de la vie intérieure, — des yeux profonds comme des sources, et comme elles mensongers, car des fleurs irréelles y dessinaient dans l'ombre leurs corolles fallacieuses. Il n'y avait pas à en douter, je devais au hasard des voyages de rencontrer la créature d'exception à laquelle ce nom d'*Impératrice Errante* restera écrit au bas de la légende de sa vie ainsi qu'une inscription de gothiques dorées au bas d'un vitrail de cathédrale. Elle venait de là-bas, elle allait ailleurs, voyageuse intrépide qui espérait, — ce fut toujours son espérance, son illusion! — découvrir enfin la terre bénie, le Canaan promis, où son âme, où son cœur retrouveraient la paix à jamais perdue, la paix idéale de l'oubli. Ayant trop de pensées pour avoir beaucoup de paroles, silencieuse, obstinément, elle se désespérait à suivre le fil embrouillé de sa destinée. Et sa seule, sa dernière coquetterie était d'aimer encore à voir se pencher au bord de la source mystérieuse de sa vie, des visages frais comme le printemps, de jeunes filles et de jeunes gens. Il lui semblait, ainsi qu'au bon soleil le corps fatigué rajeunit, qu'elle rajeunirait aussi sous les regards préférés de ces figures virginales; qu'à les contempler au moins elle oublierait un peu, une de ses plus inconsolables tristesses : le regret, l'obsédant regret de vieillir, de s'en aller, malgré tout, journée après journée, vers les décrépitudes de la sénilité!...

Cependant, sans qu'on sût comment, par indiscrétion peut-être, le nom de l'Inconnue s'était répandu parmi les passagers du bateau. Alors, une curiosité troubla leur apathie. Les vieilles demoiselles résolument affiliées à la confrérie de Sainte-Catherine eurent des chuchotements de leurs lèvres baveuses, des écarquillements de leurs petits yeux fripés. Gravement, après avoir tant bien que mal assujetti sur leur nez rétif des lorgnons branlants, les gros messieurs affectèrent d'aller à la proue admirer la nature. Mais, au passage, ils avaient soin de dévisager consciencieusement le groupe immobile. Tandis qu'avec une simplicité, touchante à force d'être naïve, la bonne au nez cassé ne trouvait rien de mieux que d'aller s'installer avec les enfants maussades dont elle avait la garde, sur un banc voisin d'où elle pouvait examiner tout à son aise, — et vous pouvez croire que ses yeux stupéfaits ne s'en privèrent point, — la grande dame en noir et ses charmants compagnons.

Cependant chez tous, chez les demoiselles vierges comme chez les messieurs imposants, on discernait cette même impression de surprise qui, tellement elle était peu dissimulée, finissait par rendre comique la silhouette de la bonne au nez cassé. Evidemment chacun se demandait, sans savoir répondre à sa pensée, comment l'Impératrice de l'un des plus grands empires de ce monde pouvait trouver quelque agrément à voyager ainsi que la première petite bourgeoise venue. — Et une certaine malveillance, comme une ombre de mépris dédaigneux, — chacune et chacun se disant en son for intérieur : « Si j'étais à sa place, ce n'est pas moi qui perdrais mon temps à de telles balivernes ! » se mêlaient déjà à leur étonnement, *parce qu'ils ne comprenaient pas !...*

IV

PLAGE TOSCANE

(Impressions contrariées)

Pour M. Stanley Carleton Mathews.

C'est le soleil en fleur du printemps. La mer, de la couleur des yeux des femmes, ondule très lentement, en dentelles d'un argent moiré de bleu. Sur la plage de sable fin, les vagues douces, les vagues pleurantes s'écroulent avec un bruit monotone de murmures et de larmes. Tout le décor est azur pâle et gris lumière: depuis le ciel lacé d'ombres, se préparant aux pluies futures, depuis la Méditerranée où le soleil mélancoliquement sème des étoiles et des opales, jusqu'à cette berge désastrée, où le flux roula, autrefois, le corps livide du divin Shelley!...

Une centaine de séminaristes, « de continents séminaristes », — comme disait le subtil Rodenbach, — noircissent de leurs déplaisantes soutanes le charme bleu de cette journée. La perfidie de l'Avrillée a troublé jusqu'aux frères inspecteurs qui, les yeux coquins, le chapeau sur l'oreille, se livrent à d'inconcevables entrechats. De leurs ceintures, de leurs surplis, les élèves ont fait un gros tas et, jupes troussées, battant des mains, lestement, ils s'ébaudissent au paganisme du printemps vermeil : ô hymen ! hymenaeae !...

Pourtant, si je suis parti de Pise, en la rapide voiture à deux roues des fermiers de la Toscane, si j'ai traversé en coup de flèche la forêt peuplée de sangliers, de faisans et de chameaux, car il y a des chameaux ici, des chameaux que Victor Emmanuel tenta et réussit d'acclimater, — la forêt merveilleuse de pins parasols et de roseaux préraphaélites, c'est pour venir, à mon tour, en ami de la « Plante sensitive », en amant de la « Béatrice Cenci », rêver aux lieux où fut recueilli, il y a tant d'années, dans la grâce d'un matin funèbre, le corps livide du divin poète !...

La gaieté déplorable des séminaristes en goguette me poursuit. Avec des cris en fausset, des cris de petites filles, d'aucuns s'amusent à faire des ricochets. Et ce sont, à l'arrivée des vagues imprévues, des écarts, des rires puérils de garçonnets, déconcertants sur ces figures de seize ans. D'autres tentent une brève excursion en barque de pêcheurs et, sous la lumière, leurs silhouettes dodelinantes, ombragées de ridicules ombrelles, font penser à de prétentieuses Allemandes en voyages de bas bleu...

Allons vers le nord chercher la solitude. Les montagnes lointaines, en teintes atténuées, dessinent des lignes très douces sur la clarté des horizons. Des voiles blanches glissent là-bas, gonflées pour d'autres avenirs !... Des îles s'indiquent dans le recul de l'au-delà. C'est la dernière journée de soleil. Demain, la pluie recommencera : la chaleur devient d'un sensualisme dangereux !... Enfin la paix est retrouvée ; quelque chose de ce que dut être cette même plage lorsque des mains inconnues recueillirent, autrefois, « son » pauvre corps !...

Une galerie de bois ajouré arrête ma promenade. Un pavillon biscornu et dentelé s'avançant, à ras des flots, fantaisie sans doute de quelque princesse capricieuse ! Mon cocher, qui est un beau gars et a l'esprit éveillé des *Monelli* florentins [1], raconte, avec des sou-

---

[1] Le gavroche de Florence.

rires, que la comtesse de Mirafior, — celle que les Italiens appellent simplement *la Rosine*, — venait, par des journées pareilles à celle-ci, baigner dans cette eau couleur de ciel ses beaux pieds couleur de marbre.

Aux bras l'un de l'autre, ayant fui la joie et la vie, deux séminaristes passent avec dans leurs yeux et dans leurs gestes la nostalgie des choses qu'ils ne devront jamais connaître !...

Lorsqu'avec sa cour de ton et d'habitudes militaires la comtesse de Mirafior venait ici, c'était une folie de chansons; l'Asti mousseux coulait à pleines coupes !...

Pourtant ce fut sur cette plage, dans la grâce d'un matin funèbre, que des mains inconnues retrouvèrent, il y a tant d'années, le corps du divin Shelley !...

V

BALLET D'ÉTUDIANTS

Pour M. Giuseppe Giacosa.

Ne sachant comment tuer la soirée, nous résolûmes d'aller au théâtre de l'Alhambra, où les étudiants de l'Université de Milan donnaient un spectacle de bienfaisance, une opérette-ballet, composée à leur usage, sur les motifs si connus mais toujours plaisants de la zarzuela espagnole : *La Gran Via*. Un ballet dansé par des étudiants, cela valait la peine d'être vu ! Le tableau de mœurs tentait le curieux de vie italienne que je suis et paraissait devoir être moins banal que les sérénades vénitiennes et que les pêcheurs napolitains dont abusèrent vraiment ceux qui, depuis le président de Brosses, essayèrent de raconter leurs impressions d'Italie.

La salle trop grande et mal décorée tenait du cirque nomade et du hangar à constructions. En guise d'ouvreuses, de petits jeunes gens aux méchants fracs rouges se donnaient beaucoup de mal pour faire de leur mieux, mais l'habitude leur manquant ce n'était pas une affaire aisée que de pouvoir découvrir sa place. Sur les banquettes, dans les loges, beaucoup de familles, beaucoup d'amis. Jamais ne vit-on public mieux disposé, quoi qu'il advînt, à applaudir frénétiquement, à l'italienne ! Le spectacle s'annonçait pour huit heures; à neuf heures, le rideau n'était pas encore levé. Comme dans toute soirée de bienfaisance donnée par des amateurs qui se respectent, il fallait s'armer de patience. Cependant, je le reconnais, on n'a pas fini d'arriver ; bientôt le hall, si vaste soit-il, sera bondé. Les petits jeunes gens aux méchants fracs rouges ont définitivement perdu la tête.

Enfin, silence ! le maëstro a frappé ses trois coups et, après l'ouverture fameuse qui chante dans toutes les têtes d'Espagne et d'Italie, l'ouverture valsante et déhanchée où passent, en farandole de joie, castagnettes aux doigts et cigarettes aux lèvres, des Sévillanes aux peignes d'or — la scène se découvre :

En Suisse, autrefois, j'avais vu des étudiants de sociétés universitaires jouer plus ou moins agréablement des rôles de femmes. Mais il y avait loin de ces travestissements modestes au spectacle invraisemblable que mes yeux virent, ce soir-là, sur la scène trop vaste et si mal décorée de l'Alhambra milanais. Imaginez une centaine de jeunes gens en tutus roses avec des perruques blondes ou rousses, s'exerçant aux manœuvres connues d'un corps de ballet. Ils sont là, ceux qui deviendront les députés, les avocats, les médecins de l'avenir, à sourire, les bras en corbeille, faisant des effets de torse et des effets de cuisse en des entrechats qu'une artiste de profession admirerait. Et l'illusion devient complète ; le programme indique : *Première danseuse. Monsieur un tel : Première seconde danseuse. Monsieur un autre,* etc. (Je trouve inutile de recopier les noms que j'ai là, sous les yeux.) Des chœurs, des scènes d'opérette interrompent parfois l'action chorégraphique. La souffrance ne nous est même pas évitée d'entendre un gros étudiant chanter d'une voix de soprano, le *Monologue de la Tailleuse*. Puis les valses, les *ballabiles*, les pas de deux, de trois, de quatre ou de cent reprennent et continuent jusqu'à minuit.

Certes le spectacle était inattendu, mais ce qui me frappa surtout ce fut son extrême laideur. Ces bataillons de jeunes gens travestis étaient affreux. Cette première danseuse *absolue* — comme on dit en italien, — avait des bras, des jambes maigres, noués de muscles, d'une silhouette hideuse. Comment cela se pouvait-il ? Je suis certain qu'en frac et qu'en pantalons la plupart de ces jeunes gens devenaient tout à fait charmants. Mais avec leurs longues mains, avec leurs grands pieds, ces jupons courts et ces tailles plates leur donnaient l'apparence d'araignées, de bêtes marines, de gnomes malfaisants et nocturnes. Ah ! que le proverbe a raison : *A chacun sa fonction ici-bas et les caches seront bien gardées !* Que les danseuses soient de vrais *rats* aux petites mains, aux petits pieds, aux petits sourires roses, et les ballets seront bien dansés ! Que les étudiants s'en aillent, les soirs d'avril, chanter des sérénades par les rues blanches de lune, sous les balcons fleuris et la jeunesse masculine d'Italie restera la plus aimable et la plus séduisante de ce monde !

DEUXIÈME PARTIE

LES CAPITALES : FLORENCE, ROME NAPLES ET VENISE

I. — NOTES DE VOYAGE

I

Pour M. Casimir Stryienski.
Florence, mai.

C'est ainsi, j'imagine, qu'un Stendhal occuperait ses journées, s'il passait à Florence ces mois de soleil :

D'abord, à la douce lumière des matins clairs, tandis que les innombrables clochers des églises jolies égrènent leurs interminables carillons, il s'en irait revoir quelques-unes des œuvres d'art dont le souvenir lui reste cher ; puisque c'est de cette manière qu'il faut visiter les musées italiens, non en touriste Cook qui, sans chercher à comprendre, dévisage ce que lui indique son *Bædeker*, mais en dilettante curieux auquel, par galerie, une ou deux toiles suffiront. Aux *Offices*, par exemple, il choisira l'admirable saint Sébastien du Sodoma, dont la figure si belle, dont les mains adorables dessinent des lignes d'une perfection presque divine. Ou bien, à l'*Académie des Beaux-Arts*, il cherchera dans les clairs yeux de la Primavera charmante l'inquiétant mystère qu'y discernait Jean Lorrain. Le David au chapeau couronné de fleurs du Bargello ; la Vierge au sac de la très sainte église de l'Annunziata seront aussi d'entre ses œuvres d'élection, mais je doute qu'il apprécie la Pallas retrouvée de Botticelli. Avec ses membres hommasses et ses gestes insignifiants, elle n'aura pas de quoi le séduire. Volontiers aussi d'excellents esprits s'amusent à reconnaître dans les Vierges idéales de l'Ecole Primitive les lointains profils des petites dames d'aujourd'hui. Ce passe-temps n'a rien de profane. Traiter les vieux maîtres en compagnons modernes, n'est-ce pas les aimer de la bonne manière, — de celle sans doute qu'ils eussent préférée ? Laissons aux Allemands les gloses et les catalogues !... Dans une Madone au manteau vert j'ai cru revoir les yeux gonflés, le sourire candide de Suzanne Reichemberg. Je n'oublierai plus l'*Annonciation* de Neri di Bici.

Puis midi sonnant aux campaniles de marbre, les rues pleines de soldats défilant aux fanfares redoublées, après avoir goûté dans une ostérie du pays à des mets vraiment italiens, — asperges au citron ou artichauts au fromage, — notre stendhalien fin de siècle rentrerait passer au logis les heures déjà un peu lourdes de la première relevée. Un de ces redoutables cigares toscans aux lèvres, dans l'ombre lumineuse des persiennes soulevées, alors que se font déserts les quais de l'Arno, vert eau du Nil, — il tuerait le temps à lire de nouveaux imprimés, de ceux dont personne ne parle, puisqu'en Italie il existe deux littératures : — l'*officielle*, dont on dit grand bien et qu'on se garde de lire, tant elle est monotone, emphatique, vieux jeu, — et la *confidentielle*, que de rares ont le courage d'avouer connaître, mais que chacun estime en son for intérieur devoir être l'avenir.

Il faut abandonner la première à ceux qui appellent Mme Mathilde Serao à la plume féconde, la George Sand de l'Italie et reconnaître que les chers romans de Gabriele d'Annunzio sont encore de la seconde. A Paris, à Vienne, à Berlin, d'Annunzio est célèbre ; ici, on affecte de ne pas le prendre au sérieux. Sa vie privée doit lui avoir fait tort. On comprendra que certains ducs et leurs amis et les amis de leurs amis aient vraiment quelque peine à apprécier les *Trois Romans de la Rose*, c'est-à-dire de la chair, qu'il a publiés jusqu'ici. Le cycle est terminé. Avec les *Vierges aux rochers*, le premier des *Romans du Lys*, M. d'Annunzio a changé de route. Les épigraphes sont empruntées aux écrits de Léonard de Vinci. On pressent la métamorphose, mais l'écriture et l'âme sont restées pareilles, — et c'est toujours le même art éblouissant, vénéneux, génial aussi, — ajoutons-le. Seulement M. d'Annunzio semble avoir compris que, pratiquée d'une certaine manière, la chasteté devient une suprême perversité. Et c'est ainsi qu'il a entendu rendre chastes ses romans du Lys. Leur blancheur est celle du voile de la « Sœur » qui n'a pas la vocation, sous le front de laquelle fermentent les pensées défendues, les désirs criminels, tous les champignons empoisonnés aux nuances souvent admirables du vice et de la folie.

Ensuite, le cigare percé d'une paille achevé et le dernier fascicule de la *Nuova Antologia* n'en disant pas davantage, il s'en irait en modeste *sapin* (en italien, on traduit *legno*) faire un tour aux Cascines. La nature est fleurie, la promenade sillonnée de passantes et d'équipages, — c'est l'heure élégante. Des officiers en uniformes éclatants galoppent dans l'allée réservée, puisque les femmes, pour se montrer, ont choisi ce moment de la journée, estimant que la lumière du soir auréole d'une illusion de plus leur passagère mais inéluctable beauté. Comme Stendhal connaîtrait son Florence, à côté des Anglais conventionnels, des inévitables voyages de noces et des Allemands ridicules qui sont en train de déshonorer l'Italie, il trouverait plusieurs figures de connaissance : — le *dog-cart* très haut au petit groom ultra-chic du prince dont le regard est étrangement mauvais derrière le monocle altier, — la victoria confortable où la vieille marquise ridicule promène en de jeunes et élégantes compagnies son antiquité peinte à fresque; une figure de soixante ans, énorme, bridée de rides, effrayante sous une perruque blonde et un chapeau de capucines et de plumes vert perroquet. Ou bien il admirerait dans une calèche aux valets impeccables, deux femmes, deux Françaises aux toilettes d'un goût très sûr qu'on prendrait pour deux sœurs, mais Stendhal aurait bon goût; il préférerait la beauté savante de la mère aux inutiles vingt ans de la fille. Des souvenirs des autres années l'inciteraient aussi à philosopher: elle ne passe plus dans sa voiture aux roues jaunes comme des louis, la cocotte suisse-allemande dont les robes d'un rose en désaccord avec le fard de ses joues révolutionnèrent jadis Florence. Non, maintenant, elle va à pied, les yeux baissés, vêtue de sombre: après fortune faite, elle s'est mariée. Et où est-il, où est-il, le poète anglais aux cheveux châtains, dont les ineffables œillets verts firent impression ici tant de printemps d'autrefois? Je n'ose même pas vous dire quel était alors son compagnon de voyage. A. B. C. D. Avez-vous compris ?... Hélas !

Mais tout finit par lasser, même de se promener aux Cascines. Pour achever l'après-midi, Stendhal entrerait au *Jeu du Ballon*, la dernière en date des passions italiennes. Vraiment, pour la comprendre, il faut venir en ligne directe de Cosmopolis. Dans un amphithéâtre carré-long, bordé de trois côtés par des gradins et du quatrième par un mur énorme, c'est à peu près notre ancien jeu de paume exécuté par six professionnels en simples et étroits vêtements de piqué blanc; des nœuds rouges et bleus distinguent les camps. Chaque jour, pendant deux heures, des milliers d'hommes assistent avec une frénésie croissante à ce va-et-vient, souvent adroit, de paumes lancées à coups de poing et rebondissant sur le mur énorme. Un jeu ne suffisait pas; il a fallu en établir un second. Sur les places publiques, au détriment des vitrages, dès que la police est hors de vue, les gamins s'y préparent. C'est une fièvre, une folie. J'en cherche vainement le pourquoi; des totalisateurs fonctionnent, mais les sommes gagnées sont insignifiantes. La raison doit être ailleurs. Peut-être tout simplement dans le plaisir de voir des jeunesses se développer en des jeux de mouvement et d'adresse. Pourtant les femmes n'y viennent guère: seules, dans la galerie supérieure, quelques étrangères décadentes en quête de sensations bas-empire.

Notre Stendhal, lui, ne s'y attarderait guère; il aurait encore deux ou trois visites à faire avant le dîner, et comme de par ses voyages, ses goûts, ses *acquaintances*, — selon la délicieuse parole anglaise, — seraient dans tous les mondes, il verrait, au hasard des jours, même cette vieille aristocratie florentine, dont les salons demeurent plus fermés que les portes du Baptistère. Ses revenus ne sont généralement plus en rapport avec les exigences du luxe moderne; pourtant sa liberté orgueilleuse n'admet nul compromis avec la Banque juive. C'est là, et ce n'est que là, que l'on rencontre encore d'authentiques marquises, de vraies princesses dont l'âme cosmopolite et l'aristocratie de beauté restent vraiment uniques. Cependant sans la société juive, américaine et rastaquouère, Florence manquerait de toute vie élégante ; le commerce déjà peu brillant n'aurait plus qu'à fermer boutique. Ces salons sont les seuls où se donnent encore quelques fêtes — les officiers de la garnison y sont fort appréciés: quelques-uns s'y marient, d'autres se contentent de s'y amuser. Enfin, car il ne faut point oublier que cette ville est à demi anglaise, la société britannique demeure des plus intéressantes, scindée en deux camps ennemis, groupés l'un et l'autre à l'entour d'une femme illustre. D'un côté, l'esprit supérieur, l'érudition sans pédantisme, le sens exquis de toutes les délicatesses de celle qui signe Vernon-lee ; de l'autre, la verve fantasque, la passion généreuse et empoignante de la romancière européenne, de cette étrange Ouida, dont les livres me furent sympathiques.

Reste la soirée ; elle sera longue. Florence n'a que d'affreux cafés-concerts et de rares représentations passables d'opéras. Toutes les *chanteuses à diction* de dixième ordre, dont aucun directeur parisien ne veut plus sont ici en tournées. L'entreprise doit être fructueuse ! Mais elle ne laisse pas que de présenter quelque péril. Le roman de ces artistes au rabais qui consentent à *faire* l'Italie serait à écrire, ma parole ! Il pourrait tenter un « naturaliste ». Fort scabreux, très obstétrical, extrêmement vulgaire et sans gaieté aucune, il présenterait toutes les qualités requises par la rhétorique de M. Zola. Malheur à sa voix ! malheur à sa santé si la « pauv' fille » trop souvent, trop volontiers !… Il ne peut manquer de lui arriver ce qui est arrivé à tant d'autres. Depuis les lois Crispi, l'Italie est un pays néfaste. Après, tout est possible. Les médecins vous le diront bien. Ah ! jeunes chanteuses ! jeunes chanteuses ! c'est à Florence surtout que la bagatelle est d'importance ! Pour n'avoir point été averties, combien de vous n'ont-elles pas fini, misérablement sur un lit d'hôpital où tragiquement, sur un lit d'hôtel. L'aventure est authentique. Chaque année, elle se réédite à plusieurs éditions, et ce n'est pas gai, gai, ô ma mie !

Quant aux théâtres d'opéras, ils sont voués à l'éternelle répétition de vieilles guitares démodées ou à d'inutiles, à d'inférieurs pastiches de la *Cavalleria Rusticana*, chantés par deux artistes de renommée, Mlle Bellincioni et M. Stagno, ou plutôt, pour mieux dire, par M. et Mme Stagno-Bellincioni. Lui est ténor, ou plutôt il le fut aux temps déjà lointains où nos grand'mères portaient des *repentirs*. C'était un artiste rare qu'il est affligeant de voir lutter sans succès contre les sonorités de l'orchestre et tendre le cou et gonfler la poitrine pour arriver à émettre péniblement deux ou trois cris destinés aux galeries supérieures. La Bellincioni, au contraire, est encore jeune, d'une beauté sicilienne avec des yeux à la Rose Caron, et, si elle chantait avec un ténor de son âge des choses intéressantes, sa voix pure, bien qu'inégalement timbrée, son tempérament de feu feraient sans doute merveille. Ces auditions en famille compromettent sa carrière, et je ne l'engagerai pas à les essayer à Paris.

II

Florence, octobre.

Les représentations assez peu brillantes autant que j'en puis juger après une heure passée chez Vieusseux, à parcourir les comptes rendus des journaux parisiens, — l'insuccès pour tout dire, en un mot, de la *Provinciale* au Vaudeville et surtout la manière vraiment curieuse dont la presse accueillit la comédie de MM. Paul Alexis et Giuseppe Giacosa, — recopions fidèlement le programme, — indiquent trois vérités : 1° que, quoi que nous en disions et quoi qu'il en paraisse, nous connaissons à peine les littératures étrangères ; 2° que d'entre toutes les vanités littéraires de ce monde la plus vaine est encore peut-être de prétendre étudier et reproduire les mœurs au théâtre ; — enfin 3° que la sensibilité italienne n'est pas la sensibilité française, car les différences d'idiomes indiquent des différences intellectuelles et l'âme d'un Florentin n'est déjà plus tout à fait constituée comme l'âme d'un Parisien.

Dans un feuilleton parfaitement exquis comme tout ce qu'écrit cette plume délicieuse, M. Jules Lemaître disait en passant : « MM. Paul Alexis et Giacosa — à moins que ce ne soit M. Paul Alexis tout seul —. » Or, c'est précisément le contraire qu'il aurait fallu insinuer. puisque la *Provinciale* est la traduction française à peine, *à peine* revisée d'une des plus célèbres comédies du répertoire italien contemporain : les *Tristes Amours*, de M. Giuseppe Giacosa. Dans la version italienne, la femme s'appelle Emma Scarli, le mari Giulio Scarli, l'amant Fabrizio Arcieri et la scène se passe, — ainsi dit la brochure, — en Italie, dans une petite ville de province. M. Alexis a préféré Berthe Martin, Georges Martin et Maurice de Ponthieu, puis il a fait passer la frontière à tous ces personnages et la petite ville d'Italie s'est trouvée française, un beau matin, sans le savoir.

Vous sentez déjà l'ironie profonde de ce que je vais ajouter ; il se fait donc, — et je n'invente rien, je raconte des faits que chacun est à même de pouvoir contrôler, — qu'une pièce qu'on nous donne pour une étude sincère, pour une peinture exacte de la vie de province française, — et certains critiques se sont plu, en effet, à vanter ces qualités, — se trouve avoir paru pendant plus de trois ans, à des centaines et des centaines de spectateurs, à Rome, à Milan, à Florence, dans toute la Péninsule, un tableau surprenant de la vie de province italienne. Or, puisque les changements introduits par M. Paul Alexis sont insignifiants (« Si tu entendais comme il imite Faravilla », dit la version italienne, par exemple, ce qui devient en français : « Si tu entendais comme il imite Coquelin » — acte III, scène I) et puisque à coup sûr la vie des petites villes italiennes diffère étrangement de la vie départementale française, il y a peu de chances, — n'est-ce pas ? — pour que la *Provinciale*, malgré son titre, reproduise ni de près, ni de loin, ni même d'aucune manière, l'existence si peu enviable des sentimentales bourgeoises de Bar-le-Duc ou de Nogent-sur-Seine.

C'est cette *dénationalisation* des personnages qui a précisément perdu la version française des *Tristes Amours*, car nous eût-on donné Berthe Martin pour une Italienne pur sang que peut-être eussions-nous compris et accepté sa passion souffrante et navrée, sa déplorable facilité à accepter les circonstances de la vie désespérante, ses remords épouvantés et surtout, après la découverte de l'irréparable faute, son impuissance à quitter sa fille et sa subite faiblesse à la seule vue de la poupée de la chère pauvre petite que sa trahison rendrait orpheline. Mais tant de sensibilité ou, pour mieux dire, une sensibilité si peu raisonnable, si peu logique a surpris, et à juste titre, chez une Française... Aussi le troisième acte n'a-t-il point été accepté, et franchement je ne vois guère comment il eût pu l'être.

A la place de Berthe, une Française serait partie, j'en
mettrai la main au feu. Son mari ne lui pardonnera
jamais : elle le sait, elle le sent, — tandis que son ami
est prêt à tenter l'impossible. En bonne logique que
faut-il faire d'autant qu'elle n'aime que celui-là et
qu'elle l'aime passionnément. Pour rester, il convient
d'avoir une âme plus douloureuse, plus vibrante, plus
avide de souffrances et de mortifications que celle de
nos Emmas Bovarys. Et puis ce fut encore une drôle
d'idée de distribuer ce rôle à Mlle Maria Legault, la
piquante *Tête de Linotte* du plus parisien des vaudevilles, celle qui, avant que *Cyrano de Bergerac* fût écrit,
était déjà des mains au visage et de voix et de gestes
et d'esprit et de tout, la moqueuse et légère et frivole
Roxelane. Je me souviens que, dans une *Revue* de fin
d'année, les auteurs en mal de nouveauté imaginèrent
de faire jouer le rôle de *Phryné* au vieux Baron. L'effet
ne fut point heureux, le bouffon ne parut même pas
comique. Il y a quelque chose d'approchant dans le fait
de distribuer un rôle de passion et de larmes à une
actrice de caprice et de rire. Une jolie femme ne suffit
point à toutes les besognes, — quoiqu'on en puisse
prétendre.

Pourtant cette « première » m'a donné l'occasion de
relire les *Tristes Amours* de M. Giuseppe Giacosa, — car
j'oublie, je veux oublier la *Provinciale*, — et je rapporte
de cette lecture comme une perle que j'aurais découverte, un mot d'amour vraiment admirable, aussi beau
que tous les mots d'amour que l'on répète depuis qu'il
y a des poètes et des amants. Je m'en vais vous le dire,
à mon tour, parce qu'il est toujours agréable de redire
des mots d'amour — et comme d'une chose profitable,
je vous prie de le garder, dans votre mémoire, et de bien
vous souvenir qu'il est de M. Giacosa, de M. Giuseppe

Giacosa tout seul sans aucun collaborateur naturaliste
ou pas naturaliste. Fabrizio entre à l'improviste, Emma
est seule, mélancolique au coin du feu : « Tu ne m'attendais pas? » — Alors elle se retourne et, avec un de
ces regards de passion ardente où une femme se donne
toute, elle répond simplement : « — *Je t'attends toujours!* »

III

Pour Mme Louise Schenck.
Florence, avril.

L'intérêt du public français pour l'auteur des *Romans
de la Rose* et du *Lys* est tellement surexcité qu'on lira,
je crois, avec plaisir, l'esquisse des conversations que les
hasards de la vie et le dieu des voyages me permirent
d'échanger avec M. Gabriele d'Annunzio dans la paix et
le calme de cette délicieuse Florence. Si je gardais pour
moi les paroles curieuses, ou nouvelles, ou charmantes
que je recueillis sur ses lèvres, on pourrait m'accuser
d'égoïsme, car ce n'est pas le moindre attrait de cet écrivain de passion d'être à la fois célèbre et inconnu. Ses
œuvres sont entre toutes les mains ; c'est à peine si deux
ou trois de nous l'ont rencontré. Pourtant notre sympathie légitime notre curiosité. Que M. d'Annunzio le
comprenne, — et je vais essayer de m'abstenir des vulgarités de l'*interview*.

A première rencontre, ce qui frappe en M. Gabriele
d'Annunzio, c'est son extrême jeunesse. Les dictionnaires
assurent qu'il est natif de 1864; en réalité, il paraît
beaucoup plus jeune, on lui donnerait à peine vingt-

quatre ans. Et parce que sa célébrité devient déjà européenne, l'impression reste bizarre ; l'image que nous nous faisons d'un homme célèbre réclame évidemment des rides obligatoires et quelques cheveux gris. De nos écrivains, celui qu'il me remémore le plus, c'est Pierre Loti ; seulement ce serait un Pierre Loti blond. Il a cette même aisance britannique, cette même originalité de pensée et de paroles qui font de l'académicien voyageur une des figures les plus singulières de notre société française. D'ailleurs, si M. Gabriele d'Annunzio est Italien, il l'est comme le furent les artistes d'autrefois, non comme le sont ceux d'aujourd'hui ; c'est-à-dire qu'il évite l'emphase et les feutres à larges bords. Sous l'écrivain, on retrouve toujours l'homme du monde et l'on n'a jamais l'ennui, si fréquent, de devoir regretter l'inélégance de manières d'un auteur dont les œuvres et les idées vous enthousiasment. Les seules caractéristiques autochtones que je sois parvenu à discerner seraient une confiante, une naturelle affirmation de son intelligence et une absence complète de scepticisme qui l'ont fait répondre, par exemple, avec trop de fierté et pas assez d'ironie, selon notre point de vue français, à cette ridicule querelle des plagiats.

Nous commençâmes naturellement par parler de ses œuvres. M. d'Annunzio attendait avec beaucoup d'impatience la surprise du public français devant les *Vierges aux Rochers*. Il n'aurait point voulu que cette œuvre si différente de celles qu'il avait écrites jusqu'alors fût moins goûtée ; cependant il ne se dissimulait pas qu'en dépit de son excellence la traduction ne rend point, qu'aucune traduction, il est vrai, ne pourrait rendre la symphonie délicate du texte italien. Certaines pages en furent composées avec un soin jaloux, les mots choisis entre mille, à seule fin de cadencer les phrases, de les rendre d'une beauté plus musicale, de nuances mieux assorties. A mon étonnement de la longueur un peu difficile des cent premières pages de philosophie, M. d'Annunzio répond avec justesse, que ce prologue qui écraserait une œuvre en un volume, n'a rien d'exagéré pour les trois parties du *Roman du Lys*. Ce prélude d'idées était obligatoire, pour mieux indiquer, dès le début, la pensée inspiratrice, cœur et lumière, des *Vierges aux Rochers*, de l'*Annonciation* et de la *Grâce*.

Je le félicite, toutefois, malgré ces réserves nécessaires, d'avoir eu la bonne fortune qui a manqué aux Russes et aux Norvégiens, d'un traducteur possédant la plume et l'âme d'un artiste. Alors, il me conte que, bien loin de se désintéresser des éditions françaises de M. Hérelle, il les revoit, au contraire, avec un soin extrême. Certains passages seraient calqués plutôt que traduits : le texte français étant scandé selon la mesure du texte original, afin d'obtenir les mêmes successions de longues et de brèves et que la musique de l'italien nous devienne de cette manière, pour ainsi dire, perceptible. Peut-être, avec le temps, arrivera-t-il, — comme Marion Crawford, — à faire lui-même ses traductions. Le français lui plaît tellement ; il l'écrit comme un Parisien. Ce qui le désoriente encore, c'est l'implacable rigueur de notre syntaxe et que notre langue s'accommode si mal des constructions brisées, des phrases sans verbes. D'ailleurs, l'écriture artiste des frères Goncourt, — il le craint, — réclame une connaissance intime, une intuition du génie français que les étrangers ne doivent guère pouvoir acquérir.

Etes-vous de ceux qui désirent la suite des *Vierges aux Rochers* ? Il va falloir vous armer de patience ; la *Grâce* sera pour le xxe siècle. En attendant, M. d'Annunzio termine un roman de passion contemporaine, le *Feu*, dans lequel il cherchera à décrire un des plus étranges et des plus subtils conflits d'âmes qui se puissent imaginer. Ce sont de belles heures en perspective. Réjouissons-nous-en. Ces tranches de vie dont la donnée sera plus audacieuse que tout ce qu'il écrivit jusqu'ici auront pour toiles de fond Florence, Pise et Rome. Cette fois, M. d'Annunzio tentera enfin une étude de femme (il vous souvient que dans les *Romans de la Rose* l'homme, l'amant est toujours au premier plan). Or, cette femme qu'il fera, j'imagine, passionnée et maladive, sera actrice et artiste naturellement. Des reporters ont prétendu que la Duse devait servir de modèle; il ne faut pas les croire; et pourtant, après tout ce qu'a raconté la chronique mondaine, en douter serait un enfantillage. Ce n'est point à une inconnue que fut dédiée la *Gioconda*, mais indiscutablement à Eleonora Duse « aux belles mains ». Il est vrai, on peut l'ajouter, que le modèle semble digne du peintre. Par sa vie étrangère à toute opération commerciale, son tempérament passionné jusqu'à la neurasthénie, son originalité et son cœur douloureux, peu d'actrices contemporaines, aucune même sans doute n'est davantage dans la vie, l'héroïne décadente et sentimentale qu'elle joue, le soir, au théâtre. Et, pour peu que le livre du poète soit le miroir de cette âme tourmentée et inoubliable, on ne s'avance guère en prédisant que le *Feu* sera le chef-d'œuvre de M. d'Annunzio.

Je voudrais savoir ensuite comment il travaille? Mais par périodes plutôt que méthodiquement. Ainsi, lorsqu'il finissait l'*Intrus*, il s'était enfermé, menant une vie silencieuse de Chartreux, allant jusqu'à des dix-huit heures de labeur ininterrompu, — et dans la solitude de sa chère maison de Francavilla, au bord de l'Adriatique orientale, loin des chemins de fer et de l'américanisme moderne, il trouve les heures de soleil et de paix qui sont nécessaires à ses travaux d'art et de vie.

Fatalement nous devions aussi parler de cette *Renaissance italienne* pour laquelle M. de Vogué a mené si vaillante campagne. L'autre jour encore, ici même, à Florence, dans la salle somptueuse et noblement décorée de fresques païennes du palais Ricardi, après une conférence très érudite sur le *Royaume d'Etrurie*, celui qui restera notre second Chateaubriand a repris sa croisade. Il ne voulut nommer personne, mais chacun comprit bien qu'il avait en vue l'auteur du *Triomphe de la Mort*. Bien qu'il évite de prononcer, M. d'Annunzio ne paraît point aussi persuadé de cette renaissance que son éloquent critique. Il faut avouer que les œuvres et les hommes font un peu défaut. A part M. Fogazzaro, dont le dernier roman, *un Petit Monde d'autrefois*, contient de grandes pages à côté d'intolérables longueurs, M. d'Annunzio trouve difficilement ceux qu'il conviendrait encore de nommer, j'entends parmi les écrivains de premier rang, ayant de quelque manière prouvé ce que Nietzsche appellerait leur *superhumanité*... Tenez, voilà précisément un de ces points de détail par lesquels M. d'Annunzio témoigne de sa nationalité intellectuelle d'Italien. A ce propos, un écrivain français n'eût pas manqué de faire une réclame à dix ou douze de ses confrères, et, pour les autres, il s'en fût tenu à de vagues formules laudatives. Avec plus de franchise et moins d'amabilité, M. d'Annunzio m'a dit qu'il ne voyait rien. Trop courtois pour avoir des paroles sévères, il se contentait d'ignorer. Et comme je proposais à son admiration quelques œuvres connues (à Rome, il est vrai, plutôt qu'à Paris), il ne discuta point, convenant par politesse, qu'elles étaient, en effet, charmantes. Mais ses paroles, échos surtout de mes demandes, manquaient de sincérité. Pourtant, il admit que les *Droits de l'âme* de M. Giacosa étaient de valeur sérieuse et que M. Verga témoignait d'une très belle vigueur. Mais, au nom d'Ada Negri, il se révolta, jugeant que la condition première d'un poème était d'observer au moins les règles de la prosodie. Puis nous fîmes une croix sur cette *Renaissance italienne* et passâmes à d'autres sujets.

La littérature française nous conviait, M. d'Annunzio la connaît si bien, — et en écrivant cela je ne veux nullement sous-entendre quoi que ce soit qui puisse agréer à ses détracteurs, — car je soutiens, au contraire, que toute cette ridicule querelle des plagiats dont on essaya de faire jadis un scandale littéraire ne fût, au fond, comme la comédie de Shakspeare, que *beaucoup de bruit pour rien*. D'ailleurs, ceux qui la menèrent ne durent point être satisfaits des résultats ; elle ne servit qu'à augmenter la vente de celui auquel on reprochait déjà de trop se vendre.

Un volume était sur la table, *une Idylle tragique*. Nous commençâmes à parler de M. Paul Bourget. Tout en reconnaissant les rares aptitudes psychologiques de mon Maître, M. d'Annunzio regretta que de plus en plus l'artiste chez lui cédât le pas au philosophe. Des ouvrages comme *Outre-Mer* ne sont plus des livres d'art. Remplis d'informations précises, de vues philosophiques, de mille choses nouvelles ou ingénieuses, ils ont tort pourtant parce qu'ils manquent de beauté. Toutefois, dans les premiers livres, les éclairs de génie n'étaient point rares, et bien souvent le style avait une vigueur d'élégance nerveuse qui, tout en permettant les subtilités de l'analyse, conférait aux gestes de la passion et de la douleur le mouvement de la vie. Il y a aussi des pages exquises dans les *Études et Portraits*. Les paysages d'Oxford sont des merveilles, et l'on doit souhaiter que cet esprit puissant s'oriente de plus en plus vers la beauté, vers *la pensive Beauté*. Mais il faut reconnaître que ses romans deviennent de moins en moins inédits. Ils témoignent d'une observation trop facile. La touche de l'artiste créateur n'y est pas assez apparente, et la langue dans laquelle ils sont écrits manque trop de cette plasticité qui seule assure aux œuvres la pérennité du marbre.

Sur la miraculeuse Trilogie de Loti, il eut cette image frappante : « Léonard de Vinci recommandait à ses
« élèves d'étudier sur les vieux murs les taches d'humi-
« dité, disant que l'imagination trouvait dans les
« caprices des moisissures de surprenants motifs
« d'ornementation, les silhouettes héroïques de com-
« bats de centaures et d'amazones fabuleuses. Comme
« des taches d'humidité, le *Désert* et la *Galilée* surtout
« semblent vraiment faits avec rien ; la pensée ne les
« alourdit jamais. A quoi bon ? Remplis de choses
« inédites, exprimées à peine et plus par des sous-
« entendus que par des paroles, ils contiennent sans
« paradoxe, pour ceux qui savent comprendre, l'infini
« de la pensée religieuse et toute l'âme du désert et de la
« Galilée bénie. » Pourtant, sur le couvent du Sinaï où depuis des années aucun écrivain n'avait eu accès, et où sans doute aucun autre ne pénétrera plus de toute notre génération, M. d'Annunzio aurait voulu plus de détails et des détails plus réalistes. Mais je lui représente combien de tels soucis seraient indignes de l'aristocratie intellectuelle de Pierre Loti et qu'il avait mieux à faire vraiment qu'à décrire comme le premier voyageur venu quand il avait à noter les sensations que lui procuraient ces paysages, des sensations si

personnelles, si intenses qu'elles en deviennent uniques, puisque de tempéraments d'une subtilité comparable à celle de l'auteur de *Jérusalem*, c'est à peine s'il en naît un par siècle.

D'autres œuvres et d'autres écrivains nous occupèrent un instant. Les sympathies de M. Gabriele d'Annunzio vont toujours aux purs artistes, à ceux qui ont le sens et une vision originale de la beauté. Il admire les livres d'Anatole France, surtout *Thaïs*, cette Tanagra parisienne; les pages sincères de M. Paul Margueritte lui plaisent aussi beaucoup, et encore les Contes d'un art si curieux que signe ce Botticelli de la plume qu'est M. Jean Lorrain. Il s'intéresse même aux jeunes revues et les suit volontiers. Au *Mercure de France*, à l'*Ermitage*, à la *Revue Blanche*, on serait satisfait des paroles qu'il me dit. Et je l'écris avec tant de plaisir. Ceux qui viennent ont fait beaucoup pour la naturalisation intellectuelle de M. d'Annunzio. Et je vis que l'auteur du *Triomphe de la Mort*, qui est, lui, le présent, semblait heureux de se sentir apprécié par ceux qui sont l'avenir. M. Zola aura beau faire fi de tous ceux qui n'ont pas les cheveux blancs et trente volumes compacts chez Charpentier, il ne sera jamais, surtout après *Rome*, que le passé. A ce propos, je veux ajouter que M. d'Annunzio m'a déclaré n'avoir jamais pu lire un livre de M. Zola. Volontairement, dans ces notes rapides, j'ai tenu à voiler les critiques que le romancier d'Italie pouvait adresser à ses confrères de France. Mais cette appréciation de l'œuvre énorme de M. Zola, il convenait de la recueillir. Tombée de lèvres autorisées et qui ont qualité, j'imagine, elle résume parfaitement l'impression de ceux qui sont nés depuis 1860, en face de ces romans informes, amas confus et si cruellement dépouillés d'aucun sens esthétique, de détails vulgaires et d'inventions de portières.

Cependant de la poésie musicale des écoles nouvelles à la musique elle-même, la transition s'indiquait, car vous n'êtes point sans avoir entendu dire que l'Italie est en train de devenir wagnérienne. La *Walkyrie* à Rome et à Naples, le *Crépuscule des Dieux* à Turin ont eu, cette année, les triomphales soirées qu'ils méritaient. A cette occasion, la presse a répété que d'anciennes polémiques de M. d'Annunzio avaient puissamment contribué à ces succès. Cependant, je l'avoue, j'ai trouvé, sur ce point, l'auteur des *Vierges aux Rochers* plus froid que je ne m'y attendais. Sur Wagner poète, il fait des réserves, les livrets de la Tétralogie lui paraissent laisser à désirer : le musicien seul reste génial. Encore n'est-ce pas son musicien préféré ; ses adorations vont à Bach, à Gluck, à Beethoven, aux vieux maîtres italiens : Scarlatti, Sacchini, Marcello et même Porpora, à toutes ces romances de si poignante grâce que les chanteurs à la mode exhument du passé pour la plus rare satisfaction de notre dilettantisme...

Ce fut alors, surtout, que M. d'Annunzio eut des trouvailles exquises dont ma mémoire se souvient comme d'un parfum respiré, mais dont le charme italien, impossible à rendre, se serait trop vite et pour toujours évaporé. Et ces entretiens qui avaient eu, d'abord, des décors quelconques d'hôtel ou de restaurant, nous devions les clore par une promenade lente, sur les quais de l'Arno, au soleil, au *bon soleil*, ainsi que me le disait si joliment M. d'Annunzio avec un sourire embellissant ses paroles en leur conférant une ampleur païenne que ne comprendront point ceux qui jamais ne furent pris par le charme divin et par les tulipes rouges de la ville du Lys.

Je songeais aux pages terribles du début des *Vierges aux Rochers*, aux invectives violentes sur la Rome nou-

velle retombée aux mains impitoyables des Barbares. La politique l'intéressait-elle donc si peu ? Trouvait-il que la Chose Publique ne méritât point l'attention des artistes ? « Non, ce n'est pas ça tout à fait, me répon-
« dit-il, la politique, au contraire, m'intéresserait vive-
« ment si elle n'était pas ce qu'elle est, en Italie, un tripo-
« tage de petites personnes sales, un tas de menus et
« ignobles cancans autour d'un seul, et jamais la lutte
« courageuse, la lutte ardente pour l'Idée. Aussi, à consi-
« dérer l'état présent des choses de mon pays, me vient-il
« une grande tristesse et une vraie humiliation !... »

Nous passions devant les arcades légères du Palais des Offices et, par antithèse, je pensais à cette place Victor-Emmanuel, que le mauvais goût des architectes d'aujourd'hui éleva aux lieux où fut autrefois le classique et pittoresque *ghetto* des vieilles cités italiennes. Au point de vue hygiénique, ils peuvent avoir raison ; au point de vue artistique, quelle erreur, et qu'imaginerait-on de plus laid que ces horribles casernes blanches et que l'emphase de ce portique, pareil à un portant de carton ! M. d'Annunzio fut encore plus vif ; de tels attentats prenaient à ses yeux l'importance de sacrilèges ; le *ghetto* et ses repaires d'ombre restaient mille fois préférables. Et quand on pensait que ces échafaudages de pierre se trouvaient à deux pas du merveilleux palais Strozzi, on éprouvait une véritable indignation contre ceux qui ne surent pas s'inspirer de tels exemples et préférèrent demander aux Américains des modèles pour leurs soi-disantes améliorations. Jamais notre poëte ne consentirait à traverser cette place démocratique. S'il était en voiture, il recommandait au cocher de prendre les rues anciennes. Du train dont on y allait, les cités latines auront bientôt perdu ce qui nous faisait les aimer. Elles deviendront semblables aux autres villes, avec des boulevards tirés au cordeau, bordés de maisons à dix étages. Je ne donne pas quarante ans, — c'est M. Gabriele d'Annunzio qui parle, — pour qu'on aille en tramway sur le Grand Canal de Venise comblé et pavé en bois goudronné.

Le long des quais aux larges dalles, dans les reflets verts de la lumière, des bicyclistes pédalaient ; Anglais en culottes bouffantes, officiers en pantalons gris. Nous en vînmes à parler sports ; M. d'Annunzio les adore, et volontiers il les pratique. C'est un trait commun qu'il possède avec un des plus maladifs écrivains du tout dernier bateau, M. Maurice Maeterlinck. A la bicyclette rapide mais inélégante, il a le bon goût de préférer le cheval. Et le yachting même lui procure des jouissances que je suis, je l'avoue, moins en état de comprendre. Aussitôt, d'un mot, il m'indique l'association de faits qui relie cet amour des sports à l'art violent de ses livres. Ne sont-ils pas, en réalité, débordants de vie brûlante, de fougue passionnée ? Et ces caractéristiques-là ne sont-elles point d'irrécusables signes d'une de ces santés généreuses qui ne s'acquièrent ni ne se conservent à faire de la copie le dos courbé sur une table ?

Un dernier point m'intriguait, c'était le plus délicat, je l'avais gardé pour la fin. Comment se faisait-il qu'en Italie, à l'exception d'un petit nombre de fidèles, la réputation de M. d'Annunzio fût loin d'être encore ce qu'elle est en France ou en Allemagne ? Avant que la *Revue des Deux Mondes* eût publié le *Triomphe de la Mort*, dans certains salons très littéraires de Florence, on affectait, je me souviens, de ne l'avoir pas lu. Je dis : *on affectait*, car, au fond, je sentais bien qu'on avait lu et que c'était seulement afin de ne pas devoir admirer qu'on préférait cette attitude.

« Eh! mon Dieu, c'est tout simple, me répondit
« M. d'Annunzio, je suis devenu célèbre trop jeune et
« trop vite. J'avais quatorze ans, je faisais mes études
« en Toscane, mon père me destinait à la carrière
« diplomatique. Un jour, je lui apportai un cahier de
« vers que je venais d'écrire à mes heures perdues. Il
« en fut enthousiasmé, en paya l'impression. Quel père
« exceptionnel! Le succès fut immédiat ; à quinze ans,
« j'étais déjà critiqué, admiré, étudié dans toutes les
« feuilles de la Péninsule. Depuis lors, une légende
« s'est formée autour de mon nom. Peu d'écrivains ont
« suscité plus de polémiques ni de plus exagérées. Des
« questions d'ordre privé avivèrent encore ces disposi-
« tions, en sorte qu'à certains moments il se déchaîne
« dans toute l'Italie comme un vent de révolte contre
« moi. Mais cela me gonfle le cœur de joie et d'orgueil !
« Croyez-moi, pour un artiste courageux et obstiné, il
« n'y a rien de plus enivrant que la haine, la haine
« implacable ! — J'ai toujours admiré et cultivé les
« passions violentes. Aussi ne saurais-je vous dire avec
« quelle diligence et quel plaisir je cultive cette haine.
« Constamment, je m'efforce de la faire naître, de
« l'aviver, de l'exaspérer, et par conséquent de la
« rendre belle à force d'intensité. Dans cette vie, il
« convient de parer de beauté non seulement nos
« propres sentiments, mais ceux aussi dont nous
« sommes l'objet. Or il y a une beauté dans l'extrême
« violence comme il y en a une dans le calme parfait.
« Mais j'esthétise à propos de mes ennemis, au lieu
« de vous engager à admirer ce clocher de San Jacopo
« si délicatement rose dans l'humidité du fleuve et
« du ciel. Ne sentez-vous pas ici, plus qu'en aucun
« autre lieu de cette ville, ici, entre le *Ponte Vecchio*
« et le *Ponte Santa-Trinita*, en cette lente tiédeur par-

« fumée de mille aromes subtils, battre le très vieux
« cœur de l'antique Florence ? Parfois, lorsqu'ils se
« promènent le long de ces quais de silence, les poètes
« s'arrêtent longuement pour écouter. Regardez celui-là
« aux longs cheveux, aux yeux pensifs. D'où vient-il?
« A quoi rêve-t-il ? Qu'il soit Norvégien, Anglais ou
« Russe, qu'importe ? Il a compris, il a senti, et une
« fois de plus a opéré sur lui, le charme de la ville
« des fleurs. — *Fleurance!* — comme disaient vos
« anciens Chroniqueurs ! »

En quittant M. d'Annunzio, j'ai tenu à lui avouer que
mes sympathies qui voient dans la littérature une passion
bien plus qu'un métier n'avaient, depuis une
dizaine d'années, éprouvé de véritables préférences
d'admiration que pour trois écrivains : d'abord, pour
le Paul Bourget des *Essais de psychologie* et des premiers
romans jusqu'à *Cosmopolis*, exclusivement, puis pour
Pierre Loti, et, bien loin d'estimer que la Trilogie sur les
Lieux Saints (*Le Désert, Jérusalem* et *la Galilée*) soit
une défaillance, je pense, au contraire, qu'il n'a rien
écrit de plus achevé. Enfin, pour celui dont je viens de
parler. Littéralement la lecture de l'*Enfant de Volupté*,
du *Triomphe de la Mort*, me causa un éblouissement. C'est
pourquoi j'ai trouvé convenable de rapporter avec une
déférence que les d'*annunzistes* de France ne trouveront
point exagérée les propos d'un homme qui, par ses
qualités uniques et ses déficits évidents, donne une
impression parfaite de ce que nos pères appelaient
le génie.

IV

Sur la tombe d'Élisabeth Browning.

Florence, mars.

M. Edmond Gosse a raconté comment les admirables poèmes d'amour de Mrs Browning furent publiés sous le titre plutôt bizarre de : *Sonnets traduits du portugais.*

« Durant leurs courtes fiançailles et leur voyage de
« noces accompli dans les romanesques conditions
« que l'on sait, les deux poètes avaient résolu de ne
« point se communiquer leurs travaux, et M. Browning,
« en particulier, était loin de se douter que miss Barett
« songeât à donner à ses sentiments une expression
« artistique (1846). A Paris, comme plus tard à Pise,
« où ils finirent par s'établir, leurs chambres de tra-
« vail étaient aussi distantes que le permettait la dis-
« position des appartements, et les heures de compo-
« sition restaient des instants sacrés où l'un n'eût point
« osé troubler ni deviner la pensée de l'autre. Un jour,
« néanmoins, que Browning debout devant la fenêtre
« rêvait à la beauté des paysages toscans, un léger
« bruit de porte le surprit, et bientôt il sentit que
« quelqu'un se tenait debout derrière lui. Mais une
« main l'empêcha de se retourner, tandis qu'une autre
« glissait un manuscrit dans la poche de sa redingote.
« Une voix qu'il connaissait bien le pria de lire plus
« tard et de déchirer le cahier sans rien dire s'il en
« était mécontent. Puis rapidement, Mrs Browning se
« retira. Le poète prit le cahier ; il renfermait les
« sonnets merveilleux. On peut juger de son émotion.
« Sans achever, il se précipita chez sa femme, criant

« qu'il fallait publier ces vers le plus vite possible, que
« ce serait un crime de cacher les plus beaux sonnets
« qui eussent été écrits dans aucune langue depuis
« Shakspeare. Bientôt se présenta la question du
« titre. En souvenir de Catarina et de Camoëns,
« M. Browning appelait volontiers sa compagne « sa
« petite Portugaise ». Et comme, pour empêcher les
« indiscrétions, miss Barett proposait de mettre sim-
« plement : *Sonnets traduits du bosnien*, le poète se
« récria : — « Non ! pas du bosnien ! plutôt du portu-
« gais ! Ce sont les sonnets de Catarina ! » Moitié par
« plaisanterie, moitié par hasard, ainsi fut trouvé le titre
« désormais inoublié d'un livre inoubliable (1850). »

Ces pages m'étant tombées sous les yeux ici, j'ai cru qu'il convenait de les relire auprès de la femme supérieure dont elles parlaient. Et je suis allé porter quelques violettes sur la tombe d'Elisabeth Browning. Ce n'est pas bien loin, au mélancolique *Campo Santo* qui sépare l'avenue du Prince-Eugène de l'avenue du Prince-Amédée ; le quartier est désert, ombragé de grands arbres, hanté de rares passants, et troublé seulement, de quart d'heure en quart d'heure, par le passage en sifflet de tramways peints en rouge. Au milieu de cette solitude de ville déchue de ses anciennes splendeurs, le Cimetière Anglais élève sa minuscule colline de verdures tachées de points blancs. A mi-hauteur, les fidèles trouveront le tombeau de Mme Browning. Francesco Giovannozzi le fit de marbre blanc, avec de très simples ornements en mosaïques noires. Six colonnes aux chapiteaux de lys et de palmes soutiennent un sarcophage de style classique. Pas d'inscriptions. Sur une face, ces lettres et ces chiffres : E. B. B. OB. 1861, avec un médaillon renfermant un profil de femme lauré et paré d'étoiles ; sur l'autre, dans un médaillon pareil, une lyre décorée de roses et de lys encore, avec une chaîne qui pend, brisée, hélas !...

C'était par une idéale journée de printemps florentin ; le ciel d'un bleu d'Italie s'adoucissait de légers nuages. Des tamaris en fleur éclairaient l'austérité des ifs, et le vent soufflait comme il souffle ici, perpétuellement ; un vent léger, de frais parfums qui donnait une illusion de vie aux corolles et aux ifs. Sur les marches de marbre de blanc séchaient des roses que d'autres étaient venus, avant moi, déposer en hommages pieux, car chaque année il en vient des centaines ; le gardien me le certifie, et c'est un pèlerinage que je comprends, en effet, volontiers... Ainsi, peu à peu, me gagnaient la paix souriante de ce cimetière, la noble simplicité de ce tombeau. La mort n'est triste que par l'horreur des détails qui l'environnent, au lendemain de la vie. Plus tard, lorsqu'un peu de temps est passé, nous comprenons mieux sa véritable signification et qu'en elle, et que par elle, tout rentre enfin dans le repos, dans la tranquillité absolue, jusqu'à ce que vienne l'oubli...

Mais pour cette tombe du moins, si la paix est revenue, l'oubli ne tombera point tant qu'il y aura de nobles âmes pour frémir aux pages prophétiques d'*Aurora Leigh*, de pauvres cœurs pour palpiter aux phrases brûlantes des *Sonnets portugais*, — et les tulipes rouges de la Toscane pareront bien des printemps encore la blancheur de ce marbre.

V

Hommage à Mme Emilia Peruzzi.

Florence.

Je ne veux point quitter la ville du Lys rouge sans énumérer quelques-unes des raisons qui m'engagèrent à y revenir, et sans raconter quelques-uns des souvenirs que me laissèrent ceux qui m'y accueillirent avec une courtoisie toute florentine.

Ce fut en 93 que, pour la première fois, j'eus le bonheur de me promener à l'ombre des *Offices*. J'étais en tournée Cook par l'Italie du Nord et je ne vis de la cité florentine et de la campagne toscane que ce que l'on peut en voir en huit jours, mais ce peu devait suffire à me laisser un souvenir tellement inoubliable qu'ayant plus tard à choisir pour le roman d'un amour de jeune fille un cadre digne de mon héroïne, je ne crus pouvoir trouver de pays mieux béni par la Providence, de ville plus compatible aux douceurs comme aux violences de la passion que la plaine de l'Arno et que Florence. J'y revins donc l'automne suivante, avec l'intention bien arrêtée de demeurer l'hiver. Néanmoins du fait des circonstances, hélas! trop souvent contraires à nos plus simples désirs, mon séjour fut moins long que je ne l'espérais. Ces quelques mois cependant m'aidèrent à mieux comprendre la vie italienne et j'en conserve tout un album de souvenirs que nous allons feuilleter d'un doigt rapide :

D'abord, cela va sans dire, d'innombrables promenades parmi les paysages d'automne parés d'une si mélancolique grâce de ces vallées péruginesques et d'innombrables matinées perdues à errer, le guide Murrey à la main, dans les galeries silencieuses comme des chapelles, de tous les musées de cette ville-musée. Puis une représentation de *Lohengrin* avec le vieux Masini, dont la voix d'une suavité presque céleste interprétait la musique de Wagner comme elle avait coutume d'interpréter celle de Donizetti, en la parant de vocalises et en l'interrompant de points d'orgue. Vraiment, la soirée fut curieuse ; le ténor admirable avait pour lui donner la réplique une malheureuse Allemande qui chantait du nez. Chaque fois qu'Elsa ouvrait la bouche, la salle faisait *chut* ; à minuit la pauvre fille n'osait plus émettre aucun son. Enfin, un suicide, en pleine après-midi, sur un banc des Cascines et auquel, sans le vouloir, j'eus l'émotion d'assister. Il s'agissait d'un malheureux hypocondriaque et neurasthénique qui, hanté par l'exemple de son père, vint se tuer le même jour, presque à la même heure, sur le même banc où ce dernier s'était tué l'année d'avant. Les gazettes racontèrent qu'il n'y avait pas eu moins de dix suicides dans cette famille-là. Il n'y avait donc pas lieu de s'indigner ou de s'apitoyer, puisque c'eût été affaire aux proches de veiller à ce que la chose cruelle et inutile ne pût pas se réaliser. Et puis encore tant de détails, tous les détails qui font qu'en Italie la vie est plus agréable qu'en aucun pays de ce monde : le ciel si bleu, les maisons si pittoresques, et la splendeur des journées, la mélancolie des crépuscules, le sourire des passantes, la grâce délicieuse d'un parler « caressant ainsi que des lèvres sur des lèvres ».

Je n'oublierai pas non plus l'accueil que me firent deux hommes de grande intelligence, je dis *deux* parce que je ne puis parler que de ceux qui sont partis :

le comte Michel'Ange Bastogi et le commandeur P. C. Ferrigni. Je regrettai seulement que la carrière politique du comte Bastogi, lequel, jusqu'à la fin, fut député à Rome, m'ait empêché de profiter aussi souvent que je l'eusse désiré du charme de sa conversation. Faisant continuellement la navette entre les diverses capitales de l'Italie, il était difficile à atteindre. « J'ai « reçu ce matin », m'écrivait-il assez plaisamment, « votre « aimable lettre qui me suivait depuis cinq jours sans « jamais m'atteindre à cause de mes nombreux déplace-« ments. Elle est revenue tantôt à son point de départ ; et « je l'ai trouvée aujourd'hui, sur mon banc, en rentrant « chez moi ». Quant au commandeur Ferrigni, son pseudonyme littéraire est aussi populaire en Italie que le nom de Francisque Sarcey en France. Pendant des années, avec une verve prodigieuse et une plume qui ne se fatiguait jamais, il fut l'arbitre très discuté parmi les artistes, mais très écouté aussi de la grande majorité du public, de toutes les questions relatives au théâtre italien contemporain. Il avait un robuste bon sens de bonhomme Richard, une gaieté un peu vulgaire, mais si communicative que jusqu'à la fin le public resta fidèle à ses chroniques, dont l'esprit étincelant faisait oublier l'indigence de pensée. Je lui dois beaucoup de renseignements sur l'art dramatique italien. Tempérament exclusivement méridional, il n'aimait guère le théâtre d'Ibsen et les tendances pessimistes, les recherches psychologiques des nouveaux dramaturges de son pays ne rencontrèrent pas d'adversaire plus déclaré. Il laisse une immense collection de chroniques théâtrales, dont quelques-unes seulement furent réunies en volume. Elles ne donnent qu'une bien faible idée de cet esprit curieux et très informé, mais elles témoignent au moins de la véritable passion que cet

homme eut toujours pour toutes les choses qui de près
ou de loin se rattachaient au théâtre.

Lorsque je partis, mon roman n'était guère avancé,
je revins donc une troisième fois et, en sept semaines
d'un printemps délicieux, j'achevai de prendre les
croquis et de noter les paroles qui devaient donner à
ma fiction les allures et les aspects de la vie florentine.
Ces souvenirs-là conservent une précision d'actualité. Je
revois les galeries ensoleillées des musées où se trouvaient les œuvres d'art que j'avais appris à aimer durant
mes premiers séjours et auxquelles fidèlement je revenais dire bonjour. Je revois, dans l'immense salle du
Politeamo, l'apparition sinistre de la tragique et
violente Médéa Borelli chantant de sa voix brisée le
dernier acte de la *Gioconda* de Ponchielli ; je revois surtout la colline rocheuse, parée de maigres oliviers, sur
laquelle s'échelonnent les blanches maisons de Fié-
sole. Ah ! ce que le village est morne et ce que ses rues
sont tristes ! Pour mes péchés, j'y passai deux journées et une nuit, et je crois bien que ces trente-six
heures me parurent plus longues que trois années de
vie ordinaire, tellement l'auberge était malpropre et
la petite ville abandonnée !...

A ce troisième séjour enfin, car je ne veux toujours
nommer que les disparus, resteront aussi attachés les
noms de ces deux hommes infiniment cultivés et infiniment aimables, le marquis Matteo Ricci et le marquis
Alfieri. Avec une bonne grâce d'Ancien Régime, ils me
firent les honneurs du *Cercle Philologique*, qu'ils présidaient alors : « Je vous remercie beaucoup de votre aimable
« lettre », m'écrivait le marquis Ricci, « qui vient de me
« confirmer d'une manière si touchante tout ce que je
« savais déjà à propos de vos sentiments envers l'Italie
« et les Italiens, et je tiens à vous répéter que vous serez

« ici le bienvenu. » A l'inverse du marquis Alfieri qui fut plus homme politique qu'écrivain, le marquis Ricci préféra toujours, bien qu'il eut été nommé sénateur la littérature à la Chose Publique (j'ai sous les yeux une lettre de lui datée de Rome et dans laquelle il qualifie la situation publique de l'Italie de 1894 de *baraonda infernale*, de tempête infernale). Il laisse plusieurs ouvrages distingués, notamment un petit volume où il raconte la vie intime de Heine avec une intelligence pittoresque, un sens psychologique très fin et une adresse ravissante de vieux diplomate qui passe comme chat sur braise à côté des questions les plus embarrassantes, non seulement sans chercher à les résoudre, mais sans même avoir l'air de paraître les soupçonner.

A côté de pages aimables qui sont une version italienne des faits et gestes connus du long martyre que fut la vie de l'artiste de l'*Intermezzo*, le marquis Ricci a des considérations que je crois nouvelles, sur les théories politiques du poète satiriste dont les Hohenzollern redoutent aujourd'hui encore l'influence. Écoutez plutôt : « S'il me plaisait d'imaginer Henri Heine,
« mêlé, de notre temps, à la vie publique de son pays
« et siégeant, par exemple, au *Reichstag*, dans quel
« parti, selon toute vraisemblance, trouverait-il sa
« place indiquée? Certes pas aux côtés de Singer, de
« Liebknecht et de Bebel, puisqu'il suffit d'avoir lu sa
« fameuse préface de *Lutetia* pour comprendre quel
« abime profond, infranchissable, sépare Henri Heine
« des démocrates socialistes. Et, pas davantage, je ne
« pourrai me le figurer prenant place sur les bancs des
« conservateurs et des agraires ; je le vois plutôt,
« avec certitude, dans la compagnie choisie de Richert,
« de Barth, de Bamberger, ou, en d'autres termes, je

« crois qu'il se mettrait du parti de ces hommes qui,
« sous l'étiquette de libéraux, combattent aussi vail-
« lamment dans le *Reichstag* les féodaux de la droite
« que les démocrates de la gauche. »

D'ailleurs, comme chez tous ceux qui eurent l'esprit de savoir profiter d'une longue vie pour beaucoup observer et beaucoup retenir, la conversation du marquis Ricci était pleine de détails intéressants, anecdotes ou lectures, paroles aimables ou paroles profondes. Il rappelait ces gentilshommes de l'Ancien Régime dont l'intelligence, ouverte à toutes les connaissances, craignait de se spécialiser dans aucune et qui savaient exprimer la fleur des choses avec la grâce la plus spirituelle du monde. Il aimait à me questionner sur le roman que je préparais et qu'il ne devait jamais connaître. Son souvenir demeure dans ma mémoire, atténué et discret, comme un de ces pastels de Liotard, où, malgré l'usure des années, les présidents en jabots de dentelles de l'autre siècle, continuent à nous regarder de leurs yeux perspicaces, un fin sourire d'ironie au coin des lèvres.

Tandis que ce sera, au contraire, comme d'une eauforte, à la Stauffer, sombre et presque tragique, que je garde souvenance de la silhouette maigre, jusqu'à sembler inquiétante, du marquis Alfieri di Sostegno. La légende romanesque qui s'attachait à sa vie privée, la légende héroïque qui s'attachait à sa vie publique, achevaient, — me paraissait-il, — de donner toute sa valeur à sa mystérieuse figure de diplomate et de patriote. Aimable, d'une amabilité tellement excessive qu'elle devenait sujette à caution, le marquis Alfieri était de ces hommes que ne sauraient oublier ceux qui durent au hasard de pouvoir serrer les mains actives et capables. Cependant son attitude réservée, la froideur britannique de son esprit, les réticences perpétuelles de sa conversation, jusqu'à la langue presque académique dans laquelle il avait coutume de s'exprimer, étaient, pour moi du moins, de véritables bâtons de longueur que je ne cherchai pas à détourner. Toujours il me fit l'impression d'un homme plus remarquable que sympathique, auquel manquaient par trop cette spontanéité et ce don de charmer qui sont les vertus foncières de sa race. A la vérité, il n'avait d'italien que le nom et que la finesse diplomatique ; d'apparence comme d'esprit, on l'eût tenu plutôt pour un Anglais impeccable, de commerce assez difficile. En revanche, le milieu dans lequel il vécut ses dernières années était des plus curieux. L'observateur pouvait y découvrir mille traits inédits. Ce diplomate fut souvent mêlé à d'étranges romans, et jusque dans sa propre famille il y eut de touchantes héroïnes d'aventures mémorables.

Mais il est temps de fermer, pour aujourd'hui, cet album de souvenirs et de portraits florentins.

VI

Pour le comte Joseph Primoli.

Rome, mars.

Le commerce, la vie politique, la vie élégante de toute la ville se concentrent au Corso. C'est, à la fois, les grands boulevards, le quartier latin, l'avenue des Champs-Élysées de Rome, et c'est aussi le seul endroit où l'on rencontre des allants et venants qui « aient l'air de faire quelque chose », ainsi que le remarquait jadis M. Boissier.

Représentez-vous un étroit passage menant, en une ligne droite de quinze cents mètres, de la place du Peuple à la place de Venise. Une véritable rue de Lille, mais une rue de Lille bordée d'hôtels somptueux, d'églises vénérables, depuis la façade surchargée de Saint-Charles jusqu'à l'austère palais Doria, et jusqu'à l'immense palais Odescalchi. Puis beaucoup de magasins : des échoppes sales, juste de la largeur de la fenêtre et, porte à porte, de belles devantures luxueuses, avec des glaces, des étalages artistiques, comme à Paris. La chaussée est exiguë, les trottoirs malaisés, parfois la circulation impossible. D'ailleurs, selon les heures, le Corso présente des aspects tout à fait différents. Le matin, c'est une rue comme une autre, avec un peu plus d'animation seulement; de deux à quatre, il y a encore peu de voitures, quelques étrangers, des employés de bureaux, la physionomie reste banale. Mais de quatre à sept, à l'heure *smart*, cela devient un défilé ininterrompu d'attelages et de promeneurs. On va au Corso comme au Bois, comme au *Quai des Étrangers*, pour voir ou pour être vu, selon les cas. Surtout les dimanches soirs, aux retours de la *Villa Borghèse* et du *Pincio*, alors que la place du Peuple est noire de voitures et que l'on attend des demi-heures son tour de passer. Ces deux files d'équipages au pas, l'une montante, l'autre descendante, occupent toute la largeur du Corso. Sur les trottoirs, des passants massés à ne plus pouvoir avancer; à tous les coins de rues, des gardes municipaux à cheval, dans leur clair costume de théâtre et, sur la poussière soulevée qui atténue délicatement les yeux trop noirs, les toilettes trop vives, peu à peu tombe la nuit violette des fraîches soirées romaines. Souvent, dans cette foule de voitures, de badauds où chevaux et personnes se fourvoient, c'est un arrêt brusque. On vient d'apercevoir au loin l'équipage de la cour; on fait place et, dans un huit-ressorts découvert, c'est presque toujours la reine qui passe, souriante, aux saluts silencieux des passants, — la reine qui n'aime pas la France ! — et cela se devine au mauvais goût de ses toilettes.

Aux approches de la place Colonne, le Corso s'élargit. Devant les magasins Bocconi (le *Louvre* de Rome), il y a même un trottoir convenable, mais l'endroit à la mode est dix pas plus loin, devant le premier café-pâtisserie-confiserie de Rome, *Aragno*. C'est là qu'il est de bon ton d'assister, une heure ou deux, au défilé des promeneuses. On reste par petits groupes, ou même seul, le cigare aux lèvres, le stick à la main, des jeunes hommes élégants, de cette élégance rastaquouère que l'on affecte en Italie ; de flambants officiers en uniformes clairs, bariolés de rouge, de jaune, avec des passementeries d'or, des aiguillettes compliquées, de vrais costumes d'opéra. Timidement, circulent des misérables jaunis par les maladies, en quête de sous, de pauvres vendeuses d'allumettes en haillons et de vieux marchands de chiens, et des bouquetières obstinées au traditionnel costume napolitain. Ainsi, de deux à huit, cette foule immobilisée empêche toute circulation. Ce sont toujours, aux mêmes heures, les mêmes figures, aux mêmes places. A trois ans de distance, je n'invente rien, j'ai retrouvé, devant le même réverbère, le même lieutenant de cavalerie. Seules, ses moustaches étaient devenues plus longues, et parce que la mode le voulait, il avait aussi remplacé ses maillots d'Arlequin par les plus bouffantes culottes Saumur qu'ait jamais arborées officier du dernier bateau. Lorsqu'on est las de percher comme un oiseau, tantôt sur la jambe droite, tantôt sur la jambe gauche, on entre chez *Aragno* déguster une glace ou manger quelques *paste*. Sans s'attarder, toutefois, on retourne bien vite reprendre sa place sur le trottoir. On y parle beaucoup politique, un peu affaires, mais théâtres, musique, art ou littérature, ces vanités n'intéressent plus guère les Romains d'aujourd'hui. Je ne suis point seul à le croire. M. Antonio Canini n'a-t-il pas écrit avec une brutalité que je crois méritée « qu'entre un beau livre « et un beau saucisson pas un de ses compatriotes « n'hésiterait!... ». Et, souvent, je me suis demandé avec stupeur quelle sorte de jouissance on pouvait éprouver à rester ainsi, chaque jour, des heures entières, debout, sur l'asphalte. L'état d'âme de ces snobs d'Italie me demeure un problème. Que de formes de plaisir je n'entends point!...

Puis la nuit tombe, de rares falots de gaz, de vacillantes lampes électriques s'allument, et c'est bientôt, ainsi que dans toutes les grandes villes du monde, l'heure morne des passantes et des marchandes de sourires. A Rome, elles sont plus malheureuses, plus affamées, plus attristantes qu'ailleurs. — Ah! ces lois Crispi, que de mal elles ont fait à l'Italie! — Si vous voulez en juger, consultez, non les rapports dénués de tout espèce de bon sens composés par de vieilles Anglaises furieuses de n'avoir pas su trouver un mari, ou, si elles en trouvèrent un, furieuses de n'avoir pas su le conserver, mais les statistiques des hôpitaux militaires, et vous verrez comment on s'y prend pour ruiner la santé et la force d'une nation.

Mais c'est la semaine du carnaval qu'il faut voir le Corso; il change de physionomie: les magasins hermétiquement clos, les enseignes couvertes de housses grise les lampadaires encapuchonnés de toile noire, tous les balcons, toutes les fenêtres décorés et souvent fort luxueusement, avec des tentures de prix, des guirlandes de fleurs, des colonnades peintes. Les réjouissances commencent ; batailles de fleurs comme à Nice, comme à Paris, comme partout. Les jours de *confetti* les voitures sont interdites, et alors on ne saurait rien imaginer de plus poussiéreux, de plus brutal, de plus sale que cette fête-là. Hélas! il est passé le temps glorieux des papes, des courses de Barberi, des chars de mascarade montés par des princes! Cette année (1891), étrangers et Romains furent d'accord : ce n'était plus le carnaval des honnêtes gens, mais le carnaval des gamins, et de quels gamins, grand Dieu! Se trouvera-t-il jamais un Gavarni assez revenu de tout pour esquisser la silhouette vicieuse des *Giovanotti* de la vieille Rome? Ces enfants nés on ne sait où, vivant on ne sait de quoi, minés par les fièvres, blêmis par les misères, dont les vols et les coups de couteau sont les faits et gestes coutumiers. Avec ça pas gais du tout, s'en allant par la vie avec des apparences rêveuses de héros dix-huit cent trente. Au moins Gavroche est joyeux, au moins Gavroche a de l'esprit, et, s'il blague beaucoup de choses, il a encore, au fond de son être, un peu de bien irréfléchi. Mais les autres, c'est le mot de George Sand : « Indolents avec une pointe de cruauté!... » et que ne feraient-ils pas pour gagner quelques francs?

Un souvenir me revient, c'était aux derniers jours du carnaval. D'un balcon de l'Hôtel de Rome, une Anglaise, dont le masque rappelait celui de l'impératrice Frédéric, s'amusait à lancer des poignées de dragées et de sous. En bas, la rue était regorgeante de gamins tassés les uns contre les autres, les uns sur les autres, tendant les mains, criant à perdre la voix, s'insultant, se battant, se mordant, les vêtements déchirés, les yeux furieux. Lorsque les pièces tombaient, ils ne formaient plus qu'une masse informe et grouillante de corps confondus, une masse criante et hurlante dans la poussière blanche des *confetti*...

Et l'Anglaise souriait à cette plèbe romaine.

VII

Pour Mlle Dora Mélégari.

Rome, avril.

Dans l'intérieur même de Rome, il y a deux grands jardins publics : le Janicule sur la rive droite, le Pincio sur la rive gauche.

Le Janicule, c'est l'ancien parc du palais Corsini, mais tel qu'il fut agrandi, restauré et démocratisé en 1884. Cette promenade est désolante. Les abords en sont misérables, que l'on vienne par les pauvres quartiers du Trastévère ou par les non moins pauvres rues des alentours du Vatican. Et le vent souffle, souffle sans se lasser à travers ces plantations maigres d'arbres trop jeunes, aux feuillages étiolés. Jusqu'à ces bustes tout neufs, en marbre bien blanc, qui ont des airs de fabrique absolument déplaisants. Sans doute, le ciel est aussi bleu, le soleil aussi gai, le panorama aussi vaste qu'au Pincio, mais ce n'est plus ça... D'ailleurs, au Janicule, il n'y a jamais personne. Vraiment, dans son manque de poésie, cette promenade est le symbole de la Rome moderne, de la Rome des Crispi. Il lui manque la grâce des vieux arbres, des vieux souvenirs, des vieux marbres et des fleurs nouvelles.

Mais, bien au contraire, comment dire assez le charme du Pincio, surtout aux matinées de printemps ? Les allées sont tachées de soleil, les verdures éclatent plus fraîches sur le bleu d'un ciel de lumière. L'horloge hydraulique dégouline paisiblement; des oiseaux chantent dans les platanes ; il y a des roses dans les parterres, de fragiles roses du Bengale. Et, sous les yeux bienveillants des bustes des grands hommes d'Italie, des séminaristes, des étudiants se promènent, un livre, un cahier à la main. Avec des cris d'oiseaux, des enfants jouent, et la petite voiture aux ânes trottine allègrement pour la meilleure joie des bébés. Puis ce sont encore les allées du côté de la *Villa Borghèse*, dominant le parc, mystérieux ainsi qu'une mer de verdure. Ces allées sont plus noires, plus discrètes. Aux heures du matin, elles restent silencieuses avec du soleil, de la poussière soulevée par les balais des jardiniers; aux heures de l'après-midi, elles semblent élégantes avec des voitures, des femmes en toilettes, des laquais en livrées et beaucoup, beaucoup de passants; aux heures de la brume, elles deviennent confidentielles, engageantes, avec des couples devinés dans l'ombre complice et nuptiale.

Le Pincio, c'est le luxe, la Rome mondaine, aux après-midi de musique alors que défilent lentement ou que stationnent sur la grande terrasse des centaines d'attelages depuis la simple corbeille à quarante sous l'heure, jusqu'aux landaus princiers aux valets de pied bleus et or, aux chevaux caparaçonnés de harnais à longues franges. Là-bas, sous les palmiers, la musique des *Bersaglieri* joue des romances sentimentales. Le vent agite les sombres, les bleuâtres plumes de coq des chapeaux. Dans les voitures, il y a des toilettes mirobolantes ; de la peluche rouge, des galons cabochonés, des fleurs éclatantes, puis du soleil, beaucoup de soleil et cette vue sur toute la ville qui donne au spectateur l'illusion d'être transporté au sommet d'une montagne. C'est cette élégance un peu vulgaire, mais transformée par la beauté du site qui faisait dire à un Russe, auquel les capitales d'Europe étaient familières : « Le « Pincio est unique, il ne rappelle ni le Bois de « Boulogne, ni le Prater, il est incomparable ! »

Le Pincio, c'est encore la poésie, la poésie des souvenirs, la Rome latine, les jardins de Lucullus où passèrent les cortèges alanguis des suivants et des suivantes de Messaline, l'obélisque qu'Hadrien fit tailler en l'honneur d'Antinoüs, puis la Rome catholique, le parc des Cenci, la villa où fut enfermé Galilée de 1630 à 1633 et les souvenirs de l'Empire, jusqu'à la statue si déclamatoire élevée aux patriotes de Pavie, les frères Cairoli. Le Pincio, c'est la poésie de la nature, des fleurs, des sous-bois ténébreux, de tous les lieux où il y a beaucoup, beaucoup de rendez-vous d'amour. Et si l'on y vient pour l'amour, on y vient aussi pour la mort... Ainsi que le disent les romances de la Scandinavie : « L'amour est frère de la mort. » Hélas ! il est peu de semaines où quelque malheureux ne se jette du haut de la terrasse. Après, c'est fini... En Italie, on n'a pas grand peur de mourir !... C'est cette poésie douce et mélancolique qu'elle ne comprenait sans doute point, mais qu'elle *sentait* dans sa sensibilité d'enfant nerveuse, qui mettait aux lèvres d'une jeune Allemande ces paroles, adressées à sa mère et que j'ai écoutées sans le vouloir : « Je reviendrai ici lorsque je serai mariée ! » Par une coïncidence bizarre, je devais trouver dans le *Journal* de Marie Bashkirtseff la répétition presque textuelle de ces paroles de fantaisie et de passion. « Si j'aimais un homme, écrit l'amie posthume de « Maurice Barrès, je voudrais le conduire à Rome

« pour le lui dire du Pincio, en face du soleil se « couchant derrière la divine coupole ¹ !... » Quel rapprochement ! La vierge fin de siècle, décadente et neurasthénique, la « Madone du Sleeping » ayant ici les mêmes impressions, les mêmes pensées que la pauvre petite Allemande dont toute la science ne devait pas aller au-delà de la confection d'un riz au lait ou d'un tablier à bavoir. N'est-ce pas l'indication irréfutable que ces lieux d'enchantement et de volupté sont infiniment propices et comme dédiés pour jamais à l'Amour ?

Avant de nous en aller, reprenons une dernière fois l'allée centrale. Une odieuse statue de la mère de Moïse se détache sur un fond de sapins jaunis, de palmiers et de cactus orientaux. Puis de l'ombre et, en perspective, des vases ornementaux, des taches claires de géraniums, l'horizon de la ville sur un ciel infini. Le tout est d'un calme, d'une simplicité de lignes admirables. C'est le paysage qu'on a reproduit tant et tant de fois, mais ici la variété des nuances dans la symétrie des choses lui donne l'inoubliable de l'original. Il est beau au même titre qu'un marbre de Grèce, qu'un bronze d'Herculanum, qu'une toile de Raphaël, qu'une page de l'*Iphigénie* de Goethe, — dans son ordonnance harmonieuse, il est classique.

Du bord de la dernière terrasse cet amoncellement d'escaliers, de remparts, de chemins montants fait penser malgré soi à de fabuleux jardins suspendus. En bas, c'est la place du peuple que Valadier construisit comme une décoration d'opéra, puis des maisons, des maisons, les pauvres quartiers de *Prati del Castello*, des églises, des ruines, Saint-Pierre, le château Saint-

¹ *Journal* de Marie Bashkirtseff. t. II. p. 80.

Ange, Saint-Jacques, Saint-Charles, le Capitole, enfin des collines, des verdures, des lointains de terre jusqu'à l'horizon. Au premier plan, de grandes palmes se détachent, vertes dans la lumière bleue. Cette vue est incomparable, et des vers de Carducci me reviennent, *résumant* mes sensations : « O Rome des sept collines,
« tu tends les bras à l'amour qui, répandu partout,
« rayonne dans les cieux calmes. O solitude de la cam-
« pagne romaine ! ô grand lit nuptial ! Le Soracte gri-
« sonnant te contemple pour l'éternité, et les monts
« albains chantent en riant, chantent ton épithalame,
« et Tusculum aux branches vertes et Tivoli aux
« ombres fraîches chantent, chantent aussi. Et moi je
« songe à la forme de cette ville qui est comme une nef
« immense lancée vers l'empire du monde. O nef qui
« par la poupe atteins à l'infini, fais aborder mon âme
« aux rives mystérieuses ! »

VIII

Pour Mme Stanley Carleton M...

Rome, mai.

Il y a beaucoup de villas aux environs de Rome, j'entends de villas seigneuriales, entourées de parcs ancestraux. Elles sont généralement accessibles au public une fois ou deux la semaine, et, pour ceux que charment la campagne élégante, il n'y a que l'embarras du choix : ou la *Villa Borghèse* aux végétations embroussaillées, ou la *Villa Albani* que décora le goût classique de Winckelmann et qui dans sa beauté tout architecturale fait songer aux châteaux de rêve du légendaire Louis II de Bavière, où la *Villa Mattei* d'où l'on a de si larges horizons sur la ville morte, sur la campagne romaine et où je me souviendrai toujours d'avoir rencontré pour la dernière fois, l'homme charmant, l'esprit subtil, l'intelligence supérieure que fut S. E. le Cardinal Mermillod. Ou d'autres encore, la *Villa Torlognia*, la *Villa Wolkonsky*... mais celle que je préfère, celle que jamais je ne pourrais oublier, celle où je voudrais mériter d'habiter, c'est la *Villa Doria*... Les Italiens ne l'appellent-ils pas *bel respiro*? Elle est située hors des murs, à cent pas de la *Porte Saint Pancrace*. On entre : d'abord, une montée décorative avec, sur la hauteur, un portique triomphal, puis ensuite une longue avenue assombrie par les feuillages d'arbres très vieux, la « Grande allée » du poète des *Solitudes*, la grande allée d'où l'on aperçoit des champs dévastés, le dôme de Saint-Pierre, la ville lointaine, là-bas, à perte de vue... Des attelages passent au trot relevé, de très beaux attelages de maître, car les « sapins » ne sont point autorisés à la *Villa Doria*. Et parfois, dans l'ombre des vieux arbres, s'aperçoivent les laquais rouges, le chapeau turquoise de la reine aux toilettes berlinoises.

En prenant à droite, on arrive aux jardins privés, établis dans le style de Versailles. Des bordures de buis tracent de grands carrés où des fleurs dessinent de simples arabesques; de loin en loin, un palmier très droit, une pièce d'eau carrée où dans un glouglou banal tombe une source claire que je suppose bonne à boire. Or ce paysage lui aussi est bon à contempler. Complètement ornemental, il donne une sensation bienfaisante de calme et d'apaisement. Dans ces lignes géométriques aux courbes prévues, il n'est place ni pour les rêves, ni pour les sentimentalités. A les contempler on se sent devenir simple, raisonnable comme une institutrice protestante. Il semble que, si l'on pouvait vivre devant ce paysage, on deviendrait très sérieux, très travailleur, qu'on oublierait tout ce qu'il faudrait oublier pour retrouver la paix perdue; que l'on en aurait fini pour toujours, avec les désirs, les énervements qui font l'âme mauvaise. La vie recommencerait ordrée comme les lignes de ces plates-bandes, franche comme l'éclatante nuance de ces fleurs, solitaire comme ces palmiers immobiles, monotone comme cette eau indifférente...

Et ce serait la paix pour l'âme fatiguée.

Mais on passe, on est déjà loin. Et voici le lac, un lac artificiel, presque celui du *Bois de Boulogne*. Tout ne se ressemble-t-il pas toujours, un peu? puisqu'il est dit qu'on trouve *toute chose*, mais qu'on ne trouve jamais *autre chose?* Pourtant cette campagne devient délicieuse. Avez-vous remarqué sur des vases de Sèvres, parmi des ornements d'or, des vues d'une grâce incomparable? Vous vous souvenez? des verdures claires se découpent finement sur un ciel joli, aux teintes délicates et entre des prairies en fleurs, coule paisiblement une eau verte où passent des cygnes blancs pareils à ceux de Lohengrin ! Ici c'est le même paysage, seulement c'est le paysage vivant où les feuilles tremblent aux brises, où les fleurs s'effeuillent aux vents, où l'eau chante au soleil, où les cygnes blancs pareils à ceux de Lohengrin passent et disparaissent sous l'ombre des arbres emportant un peu de nos rêves dans la blancheur de leurs grandes ailes.

Un paysage vivant, — comme je venais, une jeune Anglaise invraisemblablement mince en robe à la Kate Greenaway, vert d'eau à peine vert, cueillait des primevères très lentement. Là-bas, son landeau était arrêté, et une dame âgée la suivait des yeux, amicalement, tandis qu'elle allait grave, dans sa jeunesse jolie, ramassant les fleurs épanouies sur les gazons avec des gestes d'une grâce infinie. A la considérer, on devinait que, malgré ses vingt ans, elle avait conscience de sa beauté, de sa noblesse, qu'elle était de ces êtres parfaitement purs, parfaitement bons auxquels la gaieté n'est point coutumière et auxquels convient seule la gravité des âmes d'élite.

Déjà c'était le retour. On a si vite fait de vivre les heures agréables ; à se promener sous ces vieux arbres, c'est tout de suite le soir. Voici de nouveau l'avenue ombreuse, puis le Casino construit par l'Algarde et les *Colombaires* où il y a des peintures et des bas-reliefs antiques que l'on remarquerait ailleurs, puis les communs, la serre, la faisanderie et, cinquante pas plus loin, le monument érigé par le prince Philippe André-Doria à la mémoire des Français qui périrent et furent enterrés là, en 1849. C'était au temps des jeunes républiques, lorsque Mazzini s'efforçait de réaliser ses rêves : « La Rome du peuple après la Rome des Pontifes ! » L'Autriche était au lendemain de Novare, et, dans l'intérêt de l'équilibre européen, le gouvernement d'Odilon Barrot et de Thiers décida d'intervenir. Le 25 avril, le général Oudinot débarquait. A Civita-Vecchia, à Castel-Gelido, on l'accueillait en ami, mais en approchant de Rome l'illusion ne restait plus possible... C'était la guerre ! Sans attendre les inutiles négociations de M. de Lesseps, le général commençait les hostilités. La villa Doria, le Ponte-Molle, les quartiers sur la droite du Tibre étaient les premières positions occupées. Et bientôt, malgré Mazzini, malgré Garibaldi, la ville était réduite (22 juillet). Mais, comme dit Francis Wey dans son bel ouvrage sur Rome : « Il est resté bien des Français sous les lys et les asphodèles de la villa Pamfili !... » — Quelles qu'aient été les conséquences du retour de Pie IX au Vatican, le colonel Edgar Ney a écrit les seules paroles dont il convienne de se souvenir : *La République française n'a pas envoyé une armée à Rome pour y étouffer la liberté italienne, mais au contraire pour la régler.* — Mon Dieu que cela est loin ! — En politique, comme en tant de choses, il est si triste de se souvenir !...

Le soir tombait, on glissait dans les chemins détrempés par la pluie des jours précédents, déjà la fatigue commençait, et dans la basse-cour des paons se mirent à crier de leur angoissante voix d'enfants qu'on égorge. Je regardais un de ces vallons où des motifs de buis égayaient la vue ; des brebis paissaient parmi les prés en fleurs. Des brebis, un ciel de nuances, un paysage si doux... Je me demandais : serait-ce l'Arcadie ? — Et c'était la dernière fois que j'allais à la villa Doria ; je quittais Rome sans espoir de retour. Alors, cette voix désolée des paons dans la tristesse d'un jour qui s'en allait, — était-ce un présage ? — Ne jamais revenir, encore oublier ?... Comme disent toujours, et à propos de tout, les Italiens : *Chi lo sa ?* — Oh j'entends si bien cette voix des paons dans la mélancolie des arbres !...

IX

Pour M. André Michel.
Rome, mai.

Ceux qu'élut la faveur des concours et qui vinrent vivre quelques hivers, à l'ombre dorée des chênes de la *Villa Médicis*, et former, dans cet air romain d'une subtilité si étrange des projets d'avenir que la vie ne réalisera guère, exposent actuellement, en une galerie vaguement tendue de rouge, les envois qu'ils destinent à la ville de Paris. Pour ne renfermer aucune œuvre géniale, ce *salon* en miniature n'en est pas moins curieux. Les différentes tendances qui régissent l'Ecole Française s'y manifestent d'une manière intéressante et les deux toiles qui retiennent l'attention du public (*Madeleine voit le Christ pour la première fois*, de M. Devambez, et les *Noces de Flore*, de M. Levalley) en marquent, — si je puis ainsi parler, — les points extrêmes.

Dans un paysage de rêve liliacé de gris perle, de rose mourant et de vert pâli, M. Levalley a groupé des femmes nues aux cheveux bleus, aux corps arc-en-cielés, assistant aux noces prochaines de Flore et du Zéphir. Presque couronnée d'étoiles, Flore sourit gravement, de ses yeux obscurs, à l'arrivée de son amant déployant des ailes irradiées de papillon, en une gloire de rayons multicolores. Sur l'autel, au milieu de fastueuses guirlandes de pavots irréels aux colorations d'orchidées, les oiseaux colombins se béquectent passionnément. Sans recherches archéologiques ni dans le décor, ni dans le costume, M. Devambez, au contraire, a évoqué sur une place étroite de petite ville italienne la divine figure de Notre-Seigneur Jésus-Christ. Une trentaine de loqueteux aux chairs rongées de plaies hideuses, — ressouvenirs certains des pages les plus répugnantes de *Lourdes*, — écoutent, avec une folie de croire dans les yeux, les paroles bénies du prophète inspiré. En bas, dans l'ombre de la rue, une Madeleine, qui pourrait être Thaïs, ayant fait arrêter ses porteurs s'est agenouillée surprise malgré elle, dans le désarroi de sa conscience inquiète. Attentivement son beau visage écoute les paroles d'amour et, dans ses yeux, passe déjà comme un éclair de la passion divine qui la jettera, plus tard, échevelée et repentante, sur le Calvaire, au pied de la Croix.

Assurément la toile de M. Levalley témoigne d'intentions plus hardies, de mérites plus personnels que celle de M. Devambez. Mais les bonnes intentions, que je sache, n'ont jamais suffi en ce monde, et je me vois forcé d'ajouter qu'un abus de couleurs disparates, que de singulières insuffisances de dessin, de composition, empêchent de ressentir, en voyant les *Noces de Flore*, les sensations nouvelles que voulut nous donner son auteur, tandis qu'inversement, dans une note plus classique, moins individuelle peut-être, M. Devambez a mieux réalisé ce qu'il se proposait de faire. Sans m'arrêter à de légères réserves de détail, sa composition considérable témoigne de sérieuses facultés de coloriste, de dessinateur et de penseur.

Avec un bas-relief conventionnel et d'une froideur voulue, représentant *Sainte Blandine*, M. Coudray envoie un médaillon en argent oxydé, une tête d'Orphée, grande deux fois à peu près comme une pièce de cinq francs et qui me paraît tout à fait remarquable. Quelques feuilles de laurier dans les cheveux fatigués par la tempête, une lyre dans une main crispée, une épaule tordue, des yeux fous avec un recul de tout l'être devant la réalité sans espérance, — cette figure tragique aux lèvres lasses de se plaindre demeure la traduction plastique de la phrase immortelle que le chevalier Glück a prêtée aux lèvres délirantes de l'amant qui ne peut pas se consoler d'avoir perdu son Euridyce : *Che faro ?... dove andro ?...* En contemplant le médaillon passionné de M. Coudray, j'entendais chanter dans ma mémoire la page tragique et mes souvenirs lui conservaient la voix poignante, les accents désespérés que savait lui donner le contralto de Marie Delna.

Les dessins ornementaux et architecturaux que M. Bertone a rapportés des fouilles de Palmyre sont encore de premier intérêt. En particulier, le soffite trouvé dans les ruines du grand temple, d'un détail exquis dans l'enchevêtrement de ses grecques capricieuses avec ses caissons en polygones octogones si joliment bordés de rainures carrelées et de rosaces frêles d'un détail toujours varié et toujours plaisant. D'ailleurs, on a beaucoup parlé des travaux de M. Bertone. Ce que l'on a moins raconté, ce sont les extraordinaires péripéties de son voyage à Palmyre, dans des conditions uniques, avec d'interminables traversées et des marches à n'en plus finir, à travers les contrées du désert. Il y a là tout un roman d'aventures qui serait à écrire.

A côté de ces œuvres qui, dans des domaines bien différents, annoncent des artistes d'avenir et sont plus que des promesses, le reste de l'exposition m'a paru d'une médiocrité au-dessous de l'honnêteté. On a l'impression de passer en revue de consciencieux devoirs d'élèves où l'application essaie de suppléer au manque de moyens naturels. Comment se peut-il que des jeunes gens dans la fièvre de l'âge, et à cette période de la vie où toutes les audaces paraissent légitimes, aient tant de correction bourgeoise, tant de sagesse pot-au-feu ? Je conçois parfaitement qu'il serait injuste de leur demander des œuvres achevées, d'une donnée ou d'une exécution nouvelles, — ce n'est pas à vingt-cinq ans que l'homme a généralement conscience de lui-même, — mais au moins je voudrais que les envois de Rome, témoignassent de quelque originalité apparente, de quelques sincères efforts de pensées, de quelques recherches personnelles et passionnées. C'est à croire, ma parole, que ces artistes ont préparé leur prix de Rome comme d'autres préparèrent leur entrée au ministère. Et qu'ils aient cru qu'à force de couvrir de couleurs de petits ou de grands carrés de toile, qu'à force d'imiter, scrupuleusement, les procédés qui firent la célébrité de leurs maîtres, ils finiraient, un jour, par devenir eux aussi des artistes. Que non pas Messieurs, ce n'est point ainsi qu'il a coutume d'en arriver ! George Sand qui, sans l'aide d'aucun pinceau, fut un paysagiste digne d'être placé à côté de Corot et de Rousseau, disait dans une de ses lettres qu'on ne saurait trop citer : « Ah ! « c'est qu'il ne suffit pas d'étudier et de vouloir, il faut « vivre, il faut penser, il faut surtout sentir brûler en soi « la flamme et voir au ciel briller l'étoile ! »

Tandis que je m'en allais ainsi, réfléchissant aux choses que je venais de voir, sous les vieux arbres du Pincio, des pages fameuses de *Manette Salomon* me revinrent en mémoire, et il me semblait aussi que l'institution du prix de Rome et de la villa Médicis ne donnait pas décidément, cette année comme les autres, de bien merveilleux résultats. Je crains que son but le plus clair ne soit de procurer, avant l'exaspérante lutte pour la vie ou pour la célébrité, quelques saisons de paix, au soleil, pendant lesquelles les originalités et les énergies de la jeunesse, au lieu de s'affirmer en se personnalisant, s'atténuent, au contraire, parmi des camaraderies exclusives et au milieu d'un idéal décor, propice surtout aux longues flâneries.

X

Sur la tombe du peintre suisse Émile David.

Rome, novembre.

Me trouvant à Rome, ce dernier mois de l'automne, j'ai tenu, — comme j'ai coutume de le faire à chacun de mes passages dans la Ville Éternelle, — à venir déposer quelques fleurs de sympathie sur la tombe silencieuse du vieux peintre dont j'avais tant aimé, autrefois, les conversations souriantes et l'intelligence fleurie. Si parfaitement, je me souviens de ce mélancolique pèlerinage, comme je n'oublierai non plus, jamais, celui qui dort son dernier sommeil à l'ombre des cyprès, parmi les roses pâles du cimetière abandonné de *Saint-Paul-hors-les-murs*. C'était une journée fraîchissante d'une saveur acide: toutes les cloches de Rome célébraient l'adorable mémoire d'une Sainte. Notre calèche roulait par des rues encombrées de Trastévérines et de Trastévérins en habits de fête... Cependant l'émotion triste nous gagnait peu à peu, et la femme supérieure qui avait bien voulu nous accompagner durant cette dernière visite trouvait, sans les chercher, les paroles qui convenaient à notre état d'esprit.

Après le panorama d'une absolue beauté de lignes et d'idées des ruines de l'Aventin; après le mont Testaccio, d'où la vue ne peut être décrite en paroles humaines; nous apercevions déjà la pyramide de Cestius, et c'était bientôt l'entrée d'une austérité désolante du *Cimetière protestant*. Des équipages en livrées de grand deuil attendaient. Il fallut sonner; au portail parut une jeune fille dont les yeux ardents ouvraient leur immensité dans un visage miné par la fièvre. De larges anneaux d'or pendaient à ses oreilles; ses cheveux étaient noirs et superbes; elle sourit d'un sourire d'habitude qui n'avait jamais dû être joyeux, — et ses dents si blanches ne semblaient pas les dents d'un être vivant. Sitôt le seuil passé, l'humidité de l'endroit nous transperça. Des sources mystérieuses doivent baigner d'une éternelle rosée ce jardin de repos. Quoique ce fût l'automne, après l'été torride, les cyprès et les pins, l'herbe des tombes, les feuilles des rosiers étaient toujours d'un vert de printemps italien.

Et je compris alors pourquoi la gardienne des morts avait ces yeux étranges, ces yeux brûlants dans cette face consumée où la jeunesse ne s'épanouirait jamais. A l'heure mauve du crépuscule, alors que la campagne romaine se pare de teintes qui ne se retrouvent en aucuns lieux de ce monde, la malaria dont on ne guérit point devait passer amicalement, entre les branches obscures de ces arbres funéraires, sur les touffes toujours vertes de ces végétations de féerie. Avec des paroles charmantes, des paroles italiennes, elle nous indiquait l'allée et le sentier et la place où nous devions porter la couronne de fleurs qui marquerait, pour un peu de temps, notre visite dernière...

Le terrain mouillé s'écrasait sous nos pieds. Nos vêtements s'imprégnaient d'humidité glacée. La tristesse du lieu et de l'heure s'en trouvait péniblement accrue. Mais déjà c'était le marbre veiné par les pluies et si nu dans sa pauvre simplicité. Non, vraiment, je ne saurais traduire l'impression pénible que me donna cette tombe. Il n'y avait point de fleurs, point de couronnes, rien qu'une plaque et qu'un nom avec deux dates. Comme je préfère les tombes catholiques, elles sont toujours fleuries, — et aussi les tombes italiennes, une parole d'amour rappelle au moins le souvenir de ceux qui y reposent. Tout me paraît meilleur que ce froid dans cette solitude, — même les couronnes de perles, même les fleurs de zinc. Les cimetières protestants sont extrêmement pénibles à visiter. Pourtant lorsque mes mains eurent déposé leur offrande amicale, mes pensées bientôt suivirent une autre direction. Je me disais ce que, depuis, je me suis dit souvent, avec une tristesse plus mélancolique d'année en année :

Comment, voilà un des meilleurs peintres dont se puisse honorer la Suisse contemporaine, un des plus sincères, des mieux préparés, un de ceux qui savaient et pouvaient le plus. Il n'eut guère ou du moins, je ne lui connus guère qu'un défaut, une modestie — maladive tellement elle était déprimante. Mais j'ai encore, dans les oreilles, ses conversations pétillantes comme j'ai toujours, devant les yeux, les douceurs harmonieuses de ses paysages. Pourtant qu'en restera-t-il ? en vérité ? Une cinquantaine de toiles éparses dans des galeries privées, soumises à tous les hasards, à tous les accidents de la vie. C'est tout. Quand il mourut si brusquement, le 6 novembre 1891, les journaux de Genève et de Lausanne, quelques-uns seulement, en très petit nombre, publièrent de courts articles, puis l'été suivant, la famille de l'artiste réussit à rassembler dans cette défectueuse salle de *La Grenette*, à Lausanne, la collection des principales toiles. Le coup d'œil était charmant. Remplies par le *Home Rule Bill* de M. Gladstone, dont le succès devait être si grand, par le Tir fédéral de Glaris, la fête des officiers et autres cérémonies de cette importance artistique, les feuilles de ce pays charmant s'en occupèrent peu ou prou. Ensuite tout fut bien fini. Cependant l'occasion était unique pour préparer un album des vingt ou trente meilleurs tableaux, comme on aurait dû publier des extraits de la correspondance et faire revivre, en pages pittoresques, les interminables causeries de celui qui avait vu tant de choses et serré la main de tant de gens. Pour ma part, j'avais essayé, modestement, croyant de suggérer l'idée à un mieux informé, à un contemporain d'âge surtout d'Emile David. Mais l'exemple ne fut pas suivi, et mes articles gisent, oubliés, dans les collections de la *Gazette de Lausanne*[1], du *Journal de Genève*[2] et de *l'Art*[3], comme les tableaux du vieux peintre suisse qui n'aimait que l'Italie jaunissent solitairement, dans le clair-obscur des salons. A chacun d'ailleurs, cet oubli relatif parut naturel. Une fois que les hommes ne sont plus là pour s'imposer à coups de réclame, qui donc songerait encore à s'en occuper ? Pour déguiser notre égoïsme, cette phrase revient sans cesse à notre bouche, cette phrase que je trouve haïssable bien qu'elle soit de l'Evangile : *Laissez les morts ensevelir leurs morts !*

Certes, je n'accuse personne. Ce que je viens d'écrire sur Emile David pourrait se répéter sur bien d'autres, textuellement. Est-ce la Suisse qui fit le succès d'Amiel ? Est-ce la Suisse qui donna la célébrité à Victor Cherbuliez et la gloire à Arnold Bœcklin ? Pourquoi les lettrés de Genève n'ont-ils pas obtenu que les exécuteurs testamentaires continuassent la publication du *Journal intime ?* Comment les artistes n'ont-ils point recueilli l'enseignement oral et l'enseignement graphique du peintre Menn, puisqu'ils se plaisent à assurer que l'esthétique de ce maître renouvela

---

[1] Numéro du 2 juillet 1892.
[2] Numéro du 24 juillet 1892.
[3] T. LIII, p. 98.

l'art suisse ? Et ce que je dis là pour quelques-uns pourrait s'appliquer à beaucoup d'autres. Il est certain que la Suisse n'a qu'à un faible degré le culte des morts. L'âme protestante, sur ce chapitre, est d'une sécheresse désolante.

Maintenant jetons un regard de ce côté-ci de la frontière. Les journalistes génevois, peu susceptibles d'enthousiasme, tournent volontiers en ridicule la statuomanie du peuple français. Ont-ils réfléchi cependant combien ces preuves d'hommage étaient plus touchantes que leur sèche et prudente mémoire? Un buste, un livre de souvenirs, une inscription affectueuse ne font de tort à personne et témoignent de si douces, de si consolantes préoccupations. Les exemples me viennent par centaines. J'éviterai les noms propres afin de mieux m'expliquer. C'est un poëte décédé à la fleur de l'âge ; ses amis se cotisent pour lui élever un buste. C'est un industriel, ami des arts, qui charmait ses loisirs à rimer des traductions ; sa veuve les imprime pour retrouver une occasion de s'occuper du cher disparu — ou bien encore c'est un peintre dont on édite, à petit nombre, pour les tout proches, d'admirables lettres d'intimité. Cela ne vaut-il pas mieux que la froide indifférence, que l'oubli spontané? L'influence de Calvin subsiste jusque chez ceux-là mêmes qui n'acceptent plus son joug intellectuel et si, au point de vue moral, cette influence peut-être salutaire, — au point de vue sentimental elle est desséchante et fausse. Car, — et c'est une question que je me suis posée bien souvent, — cette facilité à oublier ne proviendrait-elle pas, tout simplement, du fait que les Réformateurs ont cru devoir renoncer au culte des morts ? — à ce culte si vrai psychologiquement parlant, — à ce culte que j'aime au-delà de toute expression et que je trouve d'une consolation divine aux heures les plus troublées de cette pauvre vie. En vérité, qu'est-il de meilleur, de plus noble, de penser que nous pouvons encore quelque chose pour ceux qui ne sont plus et qui, neuf fois sur dix, valaient mieux que nous qui sommes restés ?...

Telles étaient les pensées qui remplissaient mon âme de spleen, cette journée d'automne romaine, devant la tombe solitaire du vieux peintre oublié. Cependant l'humidité glaciale du cimetière devenait inquiétante — il fallait partir. Nous fîmes, à pas très lents, le tour de ces allées. Je lisais dans le *Bædeker :* « Beaucoup « d'étrangers, Russes, Anglais, Américains, Allemands « dorment ici, leur dernier sommeil, *et l'on a de jolis* « *points de vue.* » Sur une tombe idéale, toute blanche et violette de fleurs, une femme en voiles de crêpe pleurait désespérément, et parfois ses longues mains pâles brassaient des roses de novembre. Derrière elle, dans l'allée, en livrée de drap mat, en culottes de peau noire, un valet de pied tenait une corbeille. Mes amis me nommèrent l'ambassadrice d'Angleterre, Lady Vivian. Nous nous écartâmes, respectueux. Devant d'autres tombes, d'autres femmes pleuraient. Et les arbres pleuraient aussi des larmes de rosée ; cependant plus loin, au-delà de l'ombre nostalgique des cyprès, la journée était claire, le ciel bleu et or, le *Bædeker* avait raison : *On a de jolis points de vue.* C'est aussi dans ces murs que reposent le fils de Goethe et « le Cœur des cœurs », *Cor cordium*, le seul qui mérite ici-bas l'épithète de divin, si cette épithète peut s'appliquer à aucune créature humaine : Percy Bysshe Shelley.

La jeune fille aux yeux ardents, au visage miné par la malaria nous rouvrit, de ses doigts maigres, le portail du cimetière. Le même sourire, sans joie, errait sur ses lèvres pâlies, et soudain cette gardienne des tombes me parut moins vivante que le souvenir de celui pour lequel j'étais venu, en ce lieu désolé, par cette journée fraîchissante du dernier mois de l'automne.

XI

Pour M. Théodore de la Rive.

Vicence, mai.

Si, de l'avis des critiques d'outre-monts, M. Antonio Fogazzaro est le seul romancier italien que l'on puisse, avec quelque apparence de raison, opposer à M. Gabriele d'Annunzio, sa position, en France, — il faut le reconnaître et le déplorer, — est loin d'être encore aussi brillante.

Malgré l'approbation de juges très délicats, *le Mystère du poète*, que Mlle Glades avait si joliment traduit, passa inaperçu. *Daniel Cortis*, ce « roman cornélien », comme l'a fort bien nommé M. Paul Monceaux, réussit davantage. Mais en dépit d'une publication dans *le Figaro*, *Malombra*, ce livre compliqué comme un feuilleton populaire et pourtant aussi plein de philosophie, aussi riche d'intentions qu'un livre même de Gœthe, — ne rencontra pas auprès des lettrés les suffrages qu'il méritait. Quant au *Petit Monde d'autrefois*, il vaut mieux le dire en toute franchise, le gros succès qu'il obtint en Italie, nous parut un phénomène que nos critiques eurent plutôt de la peine à expliquer. Et pourtant s'il a paru, ces dernières années, un roman vraiment chrétien, d'intention et d'exécution, c'est bien celui-là. Mais le goût de notre public, j'en ai peur, n'est plus à des livres d'une telle blancheur, d'une telle hauteur morale. Je n'ai point à parler des poésies, de de ces vers d'un sentiment si pur, d'une inspiration si noble, vraiment lamartiniens et par la simplicité de la forme et par le catholicisme de la pensée. Nous ne les connaissons guère mieux que nous ne connaissons les trois volumes très nouveaux, sinon définitifs, dans lesquels il s'est efforcé de montrer que les doctrines de l'évolutionnisme darwinien n'auraient rien de contraire à l'enseignement du dogme catholique. Il est vrai d'ajouter qu'Italien d'Italie par sa manière de penser, de sentir et même d'écrire, M. Antonio Fogazzaro nous semble d'un abord moins facile, moins engageant que M. Gabriele d'Annunzio, dont l'intelligence reste à proprement parler cosmopolite. Cependant, si l'on veut passer sur certaines habitudes de pensée et d'écriture, un abus de mots emphatiques, un sentimentalisme quasi germanique, et parfois, des développements un peu bien considérables pour notre impatience française, — on reconnaîtra, j'en suis certain, la haute valeur morale de cet écrivain qui est aussi un artiste expert, ayant une vision originale de la vie et sachant la traduire en phrases parfaitement belles, dans des livres parfaitement purs. Chevalier moderne de la plume et de la parole, il a osé, comme les chevaliers d'autrefois, marcher droit et fier, sans nul compromis aux succès passagers, vers le but élevé qu'il avait, dès la première heure, voulu donner à son action efficace de poëte idéaliste, d'écrivain catholique.

Il devenait donc naturel qu'allant de Bologne à Venise, je fisse une courte halte à Vicence, puisque c'est dans ce petit chef-lieu de province que M. Fogazzaro a définitivement fixé sa tente. Au milieu de plaines riantes d'une fertilité merveilleuse, j'ai trouvé une cité endormie et charmante, dont le décor de grands arbres solitaires, de vieilles rues en colimaçon rappelait tout à fait celui de nos petites villes de province. Seulement les *tourlourous* qui contaient fleurette aux *bobonnes* dans l'ombre verte des promenades avaient sur les épaules des uniformes de couleurs inusitées, et les façades des maisons, sculptées à ravir, semblaient avoir été élevées pour la seule joie des critiques d'art, car si Vicence est toute bâtie de guingois, elle possède, en revanche, comme la plupart des cités de la Vénitie et de la Toscane, nombre de palais remarquables. Ses environs sont beaux, d'une beauté plantureuse de pays heureux, où la vie doit être commode et les heures monotones, faciles et agréables. Plus rien ne subsiste des tragédies sanglantes de 1848. Il faut ouvrir les livres pour savoir qu'Autrichiens et Italiens combattirent ici, désespérément. Il est vrai que depuis la Triple Alliance!... D'ailleurs, la contrée est trop souriante, l'horizon des collines trop calme; l'esprit oublie le passé lointain ; — nous sommes dans le royaume de la Paix et du Contentement.

Sans vouloir exagérer la théorie de l'influence des milieux, je ne pus m'empêcher de reconnaître que M. Fogazzaro était bien l'homme qui depuis de longues années habitait cette terre de repos. Dans l'intelligence de son visage, sur la franchise de son regard, se reflétait la tranquillité bienfaisante de ces paysages. Dans sa personne tout entière, comme dans la bonne grâce de son accueil, jusque dans sa modestie si peu artificielle, on discerne l'état d'âme exempt d'inquiétude d'un gentilhomme campagnard, heureux de sa vie au grand air, aimant sa patrie, son « petit monde d'autrefois » et pour lequel les arts seront moins une passion avec ses cultes et ses haines qu'un délassement aidant à passer les mois d'hiver, les jours de pluie... Mais, parce que ce gentilhomme est aussi un croyant, un catholique, et qu'il sait que les œuvres de l'esprit ne restent jamais sans influence sociale, il a voulu soumettre son œuvre écrite à la haute direction, à la pensée infaillible auxquelles sa vie restait entièrement dévouée. Sous des dehors amènes de courtoisie parfaite, on devine l'homme de valeur qui n'est point polémiste de nature, mais qui a, pourtant, ses idées parfaitement arrêtées et saura, à l'occasion, les défendre et les faire triompher. Sa bonne grâce n'est jamais le scepticisme aimable de ceux qui, par indifférence, adoptent, pour un instant, les théories de leurs compagnons de route; elle serait plutôt l'urbanité parfaite d'une âme d'élite qui trouverait peu séant et contraire même aux vérités qui lui sont précieuses de les imposer sans discernement et sans discrétion.

Je songeais à ces choses, tandis qu'en *cicérone* expérimenté, M. Fogazzaro, me montrait les curiosités architecturales de Vicence : l'élégante colonnade du palais Giulio-Porto, la masse imposante et un peu lourde de la *Basilica Palladiana*, surtout ce curieux *Théâtre Olympique*, construit d'après les règles de Vitruve, avec la décoration fixe et l'orchestre en contre-bas. Dans son *Voyage d'Italie*, Gœthe le décrit. A propos du nom de cet homme qui a sans doute compris et pénétré plus de choses qu'aucun autre, nous nous étonnons de l'insignifiance, du manque d'informations de la plupart des livres écrits en français sur l'Italie. On va trop vite; il ne suffit point d'avoir traversé un pays en *sleeping* pour le connaître. Avant qu'une

ville vous livre son âme, il faut des mois et des mois de séjour. M. Fogazzaro ne ferait d'exceptions que pour les spirituelles *Lettres* du Président de Brosses. Dans le voyage de Taine, les pages d'art seraient aussi excellentes, et il ne faudrait point oublier les délicates et délicieuses *Sensations d'Italie* de Bourget. « Quant
« à Stendhal, je ne le nomme point, me disait l'auteur
« de *Daniel Cortis*, aucun Italien n'a connu l'Italie
« comme lui; mais ce n'était pas un Français: je le
« tiens pour mon demi-compatriote. » Enfin, il y a encore George Sand et ses *Lettres d'un voyageur* qui traduisent, en paroles exquises, toute la mélancolie de Venise ; l'inertie mortelle de ces palais endormis, depuis des siècles, sous le soleil tropical des étés, parmi la pestilence des lagunes désertes, — et surtout la beauté, la beauté fabuleuse des nuits désespérantes alors que sur la mer d'argent, du haut du ciel lointain, la lune, ceinte d'étoiles, pleure des larmes de lumière.

A l'ombrage rafraîchissant d'arbres centenaires, nous gravissions la route qui suit les arcades monotones du pèlerinage de la *Madone du Mont*. Peu à peu, dans une symphonie de verdures, l'horizon des campagnes fécondes se découvrait à nos yeux. Notre conversation devenait plus littéraire, et naturellement le *Petit Monde d'autrefois* nous occupa d'abord.

Bien loin de s'étonner des quelques réserves que je croyais devoir faire, M. Fogazzaro parut les admettre sans feinte complaisance : « D'ailleurs, m'avoua-t-il, je
« ne saurais assez vous répéter combien le succès de ce
« roman m'a surpris. Il est tellement spécial. Je l'avais
« écrit pour moi et les miens. J'envisageais presque la
« perspective de le garder manuscrit. Comme Manzoni
« le disait dans la préface des *Fiancés*, je croyais qu'il
« n'aurait jamais que vingt ou vingt-cinq lecteurs.

« Pendant les longues années, car je vous l'ai raconté,
« *ce roman me parut infiniment long à terminer,* — pen-
« dant les sept ou huit années où je me suis appliqué
« à l'imaginer, je m'amusais à reproduire ces mille
« menus détails de la vie et de la pensée d'autre-
« fois. Puisqu'il s'agit bien, en vérité, comme vous
« l'avez deviné, d'un petit monde qui a existé autre-
« fois, tel que je le dépeins, avec ses habitudes, ses
« croyances, son originalité curieuses. Mais que tout
« cela est loin de nous !... Comment pouvais-je sup-
« poser que ces dialogues en dialecte vénitien et lombard
« pussent intéresser le grand public ?... Pourtant, en
« quelques années, voici que le chiffre d'éditions de
« *Daniel Cortis* est dépassé, — et le succès semble
« devoir durer. La presse italienne m'a généreusement
« traité ; on m'a bien reproché quelques longueurs
« dans la seconde partie, mais, en somme, rien de
« grave, — et je n'ai à me plaindre de personne. »

Alors, discrètement, je cherchais à connaître les projets d'avenir : un autre roman, *un Petit Monde d'aujourd'hui*, qui sera le pendant et comme la contre-partie du *Petit Monde d'autrefois*, — auquel il va rêver longtemps, peut-être des années. M. Fogazzaro ne travaille point vite : il aime à méditer ses desseins ; et puis il n'est pas homme de lettres, son temps ne lui appartient guère. En effet, sa position sociale lui imposait des obligations qu'il n'a pas cru devoir décliner. C'est ainsi qu'il a même consenti à accepter des fonctions administratives. Ce jour-là, par exemple, une séance du Conseil municipal de Vicence qui devait avoir lieu le lendemain le préoccupait beaucoup ; à propos de je ne sais quel dissentiment surgi entre cléricaux et patriotes, il prévoyait que la lutte serait vive, peut-être orageuse. Enfin M. Fogazzaro aime à lire et à lire lentement, comme faisaient nos pères, qui n'avaient pas le malheur d'avoir, chaque matin, vingt journaux à parcourir. Ses conférences si remarquées sur les théories évolutionnistes lui font un devoir de continuer à se tenir au courant. Ce sujet, d'ailleurs, l'intéresse spécialement ; il est persuadé de la vérité de sa thèse et qu'avec le temps on finira par reconnaître que, bien interprétés, le dogme catholique et l'hypothèse évolutionniste n'ont rien d'essentiellement incompatible.

Devisant de la sorte, nous étions parvenus au sommet de la colline ; le dôme et l'église de la Vierge miraculeuse élevaient devant nous leurs architectures ajourées. Alors M. Fogazzaro me conta la grande vénération dont cette Madone était l'objet dans toutes les campagnes d'alentour. Aux fêtes patronales, l'affluence des paysans devenait telle que la nef en forme de croix grecque ne pouvait plus les contenir tous. Aussi les pèlerins restaient-ils dans l'allée, à l'ombre verte des vieux arbres, et s'avançant sur le péristyle, le prêtre célébrait-il le saint sacrifice de la Messe sous la voûte du ciel, parmi les chants des oiseaux familiers. Peu de spectacles, paraît-il, sont plus impressionnants que celui de ce peuple agenouillé dans la poussière du chemin, cependant qu'au soleil le prêtre opère le miracle de la consécration. Tandis qu'en phrases imagées M. Fogazzaro évoquait ces tableaux de dévotion populaire, je découvris, au ton plus respectueux de sa voix, à la gravité soudaine de son intéressante figure à laquelle les cheveux gris conviennent si bien, que ces choses étaient vraiment « sang de son sang et cœur de son cœur ».

Je devenais donc curieux de connaître son opinion sur la Question Romaine. Trouverait-il que la Maison

de Savoie avait compromis ses véritables destinées à vouloir absolument élever son trône au Quirinal, face à face du Vatican? Estimerait-il qu'à parler selon la vérité des choses, c'était faire injure à Rome que d'oser la rabaisser à n'être que la capitale d'un pays quand elle pouvait prétendre au rôle de capitale de la catholicité apostolique? A mon extrême surprise, M. Fogazzaro ne défendit aucune de ces théories. — Non. Rome était et devait rester la capitale de l'Italie, cela n'entrait pas, ne pouvait pas entrer en discussion; aucun Italien, véritablement digne de ce nom, n'accepterait un autre état de choses. Cependant l'an dernier, au discours du 3 mars, et chaque fois que l'occasion s'en présentait, Sa Sainteté le Pape ne cessait de protester contre l'état présent, de répéter ses anciennes revendications? — « Sans doute, le pontificat
« n'admettra jamais la situation actuelle, du moins
« officiellement; mais avec le temps et l'adoption sin-
« cère d'un régime de franche liberté, il finira par s'en
« accommoder. Certes, la *Loi des Garanties* a besoin
« d'être reprise dans un esprit plus large, plus conci-
« liant, plus respectueux des véritables dignités de la
« sainte Église. Il y a, dans ce domaine, beaucoup de
« franchises à accorder et plus d'un pas à faire qui
« sera bien, certes, en avant; mais, sur la question
« même de Rome capitale, elle est tranchée, croyez-
« moi et définitivement. Pour nous autres, Italiens,
« l'Italie sans Rome ne serait plus l'Italie! »

Comme je venais de passer plusieurs mois à Rome, où j'avais rencontré nombre de personnalités intéressantes, je ne pus m'empêcher de lui faire remarquer combien, d'année en année, la position de la Maison de Savoie me paraissait se modifier, et dans un sens presque inquiétant pour ses prochaines destinées. Le

roi soutenant M. Crispi et sa politique d'audace jusqu'à la dernière extrémité; la belle intervention du Saint-Père auprès du Négus, dans l'affaire des prisonniers d'Abyssinie, ont eu, dans les cercles politiques de la capitale, un retentissement énorme, et, sans exagérer, il en est peu, s'il en est, qui estimèrent qu'en ces deux occasions, — ce ne sont pas les seules, malheureusement, — le roi Humbert se soit montré à hauteur de sa tâche. M. Fogazzaro m'interrompit : « Voyez-vous,
« me dit-il, c'est dans des questions de cet ordre sur-
« tout qu'il faut se garder d'établir l'état d'esprit de
« l'Italie comme vous établiriez, par exemple, l'état d'es-
« prit de la France. Chez vous, la capitale donne à peu
« près le ton de la province. Un homme est-il tombé en
« défaveur à Paris, qu'il le sera bientôt à Marseille et à
« Lyon. Chez nous, au contraire, la capitale à propre-
« ment parler n'existe pas ; autant de centres, autant
« d'opinions. Il est possible qu'actuellement la Maison
« de Savoie soit moins aimée qu'elle ne le devrait dans
« quelques provinces du nord, mais celles du midi lui
« sont dévouées, comme aux plus belles années de
« Victor Emmanuel. Quant à Rome, elle reste plutôt
« la capitale historique, la capitale artistique de l'Italie
« moderne, car la vie industrielle et intellectuelle de
« Milan est autrement active, et Naples va chaque jour
« s'embellissant et s'agrandissant. Ces conditions
« rendent extrêmement difficiles et toujours un peu
« hasardeux les jugements synthétiques sur notre
« situation économique ou sociale. »

Cependant la littérature devait nous reprendre, M. Fogazzaro n'a-t-il pas fait œuvre d'artiste aussi? À propos de Bologne qui le fatigue, le poète de *Miranda* me parla de M. Carducci, qu'il admire comme tout bon Italien, le tenant pour un des maîtres de la nouvelle littérature italienne. Alors je lui expose mes difficultés, la beauté pour nous, si peu perceptible, de ces *Odes barbares* aux constructions plus compliquées que des *Odes* d'Horace, et combien cette poésie érudite me paraît sentir l'huile, car ce n'est point trop avancer de prétendre qu'il faille savoir par cœur la *Grande Encyclopédie Larousse* pour comprendre sans hésitation ces odes éminemment professorales. Puis, sans transition, nous passons à Mme Ada Negri ; mais, comme M. d'Annunzio, à ce nom, M. Fogazzaro se récuse, et, pour caractériser d'une phrase son idée, il a cette formule plaisante : « Non, décidément, si M. Carducci sait peut-« être trop de choses, Mme Ada Negri, elle, n'en sait certai-« nement pas assez. » Nous terminons sur ce sujet, en souhaitant que le mariage, qui vient d'être célébré, de la poétesse des *Tempêtes* avec un riche industriel piémontais attendrisse enfin l'amertume de ses revendications sociales et lui apprenne la douceur charmante des romances maternelles.

Ensuite nous en arrivâmes, c'était fatal, à l'auteur des *Vierges aux rochers* : « Vous connaissez mes livres, « mes idées, ma profession de foi, et vous devez com-« prendre ce que je pense de la portée morale de cette « œuvre et de tant d'audaces que je crois condamnables, « que je désapprouve même absolument. Cependant, en « dépit de ces réserves que je pose et maintiens très « haut, quel artiste, quel musicien, si l'on peut parler « ainsi, que M. Gabriele d'Annunzio !... C'est même « son malheur, je le crois, d'être trop complètement, « trop uniquement artiste. Tout ce qu'il veut, il le peut. « Tenez, si la fantaisie lui venait de composer demain « un roman néo-catholique, je suis certain qu'il y par-« viendrait. Mme Serao m'a conté qu'autrefois M. d'An-« nunzio avait commencé d'écrire une *Vie de Jésus*.

« Elle en connaissait le premier chapitre, — c'était
« merveilleux. Je n'en suis point surpris... *qualis arti-*
« *fex!... qualis artifex!...* »

D'autres noms, d'autres œuvres furent encore nommés en passant, et M. Fogazzaro trouvait toujours de nouvelles paroles aimables, de nouveaux sourires bienveillants : M. Verga lui paraissait en progrès : les romans de M. Capuana l'intéressaient beaucoup, même ceux de M. Rovetta, même celui de M. Placci, qu'à part M. Fogazzaro personne sans doute n'a jamais pu lire jusqu'au bout. Si M. Giacosa est son ami, M. Boïto n'est pas son ennemi... Bref, j'ai rencontré peu d'écrivains plus aimables, plus indulgents et pourtant moins complimenteurs. Il s'applique à discerner les qualités comme d'autres s'appliquent à grossir les défauts. Dans son cas, il n'y a pas ombre de jalousie personnelle, et cela est rare, rare comme le merle blanc dans cette république des lettres qui mériterait plutôt de s'appeler l'anarchie.

Cependant les noms de MM. Giacosa et Boïto nous ayant engagés à parler du théâtre italien contemporain, je demande à M. Fogazzaro s'il n'a jamais songé à écrire lui aussi des pièces? Ses romans sont si dramatiques, d'action si touffue, *Malombra, Daniel Cortis, Un Petit Monde d'autrefois*, renfermeraient d'excellentes matières à drames sombres et violents. Mais non, M. Fogazzaro n'y pense point ; le théâtre est trop loin de ses préoccupations habituelles. Pourtant Mme Duse aurait désiré jouer une pièce tirée de *Daniel Cortis*. D'aucuns essayèrent : plusieurs scénarios furent soumis à l'auteur du roman ; ils laissaient à désirer; M. Fogazzaro ne donna point son autorisation, et ces tentatives n'eurent pas d'autres suites.

Enfin, je désirais savoir ce qu'il pensait de notre littérature. Mon Dieu, pas des choses bien nouvelles. Il la connaît assez et l'apprécie suffisamment. Je crois même, si vous entendez ce que je veux insinuer, qu'il l'aimait plutôt qu'il ne l'aime. Plusieurs écrivains, plusieurs œuvres furent nommés, au hasard. M. Fogazzaro en parla, comme il convenait, sans qu'il devienne nécessaire de rappeler qu'il trouve que M. Bourget est un artiste, M. Pierre Loti un sentimental, et ainsi de suite, pour d'autres... Deux noms cependant suscitèrent chez lui quelque spontanéité : M. Édouard Rod, dont l'inquiétude morale l'intéresse tout à fait, et M. Karl-Joris-Huysmans, dont le mysticisme lui paraît sujet à caution. Du premier, il préfère la *Vie privée de Michel Teissier*, et surtout la *Sacrifiée*, dont la beauté morale lui semble remarquable ; quant au second, ses livres écrits dans un style qui s'éloigne beaucoup de la claire langue française lui procurent une impression de malaise vraiment intolérable. D'autre part, il n'est pas de ceux qui croient au satanisme, à la messe diabolique, à tous les accessoires un peu surannés du Moyen Âge traditionnel. Vous le voyez, c'est toujours par leurs côtés intellectuels, par leurs préoccupations religieuses ou morales que nos livres l'intéressent, tant il est vrai que nous cherchons surtout chez autrui l'écho de notre propre pensée et comme une image de ce que nous concevons sans pouvoir toujours le réaliser pleinement.

En me désignant les curiosités de Vicence, M. Fogazzaro me fit remarquer une ancienne maison que l'on dit avoir été construite par Pigofetta, un voyageur français qui se retira en Vénétie après avoir fait, avec Magellan, le tour du monde. Parmi les ornements de la façade cuite au soleil, on pouvait lire ces paroles : *Il n'est rose sans épines !* J'ai peur que la modestie de

M. Fogazzaro s'accommode assez mal des détails que voilà. Pourtant ce fut avec une si réelle amabilité qu'il me souhaita la bienvenue! Je serais désolé de le désobliger en quoi que ce fût. Qu'il veuille m'excuser ; la sympathie des lecteurs français m'absoudra. Et puis la façade branlante de la vieille rue de sa chère Vicence le lui répétera : *Il n'est rose sans épines!*

XII

Pour le comte Louis Primoli.

Venise, juin.

Quelles paroles assez lentes exprimeraient suffisamment le calme plat, l'inertie mortelle de Venise au mois de juin? — Tandis que notre gondole noire glissait dans la lumière, sur une mer paisible comme un lac, notre batelier, Tullio, s'amusait parfois à nous faire remarquer des seiches. Engourdies par la chaleur, elles dormaient à ras des eaux, pareilles à des paquets d'algues. Et, du bout de sa longue rame, le Vénitien aux cheveux blonds les troublait dans leur torpeur sans parvenir à les réveiller. Quelquefois, rien qu'en avançant la main, il les pêchait au passage, et sous ce soleil de feu la passivité de ces mollusques restait telle que je ne suis jamais parvenu, si longtemps qu'aient duré mes observations, à voir faire un mouvement à ces sacs de chair, hérissés de branchies et de pédoncules monstrueux. Vraiment, je ne saurais trouver d'image plus expressive pour traduire l'absence de toute vie, l'accablement torride de la Venise d'été. Sous un soleil de feu, — le thermomètre oscille entre vingt-cinq et trente-cinq Réaumur, — avec l'étouffement du *Sirocco* qui souffle trois jours sur cinq, la ville évanouie semble une seiche prodigieuse, une seiche de pierre et de marbre étendant les branchies et les pédoncules de ses dix mille palais, sur l'azur clair, parmi les lagunes, dans l'enchantement béni de l'Adriatique.

Avec mai, les derniers Anglais sont partis, fuyant devant la solitude — la saison cosmopolite est finie; la saison italienne commencera plus tard, en juillet, à l'époque des vacances, alors que les familles de la Vénétie et de la Toscane trouveront à leur convenance de venir prendre des bains tièdes sur les plages de sable du Lido. En juin, toute vie factice a disparu, — Venise en est réduite aux seules ressources des Vénitiens. Et si, depuis cinq ou six années, Milan, Naples, même Florence, même Rome paraissent renaître à l'activité industrielle, il faut avouer que Venise, — cette reine de l'Adriatique dont Véronèse peignit le triomphe et que Byron chanta « vêtue de pourpre », — semble, au contraire, s'ensevelir de plus en plus dans l'inconscience qui précède la mort.

Le long des *calli* désertes, parmi les *piazzettas* négligées, partout, sur les canaux immobiles, au bord des quais abandonnés, le silence étend sa monotonie et ses moisissures. Ils ne chantent plus, les rossignols en cage que George Sand observait aux balcons des belles Vénitiennes! Avec d'autres coutumes, celle-là s'est perdue; l'indifférence d'aujourd'hui a bien vite eu raison de la poésie d'autrefois. C'est à peine si, de loin en loin, s'élèvent les cris, toujours pareils, dans leur mélancolie de choses très anciennes, des gondoliers annonçant la venue de leur gondole. Dans les musées, les gardiens bavardent entre eux, pour ne pas s'endormir dans l'inutile attente de problématiques curieux. Dans les magasins, vous trouverez, soyez-en sûrs, les marchands faisant le *chilo*[1] : c'est à peine s'ils daigneront lever un œil et vous servir d'une main négligente. Pas un théâtre d'ouvert, pas même un café-concert : le commerce va si mal que les cent cinquante mille habitants qui composent la population vénitienne ne pourraient suffire à équilibrer le budget d'un *impresario*. Comme les journées, les soirées se passent dans le désœuvrement. Même au *Quai des Esclavons*, les bateliers en vous voyant ne se donneront plus la peine de vous faire, avec des sourires, leurs plus séduisants offres de service. Ils savent que les étrangers restés si tard ne sont pas de ceux qu'on peut plumer; alors, pour gagner le tarif, à quoi bon se déranger? Si le signor a besoin d'une gondole, il saura bien choisir lui-même!... Autant rester au soleil, à digérer sa faim, en regardant la beauté du ciel!...

C'est au point que les hôteliers en sont arrivés à n'avoir que des employés étrangers, presque toujours des Allemands. L'insouciance de ce peuple est telle qu'il regarde sans émoi tomber dans la main de ces intrus le peu d'argent qu'il pourrait encore espérer. En vérité, qu'importe? Tous les efforts des pères, tant de sang versé, onze siècles d'héroïsme ont-ils réussi à procurer le bonheur? Non. Venise s'est épuisée à lutter, et maintenant elle n'espère plus, elle n'attend plus, — son découragement est de ceux qui ne se peuvent consoler! Ce sont les vers latins du belliqueux Ulrich de Hütten que tant de poètes ont refaits, souvent sans le savoir : « Reine autrefois magnifique « de cette mer aux flots tumultueux, enorgueillie dans

[1] La sieste.

« sa fierté, enivrée du culte dont elle était l'idole,
« splendide, adorée, triomphante au milieu de ses
« victoires, — maintenant, elle pleure, et solitaire,
« ayant perdu son auréole de gloire, elle demeure
« accablée sous ses longs voiles noirs ! — Ses joues
« ont perdu leur fraîcheur suave de jadis, les rayons
« de beauté sont tombés de son front pur, toute sa
« fierté royale s'en est allée. — Languissante, ne pou-
« vant plus soutenir sa tête qui s'incline de sa main
« retombant à terre, — elle demeure prostrée dans
« son abandon ! »

Ah ! s'il n'y avait la garnison et la marine pour mettre dans ces rues l'animation de la jeunesse et les couleurs vives des uniformes, la ville serait une nécropole. Mais voilà, le soir, lorsque le firmament devient comme « un voile d'azur semé de paillettes d'argent », les musiques militaires jouent sur la place Saint-Marc ; elles jouent même du Wagner. *ô tempora ! ô mores !* et, la journée durant, les pantalons blancs des matelots, les pantalons gris des troupiers et tous les pantalons bleus ou noirs des marins étrangers, débarqués au hasard des croisières, apportent dans cette solitude, un peu de vie, un peu de gaieté. S'il est encore, ici ou là, des chansons d'amour, des bruits de guitare, ce sont, soyez-en certains, joyeusetés de marins en bordées. Aux tables en plein vent des cafés, on voit partout leurs blouses sombres, leurs grands cols raides et leurs coquets petits bérets fichés si crânement sur le sommet de la tête.

Non, la Venise des mois d'été ne saurait convenir qu'aux âmes tout à fait désemparées. Pour goûter cette paix, il faut avoir traversé des crises terribles, que l'esprit ait réellement besoin de paix et de silence. C'est ici le lieu idéal des suprêmes cures de repos.

Alors, sans paraître jamais trop longues, les journées se passeront à rêver, à dormir dans le clair-obscur des chambres fermées, et, plus tard, quand la nuit de roses et de violettes tendres sera tombée, en douceur, sur l'archipel vénitien, au balancement d'une gondole noire, un Tullio quelconque emmènera ces fatigués de la vie vers les ondes plus calmes de la lagune morte, vers les coquillages et les sables parfumés du Lido, — ou plus loin encore, vers les vastitudes impressionnantes de la mer du Sud !... Et l'oubli, peu à peu, consolera les cœurs qui ont besoin d'oublier pour pouvoir continuer à vivre !...

... Je me suis laissé dire que deux impératrices fameuses par la beauté de leur visage et par les malheurs de leurs destinées aimaient à revenir chaque année se reposer à Venise. Elles vivaient dans ce silence et dans cette solitude avec les chères mémoires des fils qu'elles ont perdus, avec les tragiques souvenirs des drames qu'elles ont traversés ?... Drames plus terribles que ceux de Shakspeare, drames de chair et de sang, qui coûtèrent à l'une, à celle qui vint du Midi (elle aimait trop les perles ! et les perles sont des larmes), sa fortune, son bonheur, son trône, — et à l'autre, à celle qui venait du Nord (elle osait préférer les rubis, ces pierres qui portent malheur et qui *effectivement* lui prédirent sa mort sanglante), toute sa joie, toute sa jeunesse, un peu de sa raison et jusqu'à la vie !... On m'en désigna d'autres, héroïnes infortunées d'aventures dont a trop parlé la presse européenne ou pauvres héros de procès sensationnels. Je les ai rencontrés sous les arcades basses des *Procuraties*, ombres errantes, âmes perdues qui ne savaient plus que devenir. Ils sont restés à Venise, pour essayer de reprendre conscience d'eux-mêmes au milieu de cette paix insolite, pour essayer d'oublier la folie qui causa leurs très grands péchés, la folie qu'ils n'auront, ils le savent hélas! ni assez de larmes pour pleurer, ni assez de jours pour regretter. *Peccavi nimis, cogitatione, verbo, meâ culpâ, meâ maximâ culpâ!*...

Cependant j'en arrivais à comprendre qu'à la longue un séjour en une telle ville n'est point favorable au développement de notre personnalité. L'exemple donné par cette population indifférente, laissant le commerce passer en d'autres mains, et toutes choses, même sa gloire, s'en aller au fil de l'eau, n'est pas de ceux qui fortifient la volonté. Comme des philtres délétères, ce climat d'éternel soleil, cet air constamment imprégné de vapeurs tièdes, ce milieu accablant de fièvre légère et de paresse absolue, énervent les vaillances les plus accusées, répétant trop l'à quoi bon de tout effort, la douceur maladive des jours vides d'actions et des âmes vides de pensées. — C'est pourquoi je résolus de partir. Je voulais une ville moins fatiguée d'histoire, un peuple jeune, croyant encore à sa destinée, — le spectacle tonique d'une civilisation en pleine ascendance, en pleine floraison d'efforts. Et je songeai à la Hongrie, laquelle précisément donnait alors à l'Europe, par l'incomparable éclat de ses fêtes millénaires, un si réconfortant exemple de courage, de patriotisme, — une véritable leçon d'énergie.

XIII

Pour M. Antonio Fogazzaro.
Budapest, juillet.

Quitter Venise, un soir d'été, par la grande mer, je sais peu de spectacles plus impressionnants, ni d'une beauté plus harmonieuse dans sa tristesse inoubliable. A la mélancolie du départ s'ajoute la mélancolie du crépuscule, et, à mesure que le navire s'éloigne et que les vagues montent, gagnant peu à peu toute la largeur de l'horizon, l'impression vous tourmente, nette jusqu'à la souffrance, d'assister à l'engloutissement prodigieux de la ville des doges dans les flots d'encre de la nuit.

Car, on a beau se faire un cœur plus sec que celui de Stendhal, s'user l'âme par trop de voyages dans trop de pays, un départ n'en est pas moins, toujours, une journée ou une heure de spleen. Quand le séjour a été bref, on songe à ce qui aurait pu être; quand il a été long, on regrette ce qui vient de finir, ce qui jamais plus ne sera, amitiés, sympathies, habitudes, plaisirs des yeux ou plaisirs du cœur. Et je pensais à ces choses, tandis qu'accoudé au bastingage du navire qui devait m'emmener en Croatie j'attendais solitairement la levée de l'ancre. Je pensais aux cinq cents pigeons de la place Saint-Moïse qui ne me réveilleraient plus au petit jour, de leurs cris aigus, aux après-midi perdues parmi les allées de sumacs et de sycomores de ce *Jardin Public* que George Sand nomma la « terre promise », — aux amis d'un jour qui, si vite, redeviendront des étrangers et surtout à l'inconnue, — elle devait être Russe, — dont j'ai encore devant les yeux les cheveux d'une somptuosité et d'une nuance admirables. Un jour, sur le vapeur qui revenait du Lido, elle me fit l'aumône d'un sourire, et sur la banquette, elle laissa, en s'en allant, — j'ai voulu croire que c'était pour moi, — une fleur d'iris !...

Mais le soir descendait nostalgique. La brise marine s'était mise à souffler. Dans le ciel limpide, on eût dit qu'il pleuvait des étoiles. Cependant l'ombre gagnait lentement le paysage. Déjà moins nettes s'indiquaient la coupole légère de Sainte-Marie-du-Salut, la toiture pointue du campanile de Saint-Marc. Puis les lumières devinrent moins vives aux quais du Jardin Royal, sur la *Piazzetta*, le long de la *Rive des Esclavons*. Une fourmilière d'allants et de venants où les uniformes blancs des matelots semaient des taches claires. Par bouffées, des rumeurs d'orchestre traversaient l'étendue. Et plus près, sur l'eau moirée d'argent et de ténèbres, des gondoles, aussi noires que la nuit, glissaient, invisibles, n'ayant pour les signaler que leurs tremblantes petites lanternes d'avant. On eût juré des vers luisants parmi les gazons d'une prairie ?...

Enfin les ancres furent retirées ; on défit la corde qui liait le navire au môle. C'étaient les dernières minutes. Alors, les agents de la compagnie, les amis, les parents en pleurs, jusqu'aux coquets employés de la douane italienne, tous ceux qui ne devaient pas être du voyage, remontèrent dans les barques qui les ramèneraient à Venise. Puis le timbre électrique vibra, les sifflets fusèrent, et l'hélice s'étant mise à tourner, nous partimes, sous la garde de Dieu, pour d'autres cieux et vers d'autres rivages. Comme il y avait peu de passagers, aucun incident burlesque ne troubla la gravité de cette heure, et je connus toute la tristesse de quitter Venise, un soir d'été, par la grande mer.

Cependant le navire se perdait dans la solitude des lagunes mortes. La marée était si douce, la brise du soir si caressante que la houle des flots n'était guère perceptible. Le paysage, comme un décor wagnérien, semblait glisser devant nos yeux. Paysage de lune et d'étoiles où les remous des vagues mettaient des taches sombres, car l'eau en s'immobilisant devenait le divin miroir d'un ciel où le blanc diamanté des astres occupait plus de place que le bleu de l'éther. Mais les lumières des rives se faisaient de plus en plus lointaines : déjà les musiques des orchestres s'évanouissaient dans la distance. Venise, lentement, descendait dans les ténèbres du dehors, disparaissant à nos yeux, derrière la rotondité cosmique de la terre. On eût dit que les ondes de ténèbres submergeaient peu à peu les quais d'abord, puis les palais, puis les campaniles, jusqu'aux plus hautes tours de la ville près de onze fois séculaire. Et bientôt, sur tout l'horizon, à la place où était Venise, je ne vis plus qu'une lueur diffuse comme, au couchant, le soir, lorsque le soleil a disparu de l'autre côté du globe.

Au Lido, en face de la grande mer, le dernier douanier nous quitta. Une barque vint le chercher. La nuit plus épaisse permettait mal de distinguer. Une voix sombre, une voix claire, montèrent pourtant jusqu'à nous. Un autre douanier probablement et quelque bonne amie venue au devant de son bon ami. L'employé aux passe-poils jaunes descendit prestement, puis la gondole s'éloigna dans un murmure de paroles et de gaieté où s'atténuaient les voix de ténor et de basse parmi les rires de la jeune femme. Nous quittions l'Italie, décidément. Ensuite les ténèbres plus opaques nous enveloppèrent de solitude. Le pont était désert, le capitaine vieux, désagréable. Alors, comme la mer devenait mauvaise sous le vent qui soufflait du large, je descendis à mon tour...

Au réveil, le vapeur filait sur une mer de pierreries, sous un ciel d'azur, par une journée indiciblement pure. Nous remontions le golfe Quarnero. Malgré le clair soleil, les vagues étaient encore toutes frémissantes de la tempête de la nuit. Le lieu, d'ailleurs, a mauvaise réputation : les marins craignent fort les coups de Bora qui s'y lèvent à l'improviste et font chavirer, comme des coquilles de noix, les embarcations légères des pêcheurs indigènes. Pourtant, c'est à peine si j'avais l'impression d'être sur mer. Le golfe devient si étroit, — il n'a pas quatre kilomètres de largeur. — Par cette matinée d'une telle pureté qui rapproche encore les distances, on se croirait plutôt naviguant sur un fleuve du Nouveau Monde. Et ce sont des paysages de côtes, aperçus comme en rêve, dans un enchantement de nuances bleues. A droite, l'île de Cherso avec ses montagnes verdoyantes dont les pans, descendant jusqu'à la mer, forment mille baies naturelles où les barques des natifs aiment à faire escale. A gauche, l'Istrie aux rivages escarpés, mais riches de grasses cultures et que dominent, pittoresquement, les masses calcaires de la chaîne du Carso. Pays encore primitifs que la civilisation n'a point entamés et que l'on comprend si bien, au seul aspect de leur nature, avoir pu servir pendant des siècles, de repaires aux pirates de l'Adriatique. En 178 avant Jésus-Christ, le consul Claudius, voulant épurer ces parages, fit passer six mille habitants au fil de l'épée. Depuis, de siècle en siècle, l'histoire se chargea de recommencer la petite opération du consul Claudius. Il paraît que les résultats ont fini par devenir excellents. C'est un moyen de colonisation comme un autre.

Mais brusquement le paysage marin s'élargissait. L'île de Cherso terminée en cap montueux, nous apercevions au loin les belles forêts, les grands rochers de l'île de Veglia, et droit devant nous les rivages accidentés de la Croatie : Abazzia et ses collines d'un vert d'émeraude, Fiume où nous allons débarquer, le port hongrois le plus important du littoral. Le coup d'œil est d'une fraîcheur merveilleuse. Un couple magyar auquel j'avais, le soir précédent, plus ou moins servi d'interprète dans ses démêlés avec un portefaix, éprouve le besoin de me faire part de son enthousiasme. Ce doivent être de très petits commerçants que combla le dieu des marchands. Madame a des gestes de personne grandie derrière un comptoir ; Monsieur me fait l'article des beautés d'Abazzia comme il me vanterait les mérites d'un cirage. Ils ont cette laideur simiesque que j'ai observée bien souvent, dans la petite bourgeoisie hongroise. Des teints couleur de bois, des nez en portemanteaux, de grands fronts, de petits yeux et des mains, des pieds à désoler les fournisseurs. Avec cela des voix enrouées de militaires qui seraient restés cinq nuits sans dormir, les pieds dans l'eau. Mais, par compensation, que de diamants ! Juste ciel, Monsieur et Madame en sont constellés. Pour voyager, ce doit être charmant. Les hôteliers doivent vous prodiguer les centimes additionnels et, à chaque assoupissement, on court le risque certain d'être assassiné.

Cependant Monsieur, qui a des bagues merveilleuses et des ongles en deuil, des boutons de brillants et un plastron sale, veut absolument que je m'arrête deux ou trois jours à Abazzia. En leur compagnie? Ah ! mais non ! plutôt prendre tout de suite l'express pour Vienne. Et j'eus un mal infini à déjouer leurs prévenances.

Mais le navire approchait. Déjà la ville se précisait avec, au bord de l'eau, ses maisons régulières, ses quartiers neufs, puis, sur les escarpements de la côte, le dédale hasardeux des vieilles rues que dominent impérieusement le fort et le château de Tersat. Nous entrons en rade ; le port ou plutôt les trois ports ne sont pas d'un accès facile. J'en suis étonné, le mouvement commercial de Fiume étant considérable. Près de dix mille bâtiments viennent ici chaque année. Un des trois bassins est exclusivement réservé au trafic des pétroles. C'est le premier port marchand de la monarchie. Durant les manœuvres très compliquées que nécessite notre débarquement, un câble se rompt, nous retardant d'une quinzaine de minutes. Près de moi une jeune femme s'énerve à pleurer; elle fait des signes frénétiques à des amis aperçus là-bas, sur le quai, en plein soleil. Il faut s'armer de patience; les mains de l'inconnue se crispent au parapet; le vieux grognon de capitaine s'agite comme la mouche du coche. Enfin la passerelle est jetée...

Fiume n'a de raison d'être que commercialement parlant. C'est une petite ville monotone, sans œuvre d'art, sans passé d'histoire. La cathédrale copie assez mal la *Sainte-Marie-du-Salut* de Venise. Cependant, tradition touchante, une colonne y indiquerait la place où se serait arrêtée, en venant de Nazareth, la maison de Notre Dame Marie. Ce qui est charmant, par exemple, c'est la nature. Toute cette côte, que les habitants se plaisent à appeler la Dalmatie hongroise, est d'un pittoresque à faire oublier les plus célèbres contrées de l'Oberland ou du Tyrol. En outre des vallées vertes, des rivières bleues et des grands rochers gris, il y a ici la mer, — cette Adriatique nuancée et changeante comme un cœur de femme et que j'ai vue, durant les journées que je perdis à zigzaguer d'Abazzia à Porto-Ré, tour à tour bleue, violette, pailletée d'argent, lamée d'or, polie ainsi qu'un sabre ou plus frémissante, plus désordonnée que l'océan!... Comme les paysages de mer sont mieux vivants que les paysages de terre, qui n'ont, eux, pour les animer, que le jeu toujours moins varié des rayons et des ombres! Tandis qu'une étendue d'eau, c'est comme une figure humaine; elle n'est jamais deux heures de suite semblable à elle-même, — tous les sentiments de la vie s'y traduisent en s'y reflétant.

Quoi qu'en dise l'Histoire, ces côtes croates sont plus italiennes que hongroises. Le type ne diffère pas encore, ni les costumes, ni les habitudes, ni même la langue, car on entend et on voit affichées plus de paroles toscanes que de paroles magyares. Les femmes sont jolies; elles ont des rubans dans leurs cheveux noirs. Les hommes restent plus graves sous des bonnets qui leur mangent le front et agrandissent encore leurs yeux déjà si grands. C'est le couplet d'une chanson de ce pays : « Le ruban est un ornement léger, la moindre brise le fait voltiger; le bonnet est un lourd ornement, le chagrin l'enfonce sur la tête ! » Je veux, en marge, silhouetter ici, le fin profil avivé de cheveux clairs, parmi lesquels flottaient des rubans cerise, de la servante fraîche et jolie qui me servit un vin de fleurs sous la tonnelle de vignes d'Abazzia. Gœthe, pour elle, eût rimé une églogue; je n'ai su qu'admirer sa jeunesse et m'en souvenir. Jamais main plus gracieuse ne m'offrit à boire, jamais sourire plus lumineux ne m'y engagea. Elle s'appelait Boritza. Que la vie lui soit légère !

Ce ne fut que beaucoup plus tard que je me sentis vraiment en Hongrie, que j'éprouvai enfin mes premières sensations magyares.

... Depuis l'aube je roulais, au travers de pays vallonnés et plaisants où les vignes chargées de grappes alternaient avec de grasses prairies et de beaux champs de céréales. Ajoutons, entre parenthèses, que le train appelé « train de luxe » et qui fait ce service deux fois par semaine pourrait servir de modèle à nos Compagnies françaises. Un tel confort, chez nous, est réservé aux têtes couronnées. Pourtant le tarif reste très inférieur au nôtre. C'est que l'État hongrois possède le réseau ferré et qu'en pays aimable, soucieux de bien accueillir les étrangers, il ne prétend point en tirer le quarante pour cent. Cependant, à mesure que nous nous éloignions de la côte, le pays s'uniformisait. Aux paysages tyroliens succédaient de longues plaines coupées de minces cours d'eau. Vers deux heures, nous arrivions à Agram. La ville est laide, d'une laideur neuve ; la plupart de ses constructions sont postérieures au tremblement de terre du 9 novembre 1880 ; sans scrupule, le voyageur peut poursuivre son voyage. C'est ainsi que la Hongrie, malgré ses immenses territoires, renferme peu de grandes villes et que ces quelques grandes villes ne sont jamais intéressantes. La destinée héroïque de ce peuple, qui lutte depuis dix siècles, fut traversée de trop d'invasions turques, de trop de guerres sanglantes, tout le pays trop souvent fut mis à feu et à sac. La main des barbares a détruit les œuvres des artistes ; il ne demeure pierre sur pierre des châteaux d'autrefois ; l'histoire de la nation magyare reste gravée dans la mémoire du peuple ; elle n'est pas écrite en monuments de pierre sur la surface des provinces, car, selon les prophétiques paroles du comte Széchenyi, *la Hongrie n'est pas un pays qui fut, mais un pays qui sera !*

Cependant, sur le quai de cette maussade gare d'Agram, voici brusquement qu'en coup de foudre, à voir le sourire placide de la première venue des marchandes de journaux magyares et l'attitude martiale d'un *pioupiou* quelconque de l'armée des *Honvéds*, me sont venues une curiosité et une sympathie ardentes pour ce pays que je ne connais pas encore, pour cette race que je veux apprendre à aimer, c'est-à-dire à comprendre, pour tout l'ensemble de glorieuses traditions et de nobles, d'idéales aspirations qui constitue ce que Mme Adam appelle, avec un enthousiasme si naturel, *la Patrie hongroise!* Pourtant la marchande de journaux n'était pas trop belle, ni le tourlourou trop intelligent, mais à mes yeux, toutefois, ils rappelaient, comme des symboles, les deux traits distinctifs de l'âme et de la vie magyares : — la femme, je veux dire la beauté, la passion, l'amour ; — le soldat, j'entends la chevalerie, le courage allant par-delà la mort jusqu'à l'héroïsme. C'est pourquoi j'achetai une liasse de journaux que je ne pouvais lire à cette fille planturense, aux fortes mains et aux larges hanches, qui sentait bon la santé et la jeunesse ; et pourquoi aussi j'offris à boire au soldat maigre sur l'uniforme bleu duquel des galons jaunes dessinaient des hongroises et des brandebourgs d'un effet plein de pittoresque : « Hé, dame « aubergiste, as-tu du bon vin ? — Mon vin est bon, « ma fille est belle, moi-même je suis jeune encore ! » La poésie populaire sème partout des églantines.

Quatre cents kilomètres me séparaient encore de Budapest. Plus nous nous enfoncions dans l'intérieur, plus la contrée devenait plate. Sous un ciel de nuages floconneux, la Slavonie déroulait maintenant, à perte de vue, ses plaines interminables, plantées de maigres peupliers. Puis les rangées de peupliers elles-mêmes cessèrent, et ce ne furent plus que des champs de blé succédant à d'autres champs de blé, avec rarement, la verdure d'une prairie, d'un bouquet d'arbre, d'un étang perdu. Nous pénétrions, sans métaphore, dans les greniers de l'Europe. Ces moissons infinies, ondulantes sous les vents qui passent et dorées par le soleil du bon Dieu, nourriront cet hiver des populations innombrables. Songez qu'en la seule année 1894 la Hongrie a exporté pour plus de cent soixante-treize millions de farine. Pour que les mineurs anglais, que les ouvriers allemands soient assurés d'avoir leur pain quotidien, il faut qu'ils travaillent ferme tout le printemps et tout l'été, les moissonneurs des terres magyares. Rien n'est plus curieux qu'un village des comitats retirés au moment des récoltes. Hommes, femmes, enfants, tout être capable de se tenir sur ses jambes est au champ. Alors le tailleur cesse de coudre, le cordonnier de clouer, le menuisier de raboter, la population entière moissonne jour et nuit. Le prêtre lui-même renonce à célébrer la grand'messe le dimanche. C'est que les blés sont la première richesse des paysans. Si la récolte est mauvaise, l'année sera de misère. Au mois d'août un orage est bientôt là ; le temps des moissons est un temps de fièvre, mais il ne dure que deux ou trois semaines, — et la jeunesse aura tout l'automne pour chanter et pour danser.

Voici de petits tableaux croqués au passage :

— Sous un châtaignier, près d'une source vive, dans l'ombre claire, des ouvriers de campagne se reposent. D'un pas léger, dans un envolement de jupes fraîches, une femme vient vers eux, descendant l'étroit sentier qui mène à l'étang. Elle a sur le front le voile noir des veuves, et sur la tête, fièrement, elle porte la cruche de terre grise, la cruche mince au col si haut que la main peut à peine atteindre l'anse fragile.

— Un attelage est arrêté, une montagne de gerbes dorées. Pesamment, sous le joug lourd, les bœufs soufflent de leurs naseaux pâles. Un filet de bave argentée glisse de leur bouche rose, tachant leur poitrail large, et, devant eux, le bouvier, aux moustaches noires, les maintient sans effort, d'un geste de sa main armée de l'aiguillon. Il porte l'habit de travail, le pantalon blanc aux longueurs de jupe flottante, la veste blanche aux manches longues, avec la seule tache sombre d'un gilet de drap, en sorte qu'avec ses pieds nus il a l'air d'un homme en chemise de nuit et que c'est presque drôle, sous ce soleil déjà tombant des cinq heures.

— Ce devaient être des promis se rendant à quelque danse. Elle portait des bottes rouges à talons de cuivre, une robe voyante brodée de tulipes multicolores, et dans les cheveux, des rubans aux couleurs nationales, des rubans rouges, blancs, verts. Il avait des bottes noires, des culottes blanches, un gilet doré, et, sur toutes les coutures, des broderies claires aux nuances vives. Pour laisser passer notre voiture, ces amants s'arrêtèrent, et comme l'amoureux remarqua que je les regardais avec complaisance, il eut, souriant d'un sourire de joie, l'audace de prendre un baiser à son amoureuse : « Dans les bosquets de roses, auprès « de la colline, couche-toi sur ma poitrine, mon ange ! « murmure dans mon oreille que tu m'aimes ; ah ! que « cela me fera de bien ! » — Sous les paroles de la chanson populaire, l'archet des tziganes vibre déjà.

Mais ces landes qui n'en finissent plus, ces landes marécageuses ou cultivées, sur lesquelles passent les vents éternels, c'est la Puszta, la Puszta fameuse des légendes, la Puszta chère aux cœurs magyars et dont le grand poète hongrois Pétœfi Sandor disait passionnément : « Oh ! je l'aime, la Puszta ! C'est la terre de « la liberté ! Rien n'y borne plus la vue de mes yeux, « car elle n'a pas de rochers noirs, pas de torrents dont « les ondes agitées semblent des regards qui vous « épient, et pas de cascades dont le ruissellement sur « les pierres fasse comme un cliquetis de chaînes ! Oui, « je l'aime, la Puszta ! Sur mon coursier bouillant, il « me plaît d'errer à travers ses vastitudes. On y ren- « contre aucunes traces d'hommes poursuivant leur « négoce. A l'endroit le plus abandonné, il me plaît de « mettre pied à terre, de m'étendre sur le gazon et

« d'écouter la chanson de l'air qui passe !... Mais tout
« à coup, voici qu'au bord des marais j'aperçois mon
« amie, la cigogne !... Oh ! que je l'aime, ma Puszta !... »

Sur un mode moins dithyrambique, j'avouerai que,
avec ses étendues vibrantes au soleil rose des soirées,
avec ses cahutes basses, ses troupeaux perdus et ses
philosophiques bergers, la Puszta me paraît aussi belle
que la campagne romaine, c'est-à-dire aussi belle que
les plus beaux paysages que j'aie vus en ce monde. A
vivre toute ma jeunesse dans des pays de montagnes,
j'ai appris à mieux comprendre le charme des grandes
étendues où plus rien n'arrête le vol des cigognes, la
tempête des vents, l'éclosion des rêves. — C'est pourquoi j'ai rapporté de la Puszta magyare un bouquet que
je conserverai longtemps, un bouquet sauvage de roseaux
et de lentilles !... Je n'ai qu'à le respirer pour revoir
toute la paix, toute la poésie des soirs de juillet tombant sur ces plaines immenses !...

Mais avec la nuit qui venait, nous approchions de
Budapest. Déjà le Danube se découvrait à nos yeux,
nappe d'eau illimitée, calme étrangement, que le crépuscule rendait d'un bleu plus ténébreux et qui s'attardait dans ces landes abandonnées créant partout des
îlots et des marécages. Puis le soleil se coucha, et ce
fut un éblouissement. Alors, ces phrases de l'archiduc
Rodolphe me revinrent en mémoire : « *Bien autrement*
« *que dans les pays occidentaux, le soleil se coucha*
« *à la hongroise. Ah ! celui-là ne comprendra jamais*
« *qui n'a pas vu le soleil se coucher en Hongrie !* » Et,
pour la première fois, je compris que ces paroles
n'étaient pas un artifice littéraire destiné à frapper l'esprit du lecteur, mais l'impression naturelle d'une vérité.
Pareil à un rubis invraisemblable, le soleil, maintenant,
illuminait l'atmosphère, descendant, avec lenteur, par

un ciel de blason, champ d'or strié de gueules, de sable
et de pourpre royale. Et la Puszta se faisait plus
sombre à mesure que l'astre des lumières tombait dans
les espaces du dehors et que plus magnifiquement flam-
bait l'immensité de l'atmosphère, où les étoiles ouvraient
leurs ailes de clarté comme des abeilles d'or sur un
manteau d'empereur. Mais, au travers de cet horizon
de pierreries, voici qu'une cigogne passa, dessinant
sur le ciel en flammes, la silhouette obscure de ses pattes
et de ses ailes. Et cette cigogne me fit penser à ces
inquiétantes peintures japonaises où l'artiste s'amuse
à colorier la nature selon les caprices de sa fantaisie.
N'étions-nous pas en pleine contrée d'imagination, en
je ne sais quel fantastique pays noir étalant sa lassitude sous un firmament de paradis saignant et flam-
bant et comme paré de rubis fabuleux pour la mort
tragique de notre soleil?

XIV

Pour M. Michel Holban.

Budapest, juillet.

A Budapest, ce qui frappe d'abord, c'est l'activité incessante, l'animation extraordinaire des rues.
On devine la ville de commerce et de plaisir, où l'argent se dépense avec autant de facilité qu'il se gagne.
Les maisons sont bariolées de réclames; il y a cinq
grands théâtres; le Danube est couvert d'embarcations
commerciales; tous les cafés ont des orchestres; c'est
un va-et-vient prodigieux de tapissières et d'attelages.
A peine le mouvement de ceux qui travaillent et de

ceux qui s'amusent cesse-t-il aux heures du petit jour.

Or, quand on songe que ce développement date de vingt-cinq ans, on reste stupéfait et l'on excuse presque l'orgueil parfois puéril des Hongrois d'aujourd'hui. Leur énergie a su donner à la vieille Europe le spectacle d'une ville américaine grandissant comme un champignon au soleil. Depuis 1872 que Budapest fut fondée par la fusion des deux villes de Buda et de Pesth, placées toutes deux face à face, sur les rives du Danube, la population a décuplé : de soixante mille elle a monté à six cent mille, et rien ne prouve que le mouvement soit sur le point de s'arrêter. Il va sans dire que les perfectionnements modernes ont été mis en œuvre dans la construction de ces vastes quartiers, coupés de larges boulevards, bordés de maisons monumentales avec, de loin en loin, des squares de verdure où s'ébattent de beaux enfants sous les yeux calmes de nourrices à bottes noires. Des tramways de tous genres, à chevaux, à vapeur, même électriques et même souterrains, relient les quartiers excentriques au centre des affaires et des plaisirs. C'est à peine si nos perspectives architecturales les plus vantées peuvent soutenir la comparaison avec le boulevard Andrassy, la place Déak, les quais François-Joseph. On n'en finirait pas de décrire les édifices que le *Bædeker* recommande : les gares, les musées, les théâtres, la poste, le nouveau palais du Parlement, plusieurs hôtels privés, qui rappellent, pour la plupart, sans caricature, des monuments célèbres d'Italie ou d'ailleurs. Et bientôt cette vie fébrile, cette vie surchauffée et multipliée vous entraîne malgré vous, dans un tourbillon d'affaires, de courses et de divertissements où l'on n'a plus le temps d'écouter la voix de sa conscience.

Après la monotonie de Venise, j'étais complètement désorienté.

Mais peu à peu, en me resaisissant, je finissais par comprendre que si la moisson de connaissances et d'impressions nouvelles était considérable pour l'ingénieur, le commerçant, l'économiste, ou même le « fêtard », elle était à peu près nulle pour l'artiste et pour le poète. Il n'y a guère de monuments anciens ; le palais royal n'est même plus celui que fit construire Marie-Thérèse. L'incendie de 49 et trop de réparations, trop d'agrandissements successifs en ont fait un édifice composite d'un style très discutable. Quant aux galeries, elles renferment peu de toiles intéressantes. Les catalogues de l'*Académie*, du *Musée National* annoncent, il est vrai, des peintures de Giotto, de Rambrandt, de Dürer, mais sont-elles authentiques ? et le seraient-elles qu'il faudrait reconnaître qu'elles ne restent point parmi les meilleures de ces maîtres. D'ailleurs, ces salles abandonnées ne sont pas favorables aux sensations d'art. On croirait errer dans des catacombes plutôt que dans des musées. La solitude est si grande, les gardiens si rares, que de hardis voleurs ont pu, l'autre année, décrocher deux toiles, les rouler et les remplacer sans que personne s'aperçût de rien. L'anecdote est à retenir ; elle montre que Budapest n'en est pas encore à la période artistique, si elle est en pleine activité commerciale, en pleine floraison de luxe. On s'est amusé à calculer qu'ici, sur cent habitants, près de deux étaient occupés dans le commerce. En outre, la vie est exhorbitante, ce qui constitue, d'après les économistes, une preuve certaine de la richesse privée ; les florins se dépensent comme nos francs ; pourtant ils en valent au moins deux. Par l'abaissement de l'étalon d'argent, le gouvernement essaie de réagir, mais il lui faudra des années avant d'obtenir un résultat appréciable. En attendant les élégantes continueront, comme par le passé, à payer des prix insensés des toilettes venues de Paris et les snobs à dédaigner, par patriotisme, la musique de Wagner, car Wagner était Allemand, et on fait montre de ne pas aimer l'Allemagne à Budapest, ni en Hongrie ! Par contre, les Français y sont partout les bienvenus. Devant eux, les portes s'ouvrent, les mains se tendent, les sympathies s'offrent, spontanément, avec un sourire.

N'importe, que voulez-vous ? malgré tant d'attractions et tant de richesses, Budapest ne m'avait pas conquis, au contraire ! En me promenant par ces rues, je repensais toujours à ce vers délicieux de miss Robinson : « La sirène aime la mer, et moi j'aime le passé ! » et je devinais bien pourquoi ces grands boulevards, ces maisons neuves, ces tramways électriques et toutes ces cheminées d'usines m'intéressaient à peine. Décidément les pierres de ces palais, les dalles de ces chaussées ont vu passer trop peu de générations ; elles n'ont pas de souvenirs à rappeler aux voyageurs qui viennent les interroger. D'ailleurs, l'activité moderne, l'activité américaine, pour si utile qu'elle soit, n'a pas le charme esthétique de l'activité de jadis. C'est ainsi qu'un postillon, surtout s'il est de Longjumeau, sera toujours plus élégant qu'un employé de chemin de fer, un cheval qu'une bicyclette, une victoria qu'un automobile. Il n'y a pas à dire, en se perfectionnant, notre civilisation s'éloigne de la beauté. Et Budapest étant, selon l'esprit moderne, une des villes les plus civilisées qu'il m'ait été accordé de connaître, je serais parti sans regret après avoir admiré, ainsi qu'il convenait, le rare exemple d'énergie au travail, d'âpreté au gain que donnaient ses habitants, s'il n'y avait eu les Tziganes.

Comme la voix des cigales, leur archet, sans se fatiguer, aura vibré tout l'été. Sur les devantures des cafés, dans les restaurants à la mode, aux pavillons des parcs publics, partout, vous les retrouverez, ces hommes maigres aux visages sombres, aux nez crochus, dont les yeux sont à peine beaux, mais dont les doigts enchanteurs savent faire dire l'ineffable aux cordes tendues des violons. Leur musique intranscriptible a tout à la fois l'extrême violence et l'extrême douceur. A des passages héroïques rappelant la fameuse marche de Rakoczy, — laquelle aurait été primitivement une composition tzigane de la princesse Czinka Parvna, — succéderont, à l'improviste, des passages d'amour d'une langueur mortelle. Les notes tombaient avec furie, syncopées et bizarres, les pizzicati cruels déchiraient les cordes épuisées, et les musiciens sauvages aggravaient encore ces musiques d'enfer de cris gutturaux, de aj! terribles comme des plaintes de suppliciés ; mais voici que maintenant leur violon, très chastement, pleure toutes les larmes des jeunes filles, disant les fiancés perdus, ceux qui sont partis pour la guerre lointaine, ceux qui ne reviendront jamais, jamais plus! — qui pour toujours sont couchés parmi les fleurs, dans la Puszta du Sud!... Les Tziganes souvent, surtout dans les villes, se bornent à répéter des airs connus, car ce n'est pas volontiers qu'ils jouent leurs mélodies nationales devant les hommes blancs, les « parus », comme ils disent dans leur langue à demi asiatique. Cependant, sur leurs violons diaboliques, les mélodies les plus déplorables ont vite fait d'acquérir un charme irrésistible. Motifs à fantaisies plutôt que textes définitifs, les Tziganes s'en inspirent, dédaignant de les interpréter, et leur imagination s'exaltera à parer d'arabesques, à scander de traits et de notes piquées jusqu'à des vulgarités de café-concert. Alors, peu à peu, un miracle étrange s'accomplira, et des scies épouvantables deviendront aussi poignantes que du Schumann ou que du Chopin. Je ne sais rien de plus déconcertant que d'entendre, exécutées de la sorte des romances de *la Mascotte* ou de *la Femme à Papa*.

Aussi, pour toutes les bonnes heures, pour toutes les belles soirées que me procurèrent les Tziganes aux vestes brodées, ne devrais-je pas oublier! Mais non, c'est impossible! Avec ses écrasantes richesses et son orgueil après tout légitime, Budapest décidément me paraît trop américaine, d'un américanisme trop terre à terre, c'est-à-dire, en somme, trop indifférente aux voix immortelles de la Beauté et de la Conscience.

II. — IMAGES

I

LE MUSÉE DANTE A FLORENCE

(*Impressions contrariées*)

Pour le Baryton Edmond Paul.

Dans une rue étroite de la douce Florence, les fervents de la *Divine Comédie*, les adorateurs de la *Vita Nuova* découvriront, sur une vieille façade, avec une émotion infinie, cette inscription d'une si noble simplicité : *En cette maison, appartenant aux Alighieri, naquit le divin poète*. Pourtant, qu'ils ne franchissent pas le seuil, car le seuil est moderne comme la porte et comme la maison, et l'emplacement même reste discutable.

Lors du centenaire, feu le professeur Giuliani voulut établir ici un petit musée, mais cinquante volumes dépareillés et quelques souvenirs apocryphes ne constituent pas une collection. Venus par amour, pour admirer, les plus indulgents ne pourront que sourire, et le conservateur achèvera de ruiner leurs dernières illusions. Il est, hélas! d'un scepticisme à ravir M. Anatole France!...

Dans un cadre une pincée de cendres, un demi-mètre de ruban jauni. Ce seraient, prises dans l'urne du mausolée de Ravenne, des cendres de *son* pauvre corps et la mesure exacte de la circonférence de *son* front souverain!... — « Mais, ajoute le gardien avec un

« regard toscan, qui peut le savoir ?... » Plus loin, une fourchette primitive, une clef barbare : la fourchette, la clef de Dante ? — « Peut-être, reprend le cicerone « décevant, bien qu'à la vérité il me paraisse invraisem- « blable que Dante eût emporté, en exil, sa clef et sa « fourchette!... » Un buste encore, battant neuf, de Béatrice Portinari ; on croirait une blonde *Fräulein* ; son visage n'a pas une ligne latine. — « C'est qu'on manquait « de photographies !... »

D'ailleurs elles sont rares, les paroles de cet homme unique. Il commente depuis trop d'années cette centaine d'objets mélancoliques ; il est fatigué de répéter toujours les mêmes choses ; son journal l'intéresse bien davantage. Pour lui, la perle est un billet de remerciement de M. Gladstone au professeur Giuliani : il déplore de ne pouvoir montrer au moins une reproduction de la toile d'Ary Schæffer. Ne le pressez pas. Vous vous attireriez une réponse dans le style de celle que la légende prétend qu'il fit à une vieille Anglaise.

Elle l'assassinait de questions. Tout ce qu'elle voyait devait avoir appartenu à Dante. Et ce tabouret ? et cette sonnette ? — « Cette sonnette, Madame, était celle « que Dante tirait lorsqu'il rentrait tard, dans la nuit, « d'une représentation de *la Traviata*. » La tradition ajoute que l'Anglaise écrivit gravement sur son calepin : « tard, dans la nuit, d'une représentation de *la Tra-*« *viata !...* » puis qu'ayant compris enfin elle devint toute rouge, eut un *Shocking!* d'indignation et disparut sans dire merci.

II

TOURLOUROUS ITALIENS

Pour M. Alessandro Chio.

C'était un soir de Florence, un soir dangereux de printemps, idéalement tendre dans sa douceur semée de lys et de violettes pâlies. Les derniers équipages roulaient solitairement sur les allées des *Cascines* abandonnées, où les feuilles nouvelles commençaient à fleurir d'espérance les branches noires de l'hiver. Triste de la tristesse de la nuit venante, je songeais au moyen d'être heureux, de conserver les affections, d'être compris et de n'être plus oublié, toutes choses, hélas! aussi impossibles que la quadrature du cercle. Or, pour mieux rêver, je m'étais assis dans l'ombre de la muraille de forêts, droite et épaisse comme une charmille, qui borde la longue prairie, à gauche, en allant vers le tombeau du Radjah, immédiatement après le Casino-restaurant — lorsque tout à coup je vis déboucher du bois obscur deux petits troupiers en goguette, le képi sur la nuque, la baïonnette de guingois, hésitant de leurs pas hasardeux de jeunes gens qui auraient bu un peu plus qu'il ne faudrait. Ils marchaient la main dans la main, sans se parler, la tête en feu, le nez en l'air, humant la tiédeur sensuelle de la soirée.

L'ombre des arbres me protégeait, ils passèrent sans m'apercevoir. Et comme ils restaient dans la lumière, je les vis très bien ; si jeunes l'un et l'autre, vingt ans à peine, des recrues de l'année, peut-être même des volontaires, de petits volontaires d'infanterie qui n'avaient pas un poil de moustache au-dessus des lèvres. Non décidément, ce n'étaient pas encore tout à fait des soldats : leurs souliers trop larges que les guêtres inutiles semblaient élargir encore, leurs pantalons de gros drap, leurs tuniques mal taillées, tombant aux épaules, semblaient les gêner. Il leur manquait la raideur, les mouvements mécaniques, l'impersonnalité voulue des militaires vieillis sous le sac et la gamelle. A leurs figures plutôt élégantes dans lesquelles s'ouvraient de beaux yeux noirs et blancs, comme à leurs teints ombrés de maures, je connus qu'ils devaient être des provinces du sud, des environs de Naples, peut-être de la Sicile. Leur démarche incertaine, toujours la main dans la main : leur silence mélancolique sous la mélancolie du crépuscule ; leurs yeux extasiés, jusqu'à cette ivresse légère qui tombait en tristesse disaient assez qu'ils s'ennuyaient, qu'ils avaient le mal du pays, regrettant les jours de fièvre et les ciels de paradis, et les amis et les amies, et toute la vie de l'Italie orientale. Florence, pour eux, c'était le nord, la solitude, l'exil !...

Longtemps ils demeurèrent ainsi, plantés devant l'horizon de lys et de violettes mourantes, pensant à ces choses que leurs cervelles engourdies ne devaient point parvenir à formuler... Mais soudain, brusquement, le besoin d'action revint à l'un d'eux et en moins de temps qu'il n'en faut pour l'écrire, levant la main de son frère d'armes qu'il tenait toujours, il y mordit à pleines dents, avec un rire de jeune chien. L'autre, tiré de sa somnolence, brutalement, poussa un *ah!* de douleur, criant :

« — Es-tu fou ? qu'as-tu ?... »

Puis ils luttèrent quelques instants ; d'abord, en ennemis, avec un peu de colère véritable ; puis en amis qui se permettent quelques plaisanteries : leurs bousculades devenaient caressantes. Et bientôt, bras-dessus, bras-dessous, plus unis qu'auparavant, ayant oublié ce qui les rendait tristes, avec cette belle insouciance de la jeunesse, ils s'en allèrent le képi sur la nuque, la baïonnette de guingois, les joues en feu, à pas titubant, chantant à tue-tête d'une voix avinée :

> Poi viene il capitano
> Col suo pancione strano
> Lo segue il tenentin
> Che é lungo e mingerlin !...[1].

III

LES THÉATRES ROMANESCI

Pour Mme Hélène X...

Ce sont des théâtres populaires, un peu comme les théâtres de quartier à Paris : le *Métastasio* à la Via di Pallacorda, le *Manzoni* à la Via Urbana, le *Rossini*, le *Marcellus*, et d'autres plus infimes. On y donne des vaudevilles écrits en dialecte romanesco par des

---

[1] Et puis voici le capitaine,
   Avec son ventre bedonnant,
   Que suit le petit lieutenant
   Maigre et sec comme une sardine !...

auteurs du cru. La musique s'inspire jusqu'à l'imitation de ces romances populaires dont les mélodies douces et un peu vagues charment inoubliablement. Quant aux pièces, il ne faudrait point croire qu'elles soient quelconques. Des opérettes comme *un Carnaval au temps du marquis de Grillo*, comme *les Noces du marquis de Grillo*, comme *l'Abbé Louis* ont eu des succès à cent, à deux cents représentations, ainsi que la *Mascotte* ou que *Miss Helyett*. Ce qui frappe à les entendre, c'est moins leur bêtise, — lorsqu'on va voir une opérette, on ne se fait pas d'illusions ! — que leur relative, mais très réelle chasteté. En comparaison, nos vaudevilles à la mode nous sembleraient terriblement dévergondés : ils sont aux pièces romaines ce qu'une comédie du Théâtre-Français est à une comédie de chez Antoine, et cela surprend, car Rome n'est pas précisément la ville des mœurs à la 'buchette. C'est toujours la même raison ; il y a des choses que l'on fait, mais que l'on ne dit point... Il y a un Roméo, mort à seize ans, au fond de l'âme de tout Italien. « L'amour est une fumée faite de la vapeur des soupirs[1] ! »

Des acteurs de la mise en scène, que raconter ? C'est une misère dont on ne se fait nulle idée : de vieux décors montrant la toile, toujours les mêmes, je le suppose, et des artistes que l'on sifflerait, je l'atteste, à Carpentras et à Puteaux. Pour les hommes, passe encore, des fantoches non sans esprit, mais les femmes deviennent impossibles. De ma vie je n'ai vu actrices plus laides, plus maladroites, plus indignement fagotées... D'ailleurs, il y aurait quelque naïveté à prétendre écouter une pièce du *Métastasio* ou du *Manzoni*. Pour saisir cette gaieté-là, il faudrait pouvoir

---

[1] *Roméo et Juliette*, acte I, scène I.

se faire une âme populaire, une âme romaine. L'intérêt n'est pas sur la scène, il est dans la salle ; un curieux tableau de mœurs et qui ne ressemble point à tous ceux que l'on voit.

Un minuscule hémicycle, deux ou trois rangées de loges, un plafond bas, point de lustres, une centaine de becs de gaz ; le tout enfumé, encrassé à ne presque plus pouvoir distinguer les peintures claires, bleu, blanc et or qui ont dû être faites autrefois, il y a très longtemps. La toile des fauteuils, les cuivres des lampadaires, les vernis des portes, tout est noirci par les fumées, par les attouchements, et une buée bleuâtre, plus dense d'heure en heure, emplit la salle sinistrement. Du haut en bas, un public frondeur, agité, mais bon enfant, de femmes en cheveux et d'hommes en chapeaux. Les femmes jasent, s'interpellent de loge en loge ; il en est de très belles, de ce type un peu brutal des Trastévérines ; des yeux de fièvre, un teint de cire ; à vingt ans une beauté du diable, à trente d'épouvantables mégères. Ce sont des coiffures compliquées avec des peignes, des fleurs, de grandes épingles barbares, puis des étalages de chaînes, de broches carrées, de longues boucles d'oreilles pendantes, et des robes voyantes, des châles à grands carreaux, des éventails insensés. A tout propos, des éclats d'une gaieté bruyante de vraies petites filles. Certes, ce ne sont guère des héroïnes à la Paul Bourget, en mensonges et en nuances, mais ce pourraient bien être des passionnées et des violentes comme le croyait Stendhal.

Les hommes sont plus impassibles. Enveloppés dans leurs grandes pèlerines rondes, à col de velours ou de fourrure, ils fument gravement, suivant la pièce ou fixant une femme, et leurs yeux sont si noirs, leurs attitudes si belles qu'ils ont presque l'air de penser à quelque chose. Au fond, j'en doute. L'Italien du peuple est de nature si paresseuse que je me demande s'il consentirait à se donner la fatigue de suivre les péripéties d'une opérette. Il doit préférer rêvasser, au hasard, sans objet fixe ; un bon dîner, une belle femme, est-ce qu'il y a au monde autre chose ? Oui, peut-être, quelquefois, pour changer, des heures d'ivresse, des nuits de débauche, avec, pour finir, des coups de couteau, à la porte des *ostéries*. Ainsi, longtemps, toute la soirée, dans ce brouhaha poussiéreux, au milieu des lazzis, des sifflets, des succès de roman plus mal que bien, hélas ! ces pauvres acteurs d'un sou pleurnichent des couplets sentimentaux où se désarticulent en des arlequinades de foire.

Dans une des belles pièces de *Juvenilia*, la femme supérieure qui signe Vernon-Lee raconte qu'écoutant dans quelque village perdu d'Amérique une prédication en plein vent elle eut soudain conscience que ces inconnus lui étaient vraiment des frères et des sœurs, au sens biblique du mot. Cette méditation me revenait en mémoire, une nuit de mars, tandis que j'assistais au *Manzoni*, à *l'Abbé Louis*. Regardant mes voisins, je me demandais, avec crainte, s'il était possible que ces femmes aux yeux ardents, que ces hommes au teint basané fussent aucunement mes sœurs ou mes frères, et il me semblait qu'ils ne l'étaient pas du tout. Quoique pourtant bien peu d'heures d'express séparent Rome de Paris, j'avais la sensation d'être beaucoup plus loin, parmi des êtres entendant et sentant peu de choses comme moi. Je comprenais leurs plaisanteries, mais leur gaieté m'échappait et aussi leurs indolences, leurs insinuations, leurs conceptions de l'amour, de la vie... leur âme enfin que je sentais lointaine, indifférente, incompréhensible. Plus on vit avec les simples, plus cette impression ira se précisant. Les riches sont un peu partout les mêmes, mais, parmi les humbles, les différences de langage indiquent bien des différences de nature. L'âme d'une Romaine de la vieille Rome nous est presque aussi fermée que l'âme d'une Rarahu ou que celle d'une Mme Chrysanthème. Vernon-Lee a tort ; peut-être, aux yeux de Dieu, sont-ce des sœurs ; à nos yeux bornés, ce sont bien des étrangères.

IV

LA MÉNAGERIE DES MUSÉES

Pour Mme Francine T...

Vivre quelques mois à Rome, en artiste, en touriste ou simplement en dilettante (et autrement qu'y viendrait-on faire? « s'amuser n'a de sens qu'à Paris », dit avec raison Taine), c'est se condamner à passer la majeure partie de ses journées à visiter d'innombrables musées, galeries, académies publiques ou privées. Ce pèlerinage, tous l'accomplissent plus ou moins religieusement. Et bien vite, on s'habitue à revoir les mêmes visages, ici ou là, selon les jours, car le *Casino Borghèse* n'est ouvert que les samedis, le *Palais Rospigliosi* que les mercredis et les samedis, le *Palais Doria* que les mardis et les vendredis, etc. Il faut donc combiner ses sorties, et par la force des choses on se retrouve les uns les autres. Or, pour l'observateur un peu ironique, ces caravanes de curieux ne laissent pas que de présenter des tableaux moins esthétiques, sans contredit, que ceux que l'on est venu admirer, mais moins souvent décrits aussi, et plus divertissants sans doute.

D'abord, il y a deux sortes de public: celui qui visite les musées et celui qui visite les antiquités. Celui-là est à peu près supportable, et cela s'explique très simplement : visiter des ruines, ce n'est pas ennuyeux, c'est presque comme de visiter des appartements. Ça n'exige ni connaissances artistiques, ni aptitudes personnelles, tout au plus de savoir en gros l'histoire romaine; d'ailleurs, le *Bædeker* est là, et tant de guides complaisants écorchant le français, l'anglais ou l'allemand. Aussi, aux *Thermes de Titus*, aux *Thermes de Caracalla*, au *Palatin* et ailleurs, n'ai-je pas entendu trop d'énormités. Tout au plus, au *Forum*, de vieilles Allemandes lasses à ne plus pouvoir faire un pas, qui se passaient une bouteille de café froid, et quelques femmes instruites, à lunettes, qui, avec des cicérones, des livres, des plans prétendaient se rendre compte de la topographie. Ou encore, au *Colisée*, un jour de soleil, une toute jeune Anglaise, délicieusement enveloppée d'un long manteau de soie violette qui regardait si joliment les ruines en ayant l'air, la pauvre enfant, de se prendre tout à fait au sérieux. Une Française aussi jeune, aussi élégante, serait incapable de cet effort un peu puéril qui rappelle, j'imagine, ce que M. Hugues Le Roux qualifie d'*ingénuité fin de siècle*.

Mais le public des musées! quelle ménagerie à ravir Hallays, Grosclaude, tous les humoristes de la terre! Comme il détruit l'idéale jouissance de contempler tant d'œuvres exquises! Son manque de respect, de sensibilité, sa bêtise, sont vraiment affligeants. On peut établir des classifications : d'un côté, les dévots, les fervents, ceux qui veulent tout voir, se chargent d'énormes guides, en font lecture à haute voix, prennent des notes et ne veulent ni manquer une statue, ni perdre une minute. Les galeries étant ouvertes de neuf heures à deux heures, ils emportent leur déjeuner. Je me souviens d'une Allemande que j'ai surprise, deux fois, mangeant des pains au fromage, devant l'Apollon du Belvédère, et d'un couple de vieux Anglais qui portaient bravement un sac à provisions en toile cirée et un filet où carnets, bouteilles, victuailles gisaient pêle-mêle. Eglises, palais privés, lieux de sainteté, souvenirs historiques, ils se sont traînés partout, et lorsqu'ils quittent Rome menacés d'une anémie du cerveau, leur esprit est devenu un kaléidoscope. Mille notions éparses doivent y constituer au hasard des heures, les plus bizarres, les plus hétéroclites associations d'idées du monde.

Puis les mondains, les passants, ceux qui vont dans les musées pour tuer le temps, parce qu'il n'y a pas d'autres distractions à Rome, mais que les statues, que les tableaux ennuient prodigieusement et qui ne sauraient distinguer un Titien d'un Fra Angelico. Pour ceux-là, la grande affaire sera de rencontrer des amis et de causer le plus possible. Le dimanche, le musée de peinture du Capitole est un vrai salon de conversation. Les dames font cercle autour des *braseros*; on a des chaises, et l'on potine en anglais, en allemand, voire même en français. C'est aussi une Allemande jaune, sèche, vieille, que j'ai revue partout et qui courait de salle en salle, ne regardant rien, ne cherchant que des occasions de babiller. De quoi que ce fût qu'on lui parlât, elle demandait toujours du même ton niais : *Ist es sehenswerth?*

Enfin, les touristes, les voyages de noces, les voyages

circulaires, les voyages Cook, ceux que remorque un interprète et qui passent, sans avoir le temps de voir ni de comprendre. Vous pensez, l'arrêt à Rome n'est que de dix jours, il faut profiter, et le cicérone débite ses sempiternels boniments. En quatre heures, on a vu le Vatican, en deux heures le Capitole, en deux heures Saint-Jean de Latran et plus tard, on pourra dire : « Oui, je connais, j'ai vu… » mais on ne distinguera plus très bien entre la Sixtine de Michel'Ange et les chambres de Raphaël. L'incompréhension de ces gens est absolue. Une femme, pourtant jolie, trouvait que l'impérieuse Lucrèce Borgia de Paul Véronèse de la *Galerie Doria* ressemblait à une cuisinière. Une Anglaise, bien laide celle-là, déclarait la figure implacable du Persée de Canova d'une douceur angélique, et d'autres, jusqu'à tous ceux qui entrant au *Musée égyptien* du Vatican, s'écriaient: « Tiens, on dirait *Aïda* au Grand Opéra! »

Pourtant, parfois, mais rarement, on entend des choses jolies. Soyez certains qu'elles sont dites par des Français ou par des Russes. Un jour, au *Musée étrusque* du Vatican, je m'amusais à détailler les figures noires sur fond rouge ou rouges sur fond noir des vases à deux et à trois anses, importés de Grèce ou fabriqués à Chiusi, à Bomarzo. Ce sont des imitations d'anciens vases grecs d'une grâce égyptienne ; les sujets représentés avec une naïveté charmante, sont volontiers homicides ou légèrement pornographiques. Et cela faisait rire mes voisins : « Tiens, tiens! ils étaient déjà très avancés chez les Étrusques! » Alors gravement, un étranger reprit : « Mais c'étaient peut-être des coupes pour leurs cartes de visite! »

V

PHONOGRAPHIE PSYCHOLOGIQUE

Pour le Lieutenant Maurice Muller.

« Les mêmes coups, frappés avec la même force, par le même marteau ne produisent-ils pas des sons différents selon la matière qu'ils font vibrer? »

(Edouard Rod. *Études sur le XIXe Siècle.*)

La scène a l'air d'être arrangée avec une habileté cousue de fil blanc, comme disaient nos grand'mères. Il n'en est rien pourtant et j'atteste, en vérité, que je la raconte telle que je la vécus.

C'était à Rome, au théâtre à demi populaire, à demi mondain du *Quirino*. Virginia Zucchi, cette artiste incomparable qui, par la vertu de son geste et de son regard, impressionne aussi violemment que Sarah Bernhardt avec sa voix d'or, jouait une pantomime reproduisant avec assez peu de suite les scènes les plus connues de l'*Esmaralda* de Victor Hugo. La salle vilaine, aux tentures bleues, était bondée d'un public international, car nous étions au cœur de l'hiver, en pleine saison de carnaval, et, mieux que jamais, Rome méritait, cette année-là, son surnom stendhalien de *Cosmopolis*. Le hasard, qui fit bien les choses, m'avait donné pour voisins, à droite, un couple de jeunes Français de la petite bourgeoisie enrichie, en voyage de noces probablement, et à gauche, deux Allemands, dans la force de l'âge, aux joues roses, encadrées de barbes blondes et surmontées de lunettes d'or. Comme la pantomime était courte et que Mme Zucchi tenait à ne point nous renvoyer avant minuit, les entr'actes fréquents duraient plus longtemps que les actes. Ainsi que les neuf dixièmes des théâtres d'Italie, le *Quirino* ne possède pas de foyer. A moins de courir les rues, il fallait donc rester en place et, puisque j'étais seul, que pouvais-je faire, sinon d'écouter le babil des autres ?

A droite, la conversation allait bon train ; Mimi Pinson et Rodolphe, en voyage de noces, n'auraient pas eu plus de choses à se raconter : « Quel pays ! répé-
« tait la jeune femme. » Son accent l'avait trahie ; elle était des Batignolles. « Oh ! mon ami ! Quel pays ! Quel
« théâtre ! Quel public !... » — « Sûr que ça ne vaut pas
« le *Gymnase !* » répondait placidement le bonhomme qui ne devait point avoir inventé la poudre. La petite mariée reprenait : « A Paris, on n'oserait pas montrer
« des décors, des costumes pareils !... Tout à l'heure,
« je voyais dans la coulisse les trois étages des loges
« d'actrices... C'est du propre !... » L'homme renchérit :
« Et c'est partout la même chose. Te rappelles-tu, l'autre
« soir, au *National ?*... » Indignée, la femme ne lui laissa pas le temps d'achever : « Ah ! parle-m'en de cette boîte-
« là ! Tu as dû aller reprendre ma fourrure au vestiaire
« tant je grelottais. Une salle comme ça pas chauffée !...
« Est-ce que les Italiens se figurent, par exemple, que
« Rome soit un pays tropical ?... Ce que j'ai souffert du
« froid dans ce malheureux voyage !... Plus que dans
« toute ma vie !... Et pourquoi ? pour voir des galeries
« beaucoup moins bien organisées que le Louvre, des
« hôtels où l'on mange indignement et des spectacles
« que l'on sifflerait même à Moncey. Ah ! je te crois, si
« nous avons eu une mauvaise idée de venir dépenser
« notre argent ici !... Au lieu de rester simplement à

« Nice et à Monte-Carlo ! Ce que j'en ai soupé de leur
« Italie !... Et de Rome où rien n'est comme chez nous !
« C'est à périr d'ennui !... Quel sort pour un voyage
« de noces !... »

À gauche, on parlait allemand, et la langue sentimentale se prêtait mieux aux phrases poétiques que le
français terre-à-terre dans lequel il me va falloir les
traduire. Des deux frères ou des deux amis, — d'ailleurs, n'est-ce pas la même chose ? — l'un tenait une
de ces cartes postales ornées de vignettes qui commençaient alors à devenir à la mode, et l'autre imagina,
pour ménager ses yeux, et ne point perdre de temps
de dicter un petit message. Il avait dit : « Tu es
« prêt ? » Puis il continua lentement, avec les arrêts
nécessaires : « Chère bonne mère. Un salut de Rome,
« un salut de tes fils qui sont passés sous l'arc de Sep-
« time Sévère et se sont assis à l'ombre du Colisée ! Le
« voyage continue à la merci des dieux, et nous mar-
« chons d'enchantement en enchantement. Depuis trois
« semaines que nous voilà en Italie, nous n'avons pas
« vu un nuage au ciel. Les orangers ont des fruits comme
« dans la chanson de Gœthe ! Et que de merveilles
« nous admirons chaque jour ! Nos yeux en sont éblouis.
« Les vieux palais de Gênes, les peintures de Florence,
« les églises de Milan nous avaient plu, sans doute,
« mais que sont Gênes et Florence et Milan en compa-
« raison de Rome ? Car ici, il y a tout, vraiment tout,
« la Beauté et la Vérité, le Paganisme, la Renaissance,
« la Papauté !... Oh ! que nous bénissons le ciel de n'être
« pas morts avant d'avoir vu tant de choses si belles
« et que nous voudrions, chère, bonne et excellente
« Mère, pouvoir t'envoyer un rayon du soleil doré qui
« réchauffe nos corps et réjouit nos cœurs !... »

Si long qu'il fut, l'entracte s'achevait pourtant.

D'un doigt badin, les violonistes grattaient un prélude quelconque, et le vieux rideau aux amours fanés se relevait en grinçant, sur le plus lamentable décor que directeur à la veille d'une faillite ait jamais osé exhiber. Alors, tandis qu'avec la grâce de ses mains blanches et de ses pieds menus la Zucchi exprimait les mystères de l'âme, le sens des passions et la puissance absolue, la puissance infaillible de la Beauté, fin et principe de tout, je songeais aux propos que je venais d'entendre et cherchais à m'en expliquer les contradictions, mais je finis par reconnaître qu'elles étaient aussi en moi, divergentes et pourtant sincères, les critiques des nouveaux mariés comme les enthousiasmes des frères aux lunettes d'or.

En effet, selon ce que l'on demande à l'Italie et selon qu'on y demeure six semaines ou six mois, on sera tour à tour, le frère Tant-pis ou le frère Tant-mieux du fabuliste. Ainsi, quand je ne faisais qu'arriver ou quand ma mauvaise étoile me portait à regretter la vanité de la vie parisienne, je trouvais aussi que l'Italie était décidément surfaite. Mais, plus tard, quand il y eut des mois que j'habitai la Péninsule, quand je fus enfin parvenu, selon la phrase de Loti, à me créer une âme italienne et que le goût des choses belles, œuvres d'art, œuvres de nature ou œuvres de pensée se fut insinué en moi ainsi qu'une fièvre maligne, j'eus à mon tour la passion de l'Italie, et c'est une passion violente, une passion qu'il faut satisfaire sous peine d'en souffrir plus qu'on ne le croit. Pourtant je n'ai pas le courage de désirer m'en guérir jamais. Et jusqu'à la fin je souhaite de rester comme je me plais à le dire quelquefois, en hommage à Stendhal, *mezzo-italiano*, demi-italien!

VI

LA GARDIENNE DES ROSES

Pour Mme J... B...

Au bord du lac Némi, il est un grand jardin plein de roses multicolores qu'une jeune fille du pays a pour mission de garder. Lorsque le ciel est bleu et que les cigales chantent, — toute la journée, les étrangers viennent sonner au portail Renaissance de ce très vieux parc. Alors, lentement, la jeune fille quitte son banc de mousses vertes au milieu des corbeilles de roses. Avec des mouvements simples et toujours pareils, elle montre aux arrivants le sentier mystérieux qui conduit au lac, et retourne, ensuite, s'asseoir, grave et souriante, à l'ombre des arbres noirs, parmi les fleurs en joie, au bord de l'étang romanesque où se mire depuis dix-huit printemps sa grâce païenne de femme que le Titien eût adorée.

A mon tour, pèlerin passionné de toutes les beautés de cette terre de beauté qu'est l'Italie, et surtout la campagne romaine, — j'ai franchi le portail Renaissance du très vieux parc, prenant, au geste coutumier de la jeune fille au parfait visage, le chemin bordé de fleurs qui mène au lac d'amour. Et j'ai vu, j'ai admiré ce que chacun doit voir et ce qu'admirent d'eux-mêmes jusqu'aux marchands de pétrole de Chicago : l'enchantement, le miracle divin de ce lac de saphir tombé, comme une goutte d'azur, parmi les forêts vertes et les rochers sauvages des sombres monts Albains. Certes aussi qu'elles me parurent fraîches et douces et odorantes les roses multicolores du grand jardin silencieux : *l'air en était embaumé et en paraissait comme tout rouge.* Cependant trop de yeux avaient comtemplé avant les miens ce paysage classique et trop de peintres, trop de poètes, trop de voyageurs l'avaient décrit pour qu'il ne me vînt pas une fatigue à essayer seulement d'analyser mes impressions. Et puis j'ai vu trop de roses, dans trop de pays pour que mon cœur puisse s'en souvenir ! Ces choses passeront donc de ma mémoire ainsi que tant d'autres sont passées, ainsi que tant d'autres passeront encore, un jour, ou plus tôt, ou plus tard !...

Mais ce qui restera vivant et clair, longtemps, c'est le parfait visage, c'est le sourire lent de l'Albanaise préposée à la garde des fleurs. Elle était blonde, de ce blond cendré et pâle des Italiennes qui sont blondes sans être Vénitiennes. — On dirait des cheveux d'or poudrés de clair de lune. — Elle était rose et blanche et fraîche et sentant bon la jeunesse comme les espaliers fabuleux des innombrables rosiers du très vieux parc Renaissance. Les sourires de ses lèvres vivantes, les gestes las de ses mains un peu larges, l'ampleur et le balancement superbes de ses hanches indiquaient une paresse somptueuse, un paganisme latent, une telle inaptitude au travail qu'elle en devenait la sœur réelle, la sœur en chair et en os, — en chair surtout, en chair plantureuse et splendide ! — des déesses que peignirent les Vénitiens, ces grands peintres de la chair, et qui depuis cinq cents ans étalent dans les Musées, leurs nudités glorieuses, ayant pour unique parure une écharpe de soie ou un rang de perles !

Comme, au retour, dans la galerie de chênes verts qui relie délicieusement Albano à Castel Gandolfo, je demandais au cocher s'il connaissait cette jeune fille et s'il aimait sa beauté, l'Albanais aux yeux de folie et dont la main devait savoir manier le couteau eut, pour me répondre, un geste expressif, difficile à raconter, mais qui était la traduction populaire et singulièrement énergique des paroles de poésie que je me suis plu à tracer en souvenir de la trop belle gardienne des si belles roses du si beau lac de Némi.

VII

L'ABREUVOIR DES SÉNÉGALIS

Pour M. Vittorio Picca.

Deux heures, à la gare de Naples, le départ de l'express pour la Sicile et l'Orient. Déjà les portières étaient fermées et le vieux Monsieur très digne qui me faisait vis-à-vis se carrait avec l'égoïste satisfaction de rester seul sur sa banquette, lorsqu'en tourbillon une dame au chapeau de fleurs fit invasion dans notre voiture. Un officier gris et or l'accompagnait chevaleresquement avec une grande ostentation de paroles et de gestes. Suivaient l'ordonnance, un *facchino* chargé de paquets. Et en moins de temps qu'il n'en faut pour l'écrire, ce fut l'installation rapide dans les filets, sur les banquettes, au travers du couloir, d'une valise carrée en maroquin, de deux sacs en peau de truie, d'une caisse à robes, d'une boîte à chapeaux, d'un oreiller, d'un petit banc, d'un panier à provisions, d'un paquet de parapluies, d'une niche à chien et d'une minuscule cahute en paille jaune de l'aspect le plus bizarre et le plus inquiétant !...

Mais le train sifflait. Alors, bien vite, des baisers fous, des cris d'adieu, des roses jetées, des mouchoirs en l'air, toute la pantomime obligatoire de ceux qui se quittent sans en avoir trop de regrets. Enfin le train fut en pleine campagne, et décemment l'inconnue put se rasseoir. Je découvris son visage. Ce fut une émotion. Elle était mieux que jeune, — sa beauté était remarquable, — une beauté voluptueuse d'Italienne de l'extrême Italie, une de ces beautés passionnantes que les hommes ne peuvent analyser parce qu'elles les troublent trop intimement, jusqu'à la brusque paralysie des facultés intellectuelles. Dans la chair bronzée du visage, les pupilles noires et la bouche rouge faisaient trois taches vivantes et changeantes, trois petites taches dont le rayonnement attirait comme l'aimant. Plus on les regardait, plus on désirait les voir et plus on regrettait de n'être pas celui auquel il était permis de poser les lèvres sur ces trois sources merveilleuses de vie divine et d'amour.

Mal consolé, du coin de l'œil, j'observai, pour achever de me guérir, le vieux Monsieur. A ses premiers mouvements de mauvaise humeur avait succédé une accalmie momentanée. Il avait remis son lorgnon et observait intéressé, visiblement. Mais sans se préoccuper de nous plus que de deux magots de faïence peinte, l'inconnue se préparait au long voyage, absolument comme si elle eût été dans sa chambre à coucher. Elle ôta son chapeau de fleurs; elle défit son boa de dentelles, elle enleva ses gants de Suède et, coquette sans en avoir l'air, elle enveloppa ses cheveux noirs dans une gaze blanche qui acheva de donner à sa beauté la grâce ambiguë des femmes de Constantinople. Puis, pour passer le temps, elle essaya de lire un roman, et je vis que c'était *les Vierges fin de siècle*, puisque c'est ainsi qu'en italien on a traduit le roman trop célèbre. Mais bien vite cette lecture l'ennuya. Les grivoiseries n'amusent que celles qui n'ont pas leur compte. Les baisers de l'officier gris et or valaient mieux que les phrases de M. Marcel Prévost. Et Madame ferma le livre. Puis, dans un des sacs de peau de truie, elle prit une boîte de bonbons acidulés. Pourquoi en les croquant eut-elle un sourire? Était-ce un souvenir? Ses yeux cernés d'ombres troublantes évoquaient bien des choses. Enfin, rassasiée, ne sachant que faire, elle avisa la cahute de paille jaune. Elle la souleva; il y avait dessous une cagette en fil de fer et dans cette cagette deux amours de sénégalis roses aux becs rouges avec de petits yeux de perles noires.

Alors l'inconnue eut un regard pour nous, le premier:

— Messieurs, s'il vous plaît, les fenêtres!... fermez les fenêtres!...

En plein mois de mai la consigne était dure; mais les désirs d'une jolie femme sont des lois, et le vieux Monsieur ne me laissa pas le temps de me précipiter. Madame ne remercia point. Est-ce qu'on remercie les vieux Messieurs? De sa main dégantée, elle ouvrit la cagette, et les oiseaux prirent leur vol dans un tapage ivre d'ailes bruissantes et de pépiements. Très doucement, d'une voix chantonnante, leur maîtresse les rappela:

— « Petits, petits, petits chéris!... »

C'était charmant comme une chanson créole. Et dociles, les oiseaux revinrent se poser sur la tête blanche de leur maîtresse. Sur son front, sur ses épaules, sur ses mains, sur sa poitrine, ils voltigeaient éperdument en une folie de cris glapissants. — ainsi que des fleurs vivantes et chantantes. Sous la caresse énervante et qui la chatouillait, des petits pieds bruns et des petits becs rouges, la jeune femme fermait les yeux. Et un rire léger, un rire dépourvu de gaieté, un rire sensuel et monotone naissait et mourait sur les lèvres vives dont le dessin se tirait déjà. Cependant las de jouer, las d'embarrasser leurs pattes menues dans l'écheveau des cheveux souples, épuisés aussi par la chaleur du wagon qui devenait excessive, les oiselets finirent par se blottir sous le menton, sur la poitrine, peureusement, sans plus crier, comme s'ils eussent attendu quelque chose. Et sur le cache-poussière de soie gorge de pigeon, ils semblaient deux pâles fleurs roses.

Ce devait être une habitude, car l'inconnue se mit à rire.

— Ah ! les gourmands ! les polissons !... Petits, petits, petits chéris !...

Et docile, elle ouvrit sa bouche, discrètement. Oh ! la bouche appétissante, rouge et juteuse comme un fruit mur où les dents brillaient ainsi que des pépins blancs et que remplissait toute, si joliment, une langue fine, une langue rose, une langue frémissante et suggestive, tel un mignon petit serpent. Les sénégalis battirent des ailes, leurs cris aussitôt se ranimèrent et tendant le bec, voletant au hasard, perchés tant bien que mal sur la figure charmante, ils se mirent à boire, en chantant, la salive tiède de leur maîtresse. Elle devait avoir un goût exquis ; les oiseaux ne pouvaient plus s'en rassasier. Sans cesse, leurs becs replongeaient dans l'abreuvoir improvisé et leur jeu puéril dura très longtemps. L'Italienne avait fermé les yeux, et sous ses paupières tombées, sous ses paupières presque violettes dont les cils semblaient invraisemblables, tellement ils étaient longs, la cernure d'amour de son beau visage s'accentuait jusqu'au mystère, cependant que ses narines dilatées aspiraient l'air — spasmodiquement !...

Rouge, rouge, comme une tomate, le vieux Monsieur regardait. Toute sa dignité était partie, et je craignis, — *honni soit qui mal y pense!* — une foudroyante attaque d'apoplexie.

II. — INTERMEZZO

CHANSONS NAPOLITAINES

Pour le Député Carlo del Balzo.

On a beaucoup répété, ces dernières années, que le cosmopolitisme à la mode égalisait et égaliserait de plus en plus les coutumes et les âmes. A ce propos, on a discuté la vérité probable, même la raison d'être de cette science relative entre toutes: l'ethnographie. Non sans apparence de sagesse, on a prétendu que ses conclusions basées sur des prémisses de fantaisie manquaient de précision et restaient, en tout cas, toujours fort discutables. Quoi qu'il en soit, — car ce n'est point en dix mots qu'il convient de décider une question de cette importance, — je n'ai jamais pu entendre, la nuit, des étudiants du Quartier-Latin passer sous mes fenêtres, en chantant joyeusement du Xanrof, — ou, dans quelque brasserie d'Allemagne, d'autres étudiants, — bien différents ceux-là ! — entonner à plein gosier un *lied* du *Commersbuch*, grave comme un psaume ou encore, sous un ciel d'étoiles, des voix dolentes répéter lentement les douces romances du golfe napolitain, sans percevoir aussitôt tout ce qui sépare et absolument ces trois nations, voisines sur la carte, mais pourtant lointaines à ne pas le croire par leurs conceptions de la vie, de l'amour, de tout ce qui est sentiments, rêves grandioses vers l'au-delà. C'est pourquoi je suis bien près de penser que les chansons populaires sont un des plus simples et aussi des plus sûrs moyens à notre portée de pénétrer l'âme naïve des peuples. Non que j'aie l'affectation assez commune de les déclarer de petits chefs-d'œuvre. « Oh ! la vieille chanson disait l'autre jour, M. Faguet, c'est qu'elle est presque toujours parfaitement insignifiante ! » En effet, au point de vue artistique, les airs souvent ne valent pas grand chose et les paroles rien du tout ; mais, au point de vue psychologique, une chanson du Chat noir, un *Studentenlied* ou un *Canzona* nous renseignent sur mille choses avec une indiscrétion à contenter les plus difficiles. Et puis, sur le nombre, quoi qu'en pense M. Faguet, il y en a quelques-unes de vraiment très jolies. J'espère même vous le faire sentir encore que dans l'empaillement d'une traduction. Pour notre cher pays de France, vous avez lu, sans doute, les délicates petites merveilles qu'ont découvertes, un peu partout, Anatole France, André Theuriet, Édouard Schuré et tant d'autres.

Cependant il faut se borner, et c'est à Naples, aux chansons de Naples que nous nous bornerons. Les recueils abondent : il y a celui de M. Vincenzo di Méglio en deux volumes, celui très important de M. Cottreu et une multitude d'autres, de moindre valeur, souvent anonymes, imprimés sur méchant papier, *olla podrida* de chansons anciennes et nouvelles, vendus pour quelques sous dans les rues affairées du vieux Naples. Si vous le voulez bien, nous les feuilletterons ensemble, nous demandant de quelle manière et en quel état d'esprit les Napolitains envisagent les événements, les passions de la vie.

Pour les musiques, c'est toujours un peu la même chose. Lorsqu'on en a entendu dix, on les a toutes entendues. Sur des accompagnements sautillants aux rythmes très marqués, soutenus parfois de pédales et énervants par leur monotonie stridente, se dessinent des mélodies peu accusées, douces, jolies, modulant volontiers en mineur — ou des airs de danse bien alanguis, assez maladifs, d'un charme étrange. En général, le thème est court, il revient deux ou trois fois, par couplet, sans modulation. Or, ces chansons ont six, huit, dix couplets. C'est donc par le procédé primitif de la répétition identique de la même idée que nous charment profondément ces romances, peu, oh! si peu savantes. Vous souvenez-vous, à l'Exposition, de l'espèce d'incantation que procuraient à la longue les deux ou trois notes sourdes, mystérieuses, des musiciens javanais? Bien que d'un art évidemment supérieur, il y a quelque chose de pareil dans l'espèce d'incantation que procurent aussi ces *canzone popolari* où les mêmes intonations reviennent éternellement fatigantes et délicieuses, ensorcelant peu à peu, par leur tendresse d'une mélancolie toute sentimentale. Si quelque musicien de génie reprenait ces motifs populaires pour les écrire définitivement, la littérature musicale s'enrichirait sans doute de romances d'un charme aussi pénétrant que celles de Grieg ou de Moskowsky.

Mais sous leur forme naïve, ces *canzone* perdent la moitié de leur charme à être dites par des voix étrangères, dans des paysages sans beauté, sous des cieux qui ne sont plus ceux d'azur et de soleil du divin golfe de Naples. Je me rappelle qu'à Capri des violoneux montèrent sur le vapeur et que, tandis que nous quittions le port, ils entonnèrent, en s'accompagnant tant mal que bien, une sorte de valse allemande : « Adieu, belle Capri!... etc. » En toute autre circonstance, j'eusse trouvé, je le crains, paroles et musique bêtes à pleurer, mais dans l'enchantement de ces pays, cette romance prenait une signification spéciale. La splendeur du décor lui enlevant toute banalité, elle devenait l'âme même, l'âme subtile et légère de ces contrées merveilleuses, — et sa mélancolie un peu fade exprimait complètement les regrets de quitter pour toujours, peut-être ! — puisque le monde est vaste et la vie si brève ! — cette terre de paradis.

I

Un premier trait et qui montre combien ces chansons sont populaires d'inspiration, d'exécution et de renommée, c'est la simplicité pauvre de leur langue, la nature de leurs métaphores, de leurs tropes : « J'ai « vu, dit l'une d'elles, une jeune fille toute proprette, « toute gentillette, *c'est pour moi comme un morceau* « *de sucre* », — ou bien à la fillette qui s'écrie : « Oh ! « appelez la maman, je me meurs de passion ! » la mère répondra : « *Va-t'en ronger des citrons*, celui-ci « n'est pas pour toi. » Ailleurs, dans une complainte assez plaisante, l'amoureux appelle tour à tour son amoureuse : *Fleur de menthe, Fleur de myrthe, Fleur de nard, Fleur de citron*. Il ne s'agit donc pas, comme pour la plupart des *lieds* célèbres d'Allemagne, de poésies de poètes de profession, popularisées par les hasards des choses, mais bien de chansons presque anonymes, dues pour ainsi dire à la collaboration de tous.

Aussi évoquent-elles fidèlement, en tableaux vivants et chantants de phonorama, toute la vie ensoleillée des *salite* poussiéreuses du vieux Naples. Sa pacotille sur le dos, voici le marchand de pantoufles : « Voici le mar-

« chand de sandales! qui veut des escarpins? — un
« *carlino* la paire, mais je les donne pour moins encore.
« S'il est ici des amoureux, qu'ils achètent mes bottines,
« elles ne font jamais de bruit, ne réveillent pas la
« maman, il n'y a pas de danger! Voici le marchand
« de sandales! qui veut des sandales? » Puis le porteur
d'eau, ses cruches de grès sur l'épaule, bellâtre et sentimental, — ceci sur un air tendre dont l'accompagnement sautille avec ironie : « Je voudrais être ce beau
« garçon, une cruche sur le dos, qui s'en va vendant de
« l'eau. Je m'en irais sous les palais : *Oh! mes dames,*
« *mes belles dames, qui veut de l'eau!* — Si une beauté
« se retournait et me disait : — *Quel est donc ce gentil*
« *garçon qui s'en va vendant de l'eau?* — Bien vite, je
« lui répondrais : *Eh! ce sont larmes d'amour, ce n'est*
« *pas de l'eau!* » — Enfin les innombrables chansons de
pêcheurs dont les refrains langoureux s'entendent, les
soirs de lune, à *Santa-Lucia*, tout le long de la *Strada-Nuova*, s'échappant par bouffées, des ostéries fumeuses
et enfumées — ou qui viennent de barques attardées sur
la mer calme et bleue comme un lac immense : « Je
« suis pêcheur, j'ai bonne tête, et jamais je ne cesserai
« de pêcher. Le soleil me brûle, mais je fixe l'eau
« bien décidé à prendre quelque chose, car tous préfèrent, tous réclament la murène que j'ai pêchée. —
« Par la Chiaia et Santa-Lucia ma barque monte la
« garde, vigilante comme un argus. La figure tout
« attentive je regarde si je puis prendre une murène, et
« quand je la vois dans le filet, oh! mes amis! quelle
« belle joie! » Et d'autres moins traduisibles, bien que
ces chansons soient rarement ordurières, mais, lorsqu'elles le sont, c'est avec une simplicité rabelaisienne
qui n'y va point par quatre chemins. On ignore la politesse des sous-entendus, les gros mots viennent de

suite. Nous avons à faire à des âmes naïves pour lesquelles sans périphrases, *un chat reste un chat et Rollet un fripon.*

Chaque saint à sa romance, chaque village sa tarentelle. J'en ai lues de délicieuses sur les chèvres de Capri, les roses de Pœstum, les orangers de Sorrente, les femmes d'Amalfi. En voici une sur la fête de la Madone de Piedigrotta : une fête de cour jusqu'en 1859 instituée en souvenir de la victoire de Vellétri (1735); depuis une fête du peuple ou plutôt des saturnales qui se célèbrent chaque année, au commencement de septembre. C'est une jeune fille qui parle : « Cette année, je peux, je
« veux assister à la fête de la Madone de Piedigrotta.
« Je prierai papa de m'y laisser aller. Concetella, Can-
« natella et Porziunchella y vont bien, d'ailleurs y va
« qui peut et personne ne s'y refuse. Hélas! c'est bien
« ce qui m'arrivera à moi, pauvre Barbarella, de rester
« ici, tirant la langue, le cœur suffoqué de désirs. — Mais
« tu n'y penses point ! Aller à la fête ! tu es trop petite,
« la route est trop longue, tu n'aurais jamais la force.
« — Ah! si, j'aurai bien la force de faire cette route
« pour danser la tarentelle au son des castagnettes. Eh!
« tric! trac! Et la lera, la! Allons, dis-moi oui, ne
« fais pas désespérer la petite Barbarella. Désir
« de jeune fille vaut mieux que souhait de femme
« grosse ! »

Voici encore quelques strophes disant la magie de la Grotte de Capri, trop vantée du *Bædeker* sans doute, mais réelle et inoubliable cependant avec sa lumière bleue, ses vagues bleues, ses rochers bleus et ses nageurs aux corps souples, pareils à des ondins, que les reflets couvrent d'écailles argentées : « Allons-en-nous,
« Ninetta mienne. Déjà la barque est prête. La mer en
« joie semble te dire : *Viens, viens!* — et je te dis :

« Viens, viens dans la Grotte d'azur. Viens avec moi,
« dans la Grotte d'azur! — Tu vois les campagnes :
« Meta, Sorrente, Vico, Massa; les montagnes filent,
« filent devant toi. Dans la Grotte d'azur, je te presse-
« rai sur mon cœur, etc. — A présent, je t'ai près de
« moi, dans ma barque. Je puis être heureux sous le
« ciel. Oh! allons-en-nous à la Grotte d'azur, je veux
« mourir avec toi! — Baisse la tête un peu, l'entrée est
« périlleuse. Je me jetterai dans le feu pour rester au-
« près de toi. Ah! voici la Grotte d'azur, tu n'as plus
« qu'à regarder! etc. »

Tout cela n'est pas bien attristant, malgré la mélancolie de la musique, car, selon le mot de Shakspeare, « cette mélancolie-là est celle du musicien, elle vient « de caprice ». Il est même tout un répertoire très gai, d'un comique qui ne rappelle ni la folie macabre des Anglais, ni l'esprit déconcertant du *Chat noir*. Ce serait plutôt avec tout ce que le soleil d'Italie met de pétillement dans les cervelles la plaisanterie bourgeoise de l'Allemagne. De bonnes grosses farces mimées, chantées et dansées avec d'impayables trépidations de pantins qui font mourir de rire un public resté jeune.

« Je suis un pauvre gueux sans toit, sans lit; sans
« lit, sans toit. Je vendrai mes pantalons pour un seul
« plat de macaronis! — A demi mort, Pulcinella
« voulait faire son testament, pensant obtenir de ses
« patrons un beau grand plat de macaronis! — J'ai vu
« un fringant lieutenant qui échangeait avec un ser-
« gent ses épaulettes contre les galons pour un seul
« plat de macaronis! » Ici c'est l'image de Pulcinella, le brave Pierrot napolitain en camisole et en braies, dont l'énorme nez noir, si bon enfant, fait la joie des comédies, je les suppose improvisées, du *Fénice* ou du *Pétrella*.

Ailleurs, revient le souvenir des touristes ridiculisés et exploités, mais aimés néanmoins, puisque, sans s'en douter, ils servent des rentes à tant de lazzaronis : « L'autre jour, à Piedigrotta, je m'en fus avec mon petit « chien. Ce qu'il est beau ! Tout le monde le regar- « dait ; ce qu'il est beau, mon Paparagianno ! Je le « donnerai à qui me plaira ! — A la ville, à la Chiaia, « à la Margollina, une modiste, une grisette m'ont dit : « *Ah! mais c'est un chien anglais !* Ce qu'il est beau, « mon Paparagianno ! A qui me plaira, je le donne- « rai ! » Voici une historiette, — disons un monologue :
« Ah ! c'est bien ! quel malheur ! mon Zuccheriello est « tombé ; moi, pauvre type, je suis perdu s'il allait res- « ter mort pour de bon. Oh ! là ! là ! sans un baudet, « malheureux, comment ferai-je ? — Par bonté, aidez- « moi donc, je suis un pauvre, sans feu ni lieu. Misère « de moi, quelle journée ! je n'y puis rien comprendre. « Oh ! là ! là ! sans un baudet malheureux, comment ferai- « je ? — Essayons de le soulever, toi par la queue, moi « par la bride. Quel festin, quelle allégresse si nous le « voyons remuer un peu. Oh ! là ! là ! sans un baudet, « malheureux, comment ferai-je ? — Il m'apportait la « soupe, dans un parfum de violettes, et des troncs de « choux-fleurs, des salades frisées, des tomates, des « choux pommés, par corbeilles. Oh ! là ! là ! sans un « baudet, malheureux, comment ferai-je ? — Mais par « le ciel, que vois-je ? Il commence à respirer ; il en a « réchappé encore une fois ; qui donc me consolera ? « Oh ! là ! là ! sans un baudet, malheureux, comment « ferai-je ? — Ueh ! regardez, regardez ! quelle gentil- « lesse, voyez la queue qui frétille. Ce spectacle me « met en joie, je me sens tout ému. Oh ! là ! là ! sans « un baudet, malheureux, comment aurai-je pu faire ? » Ecoutez et comparez ces récits privés de sous-enten-

dus à ceux parfois si dificiles à suivre, que détaillent avec un art dont la complication devient de la perversité, M. Fordyce ou Mlle Balthy. Et vous comprendrez mieux la distance qui sépare un peuple resté jeune en dépit de sa longue histoire, grâce à la beauté du soleil sous lequel il lui est donné de vivre, d'une nation comme la nôtre, anémiée par la civilisation, blasée par les expériences, touchant à la vieillesse et à la décadence. Pour rire à ces simplicités primitives, il faut avoir l'âme naïve, peu déformée par les rêveries, pareille à celle des tout petits enfants.

Enfin, il en est d'autres que je préfère, d'une poésie plutôt banale mais si jolies dans la grâce fruste du dialecte napolitain : « Tu es née des roses dans la « main, du jasmin sur la poitrine ; je suis malade, je « ne guérirai plus, et toi, ma bien-aimée, ne t'en aper- « çois-tu pas ? Dis-moi, oui, dis-moi que tu m'aimes. Tu « le vois bien, je ne peux plus résister ! » — « Pacchia- « nella, mon aimée, m'est venue surprendre, eh ! « dunghe, dunghette ! — Je suis pour mourir, car, dans « son sommeil, mon cœur elle m'a volé. Eh ! dunghe, « dunghette ! — Je ne peux plus en réchapper, elle est « si belle, elle est si chère. Eh ! dunghe, dunghette ! — « Ou bien faudra qu'elle me donne son cœur. Eh ! « dunghe, dunghette ! » — « Allons Rita, mon cœur « chéri, réveille-toi, le grenadier est là. Si tu ne viens, « il partira sur la mer d'argent par le vent fort. Les « orangers font les jardins tout embaumés, les jardins « où dansent les nymphes ; Résina et Portina s'y « tiennent par la main. Lieu plus délicieux nulle part « tu ne trouverais. Belle est l'étoile comme toi-même ! »

Pourtant malgré sa gaieté, ses passions, ce peuple ne perd jamais son bon sens. C'est ainsi qu'il aime à railler le ridicule des élégantes se pavanant dans leurs

habits neufs : « T'es fait une jaquette neuve, Antonella?
« Oh! là! là! » — Ou mieux encore la vanité des inutiles
châteaux en Espagne : « A qui la faute? à la maman,
« qui cultive l'espérance de machiner quelque mariage
« avec quelque beau seigneur! Voyez, quel château
« dans le vent se bâtit cette mère orgueilleuse? »
Chansons des rues, chansons du port, chansons des
fêtes patronales et chansons pour rire, n'est-ce pas
toute la basse vie du peuple napolitain qui s'évoque
dans son déguenillement pittoresque, dans sa sagesse
imprévoyante? — Et M. Taine n'a-t-il point eu tort
de les négliger complètement, tout à fait, dans son,
d'ailleurs, si remarquable *Voyage en Italie?*

II

Pourtant, on le devine, ces romances sont plus volontiers romances d'amour que caricatures de mœurs ou
bouffonneries de carnaval : « Si tu ne sens point battre
« l'amour dans ta poitrine, ta vie est pareille à une
« mort », dit l'une d'entre elles, répétant à sa manière,
la pensée si chrétienne du vieux Goethe : « Vivre sans
« aimer, c'est battre de la vaine paille. » Comme remarquait le voyageur que je viens de citer, « au milieu
« de ces façons populaires, l'amour fleurit comme une
« rose parmi les tessons et les pots cassés. » Effectivement leur manière d'aimer, — or « il est impossible
« aux gens de Naples de penser à autre chose, c'est
« l'idée dominante [1] ». — a des fraîcheurs, des impres-
sionnabilités d'un charme bien exotique : « La pre-

---

[1] *Voyage en Italie*, par Hip. Taine, t. I, p. 95.

« mière fois que je t'ai vue, mon cœur de ma poitrine
« s'est enfui. Regarde-moi, approche-toi, ne me laisse
« plus désespérer. Je te trouve si gentille, si gentille,
« qu'il me semble de perdre la tête, oui, la tête! — Je
« te veux, Pepperella! ô tant jolie! ne me fais pas mou-
« rir de consomption! » Vous voyez qu'on n'hésite guère,
qu'on ne cherche pas de midi à quatorze heures, qu'on
aime à la bonne franquette, mais non sans grâce. Pour
redire quelques-unes de ces *canzone*, regardons ce
qu'un poëte appelait artistiquement, le triptyque de
l'Amour — ce que l'on pourrait nommer aussi l'éternel
roman des heures d'espérance, des heures de bonheur
et des heures de désespoir après l'abandon ou après
la mort.

D'abord les paroles d'amour, les premières, — une
sérénade de mandolines, sous un balcon fleuri de giroflées, un soir de lune, une nuit d'étoiles. « Papillon
« mignon, vole, vole vers la demeure de mon cœur
« sans t'arrêter chemin faisant, vole, vole! — Tu la
« salueras de tes ailes, tu tourbillonneras autour d'elle,
« lui disant que nuit et jour je soupire pour elle, sans
« me lasser. — Papillon mignon, vole, vole vers la rose
« de mon cœur; fleur plus belle, plus plaisante, jamais
« point tu ne trouveras. Au parfum de ses yeux, de son
« sourire, tu penseras d'être au paradis. Tu arriveras,
« papillon mignon, tu arriveras! — Vers ses lèvres de
« corail rose, vole, vole, papillon mignon, tu t'y conso-
« leras de toutes peines et jamais plus n'en voudras
« partir. Mais si tu vois qu'elle s'endort, tu perdras un
« peu la tête. Alors vite, vite, donne lui un petit baiser
« et un autre, un autre pour moi! »

Mais la main blanche n'a pas ouvert la fenêtre. Alors
ce sont des souvenirs d'amitiés datant des années d'enfance ou bien des promesses pour l'avenir, — des pro-

messes dans le vent, hélas! « Je ne peux effacer de ma
« mémoire le temps où, garçonnet, je courais pour te
« parler à cette petite fenêtre. Avec tous nos frères
« et sœurs, nous jouions à cache-cache. Précieux
« est le premier amour, il ne se peut oublier. » —
« Louisette, si je t'épouse, je t'achèterai des pendants
« d'oreilles, un collier à double rang, un corselet
« mignon, et une gentille pèlerine. » Mais la dame
fait toujours celle qui ne veut rien entendre, alors
l'amoureux se désespère : « Je l'ai vue à Piedigrotta,
« en tenue de fête, regardant passer les troupes, accom-
« pagnée de la maman. Elle portait une jaquette enru-
« bannée, bouffante sur la poitrine, une robe crème et
« un nœud de ceinture à stupéfier les passants. Et
« j'entendais qu'on disait : *C'est la belle Sorrentine!*
« Dès cette heure, je n'ai plus trouvé de paix, je suis
« tout le temps à soupirer, les filets ne me plaisent plus,
« je ne veux plus pêcher. Oh! ma pauvre petite
« barque! A Sorrente bien vite, bien vite je m'en vais
« pleurer, mais *la mauvaise Sorrentine* n'a pas, n'a
« jamais eu pitié de moi! »

Toutefois la tristesse ne dure guère. Ces natures-là
sont trop mobiles. A l'accablement succède bientôt le
besoin d'action à tout prix, fût-ce jusqu'à la vengeance,
jusqu'aux coups de couteau. « Concluons, joie de mon
« âme, concluons. Suis-je bien ton amoureux, ou est-ce
« celui-là? Ne finiras-tu point par choisir celui que tu
« épouseras? Ah! si ce n'est moi, que de sang versé,
« juste Dieu! Canatella! Canatella! » La *vendetta*, les
sinistres duels, à coups de poignard, dont, seule, la
mort de l'un des combattants marquera la fin; les mauvais sorts, jetés subrepticement, à la faveur des ténèbres
et auxquels nul ne saurait échapper, toutes ces habitudes d'amours italiennes, en un mot, que Stendhal

admirait tellement et qui sont aussi connues que l'A. B. C.

Deuxième acte, les belles journées de l'amour partagé. Les chansons deviennent plus rares, comme si vraiment les peuples heureux n'avaient point d'histoire. A peine quelques couplets paisibles, mélodieux. « Elle « chantait de sa voix belle, je me mettais à gratter la « mandoline, et, tout en chantant, elle disait douce- « ment : *Daniel, mon bien-aimé, toujours je te veux « aimer.* La tante filait à demi sourde et peu à peu, de « sommeil, sa tête s'inclinait. » N'est-ce pas, en trois lignes, un de ces tableaux d'intérieur comme savait en peindre avec tant de poésie et de vérité le délicat Alfred van Muyden? — Mais, je le répète, de semblables inspirations sont peu fréquentes, la vie pot-au-feu ne convient point à ces êtres-là. Il leur faut d'autres émotions, d'autres aventures, d'autres amours, de l'inconnu et de l'imprévu. Aussi pour eux les heures tristes seront-elles les plus nombreuses.

Ah! les souffrances du mal d'amour, voilà bien l'éternel thème de ces *canzone!* Mais la nature toute spéciale des tristesses qu'elles expriment mérite encore quelques explications. C'est un désespoir aussi violent que passager. Ces passions-là n'ont que deux issues : la mort banale, n'importe comment ; il suffit de lire, quelques semaines, les petits journaux napolitains pour savoir que de tels suicides sont journaliers , — ou l'oubli presque immédiat, car à Naples, plus qu'ailleurs, la désespérante phrase de Flaubert reste vraie : « L'eau coule, le temps passe, le cœur oublie. » Mais l'affection, le souvenir qui persistent, les regrets que des vingt ans ne consolent point... ces sentiments-là leur restent inconnus, leur paraissent ridicules. Le pays est d'une beauté trop ensorcelante : Roméo pourrait bien y boire le doux

poison « brisant sur les rochers sa barque fatiguée et
« malade de la tempête ». — selon ses paroles de symbole, mais on imagine difficilement un Werther italien promenant sa mélancolie d'Herculanum à Castellamare. Ce serait un anachronisme psychologique. Aussi leurs chansons tristes nous paraissent-elles singulièrement dépourvues d'espérance : « Fenêtre qui brillait, à cette
« heure tu ne brilles plus. C'est donc que ma Nennella
« est bien malade? — Et sa sœur se mit à la fenêtre et
« me dit : — Ta Nennella est morte et enterrée. Elle
« pleurait toujours de dormir seule... maintenant, elle
« ne dort plus seule, elle dort avec les morts! » — Ou cette strophe plus attendrie : « Parfois, les matins, je
« m'en vais avec ma petite barque, à Naples, et toujours,
« il me paraît que tu m'attends, que tu vas me donner
« la main. Puis plus tard, quand le ciel se fait plus
« sombre, je m'en vais pêcher au milieu de la mer, et là
« encore, il me paraît de te revoir. Ah! viens, reviens! »
Enfin cette complainte si émouvante d'intonation et bien dans la note que j'indiquais : « Tu m'as aimé une
« fois, mais à présent tu ne m'aimes plus... Le monde
« est une roue; qui sait ce qui peut jamais arriver?
« peut-être un jour, rouge de honte, oui, rouge de
« honte, te sentiras-tu repentante et viendras-tu baiser
« la main que tu méprises aujourd'hui. Tu diras toute
« pleurante : — Je suis la pauvre Nenna, secours-moi,
« conseille-moi, je t'aime! — Mais alors, je te répondrai :
« Il fut un temps où je t'aimais de tout mon cœur, et
« lorsque je te montrai ma poitrine palpitante d'amour
« tu me répliquas faisant l'offensée : — Qu'est-ce à
« dire! assez, assez! — Maintenant tu me cries en
« pleurs : — Je suis la pauvre Nenna! — et je te réponds
« en riant : — Ah! c'est trop venir m'ennuyer. Ah! c'est
« trop venir m'ennuyer! »

III

Un souvenir pour conclure :

L'autre été, j'étais en Suisse, à Interlaken, dans la vallée verte aux cascades d'argent, aux lacs pâles, aux chalets de bois et aux vaches tricolores. Un décor de *Guillaume Tell*, sous la lumière de pluie de la Suisse allemande. Or parmi les musiciens qui mettaient un peu de gaieté dans la monotonie de la vie d'hôtel, un soir, cinq ou six Napolitains en pantalons blancs et en ceintures rouges, chantèrent sur des accords de méchants violons, mais avec un entrain du diable, quelques romances de leur patrie. Il faisait triste dans le jardin mouillé par les ondées ; la nuit venue était d'une fraîcheur à vous donner des frissons, et pourtant, je m'en souviens, sitôt que j'entendis sur leurs lèvres :

> O dolce Napoli
> O suol beato...

ce fut en moi comme un réveil, comme un éblouissement. Je revoyais Naples, son ciel, ses paysages, les yeux de ses femmes, toute sa vie heureuse, chantante !...

Espérons que dans la banalité de la prose ces notes auront procuré aussi, à quelques-uns, la même impression de poésie brutale, colorée ; de vie joyeuse, au grand soleil. Et je ne regretterai pas la peine que j'ai prise de traduire ces *canzone* qui, étant en dialecte populaire, sont parfois d'une interprétation assez difficile.

TROISIÈME PARTIE

AUTOUR DE L'ETNA

I. — NOTES DE VOYAGE

I

> *En souvenir des longues causeries échangées, autrefois, dans un vieil atelier de la « Via Sistina », je veux écrire ici le nom du peintre suisse Émile David, le paysagiste subtil, le penseur original auquel ces pages devaient être offertes et qui, jadis, avait bien voulu, avec des paroles charmantes, en accepter l'amicale dédicace.*
>
> *Messine, mars.*

En débarquant, mon premier sentiment est une déception; je me demande si c'est la peine d'aller chercher au loin ce que l'on trouve partout — Messine ressemble à tous les ports du monde. C'est la mer d'un *bleu de teinture*, comme disait Daudet avec plus de vérité que de poésie; c'est la forêt des mâts oscillant aux vagues, de centaines et de centaines de *steamers*; ce sont les quais fourmillant d'une population à peine vêtue, luisante de sueur, qui court, chargée de colis énormes, escaladant, le brûlot aux dents, les ponts volants des vapeurs en partance, ou qui dort paresseusement, au soleil, entre les flaques de boue, parmi les hurlées des marchands, les gueulades des manœuvriers, les fumées des machines, les poussières des attelages. En outre, quoiqu'elle soit le point central du bassin de la Méditerranée, la ville n'est pas grande, malpropre à l'excès, désagréable et indifférente en somme, puisque depuis trois mille ans qu'elle existe il fut tant de Messéniens, tant d'Hamilcar, tant d'Annibal, tant de Verrès, tant de Richard Cœur-de-Lion pour la piller et l'incendier, sans parler des pestes et des tremblements de terre qui ne furent pas non plus sans l'appauvrir et l'enlaidir, qu'elle n'a guère conservé pour le voyageur qui revient la surprendre, d'antiquités ni d'œuvres d'art. Elle paraît délabrée, finie, malgré le va-et-vient de la marine. Le délicieux vers de Banville remonte à la mémoire :

Messine est une ville étrange et surannée !

Et si je n'ai jamais bien su ce qu'il signifiait, exactement, ce vers plus musical que plein de sens, je n'ai jamais pu le répéter ou l'entendre répéter pourtant sans retrouver immédiatement mes premières sensations messinoises. Plus tard, j'ai relu d'anciens voyages, et j'ai découvert sans surprise que ceux qui étaient passés avant moi avaient senti comme moi. Le pays ne peut pas donner d'autres impressions ; le paysage ne saurait inspirer d'autres pensées ; c'est fatal, indiscutable. Au débotté, le vicomte de Marcellus se sent pris de nostalgie. Il paraît à Paul de Musset que cette cité en est « arrivée à un découragement complet ».

Cependant le port, — une basse plage qui se détache de la rive, à angle droit et se recourbe en pleine mer, comme une faucille, — est si commodément disposé que Messine restera toujours l'étape préférée des bateaux faisant le commerce entre l'Occident et le Levant. Et pour nous, homme d'art et non homme d'affaires, des quais, du phare, du promontoire du Pelorum surtout, le panorama de la mer, des côtes et des îles semblera d'une paix si bienfaisante, d'une profondeur, d'une immensité tellement admirables que peu à peu se modifieront nos sensations premières.

Quand je passais à Messine, c'était le printemps, — aussi ai-je profité du lundi des Pâques fleuries pour me promener longuement, par les nouveaux et les vieux quartiers de la ville. Les vêpres siciliennes ne recommenceront plus; les Français n'ont rien à craindre même ce jour-là. Depuis 1282, les temps ont changé, et les descendants des *méchants pavarins* me font des figures étonnées, encore que très accueillantes. Certes, je dois le reconnaître et je tiens à le raconter, j'ai trouvé, en Sicile, plus de sympathies pour la France qu'à Rome ou qu'à Naples.

Je ne parlerai pas des rues modernes : la *Via Garibaldi*, le *Corso Cavour*, la *Via Primo Settembre*, sont pareilles à toutes les rues de toutes les villes de toute l'Italie, peut-être seulement plus étroites, plus mal tenues. Mais dans les quartiers populaires, cela devient plus intéressant, presque des aspects d'Orient : des ruelles d'estampes, montantes, taillées en marches, toujours dans l'ombre, avec des balcons surplombant, des lessives séchant à la brise et sur le sol, une saleté à ne savoir où poser le pied : un bourbier de feuilles d'artichaut, de fientes de bêtes, d'entrailles sanguinolentes, de longues flaques nauséabondes. Les boutiques sont grandes ouvertes ; on aperçoit des intérieurs ténébreux et d'immenses lits qui font tache blanche sur le noir crasseux des murailles. Du dehors, une odeur âcre vous saisit à la gorge. Sur les seuils, des femmes bavardent, des hommes fument, et des enfants demi-nus courent, s'injurient, s'arrachant les cheveux, avec des hurlements à se briser la voix ou satisfaisant, gravement, devant vous, aux besoins les plus naturels... Il y a encore des poules qui gloussent, des ânes qui braient, des marchands qui font l'article, des filles qui chantent et une poussière, une chaleur !...

Dans un de ces passages menant à la *Villa Rocca Guelfonia* (un jardin tout en fleurs d'où la vue est délicieuse), deux gamins se disputent. J'ignore le prétexte de leur querelle ; le premier peut bien avoir huit ans, l'autre dix ou douze ; lorsque j'arrive, ils sont tous deux blêmes de rage. Le plus petit achève d'exaspérer le plus grand, il le menace de lui arracher la serpe qu'il porte et de la lui planter au cou. Alors ce sont des cris, des cris de goret : les mères accourent, de vieilles sorcières, à demi chauves, pieds nus, vêtues d'ignobles jupes. Afin de séparer leurs garçons, elles les arrachent, les emmènent, se battant corps à corps, tremblantes avec de la bave aux coins des lèvres, bramant toutes sortes d'injures odieuses, incompréhensibles. Il y a des curieux, on prend fait et cause, violemment, pour l'une des deux familles. La querelle paraît s'apaiser, nous passons, mais, comme dit philosophiquement mon guide : « Demain, ça recommencera, car des garnements pareils, c'est du gibier pour la maison du diable. »

Nous rencontrons beaucoup de Messinois et de Messinoises. C'est fête, tout le monde est sorti ; le spectacle pourtant n'a rien de remarquable. Dans le cours des siècles, la ville a été trop de fois prise, saccagée et repeuplée ; puis songez, un port de mer, la race s'est abâtardie à force de croisements. Ce n'est pas le classique type italien de Padoue, de Rome ; ce n'est pas non plus le séduisant type grec de Catane ou d'Acireale, mais des femmes aux yeux farouches, avec des teints mats, des nez en bec d'aigle et quelque chose d'âgé, de fatal ; les hommes ont la même apparence, les mêmes yeux sauvages, avec des teints plus basanés, des nez plus écrasés en plus larges pommes de terre. D'ailleurs, ici, le charme de jeunesse passe vite à ne pas le croire ; l'âge de beauté, l'âge délicieux, c'est quinze ans, — comme dans *Rolla*, — mais déjà, à vingt-deux, à vingt-quatre ans, les femmes sont fanées ; tout de suite, la peau jaunit, devient spongieuse, hâlée vilainement, les yeux se cernent, les bouches se rident, et plus de taille, plus de formes. A la quarantaine, elles sont énormes, impossibles. Mon guide, qui est bavard, et en sait long par sa profession de sommelier du seul hôtel garni de la ville, me raconte que l'on se marie très jeune, à seize, à dix-sept ans. Les familles de quatorze enfants ne sont point rares ; et, sentencieusement, ajoute-t-il en manière de conclusion, — les veuves se remarient toutes dans l'année. Cela explique beaucoup de choses !... On voit des femmes de trente ans aussi décrépites que des grand'mères. Elles n'ont plus de beau que les yeux, des yeux de phosphore, inoubliables, donnant l'illusion de l'intelligence. Mais prenez garde, ce sont des « étoiles éteintes », selon le douloureux mot d'un délicat poète[1]. Quoiqu'en parfaite connaissance du sujet, — en douter serait douter de la tradition libertine de nos grands-pères, — le prince de Biscari affirme, dans un vieux petit livre du commencement de ce siècle, que les Messinoises sont « les plus aimables personnes du monde, qu'elles « aiment infiniment les étrangers et savent pratiquer

---

[1] M. Auguste Dorchain.

« l'hospitalité », je crois peu qu'après les avoir aperçues on puisse, en repensant à elles, se souvenir d'autre chose que de la merveilleuse beauté de leurs tendres yeux noirs. Elles sont trop étrangères, trop loin de nos idées, de nos subtilités... Elles ne sauraient être des sœurs en esprit... Tunis est plus près que Paris !

C'était — il vous en souvient — le lundi des Pâques nouvelles. Nous voici devant la cathédrale ; elle date de 1098. Une façade bizarre, de style ogival primitif — seul, le fronton du portail central est du xve siècle. Il y a des rosaces d'une grâce moyen âge, des colonnettes souples comme des branches de palmiers, encadrant des portes gothiques, et partout, déroulées, des bandes de bas-relief ironiques où des sujets symboliques alternent avec des scènes de la popote bourgeoise. L'ensemble est imposant dans sa raideur vieillie — mais, pourquoi laisse-t-on ces murailles s'effriter ?... Il était cinq heures de l'après-midi, le moment du *Salut* — nous sommes entrés. Mon guide n'y tenait guère ; mais en Italie les églises m'ont donné des impressions de paix et d'art absolument bienfaisantes. Ici, rien de pareil, d'abord l'intérieur est sans goût, la charpente de poutres dorées, les colonnes de granit païen, maladroitement modernisées, ont, malgré les richesses des autels, malgré le luxe des tombeaux, je ne sais quel air d'abandon. Et puis la cérémonie était célébrée détestablement par un orgue essouflé, des violons grinçants, des voix fausses, allant au hasard de la fantaisie, — et les nobles paroles latines se chantaient sur des airs sautillants de musique profane. Dieu me pardonne, j'ai reconnu le *Brindisi* de la *Traviata*. Ah ! comme à la Sixtine, dans l'harmonie des beautés, le pape a eu raison de n'admettre ni orgue, ni orchestre, rien que la voix humaine et encore, rien que la voix de l'homme toujours plus grave, plus apaisante que la voix de la femme. D'ailleurs la voix n'est-elle pas le seul instrument parfait, les autres n'ayant eu pour but, primitivement, que de la reproduire ou de la soutenir?

Dans les rues toujours plus de monde, je ne peux presque plus avancer. A chaque carrefour, ce sont des chapelles improvisées, avec des cierges, des fleurs de papier, des profusions de choses dorées et de grandes statues trop belles de la Vierge et du Sauveur. Les Messinois ont pour la mère du Christ une dévotion toute spéciale. Dame, c'est bien le moins, puisqu'elle prit la peine, d'après la légende, de leur envoyer en 42, par l'entremise de Saint-Paul, une lettre écrite de sa main. L'histoire prétend, il est vrai, que cette lettre est de Constantin Lascaris, mais l'histoire n'entend rien aux légendes, et, quoi qu'elle dise, cette lettre n'en est pas moins conservée à la cathédrale. Une inscription naïve, du temps de Benoît XIII, ajoute que c'est la Madone « qui pourvoit aux besoins de la ville et lui fournit assez, chaque jour, pour nourrir même des étrangers. » Aussi, dans ces oratoires en plein vent, tous ceux qui passent entrent-ils, sans hésitation, dire quatre mots de prière, par reconnaissance, — même les jeunes gens, même les amoureux. La Vierge n'a-t-elle pas été femme ? Je suis la foule et, en sortant, pour dix sous, achète à mon tour une image sainte un peu par reconnaissance aussi. *Ne suis-je pas de ces étrangers que la Madone prend soin de nourrir ?* La gravure médiocre représente dans un encadrement compliqué d'emblèmes les portraits en pied, de face, de Marie et de Jésus. — Au-dessous ces paroles :

Unum in passione, unum in resurrezione.

Le Christ est traditionnel, mais la Vierge est une vraie

Messinoise, vêtue à la mode du pays, la tête couverte d'un châle, avec un tablier de paysanne, le tout d'une simplicité qui serait idéale si l'artiste avait su dessiner. Mais voici qu'à considérer cette enluminure grossière je retrouve les impressions éprouvées jadis, à Rome, devant la Madone de saint Augustin, — « la meilleure « de la ville » — comme on dit dans le peuple.

Celle-là, je ne l'ai vue qu'une fois, à la nuit tombante, et je ne suis jamais revenu de crainte de troubler mes illusions. D'abord, sous les colliers dont elle est barbarement harnachée, toute fulgurante de gemmes, l'innocente statue de Jacopo Tatti, encadrée de centaines de cœurs et comme incendiée par les cierges et les luminaires, m'apparut, mystérieuse, ainsi que ces idoles qui rêvent dans le silence des sanctuaires de l'Inde. Pourtant, de tous côtés, dans l'ombre, étaient agenouillés, en prière, de très jeunes filles et de très jeunes gens. Que pouvaient-ils murmurer les yeux fixés sur la Madone dans l'absorption d'une seule pensée? Sans doute quelques jeunes filles, la santé d'une mère, d'une amie, mais les autres (et c'est la coutume, et souvent on me l'a dit, et je n'ai nulle peine à le croire) demandaient à Marie, en toute simplicité, de leur être bonne, secourable, de ne point contrarier leurs affections... Cela peut être de la superstition, je n'en sais rien, je ne suis pas encore théologien, mais je pense qu'une telle religion tient plus fortement au cœur d'un peuple que tous les dogmes et que tous les raisonnements. Parce que Marie est douce envers ceux qui s'aiment, le peuple l'aimera et l'honorera longtemps encore, en dépit des conférences et des brochures de propagande. Malgré ses bagues, sa couronne et ses boucles d'oreilles, je préfère la Madone de San Agostino, la Madone des amoureux à toutes les sentences des sages de ce monde, — car leur sagesse m'ennuie tellement, on sent si bien qu'elle n'est qu'un pis aller de personnes qui n'ont pas, qui n'ont jamais eu et qui n'auront jamais la seule chose qui rende la vie infiniment bonne.

. . . .

Quelques curiosités encore, des rares de Messine, au hasard :

A la fin du xie siècle, la Sicile fut conquise par des Normands, les fils de Tancrède de Hauteville, Robert et Roger de Hauteville. Et, pendant plus de cent ans, l'île fut heureuse sous différents princes de la même maison. Alors, de tous côtés, s'élevèrent des églises, se peuplèrent des monastères. Avec leurs coutumes, leurs idées, les Normands importèrent leur architecture, ce style roman fait de recueillement et de concentration, ces chapitaux cubiques, ces arcatures monotones, ces églises sévères, hiératiques, presque protestantes. Naturellement, à Messine comme ailleurs, nous retrouverons quelques vestiges de ce passé : à la Via Primo Settembre, les quatre ou cinq mètres de façade de la *Cattolica*; sur la place des Catalans, *Santa Annunziata*, la plus ancienne, dit-on, des chapelles de la ville — et à la Via Primo Settembre encore, mais désaffectée et servant de hangar, *Santa Maria Alemanna*. Mais ces églises restent toujours fermées, les concierges en demeurent introuvables, — on se méfie des étrangers, — et les façades en sont si délabrées et ont été tant de fois remises à neuf que ce ne sont plus que des souvenirs et que vraiment ce ne serait pas la peine d'insister...

Mentionnons pourtant l'*Oratoire de Saint-François*. Quelques peintures intéressantes, mais de second ordre ; une seule, d'un artiste anonyme, captive par la bizarrerie du sujet, car l'exécution en est décidément inférieure. En un paysage de missel, saint François, nu jusqu'à la ceinture, se roule sur des épines, tandis que dans le lointain une femme, perfidement dévêtue, étale « ses bras frais et sa gorge excitante ». Je ne saurais assez exprimer la sensation pénible que m'a donnée ce tableau et combien il m'a déplu de voir en si triste posture l'apôtre doux et bon qui disait avec une mansuétude quasi divine : « Celui qui se tue par excès d'austérité ne trouvera point de compassion dans l'éternité, Dieu veut la miséricorde, et non le sacrifice ! » — le poète délicieux du *Cantique des créatures*, celui qui fut l'ami des hirondelles, le compagnon des loups, et qui expira un soir d'automne italien, pleuré par des voix d'alouettes, — ainsi qu'il est écrit en Saint-Bonaventure. De plus, cette toile insiste sur un des points les plus désagréables du dogme catholique, et je m'étonne qu'on la tolère en un lieu d'édification. Ne pourrait-on trouver nulle image plus convenable pour décorer cet oratoire, pour perpétuer le souvenir enchanteur et béni que Saint-François d'Assise laissa à la cour à demi musulmane de l'empereur Frédéric?

De là, par des rues montantes, dépavées, difficiles, on arrive sur la hauteur, à cette *rue des Monastères* qui est toute bordée, en effet, d'églises et de couvents; mais ces églises n'étant ouvertes qu'à de rares moments, ces couvents appartenant à des communautés de femmes cloîtrées, je suis obligé de passer sans m'arrêter et, après un escalier très raide, j'arrive au sommet de la colline, à Saint-Grégoire : c'est toujours la même vue admirable sur le détroit. Désirant visiter l'église dont la façade rococo n'était point sans intérêt, je sonne ; à travers un judas épais, une voix jeune me répond qu'on informera la Supérieure, puis du haut d'une terrasse, à travers un treillis également épais, une voix cassée celle-là, me crie qu'on ira prévenir le concierge. Pour comble de malheur, il est descendu à Messine. Cependant, après de nouveaux pourparlers, et pour le moins une demi-heure d'attente, un vilain diable, bègue, aux trois quarts idiot, m'ouvre. Mais l'église est si peu claire qu'il devient impossible de distinguer les toiles du Guerchin, de Barbalonga, d'ailleurs en mauvais état et placées toutes à contre-jour. Seule, une sainte Vierge en mosaïque, aperçue dans la pénombre bleuâtre, grave et raide sur son trône, me donne l'impression de la foi véritable. Les objets du culte sont recouverts d'affreuses housses de cretonne bleue et blanche; les mosaïques florentines du sol protégées de vilains tapis sales, celles des murailles en nuances crues restent pourtant visibles, elles sont plus curieuses qu'artistiques, et tandis que je me fatiguais les yeux à essayer de percer les ténèbres de la galerie de l'orgue, naturellement grillagée, descendaient des voix somnolentes ânonnant de mécaniques *Pater*. En somme, ici encore, ce n'était pas la peine!...

Enfin beaucoup plus loin, hors de la ville, au sud, et toujours sur la hauteur, j'ai visité le *Campo Santo*, la seule construction monumentale de la Messine d'aujourd'hui. C'est une jolie chapelle gothique, et c'est une immense nécropole à l'extérieur de temple grec, avec des galeries où les cercueils sont alignés en rang d'oignons, sur des rayons de pierre, à peu près comme des livres dans une bibliothèque. Quant aux tombes, elles sont dans le mauvais goût italien contemporain. Comme au cimetière de Gênes, on voit, taillés dans le marbre, des messieurs très bien en redingotes, des dames minaudières en tuniques, en robes à volants, un mouchoir à la main, un bichon en laisse; de toutes manières, c'est affligeant. Le mieux est de regarder les

fleurs, les belles fleurs du cimetière, en pensant que
s'ils n'ont point fait œuvre d'art ils ont fait œuvre
d'amour envers leurs pauvres bien-aimés — ceux qui
voulurent perpétuer ainsi, par la pierre et par le marbre,
la mémoire de leurs parents !... Il faut les excuser, ils
ont tâché de se souvenir quand tant d'autres oublient !...

. . . .

Pour mes adieux à Messine, je suis monté au *mont
des Capucins*, une colline à dix minutes au nord, et j'ai
revu, une fois de plus, la mer bleue, les côtes vertes et
sinueuses et fuyantes dans l'azur. Ce paysage est admirable, mais les aspects n'en changent guère aux différentes heures de la journée, il manque d'émotion, et
puis comme partout il y avait trop de gamins qui
criaient, trop de soldats qui faisaient l'exercice. Aper-
cevant dans l'ombre, une chapelle, des constructions
basses, silencieuses, ainsi qu'un couvent, j'ai voulu
m'approcher; une sentinelle m'a crié *défense de passer!*
Il paraît que c'est la prison des femmes, le Saint-Lazare
de Messine où vont les malheureuses, — et le diable
sait si elles sont nombreuses en Sicile, — qui ne surent
point pardonner ou qui furent perdues, pour avoir
commis le péché afin de ne pas mourir de faim... Mais
la chapelle? — Défense de passer !... et lentement je
m'en suis retourné au port.

L'après-midi finissait, la chaleur devenait suffocante,
je remarquais moins de mouvement qu'aux heures de la
matinée, des manœuvriers ronflaient au soleil, couchés
sur des tas de bois, pieds nus, tout en loques, attendant
en rêvant qu'on vînt les embaucher. J'ai continué du
côté de la douane, du cimetière protestant, le long de
cette bizarre presqu'île du port en forme de faucille. A
l'extrémité, un phare d'où la vue doit être merveilleuse
m'attirait singulièrement, mais voilà, ce phare est com-

pris dans la forteresse, et le gardien, un vieux grognard, me demande d'abord ma nationalité, puis, sous prétexte que je ne suis pas d'un pays de la Triple-Alliance, il refuse catégoriquement de me laisser entrer. Décidément on n'est pas aimable à Messine : au dernier jour comme au premier, c'est du mécontentement.

Messine est une ville étrange et surannée !

... A la marine, il y avait de grands *steamers* en partance, le lendemain, au petit jour, directement, pour Montréal. — Oh ! pouvoir s'en aller aussi, demain, au petit jour, directement pour n'importe où, pourvu que ce fût pour bien loin, pour ailleurs !... Et lorsqu'on aura oublié tout ce qu'il faut oublier, lorsqu'on sera redevenu l'enfant candide *au cœur de cire*[1], alors, oh ! alors, ne plus perdre la voie, la bonne voie, celle qui doit mener sûrement aux cités de la paix !...

II

Catane, avril.

Avant d'arriver à Catane, quelques vues du littoral au hasard de mes excursions : les ruines d'Aci-castello ; l'Etna vu des hauteurs de Nicolosi ; les jardins fleuris d'Aci-réale ; nous sommes en voiture, mes yeux regardent, mon crayon note : — D'abord, des paysages étranges, des paysages jamais vus ; un terrain volcanique, noirâtre, semé de scories tordues, veiné d'écar-

[1] Lamartine.

late extravagant, avec, par places, un peu de terre, de la poussière des vents fertilisée par les pluies et maintenue par les fortes racines des figuiers de Barbarie dont se dressent partout les disques de chair verdâtre, hérissés d'épines brunes. L'humus se forme lentement, cinquante années à cinquante années, et selon que la route traverse les coulées de lave de 1886 ou celles de 1755, ce sont des décors d'enfer, de cendres noires et de pierres rougies, agglutinées bizarrement en rocailles de cauchemar, sans une plante, sans un brin d'herbe ; — ou bien, au contraire, des végétations arborescentes où les verdures prennent des teintes métalliques, des teintes rares d'émeraude. Alors se distinguent les feuilles blanchâtres des oliviers, les feuilles verdissantes des mûriers, les fruits jaunes des citronniers, les pommes rouges des orangers. — Tous les amandiers sont en fleur, il neige par les chemins des pétales d'un rose pâle. Or, ces noirs, ces rouges, ces verts lumière, ces roses, ces jaunes, ces ors, bariolant des collines ou des combes sauvages créées au hasard des éruptions, rendent ces paysages irréels, pareils à ceux dans lesquels s'encadrent nos rêves.

Cependant la route suit la côte, à quelque distance de la mer, une côte déchiquetée de baies, hérissée de promontoires, avec des plages unies, des falaises sauvages et partout, des récifs, des blocs de lave tachant de noir l'intense bleu de l'eau. A chaque tournant, ce sont de nouveaux points de vue sur de nouveaux chaos de pierre, tandis que de l'autre côté, impassiblement, la mer Ionienne continue à dérouler sous le soleil son tapis merveilleux de reflets et de nuances...

Voilà Aci-castello, des ruines moyen-âge, comme on en voit au bord du Rhin, des ruines juchées sur d'incertaines montagnes de lave, et que les perturbations du sol ont disjointes, que les guerres ont démantelées. Des murs en éboulement, des terrasses où l'on ose à peine s'aventurer. Longtemps ce fut un château fort et un château pour dire imprenable. Au xiiie siècle, Roger Loria s'y défendit avec succès contre les flottes d'Artale Aragona et de l'énigmatique Frédéric II. Puis ce fut une prison, une prison sans espoir où nul de ceux qui entraient ne pouvaient espérer de ressortir vivant. Le gardien montre encore des sortes de puits à ras du sol qu'il prétend avoir servi de cachots ou plutôt de tombeaux aux condamnés. On y descendait les patients avec des cordes, et buvant la pluie, lorsqu'il pleuvait, hurlant de faim, ils attendaient la mort, ensevelis vivants, huit pieds sous terre. Actuellement des ruines, rien que des ruines dont les indigènes se servent comme de hangars pour leurs nasses.

Des meurtrières, des terrasses on voit toujours, devant soi, la mer écaillée d'argent, si belle, si douce, avec la grande ligne unie de l'horizon. J'aime tant cette ligne de l'horizon, je la trouve apaisante, bonne à contempler. N'est-elle point parfaite comme toutes les choses infinies? — Ah! la mer, la mer Ionienne surtout, car l'océan est plus désespérant, il y a de la douleur dans ses litanies, — la mer Ionienne, c'est la tranquillité, la paix, ce qui convient aux âmes découragées. Tandis que j'écris ces lignes, un matin de dimanche, à l'*Hôtel oriental*, je regarde à n'en plus finir, par la porte-fenêtre largement ouverte, l'eau bleue, resplendissante de lumière. Cette vue est consolante : tout à fait là-bas, à l'horizon même, s'en vient un petit bateau.

Il était un petit bateau!...

dit une pauvre chanson de nourrice. Vous savez la

suite? *Il n'avait ja, jamais navigué ce malheureux petit bateau.* Aussi, « au bout de cinq ou six semaines, « les vivres vinrent à manquer », et, pour ne pas mourir de faim, on décida de tirer au sort. « Le sort tomba « sur le plus jeune », naturellement. C'est comme dans la vie, ce qu'il faut sacrifier, c'est toujours le plus jeune, le plus frais, le plus aimé de nos rêves, afin que « le « petit bateau » puisse continuer sa marche hasardeuse, Dieu sait vers quels ports!...

. . . .

Allons encore à Nicolosi, afin que, du haut des monts Rossi, nous puissions apercevoir les paysages de l'Etna :

D'abord, à travers un pays pareil à celui que je viens de décrire, des terrains noirâtres, des routes en lacets, des murs bas et des citronniers, des oliviers à foison. Nous traversons Gravina, Masculuccia, Torre di Grifo, d'autres villages dont les noms m'échappent. Les maisons deviennent de plus en plus misérables, les végétations de plus en plus rabougries. Sur les torrents de lave de 1537, il n'y a plus que des herbages maigres, des genêts étiolés. Nous faisons notre première halte à Nicolosi, une bourgade quelconque avec une auberge quelconque. L'hôtelier qui est allemand, comme les neuf dixièmes des hôteliers de Sicile, me fait l'honneur de me demander si je le suis aussi. Une dame japonaise me disait plus tard :

— Oh! je comprends très bien le plaisir que cela a dû vous causer : c'est tout à fait comme lorsqu'on nous demande si nous sommes Chinois!

La comparaison de ma petite amie japonaise a du vrai. En voyage, comme en politique, comme en beaucoup de choses, les Allemands ne sont-ils pas des Chinois?

De Nicolosi, lorsqu'on ne projette pas l'ascension de l'Etna, d'ailleurs impossible, en avril, à cause des neiges, on s'en va tout simplement à dos de mulet aux monts Rossi. C'est un double cône, au cratère fleuri de genêts d'or, formé par les cendres que lança l'évent supérieur de la crevasse pendant la grande éruption du xviie siècle. D'après Borelli, en mars 1669, une fissure de dix milles de longueur s'ouvrit à la place où s'élèvent aujourd'hui les monts Rossi. Pendant près de trois semaines, ce gouffre lança des tourbillons de fumée, des pierres liquéfiées, des cataractes de lave, des pluies de sable, — et cela tandis que le cratère supérieur fumait à peine. Les paysans appelèrent Mont-de-la-Ruine cet amas de matières calcinées et, plus tard, *monti Rossi*, à cause des taches rouges qu'y remarquèrent les géologues. La montée est de une à deux heures, plutôt pénible dans la lave qui glisse sous les pieds.

Le guide était du *Club alpin*, ennuyeux comme la pluie, plus banal que ceux de l'Oberland bernois. Il marchait le premier, sans trêve, avare de paroles, indifférent à tout, sauf aux pourboires. Le mulet enfonçait jusqu'à mi-jambe; elle haletait la pauvre bête, et le gamin, qui était censé la conduire, — un gamin très bête et très laid qui n'entendait point l'italien et n'avait pas les yeux noirs, ce qui est inadmissible en Sicile, — se pendait encore à sa queue. Enfin, nous arrivâmes, et malgré sa méchante humeur le paysage me parut un des plus extraordinaires qu'il m'ait été donné de contempler. Un passager qui parcourt l'Europe depuis trente ans me disait n'avoir vu de spectacle comparable que dans la vallée de l'Elbe et certaines parties de la Crimée. Encore s'agit-il là-bas de cratères éteints, morts depuis des siècles, tandis que l'Etna fume encore; il est le volcan dont les éruptions créent des îles et ruinent un continent.

Imaginez, à perte de vue, un pays tout bosselé de collines, tout bourgeonnant de monticules. Il n'y a pas moins de sept cents cônes parasites; les plus anciens oblitérés par les intempéries, ensevelis par des torrents de lave; d'autres éventrés, au hasard, couverts de végétations tropicales avec des fleurs, des villas nichées en des cratères finis; d'autres encore élevés de plusieurs centaines de mètres, tout en sable noir, inaccessibles. tragiques. Au-dessus de ce chaos de montagnes ouvertes et germantes depuis vingt siècles que dure la période moderne et les dominant de sa splendeur funèbre, l'Etna, « le clou de la terre, le pilier du ciel », comme disaient les Anciens, — l'Etna avec ses neiges blanches au soleil, avec ses fumées légères sur le bleu pur des horizons. En bas, d'immenses étendues de sable noir, quadrillées de ceps de vigne, rayées par les torrents de lave vomis lors des terrifiants cataclysmes de 1169, de 1329, de 1669, de 1879 ou des quatre-vingt moindres perturbations que mentionne l'histoire. Alors tout le pays était menacé; par dizaines les villages étaient incendiés et la lave incandescente descendait même jusqu'à Catane, comblant entièrement l'ancien port. En 1886, les craquements, les pluies de feu et de sable devinrent telles que Nicolosi crut son dernier jour arrivé. Le 24 mai, l'évêque de Catane déployait aux *Altarelli* le voile de sainte Agathe; le 31, le préfet faisait évacuer de force le village, et l'on s'enfuyait emportant ses volets, emportant ses fenêtres, criant par les chemins, ainsi me le contait mon guide :

— Ah! sainte Agathe, ah! saint Antoine, protégez ma maison, protégez ma vigne!

Le 3 juin, à trois cents mètres des premières masures, le torrent s'arrêtait enfin.

Cette vue de désastre contemplée du haut des monts Rossi doit rappeler, j'imagine, les paysages perdus de la terre primitive, alors que le globe se formait lentement, dans le mystère des âges, cataclysme à cataclysme, et que les rudimentaires *Eozoons* erraient parmi les roches brûlantes des périodes premières. Ce devaient être, alors, aussi, de ces horizons de montagnes éventrées, de volcans innombrables, de champs de rochers noirs. Et l'on entend, sonnant le glas de toutes les beautés de cette terre telles que les perçoivent nos yeux d'un instant, les phrases les plus désespérées des prophètes hébraïques : « Paroles de Jahvé ! Hasor « deviendra un repaire de chacals, une solitude éter- « nelle; il n'y demeurera plus personne et aucun mortel « n'y séjournera plus[1] ! » Comparé à l'Etna, le Vésuve dont j'ai fait l'ascension de Pompéi, et bien à la sueur de mon front, je vous le certifie, pour éviter la banalité intolérable d'un funiculaire, n'est qu'un volcan de décor, un cratère machiné pour Anglais, avec route carossable, chemin de fer, halte pour le beefsteak, stations pour la belle vue, guides, gardes, bref, un coin d'Italie à l'instar de la fameuse Suisse truquée de Bompard, dans *Tartarin sur les Alpes*. Tandis que solitaire dans une île, indépendant de la chaine italienne de l'Aspromonte, ayant une faune, une flore, une histoire géologique spéciales, l'Etna, avec ses trois cent soixante-neuf mètres de hauteur et l'énorme gibbosité de ses cratères, est bien, comme l'écrivaient les Arabes, le Djebel, c'est-à-dire, par excellence, la Montagne, le Volcan.

. . . .

Aci-réale, quelques kilomètres plus loin, au bord de

---

[1] *Jérémie*, XLIX, traduction Ernest Renan.

la mer d'azur. Une petite ville d'opéra-comique, la patrie de la Galateïa des vieux mythes, de cette « blanche « Galateïa dont la peau était plus luisante et plus ferme « que le raisin vert » et que Théocrite appelle encore « toute blanche, toute de lait, beauté des amours » ! On prétend que les femmes d'Aci-réale sont les plus belles de la Sicile. J'ai passé si vite que je n'ai eu l'heur de m'en apercevoir. Mais, par compensation, j'ai vu ce qu'il y a de plus troublant après la beauté des créatures humaines, j'ai vu des fleurs, des fleurs merveilleuses, par corbeilles, à la brassée, de vrais champs de fleurs : des roses, des camélias, des chrysanthèmes, des pensées, des néfliers, des amandiers, des arbres de Judée, un décor de féerie, un jardin d'enchantement !... C'était à la *Villa Belvédère*, très haut sur la falaise, dans une lumière douce d'avant la pluie, sous un de ces ciels couverts *qui sont d'une langueur étrange !...*

Pour le retour, nous prenons par le sommet de la côte une route en circuit, solitaire, bordée de murs de pierres sèches, bâtis de fragments de lave et de scories multicolores. Nous traversons d'immenses pâturages littéralement blancs de marguerites où paissent des vaches, des mulets et des chevaux. Braves bêtes aux naseaux rosés, elles mangeaient paisiblement, au milieu d'herbages fleuris qui leur montaient jusqu'au poitrail ; mais au bruit de notre voiture, interrompant une minute leur repas sans fin, elles fixaient sur nous leurs grands yeux candides d'animaux dont l'intelligence rudimentaire ne parvient pas à comprendre.

En arrivant au-dessus des îles des Cyclopes, la pluie légère qui s'était mise à tomber cesse tout à fait. Un coup de vent disloque les nuages. Alors, glissant à travers un ciel de brumes, la lumière radieuse tombe en longues coulées d'or sur Catane et la côte environnante. Nous descendons à fond de train avec, devant les yeux, d'abord, les remparts désolés de la lave sombre de 1865, puis voici soudain que, sur un horizon barbouillé de sang et de feu, apparaissent magiquement les maisons blanches, les coupoles dorées, les môles sombres de la ville prédestinée, — et la brise passait sentant les fleurs mouillées et les algues marines. Ce paysage de lumière et de parfum tenait du rêve. J'entendais chanter en mon âme la phrase divine de la *Walkyrie : ré, ré dièze, mi, si, ré bécarre.* Ah! les mots ne disent pas assez, il leur manque le rayonnement, l'infini ; il faut le son, la musique qui, « comme Dieu, ne voit que les cœurs », — selon l'expression biblique du tragique Schopenhauer, — pour rendre une émotion semblable à celle de cette ville apparue sous un ciel d'or, dans l'incendie d'un soir, devant une mer d'argent, splendide et miraculeuse — telle qu'Ariel dut la contempler en songe.

III

Catane, avril.

J'avais, sans cause, depuis longtemps, d'intimes préférences pour le nom de Catane, j'aimais sa consonnance traînante et comme un peu voluptueuse. Aussi, n'ai-je point été surpris de trouver une ville charmante, je m'y attendais, mon attente n'a pas été déçue, ce qui est bien rare en ce monde. Catane est aussi jolie que son nom. D'abord, elle a un port — en construction, il est vrai, mais vaste, commode d'accès, avec des bassins, des môles, des quais, des phares, absolument comme à

Marseille. Il y fait peut-être un peu plus chaud. Sous le plein soleil, ces énormes maçonneries de pierre blanche, sans une palme d'ombre, prennent des apparences de four crématoire. Et puis, je le reconnais, le mouvement des navires y est sans doute moins considérable qu'à Messine? Les *steamers* n'ont point l'habitude de choisir ces lieux pour y faire escale. Pourtant, d'après les statistiques, cette rade serait le troisième port marchand de la Sicile, et dans quelques années, lorsque les travaux seront terminés vraiment, ce sera tout à fait un Havre.

D'ailleurs, qu'importe, puisqu'à l'instar de Paris et de toutes les villes de plaisir qui se respectent, Catane a un bois de Boulogne : la *Villa Bellini*. Difficilement on imaginera le charme de ce jardin fleuri : deux collines décorées de légers kiosques à musique, sillonnées d'étroits sentiers en mosaïques de cailloux blancs et noirs, deux collines où les fleurs dans les plates-bandes reproduisent la croix de la Maison de Savoie ou l'éléphant portant l'obélisque des armes nationales, — séparent une longue plaine, bordée d'avenues pour les piétons, les cavaliers et les voitures. A cinq heures, il y a foule : l'orchestre militaire joue et au pas retenu, défilent des landaus, des dog-cars, des charrettes anglaises, de grands breaks attelés en flèche, en arbalète, — et aussi, sur des chevaux pur sang, de flambants sportsmans, des officiers en costume d'opéras. — et des centaines de promeneuses, de promeneurs, d'une élégance qui n'est pas la nôtre, mais qui n'en est point ridicule pour cela ; d'ailleurs, le serait-elle que le sourire s'arrêterait sur nos lèvres tant les gens d'ici méritent qu'on leur pardonne beaucoup de choses pour l'insinuante douceur de leurs profonds yeux noirs, car, je ne sais comment cela se fait, les yeux que je vois sont tous noirs, tous inoubliables.

Enfin Catane a encore un *Corso Etna* qui rappelle la *Via Tolède* de Naples, *la Promenade Anglaise* de Nice; c'est la même animation, les mêmes étalages luxueux, — au soir, le même défilé ininterrompu de voitures, de passants, et la nuit, sous l'éclairage, parmi les flâneurs, devant les cafés, les mêmes errances fatiguées des vendeuses d'amour et des proxénètes. Seulement, on est plus loin, beaucoup plus loin de Paris; en dehors des hôtels presque personne n'entend le français, et dans cette cité de plus de cent mille habitants, impossible de trouver même le *Figaro*: « Que « voulez-vous, me répond la bonne femme du kiosque de « la *Piazza del Duomo*, on ne le vendait pas! » C'est le défaut, le premier de Catane, les villes comme les personnes ne sont jamais parfaites!

Pourtant il faut l'ajouter et le reconnaître, Catane est d'aspects moins pittoresques que Messine, c'est plus la ville telle que nous la concevons; les temps modernes lui donnèrent sans doute trop de bien-être; il lui manque la poésie douloureuse des *ghettos* de misère. Sous ce rapport, la *Via del Plebiscito* est le seul décor vraiment curieux que j'aie su découvrir. On y voit de branlantes habitations juchées sur d'épaisses masses de lave, et ces blocs eux-mêmes perforés, percés de fenêtres, servant de réduits, d'escaliers, voire même de logis. Le tout est noir de saleté. Dans la rue, flotte une sorte d'odeur pauvre qui attristerait si, au fond de la perspective, ne se dessinait le cône blanc de neige, surmonté d'un léger panache de fumée noire de l'Etna.

Sous le rapport des antiquités, Catane est moins intéressante encore. Le vicomte de Marcellus, qui remplace volontiers l'émotion directe par des renseignements didactiques, va même jusqu'à dire: « Je « préfère, à Catane, tout ce qui est à tout ce qui fut. »

Seul le prince de Biscari s'obstine à nous décrire les soi-disantes merveilles de la Catane antique; il ne nous fait grâce ni d'un pan de mur, ni d'un socle de marbre. Mais il convient de se rappeler qu'il était du pays et que lui et sa famille ont dépensé des fortunes pour les fouilles de Catane. En réalité, nous trouverons des ruines comme partout; après Rome et Pompéi, ce n'est vraiment plus la peine. Et cela ne surprendra point, si l'on pense que depuis l'époque reculée où Catane fut fondée, quelques siècles avant Jésus-Christ, par des colons d'origine ionico-chalcidique, elle fut tant et tant de fois pillée par des proconsuls, assiégée par des barbares, mise à feu et à sac par des armées venues des quatre points cardinaux, sans parler des incessantes commotions du sol, et des torrents de lave vomis par l'Etna qui rétrécirent sa rade et lui firent craindre le sort d'Herculanum. Les hasards de la nature et de l'histoire ont fini par effacer les souvenirs des hommes. Aussi le *théâtre antique*, l'Odéon, insuffisamment déblayés, les bains romains enfouis sous la cathédrale, ceux situés sous l'église des Carmes, *all' Indirizzo*, un peu mieux conservés pourtant, sont-ils, somme toute, de bien maigre intérêt. Pour les archéologues peut-être, mais pour les chercheurs d'impressions rien. En outre, j'avais comme guide, ce jour-là, un Quasimodo dont les yeux sanglants et chassieux m'angoissaient. Hélas! j'avais compris avant qu'il m'eût raconté, car il n'eut pas la charité de me l'épargner, l'horrible histoire de ses maladies confidentielles. Et vous comprendrez sans peine que je fus ensuite tout heureux et tout aise de me retrouver, seul, au soleil, sur cette place Mazzini, à laquelle de légères galeries et des colonnettes antiques donnent des airs charmants d'Arabie lointaine.

En somme l'unique curiosité qu'il convienne de ne pas oublier, c'est l'église et le couvent de Saint-Nicolas. La chapelle restée intacte, avec une large façade de style rococo, inachevée, renferme une intéressante sélection de tableaux de Novelli, d'Antonelo da Saliba et de la plupart des peintres de cette école sicilienne dont les destinées sont si mal connues. Quant au couvent, ce n'est plus qu'une ruine; pourtant, c'est cette ruine qu'il faut surtout visiter. Paul de Musset, qui l'a vue en 1843, assure que c'était un enchantement. Mais depuis la sécularisation de 1866, les barbares sont passés par là. Les cours intérieures jadis bordées de galeries mauresques, jadis plantées d'arbres frais, sont maintenant désertes et abandonnées. Avec son peu de respect pour les choses du passé, le gouvernement italien a remplacé les moines par des bandes de collégiens. On n'entretient pas, on ne répare plus; aussi les voûtes se lézardent-elles, les fines dentelures des ogives tombent-elles en poussière; sur les murs autrefois peints à fresque, on voit aujourd'hui des taches d'encre, des dessins, des paroles obscènes, et les gamins crient, se battent, se mordent parmi le délabrement des cloîtres. Dans un autre corps de bâtiment, c'est la caserne. Et entre les enfants irrespectueux et les soldats brutaux, il faut espérer qu'il ne restera bientôt plus rien de cette ancienne huitième merveille du monde, car la voir ainsi déchue, démantelée, est par trop attristant. Ah! si saint Benoît apprenait le lamentable état où l'ont mise les hommes d'aujourd'hui, je crois bien qu'il pleurerait, lui qui malgré les dures besognes, les mortifiantes privations, le constant effort de sa noble vie, avait su conserver jusqu'à la fin une âme tendre, une âme bonne. En dépit des années, son cœur était resté si jeune que de douleur il ne put survivre que quarante jours au trépas d'une sœur jumelle qu'il aimait d'un peu plus que d'amitié... Ah! les morts, les pauvres morts, si dans l'au-delà les tourmente encore le souci des choses de ce monde? et surtout s'il leur est accordé de savoir ce qui continue à se passer sur cette terre qu'ils ont pour jamais quittée?... Voilà bien le vrai mystère terrible de la mort, la crainte qu'elle n'apporte l'oubli, l'oubli perpétuel et absolu aux cœurs qui en ont assez de savoir et de palpiter!...

. . . .

À errer ainsi, de droite, de gauche, j'entre en rapport avec des Catanais, et tout de suite je m'étonne de leurs prévenances, de leurs sympathies. Si l'on vivait longtemps ici, on finirait par devenir très bon. J'entre à la *Villa Pacini*, un jardin public pourtant, et le gardien m'offre des fleurs de bienvenue; au Théâtre antique le *custode* refuse d'accepter aucun pourboire. Je demande un renseignement; deux municipaux sont d'une complaisance rare, m'accompagnant, me demandant si je me plais à Catane, d'où je viens, où je vais, dans un italien charmant aux gracieux roulements d'r. C'est l'ancienne hospitalité grecque, et leurs yeux aussi sont les vrais yeux grecs, on ne s'y trompe pas. M. Reclus a raison de prétendre « que les « habitants de Catane sont d'origine hellénique plus « pure que les Grecs eux-mêmes, puisqu'ils ne sont « point mélangés de Slaves ».

Enfin j'aimerai toujours Catane pour les innombrables camélias que j'y ai vus. Car ici, ce n'est point une parure de luxe, conservée à grand'peine sur des lits de ouate, mais une chose commune, presque banale, que l'on achète aux coins des rues, pour quelques sous. Or le camélia, c'est la fleur idéale, parce que c'est aussi de toutes les fleurs celle qui, quoique vivante, a le mieux l'air de paraître artificielle. Symétriques et glacées, sans parfum et sans vie, soutenues par des tiges de fer, roses de cire ou roses de soie, de la couleur des couronnes mortuaires, — car si elles sont rouges ou liliacées de rouge, elles ne sont plus vraiment, de vrais camélias, — ces fleurs virginales n'en restent pas moins les plus délicates, les plus sensibles, les plus passionnées de toutes les fleur terrestres. Il suffit d'un froissement, d'une goutte d'eau pour rouiller la blancheur de ces pétales qu'on dirait pourtant d'ivoire ou de kaolin. Par cruauté, car l'homme, foncièrement, est un animal cruel, je m'amusais, parfois, à percer d'une piqûre d'épingle une de ces feuilles immaculées. Au soir, il n'y paraissait guère. L'œil distinguait à peine un point noir. Mais, au matin, la blessure avait saigné, et c'était comme une balafre, comme une plaie pourrissante que le camélia définitivement malade étalait à la lumière avec une résignation mélancolique...

Avez-vous remarqué comme elles durent peu, ces fleurs qui semblent, au contraire, si bien faites pour durer? Au moindre attouchement trop brusque de nos doigts indiscrets, elles se désagrègent, tombant en neige de pétales, en larmes de blancheur. Ah! quel poète chantera jamais le camélia, comme il conviendrait qu'il le soit?... Quel psychologue de la décadence établira les subtiles ressemblances qui existent entre ces fleurs d'une insensibilité fictive et certaines femmes entre deux âges, aux yeux de passion et au visage de douleur, que tous ceux qui ont beaucoup voyagé se souviennent d'avoir rencontrées. Pauvres inconnues, ni la simplicité voulue de leurs toilettes qui sont presque des toilettes de veuve, ni l'usure, ni la fatigue de leur traits, que trop d'expériences ont à jamais fanés, ne nous renseigneront avec vraisemblance sur les détails de leur état social. Et après nous être émotionné le cœur à les observer, nous ne pourrons conclure, avec certitude, qu'une chose, c'est *qu'elles ont dû être très belles*. Mais le reste, tout le reste demeure dans le mystère de l'incertain. Des drames, sans doute, traversèrent leur vie ; elles connurent des amours tumultueuses ; leurs yeux pleurèrent toutes les larmes des abandons !... Maintenant, les tempêtes sont passées !... Elles en sont arrivées à devenir indifférentes même au désir de paraître... Et pourtant on devine, à la pâleur qui s'anime parfois encore de leurs joues, à leurs gestes dont l'épuisement a je ne sais quoi de fébrile, que cette insensibilité n'est qu'apparente et que ces héroïnes de romans inconnus sont en réalité, comme ces fleurs de rêve, nerveuses, délicates, passionnées jusqu'à la mort.

IV

*Pour M. Alfred Vallette, directeur
du « Mercure de France ».*

Catane, avril.

Parmi les livres que l'éditeur Gianotta de Catane prenait la peine de m'envoyer, il s'en trouvait un de critique littéraire signé Luigi Capuana[1]. Ce fut le premier ouvert, car un ouvrage de M. Capuana a grandes chances de n'être pas quelconque, et, par le temps qui court, ceux qui valent la peine d'être lus se

[1] *Libri e Teatro*, Luigi Capuana, 1 vol. Niccolo Gianotta editore, Catane, 1892.

sont rares, en Italie comme chez nous. Mais quel ne fut pas mon étonnement à voir qu'il y était question du Théâtre libre, du Théâtre d'art, et que ces sujets y étaient traités avec une compétence, une politesse qui sont des leçons de prince à l'adresse de plusieurs de nos critiques patentés. J'ai cru donc qu'il intéresserait mes lecteurs de savoir ce que pense un des bons critiques d'Italie des tentatives les plus audacieuses de nos écrivains des derniers bateaux. Et, si par la même occasion je signale aux amateurs de littérature italienne un auteur qui mériterait d'avoir sa place, dans nos sympathies, aux côtés des Gabriele d'Annunzio et des Antonio Fogazzaro, j'aurai dépassé mon but, puisque, — comme le dit le proverbe, — d'une pierre j'aurai fait deux coups.

Quelques mots d'abord sur le critique : M. Luigi Capuana est avec M. Giovanni Verga, dont il est, depuis de longues années, l'ami très intime, le représentant le plus en vue du naturalisme italien, — ou, selon la manière de dire de là-bas, du vérisme. Il a publié *Giacinta*, un roman brutal et palpitant que l'on a été jusqu'à comparer à *Madame Bovary* et qui eut bien quatre éditions. Ce qui, en Italie, indique un vrai succès, car en librairie, comme en philosophie, tout ici-bas est relatif. On lui doit encore un recueil de contes pour les enfants vraiment délicieux, dont une traduction française serait tout indiquée ; deux ou trois romans : Le *Parfum*, *Frisson*, dont aucun n'atteint à la maîtrise de *Giacinta*; quelques volumes de nouvelles parfois exquises, jamais banales, et quatre volumes de critique parmi lesquels celui que je vous mentionnais. M. Capuana est Catanais ; il aurait donc dans ses veines, — M. Réclus vient de nous le dire, — du sang grec plus pur que celui des Athéniens d'Athènes. Vous comprendrez alors pourquoi il est artiste au point qu'on l'appelle volontiers le Paul Bourget de l'Italie (n'est-ce pas tout dire?), et pourquoi aussi il ne se départ guère, en critique, de la plus aimable bienveillance. Il est des traditions de race comme il est des traditions de famille, elles sont inoubliables, et ceux de la patrie de Théocrite ne seront jamais des Barbares. Il est possible qu'ils en sachent sur beaucoup de choses moins long que nous, car, là-bas, la nature est trop belle, et pour eux le mot de Méphistophélès reste, certes, plus vrai que pour nous, mais n'importe, vous ne leur ferez jamais prendre des lanternes pour des étoiles. Si peu qu'ils sachent, c'est assez pour nous pénétrer. Ne sont-ils pas fils de la race la plus intelligemment artiste qui ait jamais existé?

Ecoutez plutôt M. Capuana : sa critique, genre Lemaître, n'a pas ombre d'érudition, et pourtant, quoiqu'elle parle d'étrangers qui lui sont presque des inconnus, elle est si juste jusque dans les nuances des idées, que c'est un charme : « Armand de Pontmartin, « dit-il, ne laisse rien qui puisse lui survivre. Avec lui, « ses *Causeries* sont mortes. De son vivant, cette espèce « de marquis de la Seiglière de la critique littéraire fai- « sait plaisir. Il parlait des faits de la journée et pour « cela il intéressait. » — « Alphonse Daudet », écrit-il dans un autre chapitre, « est le Sardou du roman. Presque « tous ses travaux sont, pourrait-on dire, le diagnostic « de quelque curiosité maladive du public parisien. Il ne « s'est trompé qu'une fois, avec l'*Evangéliste.* » Il faudrait traduire encore ses considérations sur Jules Sandeau, qu'il appelle bien joliment un écrivain *clair de lune*; sur Emile Augier, dont il admire les grandes œuvres en regrettant trop de *Gabrielle*, trop de *Paul Forestier*; sur M. Edouard Rod, auquel il reproche de faire, au détriment de l'art, la part trop belle à la psychophilosophie ; sur M. Henry Becque enfin. Il admire comme il convient *les Corbeaux* et *la Parisienne* et dit, avec raison, que la représentation de ces pièces seront plus tard « des dates mémorables dans l'histoire de « l'art dramatique moderne ». Mais j'ai hâte d'arriver aux pages sur les œuvres et les auteurs dont je vous parlais en commençant. Après avoir répété l'intérêt et l'influence qu'eut en Italie le naturalisme français, M. Capuana se demande si le spiritualisme, le symbolisme ou le décadentisme, — car il hésite entre ces différentes appellations, — semble promis à de si glorieuses destinées. Il en doute, mais, ajoute en Italien grécisant : « D'ailleurs, s'il y a des roses, elles fleuri-« ront. Et puis, ce n'est pas un mal de donner un coup « d'œil à ce que l'on va tentant autre part. L'expérience « instruit. » Alors, rapidement, d'après Charles Morice et d'autres esthéticiens qu'il ne nomme pas, M. Capuana cherche à résumer les théories du Théâtre d'art et du Théâtre libre. A propos de ce dernier, il a tort de nommer un arrangeur de spectacles dont on ne doit parler que dans les comptes rendus de tribunaux, mais il a raison de signaler la concordance entre les efforts des George Ancey, des Pierre Wolf, de Paris, et des Hauptmann, des Sudermann, de Berlin. Il y aurait, sur ce point, toute une étude à faire ; je la signale à qui de droit, — des pièces comme l'*Honneur* de Sudermann, méritant plus que notre curiosité. Comme exemple du Théâtre d'Art, il nomme *Chérubin*, de M. Morice, « qu'il n'a pas lu et dont il ne peut parler », *la Fille aux mains coupées*, de M. Pierre Quillard, « qui plaît par l'étrangeté de la conception et par « l'excellence de la forme », et *Madame la Mort*, de Mme Rachilde, dont, au cours d'une analyse aimable, il traduit la scène du second acte, entre Paul Dartigny,

Lucie et la Femme voilée. L'étude se termine par des considérations coupées de citations sur l'*Intruse* et les *Aveugles*, de M. Maurice Maeterlinck. Voici la conclusion : « A observer ces différents ouvrages, on remarque
« bien clairement une confusion entre la poésie lyrique
« et la poésie dramatique, comme si l'on tentait d'em-
« ployer dans un art les moyens d'un autre. Les sym-
« bolistes citent Eschyle, Shakspeare, Molière parmi
« leurs prédécesseurs. Mme Rachilde avait probable-
« ment en mémoire les fantômes de Banco et du roi
« de Danemark, lorsqu'elle imagina le personnage
« voilé de *Madame la Mort*. Sans doute, Maeterlinck
« a cru faire du Shakspeare en notant les sensations
« qui donnent la terreur de l'inconnu. Et les caractères ?
« et les passions ? et le choc qui produit les catas-
« trophes vraiment tragiques ? Eschyle, Shakspeare,
« Molière s'en occupaient avant tout. Le fantôme qui
« apparaît sur l'esplanade du château d'Elseneur n'est
« pas une hallucination objective, mais c'est pour ainsi
« dire un être de chair et d'os. Il veut que le crime
« dont il a été victime soit puni, il vient demander
« vengeance. Hamlet, ne sachant rien, ne peut, par
« conséquent, se créer l'hallucination du fantôme de
« son père... Quant à la terreur de l'inconnu, plus
« qu'une sensation, c'est un sentiment qui peut deve-
« nir, si l'on veut, un moment de l'action dramatique,
« mais qui ne saurait, comme semble le prétendre
« M. Maeterlinck, constituer toute l'action, tout le
« drame... Ah ! avant de s'aventurer à la recherche
« d'une nouvelle formule dramatique, ne serait-il pas
« plus sensé, plus opportun de rechercher si, en
« débarrassant l'ancienne formule de toutes les inutiles
« conventions dont elle est encombrée, il ne serait pas
« possible d'en extraire de nouveaux sucs vitaux pour

« l'art théâtral ? A ce point de vue, retourner en arrière,
« refaire au théâtre, une tentative pareille à celle des
« Préraphaélites en peinture, pourra seulement, et si
« l'on veut, divertir un instant et intéresser peut-être
« une soirée, parce que l'habileté de l'artiste est grande
« et que le goût du spectateur est fatigué. »

Ces remarques sont sévères, mais elles sont courtoises, on comprendra que je ne les discute pas. Je ne tenais, d'ailleurs, qu'à indiquer comment le Paul Bourget de l'Italie appréciait la fantaisie bizarre de Mme Rachilde, la poésie d'art de M. Pierre Quillard, l'étrangeté névrosée de M. Maurice Mæterlinck ou l'esthétique subtile de M. Charles Morice.

Il y avait aussi une politesse à faire ; elle est faite.

V

Catane, avril.

Il ne faut point oublier, avant de partir, de traverser au moins le marché aux poissons. Il est situé sous un passage voûté, assombri, très frais, tout proche de la marine, à deux pas d'une maison fleurie jusqu'au toit de grandes clématites violettes, que je me suis plu à tenir pour la demeure de la fée Morgane. Les étalages ne valent pas cher ; ils n'offrent guère que de petites sardines argentées, empestantes, qui se vendent à la livre, quelques sous à peine. Pourtant les marchands se donnent un mal du diable, s'apostrophant les uns les autres, accostant ceux qui passent, leur mettant la marchandise sous le nez, avec des boniments aussi exagérés qu'une ode de Victor-Hugo, le tout accompagné de pantomimes, de contorsions, de roulements d'yeux et de gestes épileptiques à rappeler les Hanlon-Lee. C'est impayable, positivement impayable !...

J'ai fini; perspectives de la ville moderne, ruines grecques, monuments du xvᵉ siècle, rivages homériques, horizons de volcans, impressions ultra-modernes de critique catanais, il n'y a plus rien à observer; il faut partir de Catane, de la « délicieuse Catane », écrit le géologue Spallanzani, comme il a fallu partir de Messine, comme il faut toujours partir une fois, de n'importe où. Aujourd'hui, c'est avec un regret presque douloureux. Il ferait si bon vivre dans ces paysages !

Oh ! mon cœur fatigué, c'est ici la patrie !

Mais non... N'avons-nous pas deux patries ? D'abord la vraie, la sainte, disent les Russes, celle dont nous partageons jusqu'au sacrifice de la vie, les passions et les haines. Celle-là, jamais on ne l'oublie ; elle est vers le Nord, et je sais les trois couleurs glorieuses de son drapeau. Quant à l'autre, la patrie du cœur, la patrie oubliable, changeante et pourtant merveilleuse, où l'on a cru trouver le bonheur, celle-là n'est-elle pas partout ? Ne suffit-il pas d'un sourire pour que ce soit le printemps ? et d'une nuance de cheveux, d'une clarté de regard pour que ce soit — oh ! pas pour bien longtemps, hélas ! — le Pays, la Ville, le Rêve ?

VI

Pour mon Maître M. Paul Bourget.

Syracuse, avril.

Il est peu de choses aussi suggestives qu'une promenade de quelques heures dans les rues étroites de la

Syracuse moderne en compagnie d'un guide instruit, de M. Salvator Politi, par exemple, dont la bonhomie clairvoyante ne manque pas d'agrément.

De ces impasses mal pavées, tortueuses, toujours dans l'ombre, à peine larges comme un trottoir de boulevard, et encombrées de perrons, de logettes, d'étalages en plein vent, se dégagent peu à peu vingt-cinq siècles d'histoire. Bientôt toute la fantasmagorie du passé s'évoque à l'imagination : tour à tour, c'est la colonie grecque, la province romaine, l'émirat sarrasin, la cité normande, le port sans cesse pris et repris durant le moyen âge, ou enfin, la petite ville italienne déchue, morte, oubliée! Or, trouver ainsi, dans un îlot d'à peu près deux mille mètres carrés — l'îlot d'Ortygie — le résumé de vingt-cinq siècles d'histoire de l'art, l'impression n'est point banale ; il se pourrait même qu'elle fût unique.

D'abord, Syracuse fut une colonie grecque, une sorte de Paris corinthien florissant et envié, — « la plus belle de toutes les villes », dira Cicéron. On se rappelle dans Thucydide les homériques récits des guerres du Péloponèse. La capitale ne tarda point à devenir une des cités les plus élégantes et les plus intellectuelles de la civilisation d'alors. Au point que Platon ne dédaigna pas d'y venir donner des conférences, absolument comme de nos jours, M. Brunetière s'en fut à New-York. Et l'on peut encore, rares souvenirs de cette époque reculée, retrouver au carrefour de San Paolo deux ou trois colonnes aux cannelures doriques superbes dans leur délabrement, et qui indiqueraient un périptère hexastyle gigantesque que l'on croit avoir été consacré à Artémise ou à Phœbos. Elles sont actuellement au-dessous du niveau de la terre, estropiées, les inscriptions indéchiffrables, dans un état lamentable qui rappelle le lointain des âges, le recul tragique de l'histoire.

Puis Syracuse fut une province romaine, après Pyrrhus, après Marcellus et le siège horrible où l'on égorgea dans les émouvantes circonstances que vous savez Archimède, le de Lesseps d'alors, un de Lesseps dont aucun Panama ne ternira la mémoire. Ecrémée pour les palais de Rome, pillée par des Verrès, ruinée par les guerres civiles, les insurrections, les troubles de toutes natures et de longues durées, elle devint un capharnaüm sans nom, un abîme et un gouffre de vices et de pauvretés. Aussi les vestiges de cette domination romaine sont-ils excessivement rares; quelques murs qui dureront autant que notre monde, et quelques sculptures du musée, d'ailleurs sans intérêt : un Esculape, des patriciens, des statues de famille probablement.

Cependant, en 878, la Syracuse chrétienne, où saint Paul s'était arrêté trois jours, tombait aux mains victorieuses d'Ibrahim-ibn-Ahmed, mais ce ne devait être ni pour sa prospérité, ni pour son bonheur. Les sanglantes luttes des Sunnites et des Chiites, auxquelles les Zirites avaient mis fin en Afrique, s'y prolongèrent indéfiniment. Toutefois, de la ville mauresque s'aperçoivent encore quelques fenêtres taillées à ravir, aux stalactites délicates, quelques délicieuses façades, brochées d'arabesques, dans le goût de l'Alhambra, et sur *La Porte de la Mer*, comme sur les murs du musée de ces inscriptions arabes, dédorées, mais toujours nettes, qui sont, dans le caprice de leurs lettres, si joliment ornementales.

Ensuite, vers 1085, dans une sorte de guerre sainte, pour venger l'injure infligée par Bénévent aux pieuses filles de la Vierge de Rocca d'Asino, Syracuse fut prise par Roger, et ce fut, tout un siècle, la domination normande, la vie relativement heureuse, la reprise possible de la civilisation et du bien-être. Aussi retrouve-t-on un peu partout des façades basses avec de petites fenêtres en plein cintre, fortement écrasées ; de minuscules chapelles voûtées avec des colonnes courtes aux monotones chapiteaux cubiques.

Puis, pendant le moyen âge, le xviie, le xviiie siècle, se succédèrent des maîtres de tous les pays, des Hohenstaufen, des rois de Naples, des empereurs d'Allemagne, des Bourbons, et bien que Syracuse fût alors tombée au dernier rang, à l'agonie, comme la Venise d'aujourd'hui, on discerne encore bien des souvenirs : quelques fenêtres ogivales ; une porte de forteresse du plus pur gothique, où l'érable et le chêne tressent autour de la pierre des guirlandes gracieuses ; un portail d'église dans le style de la Renaissance italienne, où les souriantes figures de la Vierge, de saint Bruno et de saint Sébastien s'encadrent naïvement en d'admirables ornementations. Dans la cathédrale surtout, la galerie de l'orgue en bois doré, surchargée de moulures et de mille complications du style rococo le plus vieillot et le plus charmant du monde.

Mais depuis 1865, pour les péchés de ses ancêtres, Syracuse est redevenue chef-lieu de province et, contestablement, la petite ville italienne tient à s'affirmer. Aussi est-ce dans la toute moderne *Passegiata Aréthusa* un buste très poncif du très grave Archimède, et dans les ruelles, sur les quais, non pas jusqu'à une heure, mais toute la nuit, — je prie de le remarquer, — d'éblouissantes lampes Edison. Le temple de la chaste Arthémise, la fontaine de l'immaculée Aréthuse, éclairés à la lumière électrique, n'est-ce pas dans un autre ordre de faits, comme d'entendre des proses latines sur des airs de la *Traviata?* Décidément entre Messine et Syracuse, la Sicile est tout à fait fin de siècle.

Au point de vue de l'histoire de l'art, l'édifice le plus curieux est certainement la cathédrale, *la Sainte Marie des Piliers* d'aujourd'hui, qui fut naguère une mosquée, et jadis un temple consacré à Pallas Athéné, aussi beau, disaient les Anciens, que le Parthénon d'Athènes. Construit sur la hauteur, il apparaissait en mer, de très loin, au-dessus de l'Acropole, dessinant sur le ciel les lignes franches de sa façade où les colonnes jaunes étaient surmontées de triglyphes bleus et de métopes rouges — une frise étincelante d'or fin couronnait l'édifice avec ostentation. L'intérieur était un musée de statues d'airain, de lingots d'argent. Sur les murs de la Cella, des fresques admirables représentaient les combats de cavalerie d'Agathocle. La sainteté de ce lieu était telle que, pour obtenir de la bonne déesse des vents favorables, les marins le contemplaient, au sortir du port, tenant entre leurs mains, un vase plein de charbons ardents pris sur l'autel de Zeus. Puis des siècles passèrent, Syracuse devint sarrasine, et le temple de Pallas, la mosquée d'Allah dont Mohamet est le prophète[1]. Ensuite d'autres siècles passèrent encore, et en 646, saint Cosimus étant évêque de Syracuse, la mosquée fut définitivement vouée à la Madone (je dis définitivement, car il paraît qu'auparavant des chrétiens célébrèrent déjà leur culte, vers 194, dans le temple désaffecté). La transformation, cette fois, allait

---

[1] Il est utile d'ajouter, au moins en note, que l'appropriation du temple païen en mosquée est de tradition à Syracuse, mais que M. Amari, dans ses quatre volumes de l'*Histoire des Musulmans de Sicile*, non plus que M. Beulé, que le *Bædeker*, n'en font aucune mention, nulle part (*Histoire de l'art grec avant Périclès*, par Beulé, 1 vol.).

être complète : les murs de la Cella furent remplacés par des pilastres séparant la nef principale des chapelles latérales, tandis que les colonnes avec leurs fûts et leurs chapiteaux s'encastrèrent dans une maçonnerie épaisse qui devait former les murailles extérieures de l'église. Par places, l'architrave a même été conservée et les triglyphes firent créneaux sur elle. Cette méthode d'appropriation chrétienne est extrêmement rare. Ernest Renan disait n'en pas savoir d'autre exemple. Enfin, pour achever l'édifice, on construisit une façade élégante, dans le goût de la Renaissance italienne, décorée de colonnes corinthiennes, de palmes triomphantes, de statues auréolées, de mille travaux de fer forgé aussi inutiles que théâtralement décoratifs. — Et l'on prie maintenant la sainte Vierge au lieu de Pallas « aux yeux pers ». Cette cathédrale de Syracuse n'est-elle pas le symbole de la théorie tenue volontiers pour la vérité par quelques-uns des meilleurs esprits de ce temps ? — Toutes les religions sont passagères : ayant été créées, elles sont choses d'un temps ; la religion seule est impérissable et — « l'expression exquise du Psalmiste, « *chercher Dieu*, écrivait notre Platon parisien, la « résume dans ce qu'elle a d'intime et de vrai ». Alors, prier la bonne Madone ou la sage déesse, n'est-ce pas au fond, pour ceux qui sentent plus qu'ils ne pensent, c'est-à-dire pour toutes les âmes simples, bornées, naïves, commettre un acte à peu près identique ? N'est-ce pas surtout devant la pureté, devant la sagesse de la femme infiniment belle que s'agenouille le fidèle en quête d'un appui, d'une main compatissante, d'un cœur pitoyable, d'une âme, d'une âme divine surtout à aimer et à adorer ? — « Des couronnes à Marie ! » disait à Rome, à *Sainte-Marie de la Minerve*, le R. P. Montsabré. Des couronnes à Marie, des guirlandes à Pallas !...

Est-ce qu'on sait jamais?... La pureté des intentions ne purifie-t-elle pas les plus étranges manifestations? Il ne faut pas juger les autres si nous ne voulons point être jugés nous-mêmes!... Essayons plutôt de comprendre et d'excuser!...

Mais je n'en revenais pas de trouver Syracuse éclairée à la lumière électrique. Et pour mieux admirer un perfectionnement aussi moderne, je m'en suis allé, hier soir, faire le tour des quais. C'était d'une mélancolie à prendre une maladie noire. Durant toute ma promenade qui fut longue, je n'ai point rencontré dix passants. A la fin ne sachant plus où aller, je suis entré à la *Promenade Aréthuse;* il n'y avait pas une âme, et comme je m'étais assis sous un arbre de Judée tout rose, un chat est passé lentement. J'ai toussé légèrement, et le chat s'est retourné surpris, mais pas effrayé du tout. Puis, lorsqu'il a vu que ce n'était qu'un homme, il a continué impassiblement, et j'ai eu beau m'épuiser de quintes, l'animal ne daigna plus s'inquiéter de moi. Le dédain de ce chat me suggéra ces pensées peu joyeuses : — « Bah! concluait-il sans doute, un être qui n'a rien de mieux à faire par une soirée de printemps qu'à rêver dans une promenade déserte ne saurait être qu'un pauvre fou parfaitement inoffensif. Ce n'est pas la peine d'en prendre souci! » — Les chats sont de grands philosophes, leur clairs yeux d'or ont vu le fond de bien des choses. Celui-ci a traversé deux fois, sans s'occuper de moi plus que d'une guigne. Puis il est parti, et je suis resté seul, absolument seul. La soirée était divine, des aromes de fleurs embaumaient l'atmosphère, la mer endormie soupirait doucement, et, si loin que l'on écoutât, on n'entendait dans le silence de la nuit que les plaintes des vagues, que les frôlements des brises à travers les branches :

Musique et silence de l'heure !...

Des pétales roses tombaient sur le sol, à l'entour de moi, lentement, comme des plumes de bengalis...

... Et je sentis alors la grande paix de Syracuse, comment elle peut véritablement consoler de toutes les misères de cette vie et comment, par exemple, dans ce même ordre d'idées, après une vie capricieuse et abandonnée, le poète allemand Platen crut pouvoir y trouver le courage de vivre ses dernières années. — Mais un étranger parlera-t-il jamais comme il convient, surtout au point de vue sentimental qui est le nôtre, d'un artiste d'âme, d'idées et de réputations aussi essentiellement allemandes que Platen? Je ne le crois pas et préfère céder la parole à M. Julius Rodenberg en traduisant quelques pages de sa très intéressante *Traversée de Printemps :*

« Ce fut, — écrit! ecompatriote du poète, — sous un
« ciel miraculeusement rayé de rayons et d'ombres que
« je visitai le tombeau de Platen. Puisque, en effet,
« c'est ici, dans le pays de son désir, dans cette terre
« sainte qu'il avait célébrée bien souvent qu'il trouva
« son dernier lieu de repos.

« Or il y avait une année précisément, jour pour
« jour, qu'en Franconie, dans la petite ville margrave
« d'Anspach, j'avais vu la maison de naissance du poète.
« Dans une rue silencieuse, appelée aujourd'hui *Rue*
« *Platen*, je découvris une maison d'angle décorée d'un
« portique à colonnes et d'ornements en relief. Au-
« dessous d'un petit buste de marbre, on lit, sur une
« plaque commémorative, cette inscription du roi Louis:
« *Ici poussa la tulipe dans le jardin des poètes allemands,*
« *le 24 du mois des vendanges de l'année* 1796. Au dessus
« s'aperçoit la vieille enseigne de la maison richement

« redorée, — un aigle enlevant un soleil. — d'où cette
« maison s'appelle encore, aujourd'hui. *Au Soleil*, —
« avec cette inscription : *Phœbos auspice surgit. An* 1696.
« Certes rarement devise fut mieux prophétique que
« celle-là. Songez qu'elle fut gravée cent ans avant la
« naissance du poète.

« Et voici qu'aujourd'hui je me trouvais à Syracuse,
« devant son tombeau. S'il avait pu choisir sa dernière
« demeure, il n'aurait su en trouver une plus belle que
« là sur les hauteurs de cette *Villa Landolini*. Autour
« de son tombeau, toute l'année, c'est comme un éternel
« printemps de verdure. En avril, déjà les roses fleu-
« rissent et les essaims d'oiseaux chanteurs ne se
« taisent jamais. Comme c'était midi, nous entendîmes
« chanter un rossignol — le premier, le seul que j'en-
« tendis en Sicile. Des lauriers croissent à foison autour
« du tombeau; des verveines, des girofliers, des pélar-
« goniums le recouvrent, et c'est à l'ombre d'un vieil
« olivier que se dresse le très modeste monument qui
« fut élevé en 1869, par les soins d'amis et d'admira-
« teurs. Un obélisque décoré de la lyre, de masques
« antiques et surmonté d'un buste reconnaissable et
« lauré du malheureux poète. »

Puis après avoir énuméré les ruines que l'on aperçoit
de cette *Villa Landolini*, M. Julius Rodenberg termine
ainsi sa philosophique rêverie :

« Tel est pour toujours le voisinage et l'entourage
« du poète qui, blessé au cœur, déshabitué des choses
« de sa patrie et plus heureux dans la mort que dans
« la vie, put enfin trouver, ici, une tombe. Au dessus
« passent les vents de la mer chargés de tous les
« effluves du printemps. Lorsqu'ils murmurent dans
« les branches on dirait qu'ils réveillent les Péans de
« fête des Anciens, et c'est avec les voix eurythmiques

« de la Grèce qu'ils saluent le tombeau silencieux du
« poète allemand :

Au pays où le divin Pindare chantait ses hymnes majestueux.
Où Théocrite se mêlait aux bergers des campagnes[1]!... »

. . . .

A me promener par la ville, je suis frappé de toutes
les soutanes que je rencontre et de toutes les boutiques
de barbiers que j'aperçois. Etant donné que les recensements accusent une vingtaine de mille habitants,
c'est à croire, ma parole, qu'il y a pour le moins, sur
vingt personnes, un prêtre et un coiffeur. Toujours
complaisant et grand parleur devant l'Eternel, cet
excellent M. Politi me conte les habitudes du pays, et,
comme il est lui même vieux Syracusain et bon catholique, je n'ai nul motif de suspecter ses informations.

A Syracuse, ainsi que dans toutes les villes du midi
de l'Italie, on fréquente peu les cafés : ce n'est pas

---

[1] Parmi les rares critiques français qui se soient occupés du comte Auguste de Platen, je signalerai M. Paul Besson et la consciencieuse étude biographique et littéraire qu'il consacra, en 94 (1 vol., Ernest Leroux, éditeur, Paris), à l'auteur trop peu connu chez nous des *Sonnets vénitiens* et des *Odes romaines*. Il y a d'ailleurs plus de choses nouvelles qu'on ne serait tenté de le croire dans l'œuvre de cet Allemand, qui finit par déclarer « qu'il n'est en ce bas monde de condition plus méprisable que d'être un Allemand ». Je ne suis pas certain que le libretto du *Cheval de bronze* n'ait point été emprunté à l'épopée comique : *Les Abassides*, — et je sais que les amateurs de tableaux antiques, de sensations grecques, trouveront dans les poésies de la dernière manière de ce Winckelmann de la parole ample moisson de choses belles. Malheureusement, l'étude de M. Besson, plus rhétorique que pittoresque, passe à côté des questions intéressantes sans paraître seulement les soupçonner.

l'habitude; les soirées sont trop belles ; ce serait folie, en vérité, d'aller se rôtir le crâne sous des gaz, d'autant que les bourses sont si plates que beaucoup regardent même au prix d'une consommation. Les uns se contentent d'un verre d'eau, car il est parfaitement reçu d'entrer au café pour commander un verre d'eau. Ça coûte deux sous, et l'on ne donne pas de pourboire. Et puis il y a la rue où c'est si amusant de regarder passer les belles dames. Mais les jours de pluie ? D'ailleurs, à la longue, ça devient fatiguant de monter la garde au bord d'un trottoir. Heureusement que les boutiques des perruquiers sont là : grandes, même propres, toujours élégantes, garnies de canapés, abonnées à plusieurs journaux. Pour les habitués, vraiment, c'est un cercle sans formalités, un café sans consommations, où l'on a de plus l'avantage de rencontrer quantité d'hommes d'église. Or, vous savez que la tradition prétend qu'il n'y a personne au monde pour être mieux renseigné sur les faits et gestes clandestins de la vie privée d'un chacun et la vérité est qu'entre les aveux du confessionnal, les visites paroissiales dans les maisons et les indiscrétions du catéchisme, ils sont plus à même que n'importe qui de découvrir tous les potins d'une petite ville. Naturellement on préfère des conversations aussi bien renseignées à l'ennui morne des établissements déserts, car vous pensez qu'une robe noire n'irait pas se fourvoyer dans une brasserie, tandis que chez le barbier ! Quoi de plus légitime ? La barbe pousse, quoiqu'on y fasse. Il faut bien venir pour se faire raser. — et l'on s'attarde sans y penser. Le temps passe si vite à médire de son prochain que ce prochain soit M. di Rudini ou le bottier d'en face. Ainsi a-t-on coutume de mettre quotidiennement en pratique la consolante parole de Saint Paul : « Soyez bons les uns envers les autres. » Vers dix heures du soir, les boutiques des artistes capillaires deviennent de véritables clubs de clients discutant et gesticulant parmi des nuages de fumée, — et c'est à peine si un œil exercé parvient à distinguer dans l'arrière-fond la silhouette vague d'un client autour duquel s'empresserait un apprenti qui aurait presque l'air de couper avec de vrais ciseaux de vrais cheveux.

Il faut ajouter que ces soutanes sont bien râpées, bien verdies, et que ceux qui les portent n'ont pas l'air trop intelligents. Ce n'est pas étonnant, si j'en crois M. Politi ; dans les familles siciliennes, les beaux garçons vont à l'armée, les gros garçons sont pour les champs : mais a-t-on par malheur un fils dont on ne sache que faire, un peu faiblot, un peu simplet, — c'est décidé, il sera prêtre. Vite on lui serine les offices, il apprend quatre mots de latin et son éducation est terminée. A la lettre, le bas clergé de Sicile ne sait rien, ne fait rien, pas même toujours le bien. Aussi voit-on de pauvres êtres aux épaules rentrées, vêtus comme des mendiants, errer par les chemins, en tout pareils aux Frères mineurs qui partirent, jadis, du territoire d'Assise, n'emportant avec eux, selon l'ordre du Maître, « ni or, ni argent, ni monnaie dans leur bourse ». Seulement, ces frères mineurs de Sicile ne sont point franciscains, leur pauvreté n'est pas voulue, et les belles années de foi ardente du XIIIe siècle ne sont pas près de recommencer. Au fond, ce sont des hommes comme vous et moi, alors qu'ils devraient être d'humbles, de savants, de très fidèles serviteurs de Dieu. Ils sont prêtres de par la force des choses, non de par la voix de leur cœur. Et rien ne fait plus déchoir un homme qu'une telle vie. Lorsqu'ils sont actes de volonté ou entraînements de passion, on peut revenir de tous les égarements, même des pires, avec beaucoup de patience et des années ; mais du jour où l'on a pris l'habitude de ne plus vouloir, de se laisser aller aux vagues du hasard, c'est fini, l'âme décline, pour ne jamais plus reprendre vie, et bientôt, — comme dit la mélancolique romance danoise :

Elle est morte, elle est morte, elle ne reviendra pas !

Aussi, quoique prêtres, potinent-ils comme des concierges, courent-ils les rues, la nuit, comme de mauvais étudiants, et presque tous ont-ils quelque part, une femme, des enfants, qu'ils n'ont pas le droit d'appeler leurs et même s'ils n'en ont point, est-ce mieux ? Le climat, le soleil, l'absence de vocation, non, ce serait l'impossible ! — Voyez-vous, mon bon Monsieur, conclut philosophiquement le vénérable Politi, la vérité est que la femme est faite pour l'homme. Je n'ai garde d'en douter, mais je pense un peu, avec un respect inquiété, à ceux qui ont su être fidèles à leur Dieu, à Celui surtout qui disait ineffablement : « O doux Jésus ! embrasse-moi « et donne-moi la mort, mon Amour[1] », et qui dans les années de sa jeunesse prit, selon ses divines paroles, une noble et belle fiancée, ayant pour patrimoine la mendicité. De tels êtres sont-ils d'une essence plus noble que l'argile dont nous sommes pétris ? ou simplement sont-ce des orchidées vivantes ? — des exceptions dans le bien, comme il y en a tant, hélas ! dans le mal ? — Mais la question se subtilise à l'infini, puisque nous ne saurions la résoudre que d'après nos éducations, nos tempéraments, nos hérédités, nos atavismes. Alors, à quoi bon ? Ici, comme partout, nous ne trouvons en définitive, après les analyses, que le relatif.

---

[1] Saint François d'Assise.

VII

Pour M. Francis de Crue.

Syracuse, avril.

Il est difficile de se faire une idée à peu près exacte de la Syracuse antique. Imaginez, perdu dans une campagne brûlée, ce qui reste, après vingt-cinq siècles de guerre, d'une métropole de cinq cent mille habitants. Bien des après-midi mon petit cocher Peppino m'a conduit par des chemins de poussière, sous un soleil torride ; je visitais sans me lasser, je prenais des notes, avec une persévérance digne d'un meilleur résultat et au retour, furieusement, je compulsais de gros livres. M. Beulé l'a dit : « Aucune cité grecque n'a laissé d'aussi vastes traces que Syracuse, aucune ne retient plus longtemps les recherches du voyageur. »

Le premier jour, nous fûmes à l'Eryèle. Les paysages devenaient étranges, ce n'était plus tout à fait l'Europe. Un pays de pierres, d'herbes rousses, de plantes séchées, de vieilles murailles déchirant le sol avec des chardons à n'en plus finir et de pauvres brebis, des bourriquots râpés, pâturant lamentablement sous un soleil de feu. Presque des vues d'Orient, ces champs où la terre blanche est à peine, par places, verdie pâlement de maigres herbages desséchés. Cela pendant des heures : Achradine, Tyché, Neapole, Epipole, tous les quartiers de la ville splendide, aujourd'hui de la poussière, un désert de sable semé à peine, de loin en loin, de cahutes infectes.

Nous rencontrions des tombereaux jaunes décorés

de peintures comiques ou libertines, ils étaient traînés par de petits ânes harnachés, comme pour un carnaval, de franges rouges, de clous dorés, de fragments de miroir. Des pigeons passaient aussi, et à voir leurs ailes d'une blancheur argentée, me revenait en mémoire la phrase d'un compagnon de voyage inconnu, rencontré dans le train de Catane à Syracuse. Avec un geste au-delà, un bel éclat de ses prunelles sombres, il m'avait dit si joliment : « Ce pays est admirable, on y voit la poésie ! » Oui, les pigeons qui s'en allaient deux à deux, s'aimant sans doute d'amour tendre, étaient bien la poésie, l'esprit charmant et désolé des jours anciens, car Syracuse n'est pas même, comme Rome, la tombe du passé. Sauf les guerres, racontées par Thucydide, et à part quelques érudits de profession, qui connaît dans son détail cette histoire qui n'a jamais été complètement écrite ? Comme c'est triste de parcourir ces lieux où dorment, et pour toujours, un passé, une ville, une civilisation, qu'il ne sera bientôt plus temps de pouvoir reconstituer !... « La plus grande ville du monde ancien », écrit Caton ; maintenant des pierres, rien que des pierres sur des pierres.

Réunissant les murailles du Sud et du Nord, le fort de l'Eryèle était à l'extrême Ouest de la ville. Des indices permettent de le reconstituer ; il devait être flanqué de quatre tours massives, entouré de fossés, construit de blocs énormes, et pour ainsi dire inexpugnable. Le gardien montre des pans de murs, fait parcourir des passages taillés à vif dans le roc. L'un d'eux a trois cents mètres de long ; il mettait l'Eryèle en communication secrète avec un fort du rempart nord. Ces galeries servaient aussi de magasins, d'écuries. Le *custode* montre de place en place des sortes d'anneaux creusés à même la pierre, puis le bonhomme ajoute avec une mimique effrayée : « C'était là que l'on attachait les chevaux ou... ou... les captifs ! » Ce détail précis m'aide à reconstituer le passé, le va-et-vient des hoplites, au milieu des chevaux, des prisonniers victimaires, — et les conversations bruyantes, le fourbis des boucliers, toute la vie de garnison dont les accessoires seuls ont changé, mais qui était, il y a vingt-cinq siècles, aussi désoccupée, aussi monotone qu'aujourd'hui. Si bien qu'une expédition, malgré la crainte de la mort, semblait une distraction, presque une joie. En 415 avant Jésus-Christ, Thucydide raconte que les Athéniens partirent en chantant pour le siège de Syracuse. N'y en a-t-il pas aussi, et beaucoup parmi les milliers de soldats en garnison des Pyrénées aux Monts Oural qui partiraient en chantant pour cette grande guerre que l'Europe attend depuis trente ans?

En continuant vers l'ouest, au-delà de la ligne de défense de la ville antique, on arrive au hameau du Belvédère. Un sémaphore le domine. De la terrasse, la vue est merveilleuse. D'abord, c'est au premier plan, le désert brûlé, les plaines abandonnées de la cité grecque, puis, au delà, les capricieuses dentelures des rivages avec, au loin, les maisons blanches du port d'Augusta. — Enfin, comme toile de fond, perdue entre ciel et terre, émergeant des brumes arc-en-cielées du printemps, la blanche silhouette que surmonte l'éternel panache de fumée noire de l'Etna.

Mon petit cocher Peppino s'étonne que je trouve plaisir à contempler cet horizon ; il me propose à diverses reprises de goûter le vin du pays : « Sans « doute la vue est belle, mais le vin !... Ah ! quand le « signor en aura pris ! » Peppino ne sait ce qu'il dit ; c'est un nigaud. Il a encore la virginité de plusieurs de ses sens et de ceux-là mêmes précisément dont les jouissances sont les plus rares, les plus subtiles. Il a crû comme une jolie plante ; sa vue manque d'éducation, ses yeux sont pareils à ceux des aveugles de l'Ecriture, ils voient et ne savent point comprendre. Certainement, il ne soupçonne guère qu'on peut éprouver une *sensation* aussi intense à contempler ce paysage d'azur qu'à boire même les sirops exquis des vins syracusains. Il ne sait pas jouir de toutes les beautés, de toutes les bontés de la vie. C'est un jeune sauvage.

Un autre jour, nous fûmes visiter les *Latomies* ; il en reste plusieurs : celles du Paradis, celles de Saint-Vénère qui sont d'inoubliables jardins de fées, celles de Casale aux modestes carrés de légumes et celles des Capucins où les blocs monstrueux émergent, — telles des colonnes rostrales, — d'une végétation luxuriante, d'une végétation tropicale de forêt d'Amérique. Il faut se rappeler que Syracuse est construite sur le roc. Or, pour édifier leurs palais, les Syracusains d'autrefois creusèrent consciencieusement le sol au lieu de faire venir à grands frais des moellons d'Egypte ou d'Italie. Ces latomies sont donc d'anciennes carrières à ciel ouvert, d'une profondeur considérable. Mais siècle à siècle, les tremblements de terre ont crénelé les pans des collines, et les vents, les pluies ont fini par constituer un *humus* d'une incroyable fertilité. Des grenadiers, des figuiers, des nopals ont pris racine, et c'est d'un fouillis de pampres folles, de lierres vierges, que se dressent tout blancs des quartiers de roche, massifs comme des tours. Dans l'antiquité, alors que les parois n'étaient pas encore écroulées, ces latomies étaient de véritables fosses qui tenaient lieu de prisons. Sept mille captifs sans peine y trouvaient place : *Opus ingens magnificum regum ac tyrannorum*, dit Cicéron.

Et nous savons, tous pour l'avoir transcrite en version ou en thème, la fâcheuse aventure arrivée à Philoxène. Aujourd'hui, ces salles désertes, à demi-hypogées, à demi-catacombes conservent encore un caractère imposant de mystère et d'inconnu. Dans la *Latomie des Capucins*, le gardien, un Allemand, cela va de soi (il n'y a qu'eux pour commettre de tels impairs!) me désigne, tout en en blâmant l'idée, un chétif monument à la mémoire de Mazzini. Ou je me trompe fort, ou c'est ce qui s'appelle un excès de zèle. Évidemment la consigne a été mal saisie, le fonctionnaire devient compromettant. Le gouvernement, pour la galerie, se doit de le destituer; mais d'autre part, en cachette, afin de récompenser un bon vouloir aussi touchant, il ne peut faire moins que d'accorder une pension et une médaille à cet Allemand *triple allianisant!* Dans la *Latomie du Paradis*, la célèbre *Oreille de Denys* reconnue sans trop d'invraisemblance, dit M. Beulé, non point par un savant, mais par un peintre, par Michel Ange de Caravaggio. C'est une galerie taillée dans la pierre, en en forme de S; les uns prétendent qu'elle servait à surprendre les secrets des condamnés; les autres qu'elle était tout simplement la machine à imiter le tonnerre du théâtre voisin. Quoi qu'il en soit, ce tuyau de soixante-cinq mètres de profondeur a d'extraordinaires propriétés acoustiques. L'écho répète jusqu'à quatre syllabes, et le plus léger bruit, tel que le froissement d'une feuille sèche, s'y répercute sensiblement. Les touristes sont ravis; les Allemands prennent des notes et demandent les mesures en pieds anglais. Cela fait toujours passer le temps, car, avez-vous jamais remarqué combien les voyageurs ont besoin d'amusettes pour leur aider à tuer la longueur des journées de voyage? Jeunes ou vieux, les hommes restent pareils à eux-mêmes, et ce n'est pas qu'au berceau qu'ils ont besoin de hochets ?

Ce jour-là, Peppino fut content. Nous entrâmes dans un comptoir, au bord de la route. Des murs noirs de crasse vivante, un air pestilentiel chargé de microbes, de miasmes délétères. Une vieille répugnante, véritable sorcière de Macbeth, emplit des verres louches d'un vin sombre. Pour y goûter, il fallait un effort, mais ensuite, quel bien-être ! Comme si je venais de boire de ce vin enchanté, je me souviens encore de la joie qu'il versait dans le corps. Vraiment, selon la parole biblique, il fut créé à seule fin *de réjouir le cœur de l'homme!* Doux au palais, chaud à l'estomac, il est le nectar onctueux dont il serait désirable de pouvoir comme une grive se griser du soir au matin. Peppino s'en pourléchait les babines. On eût dit un jeune chat buvant de la crème !... Mais j'ai oublié de vous raconter que Peppino avait seize ans, qu'il était brun comme un métis avec des dents pointues et bleues d'animal carnassier. Retenez que depuis un mois il est marié, et vous en saurez sur mon petit cocher aussi long que j'en sus jamais. Dame ça vous étonne ; marié à seize ans, ces choses-là ne se voient guère à Paris ! Chaque société a ses habitudes, et c'est le fait d'un bon voyageur de noter les traits de mœurs sans perdre son temps et son papier à marquer sa surprise à chaque ligne.

Je visitai encore les catacombes de *San Giovanni*, en société de signori des environs et d'une très jeune femme tout à fait gentille, dans une robe claire, à grands carreaux. Elle me fit penser à cette phrase où si joliment Heine appelait une passante *un oiseau déguisé*, — et dès lors elle resta dans ma mémoire sous ce nom de fantaisie : *l'oiseau déguisé*. Un pauvre frère convers vint nous ouvrir. Misérable, avec une barbe de dix jours et des yeux timides, il portait un froc graisseux, usé à la trame, raccommodé naïvement de grands points en étoile. Sans dire mot, il rabattit son capuchon, alluma un vieux falot, et nous descendîmes. Tout le monde a vu des catacombes ou des photographies de catacombes; celles de Syracuse sont comme celles de Rome, comme celles de Naples, comme celles de partout : un labyrinthe de galeries se croisant et se traversant les unes les autres. Les murs perforés de niches, recouverts d'inscriptions, de peintures à demi effacées, laissent voir de place en place, des ossements jaunis et comme qui dirait de la poussière humaine. Aux bifurcations des couloirs s'arrondissent de petites chambres qui durent autrefois servir de chapelles. Maintenant tout est délabré, et un vent glacial souffle sans se lasser lamentablement. Entre les flaques de boue et les vieux crânes on ne sait où poser le pied pour être assuré de ne point manquer de respect à quelqu'un de nos ancêtres. Ce n'est ni beau ni amusant. Je me demande même quelle sorte de plaisir on peut prétendre rencontrer ici. D'ailleurs, à en croire M. Gaston Boissier, les questions d'archéologie relatives aux catacombes sont loin d'être toutes résolues. A défaut d'agréable, l'impression ne laisse pas cependant que d'être curieuse; longtemps, je me souviendrai de ce prêtre à moitié idiot, la cagoule baissée, une lampe fumante à la main. Il allait à pas lents, perdu dans la nuit que sa faible lumière ne parvenait point à dissiper, et d'une voix anonyme il désignait les tombes célèbres; des os craquaient sous ses pieds, et, tout en marchant, un long chapelet de bois suspendu à sa ceinture, clapotait sinistrement. L'*oiseau déguisé* en avait perdu sa gaieté. Le frère convers nous montra des niches profondes où dix ou douze cases étaient creusées les unes devant les autres. Et gravement, il racontait qu'au temps des grandes persécutions, — tandis que celles du fond servaient de tombes aux ancêtres, celles du bord tenaient lieu de lits aux membres encore vivants de la même famille. Pour le coup, l'*oiseau déguisé* ne put s'empêcher de frissonner : « Tiens, ce ne devait pas être d'une gaieté folle de dormir ainsi avec ses morts ! » — Alors élevant soudain la voix, le frère convers répondit et sa figure, en s'éveillant tout à coup, parut presque intelligente :

— Certes, Signora, mais à l'époque de sainte Lucie et de saint Martien, la vie, pour les chrétiens, n'était pas précisément une chose gaie !

L'*oiseau déguisé* se le tint pour dit ; il baissa les yeux. En devenant sérieux son visage cessait d'être charmant. Nous étions tous impressionnés et peu favorablement, — aussi fûmes-nous fort heureux et fort aises de revoir la lumière. D'ailleurs, c'était si peu la peine de se déranger ; la fameuse *rotonde d'Antioche* semble quelconque, les décorations en sont effritées, les inscriptions ailleurs, dans les musées. Il n'y a rien à étudier ; qu'on le veuille ou non, ce décor de ténèbres froides et d'ossements brisés semble surtout propice à nous remémorer les prières et les souffrances des premiers chrétiens, toute la vie douloureuse de ceux qui peuplèrent de saints et de martyrs les jours du calendrier ? Le moine avait raison, les êtres qui s'exaltèrent l'âme à rêver dans ces souterrains ne songeaient plus guère à la gaieté, à la beauté de la vie ; ils avaient des illusions, des espérances, une foi plus vivantes que nous les descendants trop tard venus. En eux et par eux s'affirmait davantage la volonté. A ce titre, ils étaient des exemplaires plus forts, plus sains, de l'espèce. La dégénérescence ne les avait point entamés. « Alexamène *adore* son Dieu », dit une inscription bien connue. *Adore*, c'est-à-dire *croit*, c'est-à-dire *espère*. Ah! malgré Tolstoï, les temps, les cœurs, les âmes sont irréparablement changés!... Mais à peine fûmes-nous sortis de ces souterrains d'ombre que l'enchantement de la nature sicilienne nous reprit tout entier. De nouveau c'était, sous le plus doré des soleils, le jardin d'acanthes et de nopals en fleurs. Le moinillon nous quitta. On pouvait oublier. L'*oiseau déguisé* se remit à babiller. Il avait raison. La vie n'est-elle pas déjà par elle-même une chose assez triste que nous devions encore l'assombrir, à plaisir, en nous donnant, dans le seul but de passer le temps, des divertissements aussi macabres, des impressions aussi hamlétiques!...

Mais je n'en finirai plus d'énumérer les antiquités de Syracuse; l'amphithéâtre, une réduction du Colisée de Rome; le grand autel de Hiéron II, où se consommaient des hécatombes de quatre cent cinquante taureaux; le Théâtre Grec qui vaut celui de Pompéi; la pittoresque rue des tombeaux; la *Scala graeca;* la *Ginnasio Romano*, etc. Aussi dis-je plutôt, en toute humilité, avec le comte Gabriel de Padoue:

> *Perdonami, Signor, ch'el tempo passa,*
> *E brevi sono i giorni e fuggon l'ore,*
>   *Ond'io tutto'l cuore*
> *Misericordia chiedo et dico omei*[1].

Nulle part comme à Syracuse on ne sent la fragilité des choses de ce monde. Des théâtres pouvant contenir vingt mille spectateurs, des latomies où sept mille

---

[1] Pardonnez-moi, Seigneur, le temps passe, les jours sont courts, les heures s'enfuient. De tout mon cœur, je vous demande grâce et merci.

prisonniers se désespéraient, des temples incrustés d'or, un port monumental, le premier du monde ancien, des maisons à perte de vue, une cité de marbre, et actuellement, plus rien, une ville morte, une rade abandonnée, à peine un hôtel, personne dans les rues. Ma journée de courses finie, assis avec le guide sur les gradins supérieurs du théâtre grec, j'ai regardé près d'une demi-heure le paysage d'azur et de poussière déroulé à nos pieds, jusqu'à la mer lointaine. Et, soudain il me parut que ces morts dont personne ne savait presque rien avaient enfin trouvé dans l'oubli la bonne, la désirable paix. Je sentais plus parfaitement ce qu'il y avait de consolation, de bonté compatissante dans l'invocation magnifique:

O toi, divine Mort où tout rentre et s'efface!

Ah! les disparus d'il y a très longtemps, ceux que nos cœurs ne pleurent plus, pourquoi voudrait-on les plaindre? N'ont-ils pas la paix, ce qui vaut sans doute mieux que le bonheur même? Et n'est-ce pas de nous, plutôt, qu'il faudrait avoir pitié, de nous qui souffrons, comme a dit encore ce même poète, « la honte de penser et l'horreur d'être un homme »?

. . . .

Après les ruines, les collections. M. Politi insistant, il faut obéir. C'est un musée de province dans toute son insignifiance, contenant une suite très ébréchée de vases corinthiens, une douzaine de statuettes sans intérêt et quelques vitrines admirablement aménagées, j'en conviens, mais dont le contenu, j'ai le regret de l'ajouter, ne vaut pas le contenant. Bref, ce ne serait pas la peine de tirer la sonnette et de donner *une lire* au portier si la *Vénus Anadyomène*, celle que le vicomte de Marcellus appelait et pouvait appeler sans hyperbole la « divine Syracusaine » ne se trouvait ici. Mais, pour elle seule, on ferait déjà le voyage. Le poëte n'a-t-il pas dit et avec raison :

La beauté sur la terre, — c'est la chose suprême.

Trouvée en 1804 par Landolina, cette statue n'a plus de tête. Le bras droit manque aussi, un support semblerait indiquer qu'il devait recouvrir la poitrine d'un joli geste pudique de femme sortant de l'eau. Le buste est légèrement incliné en avant ; la main gauche retient une draperie, rejetée par la brise, ouverte par devant, tombante par derrière, qui laisse voir toute la beauté de ce corps enchanteur. Or les Anciens concevaient si peu la sculpture de pensée telle que nous avons le tort de la préférer actuellement ; ils étaient si loin de croire que l'intelligence, l'âme se manifestassent surtout et presque uniquement dans les traits, les expressions du visage que cette statue à la vérité décapitée et manchote, reste pourtant plus vivante, animée d'une vie plus parfaite que nos statues modernes les plus manifestement désireuses de traduire l'instantanéité du geste ou de l'élan. C'est que les ondulations des hanches semblaient, — on le devine, — à l'inconnu qui tailla ce marbre aussi dignes d'intérêt que les lignes de la figure. Il ignorait, dans sa grande âme païenne, ce que Rousseau appelle affreusement les parties nobles et les parties honteuses de cette chose, belle entre toutes — le corps humain. Aussi de face, l'émotion que donne cette femme sans tête est-elle presque intolérable. Il semble que l'on soit en face d'une morte, et d'une morte que l'on aurait beaucoup connue, beaucoup aimée, d'une morte dont la mort vous angoisserait le cœur, atrocement. Mais vue de dos, elle apparaît, — dans toute la vérité de ce mot si banal, — admirable; bien supérieure, selon moi, à la *Vénus Capitoline* dont les épaules affaissées et les formes épaissies trahissent une maternité trop nombreuse, supérieure même à la *Vénus accroupie* dont la joliesse fragile n'est point exempte d'une certaine mièvrerie. Comme la *Vénus de Cnide*, que la pudibonderie religieuse a vêtue d'un jupon de fer battu, la *Vénus Anadyomène* a de larges épaules rejetées en arrière, une poitrine frémissante de femme à la fleur de l'âge, non de plantureuse nourrice, et une taille cambrée, nerveuse, sur des hanches qui n'ont rien d'androgyne ni de callipyge, mais qui dans la grâce de leurs lignes ont l'harmonie de la perfection. En se plaçant à gauche, remarquez la ligne du dos, la belle ligne fière, glorieuse, eurythmique. Ce corps est d'une seule venue, jailli comme un grand lys, et c'est merveilleusement, la femme désirable par la jeunesse, par la plénitude et par la blancheur de ses formes — ... Agités par le vent du dehors, les rideaux de soie rouge des fenêtres animent de reflets mouvants ce marbre impeccable !... Et vraiment, en de furtives minutes, on a l'émoi réel de se trouver en face d'une femme passionnante, d'une femme de chair et de beauté, dévoilant à nos yeux l'intimité délicieuse de sa perfection !... L'illusion est si complète et si involontairement, elle s'impose à l'étonnement ravi du spectateur qu'autrefois, lorsque ce Musée était encore confié aux mains avisées des prêtres, on avait soin, par prudence, de tenir cette statue habituellement recouverte d'une draperie de soie blanche. « O ce maudit soleil ! » comme disait Lord Byron. A quelles extrémités n'engage-t-il pas ceux qui ont le bonheur de pouvoir écouter ses conseils ? —

VIII

Pour Mme Valentine R...

Syracuse, avril.

Je désirais encore, avant de partir, visiter comme il le fallait les ports de la ville et les rivages des environs.

Un matin donc, je partis en barque, avec deux rameurs, pour la Grotte de Neptune. Rapidement nous gagnâmes la grande mer, traversant le port actuel, le port marmoréen des anciens temps, cinglant vers le nord, dans la direction du cap San Panagia. Nous longions les côtes de l'Achradine ; des falaises jaunâtres, de hauteur moyenne, bizarrement effritées, où s'ouvrent de place en place des grottes naturelles dans lesquelles pénètre la mer avec un tumultueux bruit de vagues. Nous sommes entrés dans quelques-unes. Bien qu'il fît beau temps et que ce fût le matin, les stalactites, les sels gemmes simulant des têtes imprévues de licornes ou de bœufs, la lumière adoucie dans la demi-obscurité de l'intérieur et verdie par la transparence de l'eau, la relative quiétude de la mer qu'on entendait battre furieusement les rochers du dehors, le mutisme des bateliers, indifférents comme des êtres de légende, tout le décor, jusqu'aux moindres accessoires concouraient à donner à cette simple promenade en barque quelque chose de lointain, de fantastique. C'était l'impression fugace et charmante que Mendelssohn a supérieurement rendue dans l'*Ouverture* de *la Grotte de Fingal*, alors qu'aux cadences des notes battantes, monotones, ainsi que les ondes de la mer, se mêle ineffablement la voix perdue de l'invisible Loreley disant le mystère, la douleur que nul ne pourra jamais pénétrer !...

Une autre après-midi, je partis, en barque toujours, mais avec trois rameurs, pour l'Anapo, pour la Cyané. Nous prîmes, cette fois, par le grand port. Eloigné de la terre par un fossé artificiel et par les marécages de Syraka, l'îlot d'Ortygie, autrement dit la Syracuse contemporaine, sépare la baie du nord de celle de l'ouest. Cette dernière forme le *Porto grande*, dont Thucydide a dit, au VIIe livre de la *Guerre du Péloponèse*, qu' « il était large d'environ huit stades ». C'est ici que se livrèrent tant de batailles, que s'en vinrent périr au hasard des perturbations de l'histoire, des trirèmes athéniennes, des caïques sarrasines, des barques normandes, des galères françaises ; aujourd'hui, ce n'est plus qu'une rade endormie, aux flots paisibles où se prélassent paresseusement de rares vaisseaux marchands et d'où la ville moderne, crénelée de délabrement, apparaît juchée sur un îlot montueux, ainsi que la pièce montée d'un confiseur grand artiste.

Puis nous remontâmes l'Anapo, une rivière charmante, une des seules de la Sicile qui soient, toute l'année, un peu plus qu'un ruisseau. Poétiquement, avec une grâce capricieuse, les rives étaient bordées de longs roseaux, d'herbes traînantes, de clairs papyrus aux chevelures fines, frissonnantes à la brise. De loin en loin, sur les berges crayeuses, se silhouettaient des bouquets de palmiers très grands avec des palmes retombant, brisées, déjà jaunies... Mais la barque était trop longue. A chaque courbe nous nous enlisions dans les herbages. Alors c'étaient les criées d'insupportables bateliers, des lancements de corps en avant, des coups de rame à chavirer. Aussi la grâce tout orientale de ce paysage s'est-elle peu à peu et bien malheureusement dissipée.

Quant à la source du Pisma, ce qu'elle a d'enchanteur, c'est son nom : la *Cyané*, la *source des bluets*. Est-ce qu'on n'irait pas au bout du monde pour un ruisseau qui s'appelle ainsi? De la source même qu'ajouter? surtout après Renan. Il y avait des grenouilles ; le mieux est de répéter ce que le poète de la *Vie de Jésus* en a dit, en souvenir peut-être de celui des *Idylles*[1] : « Nous nous prîmes à envier leur bonheur ; « il est vrai qu'il y a l'hydre des marais qui les mange ; « mais elles n'y pensent pas, et peut-être beaucoup « meurent de vieillesse, de *leur belle mort*, comme on « dit bien improprement! » Il y avait encore, naturellement de l'eau, de l'eau verdâtre, limpide, un cristal vivant, où des fleurs aquatiques mettaient de fuyantes taches claires sur un fond noir-vert que moiraient les mouvements vifs des anguilles argentées et des mulots blanchâtres. Au retour, je me suis couché dans le bateau, la tête au ras de l'onde que je regardais fuir, fuir, indéfiniment, comme fuient aussi, indéfiniment, toutes les choses de la vie!... Et la phrase mystérieuse que j'ose à peine citer, tant on en a mésusé ces dernières années, me revenait aux lèvres : « Fausse, fausse comme l'eau!... » Or je ne savais plus très bien si je l'appliquais, avec Shakspeare, aux seules pauvres petites *brebis blanches* ou aux amitiés, aux sentiments, à tous les mirages, à toutes les illusions qui sont, hélas! le meilleur de la vie des hommes!...

. . . .

---

[1] Théocrite. X° *Idylle* : « Heureuse, mes enfants, la vie de la grenouille! etc... »

Quant à la fontaine Aréthuse, il faut y renoncer. La source n'existe plus, l'eau provient d'un aqueduc, et une grille empêche les belles Syracusaines, que décrivait le vicomte de Marcellus, d'y venir encore laver leur linge. Aujourd'hui, c'est un bassin semi-circulaire. en maçonneries modernes, où des touffes de papyrus épanouissent leurs éventails de fils légers, d'un vert grisâtre. Des cygnes passent, noblement. Une oasis de fraîcheur, mais l'eau douce à vingt pieds de la mer, le mythe délicieux d'Alphéa poursuivant la nymphe trop vertueuse que Diane, la chaste Diane, prend sous sa protection et change en fontaine, au moment où la vierge allait être violée par son brûlant ravisseur !... Ces souvenirs, ces légendes n'ont plus leur raison d'être. La fontaine Aréthuse est maintenant une fontaine pareille aux autres fontaines du pays. moins utile seulement, puisque l'eau en est salée, et moins pittoresque aussi, puisque les filles de Sicile aux beaux yeux, n'y viennent plus faire leurs lessives.

Or le soir de ce même dernier jour, c'était la fête d'un saint. Une fête avec des lanternes, des pétards, des guirlandes de papier, des musiques d'opérette et une joie bruyante, une joie déboutonnée de mi-carême. A force de bras, on promenait une informe statuette de bois, à l'auréole de fer doré, aux deux maigres doigts bénissants. Puis sur la place du Dôme, il y eut bénédiction publique donnée du porche de la cathédrale par un évêque mitré d'or à la foule confuse et agenouillée ; ensuite, le soir tombé, les fusées crépitèrent, les fanfares éclatèrent, et jouvenceaux et jouvencelles se mirent à danser sans retenue. Cette nuit, encore, tandis que j'écris ces lignes. passé onze heures, les églises sonnent, le port est illuminé, on s'étouffe dans les *ostéries*. Par les rues, tout le monde parle,

chante, boit, s'amuse ; et ce sera ainsi jusqu'au matin.
Fête chrétienne? Est-ce que je sais? Fête populaire en
tout cas, car, en raison même, peut-être, de ses superstitions, le catholicisme sicilien n'est pas près de finir.
Il tient au cœur même de la nation. Pour ce peuple, la
religion n'est pas un monsieur très grave, qui raconte
des choses très sages que personne n'écoute, mais c'est
le prêtre bon enfant à qui l'on dit tout ; ce sont les fêtes
où l'on s'amuse avec tant de franche gaieté ; ce sont
les saintes qui protègent si efficacement. Aussi les
gens du pays ne veulent-ils pas trop de bien au gouvernement actuel. Entre le Vatican et le Quirinal, je vous
promets qu'ils ne connaîtraient guère les hésitations de
l'âne de Buridan. Et cela explique, en partie, les
troubles de ces dernières années, car lorsque les journaux racontent les soi-disant brigandages de la Sicile,
c'est manière de parler. En réalité, l'état actuel de l'île
rappellerait plutôt la position révoltée de l'Irlande. En
Italie, chacun le comprend et récemment encore, dans
un interview désormais historique, M. Crispi allait
jusqu'à entrevoir la possibilité d'un mouvement séparatiste. Mais j'ai hâte d'ajouter que, lorsque j'étais
à Syracuse, la politique avait le bon goût de laisser
la paix à chacun. Et, si je ne vous parle point des
Fra-Diavolos de Sicile, c'est que j'ai eu l'heur et le
regret, l'heur pour ma sécurité personnelle et le regret
pour mes lecteurs, amis d'anecdotes à la Scribe, de
n'en point apercevoir non pas même la queue d'un
seul !...

Et maintenant, sous la clarté blanche de la lumière
électrique, dans l'écho lointain des romances de ce
pays charmant, disons adieu à la grande ville morte, à
la petite ville joyeuse, à Syracuse, la cité grecque !

IX

Pour Mme Marceline Hennequin.

Palerme, avril.

Le charme spécial, irrésistible de Palerme, — les Siciliens ne l'appellent-ils pas la *felice*, l'heureuse? — c'est qu'elle est à la fois la Ville, une ville suffisamment civilisée pour qu'il soit possible d'y vivre et la Montagne, une montagne véritable, sans végétation anglaise, avec des sentiers rocailleux, des cahutes sauvages et de cet air bleu qui fait les nerfs et les consciences plus calmes.

A dire vrai, à part quelques curiosités que nous étudierons, la ville toutefois est d'assez piteuse apparence. Deux très longues rues de perspectives plutôt architecturales, la *Via Vittorio Emanuele* et la *Via Macqueda* qui forment une croix dont le centre serait la *place des Quatre Cantons*, la divisent géométriquement en sections que le développement capricieux des nouveaux quartiers a rendues inégales. Mais en dehors de ces deux grandes artères, il n'y a presque, surtout dans la ville ancienne, que des ruelles tordues, des placettes étriquées, des impasses de coupe-gorge, d'infâmes culs-de-sac, véritables repaires d'assassins où l'on hésite à s'aventurer en plein jour. C'est avec, en plus, la légende sanglante de la vie à coups de couteau du bas peuple sicilien, — le désordre et la misère répugnantes des vieux quartiers du bas-port napolitain. Les quelques jardins publics qui mettent ici où là leurs bosquets de verdure et leurs corbeilles épanouies ne suffisent point à rajeunir le vieux visage de cette vieille ville. Et les quartiers neufs, car il y en a hors des portes et d'immenses (n'oublions point que Palerme comptera, tout à l'heure, trois cent mille habitants) furent construits au bon plaisir des propriétaires et sans que la loi de symétrie ait été suffisamment respectée. Aussi malgré les délices du climat, les verdures et les fleurs ne parviennent-elles point à harmoniser toutes ces discordances. Puis, que devons-nous penser d'une ville dans laquelle, au bon plaisir des *impresarios*, les théâtres d'opéra sont susceptibles de devenir des salles de Cirque, en sorte qu'à la place même où Emma Calvé égrenait les notes errantes de la folie d'Ophélia, demain et sans que le public s'en plaigne, Guguss détaillera les inepties de son répertoire. D'ailleurs, Palerme a trop de tramways et n'a pas assez de cafés ! Or je ne suis point de ceux qui estimeraient que la surabondance de ces véhicules démocratiques et déplorables puisse faire passer sur le manque d'autres lieux indispensables aux étrangers et si propices aux longues flâneries des Verlaines en voyage. Décidément, l'élégance palermitaine est de seconde qualité. L'enchantement, ce sont les paysages d'une luxuriance égyptienne, c'est le port, critiquable, je le reconnais, au point de vue maritime, puisqu'il est de trop faibles dimensions, mais admirable au point de vue pictural, qui est le seul dont nous ayons cure, — et admirable à telle enseigne qu'on peut sans complaisance « accomparer » son panorama à celui de la célèbre baie de Naples. Consultez plutôt vos souvenirs. Au Nord, au Sud, les montagnes de rochers du Pellegrino, du Catalfano comme là-bas, Ischia et Caprée, puis la mer d'azur, la mer dormante ainsi qu'un lac de rêve. Au bord de l'eau enfin, un large quai planté d'arbres réguliers où il est parfaitement « smart » de venir « faire son persil » à la tombée de la nuit. N'est-ce pas encore, tout à fait, comme à Naples, la *Via Caracciolo*. D'autant qu'ici, comme là-bas, il y a des inconnues aux yeux de fleurs, des étrangères au teint de fruits, toute l'excitation factice et fiévreuse de la vie cosmopolite qui est pour nous, ce qu'était pour nos pères, la vie de cape et d'épée. Pourtant, sur son illustre rivale, la baie de Palerme présente un avantage, elle est moins connue, « moins fatiguée de louanges », disait Paul de Musset dans une phrase digne de son frère.

Quant à la Montagne, elle est de droite, de gauche, à cent pas, aride à souhait, formant l'hémicycle de cette merveilleuse *Conque d'or* qui est un des lieux paradis de cette terre. C'est le Gésu, le Grifone, la Méla, le Fiascone, le Cuccio, le Bellolampo et d'autres, alternant de cinq cents à mille mètres d'altitude. Il faut nous borner ; choisissons le Pellegrino. Situé à l'extrémité du golfe de Palerme, isolé de la chaîne des montagnes madoniennes, il se dresse, gigantesque masse calcaire, pareille dans sa désolation dévastée à quelque cyclopéenne citadelle. Les géologues prétendent qu'aux âges primitifs il formait un îlot détaché du continent. Actuellement, déchiqueté, désert, il apparaît avec ses flancs gris à peine verdis par places rares, d'un pauvre gazon, tragiquement inoubliable, ayant acquis à nos yeux une valeur sacrée, presque symbolique de par la grandeur de son histoire, de par la sainteté de sa destination. Car c'est une montagne illustre : l'Heirkté où Amilcar Barca tint en échec, deux années, les légions romaines de Panorme, et c'est aussi une montagne sacrée, celle où se trouvent la statue colossale et la grotte transformée en chapelle, et les reliques de cette adorable sainte Rosalie qui, fille de duc et nièce de roi, se retira parmi ces solitudes, dans la grâce de sa jeunesse, pour prier et pleurer jusqu'à la mort sur les péchés des hommes.

On sort de Palerme par la porte Saint-Georges. Après dix minutes de voiture on est au pied de la montagne. Des indigènes aux yeux de roman vous offrent de petits ânes. On accepte par amour pour de tels yeux, mais mal vous en prend, car le chemin en lacets est si défectueux, si mal pavé, que les pauvres bourriquots trébuchent à chaque pas, risquant à tout moment de vous envoyer sans confession au fond du précipice. Il vaut mieux y renoncer. Alors, sans doute la montée à la sueur de votre front vous paraîtra-t-elle redoutable, et la statue de la Sainte de Grégorio Tedeschi, si riche soit-elle, ou le vin clairet de la maison voisine, si onctueux soit-il, ne vous dédommageraient-ils pas suffisamment de tant de fatigues, s'il n'y avait encore, et c'est le cas d'ajouter surtout, la vue du sommet, de la terrasse du télégraphe. Une vue panoramique, d'une paix et d'une beauté absolues, sur la mer de saphir et sur les côtes d'émeraude, une vue qui consolerait de toutes les fatigues et de toutes les peines de ce monde, une vue qui mériterait en épigraphe, au bas du cadre, ce quatrain naïf d'un peintre qui fut un grand psychologue s'il ne fut pas un grand poète :

> Je connais des paysages
> Qui consolent les douleurs
> Des pauvres, des tristes cœurs,
> De ceux qui ne sont point sages.

Le retour fut délicieux, et c'est si rare qu'ici-bas les retours de n'importe où soient le moins du monde supportables que je n'aurai pas tort de noter encore cette impression. Lentement, par un ciel de nuages légers comme des écrans de dentelle, le soleil s'en allait. La route glissante obligeait à la plus extrême attention. Pourtant, devant moi, il y avait une dame en noir qui descendait allègrement, gracieuse sous cette lumière de crépuscule et pâle, si pâle dans une robe noire, toute simple, mais de chez le bon faiseur. Un monsieur bedonnant, la suivait avec quelque difficulté, il faut bien en convenir. Cependant il ne rechignait pas, et du coup je connus que j'étais en face de compatriotes, car il n'y a qu'un Français de la génération qui nous a précédés et qui valait mieux que la nôtre, pour ne se départir jamais de la galanterie que l'on doit au beau sexe, comme de New-Yorck à Moscou, il n'y a qu'une Française pour avoir dans sa démarche, même sur le Pellegrino de Sicile, tant de charme aristocratique. Plus loin, ce furent des troupeaux de chèvres, elles bondissaient par centaines, parmi les rochers de la montagne ; les unes, les plus laides, avaient des figures de vieilles filles très rébarbatives, mais les autres, les plus jeunes, étaient jolies, si jolies à souhaiter de les embrasser sur leurs mignons petits nez roses. Les chevriers suivaient de près, chantant par les ravins, dégringolant le long des cavées, les chevriers aux beaux yeux noirs, tels que ceux du pays de Rollinat. Or ces chevriers aux yeux splendides et ces chèvres aux nez camus, c'était pour moi, la poésie grecque, l'existence bucolique, l'âme chantante des vieux mythes. C'est ainsi qu'il arrive à la vie moderne, lorsqu'on sait l'observer, de présenter parfois encore des images de légendes.

. . . .

Le *Bædeker* dit : « Palerme ne possède plus de monuments importants de l'Antiquité, mais son musée n'en est que plus intéressant. » Allons donc au Musée. Il s'étale dans l'ancien et pittoresque couvent des Filippini et contient deux cours et huit salles pleines d'inscriptions, de poteries, de mosaïques, de sculptures d'à peu près toutes les époques, mais sans classement critique, distribuées au hasard des acquisitions, sans goût ni ordre, en sorte que les quelques œuvres de prix sont perdues parmi des tas de choses insignifiantes ou douteuses. Il faudrait une compétence, des loisirs que je n'ai pas, je me borne à quelques numéros tout à fait indiscutables.

D'abord, neuf métopes provenant des trois temples de Sélinonte et très importantes pour l'histoire de l'art, en ceci qu'elles « nous montrent pas à pas, ainsi que le dit Renan, les progrès de la sculpture ». Elles sont taillées dans un tuf calcaire, extrêmement dégradé ; autrefois les parties dévêtues des chairs semblent avoir été recouvertes de marbre ; une polychromie brillante dissimulait les rajustages. Aujourd'hui, les couleurs ont disparu, les incrustations sont tombées et les maladroites restaurations que tentèrent d'intempestifs admirateurs aggravèrent encore un état primitif déjà fort endommagé. Il est donc difficile de se faire une idée à peu près exacte de ce que pouvaient être, placés à l'entablement d'un temple, dans l'éclatante lumière des paysages siciliens, ces bas-reliefs sur fond rouge, étincelants de marbre et d'or.

Les trois plus anciens dateraient, d'après M. Lubke, du commencement du vi^e siècle avant Jésus-Christ. Ils représentent un quadrige, Perséus décapitant Méduse, Héraklès enchaînant deux Cercopes. Les figures sont barbares avec des yeux en cercle, des lèvres pincées, des fronts larges et bas et toutes les attitudes maladroites de la statuaire primitive. Ainsi les jambes marchent de profil tandis que les bustes se présentent de face. Cependant dans les musculatures et les groupements apparaît déjà, d'une manière intéressante, une technique archaïque non sans analogie avec celle des antiquités étrusques ou égyptiennes. Ainsi, cette monstrueuse tête de Méduse évoque d'évidents ressouvenirs d'art asiatique. Peut-être ceux qui taillèrent ces bas-reliefs avaient-ils appris leur métier dans les fameuses écoles des côtes de l'Asie-Mineure. Peut-être avaient-ils été prix de Rome, de la Rome de leur temps. Et alors toute culture venait d'Asie.

Deux autres métopes, dont il ne reste que les parties inférieures, remonteraient, selon le *Bædeker*, au commencement du ve siècle avant Jésus-Christ. Dans chacune d'elles, on distingue une déesse abattant un guerrier d'un grand geste superbe ; les figures ont le masque des Eginètes, le masque allongé d'une barbe aiguë entourant une bouche ricanante qui fait contraste avec l'expression candide des yeux ninivites. Mais on pressent l'effort du sculpteur vers un type masculin spécial et efféminé que nos mœurs n'admettent plus. C'est le premier art grec encore conventionnel, mais déjà incomparable de noblesse et de beauté.

Les quatre dernières métopes seraient, suivant Ernest Renan, contemporaines du Parthénon (454 à 438 avant Jésus-Christ). Elles montrent Héraklès tuant la reine des Amazones, Héra se dévoilant à Zeus, Actéon dévoré par les chiens d'Artémise, Athéné tuant Encéladès. Les lèvres sont encore aiguës, les paupières saillantes, les cheveux régulièrement bouclés, selon les habitudes de l'ancien art éginétique ; mais dans les poses, les gestes, les lignes générales de composition, se discerne clairement l'héroïsme épique de la grande période grecque. Voyez, par exemple, cette tête de Zeus aux cheveux, à la barbe artistement et finement nattés, n'est-elle pas unique de gravité sereine, de paix sérieuse et comme surnaturelle? Elle fait souvenir des plus nobles marbres des musées de Rome. Des visages de cette nature sont bienfaisants à contempler. Par comparaison, toute sculpture moderne devient tourmentée, paraît maladive [1].

Disons ensuite, quelques mots du Faune trouvé au commencement du siècle à Torre del Greco, le pittoresque village des pêcheurs de corail situé non loin de Naples, dans l'enchantement azuré du golfe divin. Ferdinand IV en fit cadeau au musée de Palerme. C'est un tout jeune homme, aux formes élégantes, versant le contenu d'une aiguière, qu'il tient très haut, d'un geste emphatique, dans une coupe aujourd'hui brisée et qu'il devait apparemment présenter de l'autre main. L'expression faciale reste niaise, même indifférente : le corps insuffisamment musclé ne présente aucune espèce d'intérêt, et rien dans cet éphèbe gracile ne rappelle l'envolée de joie chantante du *Faune mangeant des raisins* ou la splendeur si rare qu'elle en devient éblouissante, de l'*Antinoüs du Capitole* ou la grâce pensive du mélancolique *Androgyne dormant* des

---

[1] Un scrupule d'exactitude m'oblige à ajouter, au moins en note, que les sujets et les dates de ces métopes sont loin d'être fixés. Pour ne prendre qu'un exemple, M. Lubke placerait de 500 à 400 avant Jésus-Christ à peu près la composition de ces quatre dernières métopes, et la quatrième représenterait, d'après le *Bædeker*, Héraklès tuant la reine des Amazones, tandis que, d'après M. Auguste Laugel, il s'agirait du combat d'Héraklès et d'Hippolyte. Ce sont là discussions archéologiques au-dessus de ma portée. Je me suis borné à suivre les opinions les plus généralement et les mieux patronnées. (Voir *Essai d'histoire de l'art*, par William Lubke, t. I, *passim*, et *Italie, Sicile et Bohême*, par M. Auguste Laugel, p. 94 et suiv.).

thermes de Rome. Le Faune de Palerme est un jeune homme distingué aux poses élégantes, qui ferait bien sur une étagère de peluche, entre un « biscuit » de Sèvres et un bronze de Paris, mais son exhibition dans une salle de musée paraît plutôt abusive. Combien je préfère à cet éphèbe de convention, — pour l'éloquence du geste, la franchise de l'exécution, la noble attitude de l'ensemble, — une Athéné sans doute archaïque et que le temps n'a point épargnée, mais qui reste toujours même dans l'état de délabrement actuel, d'un si martial exemple de guerrière combattante, telle, vraiment, que nous nous représentons à sa naissance cette déesse que la légende fait sortir tout armée du cerveau de Zeus. Quoique de petites dimensions, cette statue a pourtant la pensée, l'émotion, la vie, ce qui manquait à l'image inefficacement agréable de l'éphèbe grassouillet.

Signalons encore, plus loin, les très grandes et très belles mosaïques de pierre trouvées en 1869, sous la place de la Victoire et qui représentent un Orphéus jouant de la lyre, des têtes de Poseïdon, de Phœbus, et n'oublions pas une suite amusante de petits sujets franchement pornographiques. Décidément, les Anciens ignoraient la pudeur— « une hérésie ! » disait Alfred de Musset. De nos jours, des tableautins pareils ne seraient plus admis que dans les musées secrets ou dans les alcôves ornées de glaces de certaines maisons désavantageusement connues. Les Romains, eux, trouvaient tout naturel d'étaler ces choses-là sur leurs boulevards. Sommes-nous plus civilisés? Étaient-ils plus dépravés? Qu'est-il advenu? La question semblera délicate, et je n'entreprendrai point de la discuter. Je laisse ce soin aux *Misses* féministes, puisque aussi voilà bien, on le sait, un de leurs sujets préférés et qu'elles traitent d'ailleurs avec la plus stupéfiante des compétences.

Mais un des charmes de ce musée et qui empêche de le bien étudier, ce sont les cours plantées de palmiers, décorées de marbres, — sur lesquelles s'ouvrent les salles. — Des cours qui furent les deux cloîtres du couvent de jadis. Et quels cloîtres? De vrais décors de rêve où des colonnettes fragiles à se briser soutiennent, on ne comprend guère comment cela est possible, des voûtes en dentelles de pierre, bordées d'ogives merveilleuses. Au milieu, ce sont des parterres de violettes et de roses embaumantes, — ce sont des pelouses vertes, de ce vert d'émeraude qu'ont seuls les gazons noyés d'eau, crus à l'ombre de vieux murs et d'arbres centenaires.

. . . .

De la Palerme arabe qui fut une capitale de plus de trois cent mille habitants, la Palerme d'aujourd'hui a bien conservé quelques vestiges, mais aucune construction de style. M. Amari a déchiffré des inscriptions attestant que les châteaux de la *Ziza* et de la *Cuba*, que l'on tenait pour les derniers monuments mauresques, ont été, en réalité, construits sous Guillaume Ier et sous Guillaume II. Toutefois ces édifices, où les mosaïques byzantines s'encadrent en des arcs à ogives arabes et où les clochers sont en façade, selon l'habitude normande, n'en restent pas moins curieux à étudier. Cet art semi-byzantin, semi-arabe, semi-normand, fut, au commencement du xiie siècle, le premier du monde. Il exprime exactement cet état de civilisation, alors que des conquérants venus de Normandie commandaient à des architectes arabes et à des décorateurs byzantins des basiliques, sur le plan de celles de France. M. Hittorf a étudié cette *Architecture moderne de la Sicile*, techniquement, dans un ouvrage définitif. Comme toujours, nous nous bornerons à des impressions de passant, choisissant, au hasard de nos promenades, la cathédrale de l'*Assunta* et le mélancolique cloître de Monréale.

A cent pas de la *Porte Neuve*, séparée de la rue *Victor-Emmanuel* par une terrasse vaguement plantée d'arbustes et décorée de dix-sept statues quelconques, s'élève la cathédrale, assemblage bizarre de styles se contrariant et se détruisant les uns les autres avec le plus audacieux des sans-gênes. Construite de 1169 à 1185, les deux tours dateraient de 1359, la porte de 1445, le porche, le fronton de 1450 ; et, pour achever, M. Fuga aurait eu l'idée vers 1751 de cette pesante coupole Renaissance qui écrase manifestement tout l'édifice. Donc, si ces mots peuvent être employés à ce propos, — une église hétérogène, composite, bâtarde. Eckerman rappelle que Gœthe prétendait que *l'architecture est de la musique figée*. En ce cas, les façades de l'*Assunta* auraient la bizarrerie, la beauté tourmentée des plus périlleuses pages de Liszt. Ce ne sont sur les parois immenses où l'œil chercherait en vain la beauté classique des grandes lignes régulières que réseaux entrelacés d'arcades ogivales, que prismes bigarrés étalant au soleil l'irrégularité de leurs mille facettes. Des fenêtres en meurtrières, mystérieuses comme le moyen âge, sont décorées de corniches fleuries de la Renaissance la plus pure. Des statues chrétiennes joignent leurs mains et lèvent vers le ciel leurs yeux de prière en des niches ciselées de guillochures byzantines. Des clochers frêles comme des minarets d'Orient font pendant à une énorme coupole que supportent, on se demande en vérité par quel prodige, — des piliers gothiques d'une délicatesse incomparable. Tous les âges, tous les styles, l'Europe et l'Asie, on croirait se trouver en face de la réalisation invraisemblable d'une de ces prodigieuses cathédrales de cauchemar que se plaisait à imaginer le crayon fantastique de Gustave Doré.

L'intérieur ayant été modernisé est de style moins compliqué. C'est une église comme les autres, plus riche seulement en trésors et en reliques, mais ce n'est que cela. Et mieux que le fameux *pallium* espagnol, constellé de pierreries, dont le *cicerone* me vante la richesse avec des yeux de voleur, les sculptures de Gagini m'eussent intéressé si Paul de Musset n'avait eu raison de dire que Gagini ne fût appelé le Michel-Ange de la Sicile que parce que la Sicile ne posséda, hélas ! point de Michel-Ange. Cependant de pompeux sarcophages de porphyre rouge, aux baldaquins d'opéra, sollicitèrent et retinrent un instant mon attention. — C'est là, dans ces tombes admirables, que dorment depuis des siècles des princes illustres, des princesses charmantes de dynasties éteintes, de familles oubliées. Voilà Frédéric II, ce kalife chrétien et d'autres, pâles fantômes, dont les noms seuls survivent encore un peu de temps, ainsi que de pauvres fleurs surnageant sur le courant des âges et que les futurs cataclysmes de l'histoire entraîneront certainement, un jour ou l'autre, tôt ou tard, vers la bonne paix de l'éternel oubli. Et toujours me revenait en mémoire, comme l'angoissante pédale de cette funèbre symphonie de tombes et de sépultures, la parole du tragique grec : *En vérité, le jour de la mort vaut mieux que celui de la naissance !* J'essayais un parallèle entre les difficiles pensées, les affolantes passions, les intolérables mécomptes qu'avaient sans doute vécus ceux dont les os jaunissaient dans ces sarcophages de porphyre, — et la grande, l'admirable paix, sans analyses et sans illusions dont ils goûtaient actuellement l'immuable sérénité. En vérité, suis-je tenté de répéter à mon tour : *le jour de la mort !*... Mais voici que sur mon épaule subrepticement se pose le bras du prince Hamlet et que j'entends sa voix claire me répéter avec un indicible sourire dans l'eau bleue de ses yeux froids comme un paysage du Nord : « Dormir !... dormir ou peut-être rêver ?... »

. . . .

Quant au cloître de Monréale, il est situé hors de la ville. De la Porte-Neuve à la *Rocca*, on suit à n'en plus finir une route poussiéreuse de banlieue, puis on s'engage dans un chemin en lacets, pareil à ceux de la Suisse, zigzaguant à l'aventure, sur le versant de la montagne. Volontiers je m'attarderais à visiter le village. M. Zola y trouverait des intérieurs plus infects que ceux qu'il a jamais décrits, — c'est un amas de cahutes borgnes, séparées par des chemins défoncés, un vrai nid de brigands et qui en fut un jusqu'à ces dernières années. Mais nous sommes venus pour la cathédrale, et il faut passer avec le regret de ne pouvoir emporter dans nos yeux l'image précise de cet étonnant décor de guet-apens et de tuerie. Je ne disconviendrai pas ensuite que l'église ne soit belle, parée de mosaïques grandioses, de sarcophages étonnants, d'autels inestimables; cependant, après Palerme, j'hésiterais à m'extasier, et je regretterais plutôt d'avoir perdu mon après-midi à cette fatigante excursion, s'il n'y avait aussi le cloître, un cloître exquis, seule partie encore debout du vaste couvent de Bénédictins que fonda ici Guillaume II. Ah ! quel intérieur délicieux et qu'il faut se hâter d'admirer, puisque le gouvernement a eu l'heureuse idée d'y installer une école ! Sans doute on a pris des précautions, cependant il ne faut pas désespérer que les mains iconoclastes de la jeunesse sicilienne n'aient pas bientôt mis en coupe réglée cette forêt de colonnettes aux fûts, aux chapiteaux tous dissemblables les uns des autres et dont chacun néanmoins demeure un poëme d'ingéniosité imprévue et charmante. Dans un angle du jardinet, j'ai remarqué aussi une fontaine baroque ; imaginez une colonne à cannelures surmontée d'une boule sculptée d'où l'eau retombe de très haut, en filets minces, dans un bassin de marbre blanc. Jadis, aux murs du cloître, il devait y avoir des fresques aux couleurs gaies, des inscriptions reconnaissantes en lettres dorées. Mais, depuis longtemps, les peintures sont effacées, les paroles oubliées. Et c'est triste, triste comme la mort, cette eau qui sanglote indéfiniment devant ces murailles qui, comme le cœur des hommes, n'ont pas su se souvenir.

Nous arrivons plus loin, au jardin en terrasse qui domine toute la vallée. Les orangers en fleurs embaumaient l'atmosphère, les plates-bandes étaient rouges de roses, des oiseaux follement chantaient dans l'éblouissement d'un soleil d'Afrique. Et de lassitude, pour faire quelque chose, je me suis accoudé au mur, laissant mes yeux errer sur la pacifique splendeur du paysage. A mes pieds, l'immense conque d'or étalait ses tapis de verdure semés de fleurs multicolores. Plus loin, sous un ciel de saphir, c'était la mer, immobile dans l'accalmie des vents tombés, — telle une prodigieuse plaque de lapis-lazuli. Et plus loin encore, c'étaient les crêtes distantes des montagnes qui, sous la lumière, paraissaient vaporeuses et légères comme des plumes d'autruche tremblantes à la brise. Mais l'air, l'air surtout était d'une transparence, d'une subtilité incroyables, à donner à l'esprit les ailes d'Ariel, à troubler de mirages la sûreté de nos regards. Le phénomène paraîtra bizarre ; il est pourtant facile à observer. Bientôt il semblera, à vouloir fixer ce tableau d'un éclat de couleurs insoutenable, que la lumière elle-même se colorerait subitement, que tout en gardant sa scintillation pailletée le soleil emprunterait aux surfaces qu'il anime de sa chaleur, d'incertaines nuances dont il arc-en-cielerait ses rayons!... Et puis je garderai, toujours, un peu, la souvenance du parfum des orangers en fleurs dont l'air était tellement imprégné qu'il en devenait écœurant. C'est ainsi qu'il est plus facile de garder le souvenir d'un parfum, d'une nuance que d'une personne ou que d'une idée, car les idées changent de valeur et les personnes, chaque année, vieillissent de visage, tandis que le fond de nos âmes, c'est toujours, que nous le voulions ou pas, le laboratoire infernal de Klingsor. Il suffit d'un certain parfum, il suffit d'une certaine nuance pour que réapparaissent vivantes et troublantes les filles-fleurs aux beaux sourires, les Kundrys aux belles-mains auxquelles un Parsifal seul sait résister!...

Ah! ces pétales blancs des orangers, ces palmes vertes des palmiers, cette odeur suave et nuptiale, cette journée dorée et voluptueuse, pour moi, vraiment, c'est toute la conque d'or!...

X

Pour M. Franck Puaux.
Palerme, mai.

Les jardins de Palerme sont fameux. Ernest Renan parle de *végétation tout égyptienne*. J'en ai visité quelques-uns :

Un soir, à la tombée de la nuit, à l'heure des nuances, à l'heure que j'aime, car elle est reposante aux yeux et bonne au cœur, celui, sur la route de Montréal, que l'on appelle, je ne sais trop, en vérité, pourquoi, le *Jardin d'acclimatation*, car s'il y a de belles plantes, elles n'ont rien mais absolument rien d'exotique et en fait de bêtes vivantes il n'y a pas même un chien, le chien du jardinier! pas même un chat, le chat de la portière!

Un dimanche, sous la brûlure du soleil, le *Jardin botanique* à la *Via Lincoln*, dans Palerme même. Les aspects n'en sont plus d'Europe : des dattiers, des bananiers, des bambous en allées somptueuses, même des cocotiers austraux, et dans les serres, des mésanbryanthèmes, des bougainvilles dont les fleurs sont si brillantes et si nombreuses que l'on détourne les yeux, ébloui littéralement. D'autre part, je le reconnais, les serres sont informes, les couches insuffisantes, l'arrangement au petit bonheur. Ce n'est plus comme dans les pays du Nord : ici, la main de l'homme est paresseuse ; d'ailleurs, ce n'est pas la peine, la nature met partout ses guirlandes et ses palmes. « Regardez les lys des champs, ils ne travaillent ni ne filent, et pourtant, je vous dis, en vérité, que Salomon même, dans toute sa gloire, ne fut pas vêtu plus magnifiquement que l'un d'eux. » Regardez le Jardin botanique de Palerme, on le soigne à peine, et pourtant je vous dis, en vérité, que les serres de France ou d'Angleterre, malgré tous leurs perfectionnements, ne sont pas fleuries aussi magnifiquement.

Une autre après-midi, j'ai visité encore la *Villa Sofia*, au pied du Pellegrino, un parc anglais, où se trouvent peut-être les plus beaux palmiers de la Sicile et une collection d'orchidées qui fait rêver. Mais à quoi bon essayer de traduire mon impression? M. Huysmans a dit ce qu'il y avait à dire. Reprenons *A rebours*, ce livre unique et qui restera unique même dans l'œuvre de son auteur! « Ces plantes sont tout de même stupéfiantes ; aucune ne semble réelle ; l'étoffe, le papier, la porcelaine, le métal, paraissent avoir été prêtés par l'homme à la nature pour lui permettre de créer ces monstres... » et toute la description si complète qu'il devient inutile de la recommencer de ces fleurs névrosées et immorales.

Les *Guides* recommandent aussi l'excursion à l'ancien couvent des frères mineurs de *Sainte Marie de Jésus*. En voiture, il faut une bonne heure, et c'est une heure sans agrément, car la route au gros soleil est bordée de murs élevés qui font l'office d'écrans. Pour le cimetière, il est dans le mauvais goût des cimetières de l'Italie moderne, à craindre de le traverser. Il est vrai que de *la Loggia* de la chappelle la vue sur la conque d'or ne manque pas d'agrément mais sur les hauteurs du Pellegrino, ou sur la terrasse de Montréal nous étions certes en infiniment meilleure position pour admirer les lignes et les couleurs de ce paysage splendide !... Bref, tout ce que j'ai su découvrir de joli dans cette course fatigante et poussiéreuse, ce sont des lézards, vifs comme du vif-argent, dont les corps souples, d'un vert de lumière, faisaient sur les pierres noires de si gentilles petites taches claires. Je me pris à les aimer, ces bestioles paresseuses comme des poètes, capricieuses comme des femmes et spirituelles, fuyantes, à charmer même une âme russe. Je me mis à siffler pour leur faire plaisir, mais il paraît que je ne savais pas : elles prirent peur et s'enfuirent comme des folles. Hélas ! il n'est pas donné à chacun de savoir siffler assez bien pour plaire, ne fût-ce qu'aux petits lézards de Sicile !

Enfin, n'oublions pas le casino de la *Favorite*, un joujou bizarre, que Ferdinand IV et la reine Caroline s'amusèrent à faire construire dans la vallée, à l'Ouest du Pellegrino, en pleines terres de chasses, parmi les orangers et les citronniers de ces contrées enchanteresses. Imaginez, au milieu de jardins Louis XIV, sans un arbre, mortels au soleil, une construction chinoise, presque un dagop indien. Des toits en chapeau se surmontant l'un l'autre, deux escaliers extérieurs légèrement pyramidés. Des terrasses avec des colonnettes reliées entre elles par des grillages ; partout des incrustations, des peintures indiscrètes, un excès de corniches et d'ornements ridicules à se croire en plein royaume d'opérette.

« La Chine est un pays charmant !
« Partout des clochettes,
« Partout des sonnettes,
« Du soir au matin :
« Tin ! Tin ! Tin ! Tin ! Tin !

Un vrai caprice de princesse grosse. D'autant que l'intérieur répond à l'extérieur. Les escaliers sont si étroits que, sans avoir l'encolure de feu « notre bon Oncle », on hésite à s'y engager de peur d'y rester pris comme une souris dans une souricière. Ailleurs, pour déconcerter le visiteur, les peintres avec application ont imité les taches et les mousses de l'humidité la plus malsaine. Dans la salle à manger, la table massive permettait un service automatique de plats descendant à l'étage inférieur chercher les portions rationnées des nobles invités qui s'amusaient ainsi à manger comme des rois de féeries. Quant au soi-disant appartements de sa Majesté, une chatte s'y trouverait mal à l'aise, et je doute que beaucoup de dames se soient jamais hasardées à venir boire le café noir dans la chambre haute, aménagée à cet effet. Pour y parvenir, il faut gravir un escalier de fer en barreaux d'échelles que seul M. Loti trouverait à sa convenance, puisque vous savez que l'officier de marine académicien a l'habitude de gagner son cabinet de travail en grimpant une échelle de cordes. Bref, car je ne puis tout raconter, pas davantage que je n'ai pu tout voir, une collection de chambrettes si drolichonnes et si coquecigrues que le duc Jean Floressas des Esseintes lui-même eût consenti à sourire.

Ce fut d'ailleurs un passe-temps des seigneurs palermitains de se construire ainsi des résidences d'été *à rebours* du bon sens. Le vicomte de Marcellus visita le labyrinthe du prince Butera et le couvent d'ermites automatiques du duc Serra di Falco : « A peine, raconte-t-il, a-t-on mis la main sur le loquet, que les portes s'ouvrent et qu'un même ressort fait avancer vers nous, des figures de cire qui regardent fixement, de leurs vives prunelles. » Ce pieux musée Grévin existe encore, seulement le vicomte de Marcellus a omis de raconter sa réjouissante origine. Il paraîtrait donc qu'autrefois un duc Serra di Falco avait fait vœu, en une heure désespérée, d'élever et de doter un monastère en cas de réussite. Mais plus tard, lorsque contre toute attente il eut obtenu ce qu'il désirait, l'idée de construire et d'entretenir un couvent ne le séduisit guère. Cependant il n'osait manquer ouvertement à sa parole donnée. Que faire? Une âme complaisante, il s'en trouve toujours auprès des grands, lui suggéra le parti de bâtir un couvent de bois habité de moines de cire. Et le duc Serra di Falco admit avec empressement cette petite combinaison. A la lettre, sans doute, il avait accompli son vœu. Seulement hélas! ce n'est plus un paradoxe de prétendre que la lettre tue — et ce couvent d'ermites automatiques reste un exemple, imprévu peut-être, mais qui vient s'ajouter à tant d'autres d'une vérité aussi vieille que les *Evangiles*.

Quoi qu'il en soit, ces joujoux de grand luxe traduisent exactement l'état d'esprit de la noblesse sicilienne d'avant la *Terreur*, d'avant les Mille, Garibaldi et 1860. Cette race *trop ancienne, énervée par la beauté des jours qu'avaient vécus ses aïeux*, — ainsi que le disait Paul Bourget dans une phrase digne de Carlyle, — par l'éternelle douceur d'un éternel climat de printemps, et dont les fantaisies se réalisaient comme des souhaits de princesse dans les contes de fées. Je n'avais pas tort de penser au duc Jean Floressas des Esseintes : la maison de Fontenay, les vieux livres latins, les orchidées immorales, les caprices érotiques, même les rencontres de l'avenue Latour-Maubourg !... il y avait de tout cela et bien d'autres choses encore dans leurs vies !.. La *Favorite*, par exemple, symbolise parfaitement l'âme changeante et frivole de la fille de Marie-Thérèse.

Dans une dépêche datée du 7 germinal an XI, M. Alquier, alors représentant de France auprès de la cour de Naples, écrit à M. de Talleyrand : « La vie de la reine n'est qu'une longue crise de vapeurs. » Mettez un mot à la mode : « Une longue crise de neurasthénie! » et vous aurez l'intéressante vérité. Mais aussi quel roman, quelle légende dorée que cette vie! Reine des Deux-Siciles à seize ans, elle ensorcelle le roi par sa beauté au point qu'il pardonne tout, jusqu'à ce que, devant sa conduite affichée avec le ministre favori Acton, il s'écrie, désespéré : « Je tuerai l'un et l'autre, et ferai jeter les cadavres par les fenêtres du palais! » Obligée de régner, Ferdinand IV lui disant paresseu-

sement : « Vous savez bien que je n'ai pas le temps ! »
elle prenait pour confidente, pour conseillère une
vague théâtreuse devenue, à force d'intrigues et de
complaisances, lady Hamilton. Etonnez-vous ensuite
que sa politique fut toute de caprices inutiles. Un jour,
elle croyait à l'Angleterre; le lendemain, à l'Autriche;
le surlendemain, à la Russie ; et le jour d'après, sans
préparation, elle envoyait à Napoléon son portrait
encadré de pierreries. Cependant sa grâce souveraine
de femme que la suprême beauté avait touchée au front
harmonisait d'un geste, d'un sourire, toutes ces dissonnances. Elle aimait, rapporte l'histoire, à recevoir
ses ambassadeurs en parfilant de l'or. Mais le malheur voulut que sa politique fût aussi de caprices
sanguinaires. Lors de la restauration de Naples, elle
écrivait à cette très chère Lady Hamilton : « Les
« rebelles mériteraient d'être marqués au fer rouge !...
« Je vous recommande la plus grande sévérité !... »
Ainsi par sa volonté des têtes tombèrent nombreuses,
le sang coula des mois, à Santa-Lucia. Et pourtant
c'était une mère, une mère admirable, vénérée de ses
enfants à l'égale d'une idole. Sous ce rapport, les
lettres que lui adressera plus tard sa fille, l'impératrice Thérèse, en paraîtront édifiantes, touchants témoi-
gnages de déférence, d'admiration et d'amour filiales.
Néanmoins toujours, et avant tout, cette reine politique, cette mère dévouée fut et voulut être une femme,
c'est-à-dire un être de caprices, de passion et de
beauté. Et jusque dans ses pires malheurs, jusque dans
ses plus dures épreuves, l'exil de Palerme, la fuite en
Autriche, — jusqu'aux dernières années même de sa
triste vieillesse, elle eut ce courage, — car c'en était un !
— et cette grâce, cette grâce qui embellit le souvenir
qu'elle laissa sur cette terre, — de rester coquette,

légère, amoureuse... N'est-ce pas le casino de la *Favorite* avec ses chinoiseries inutiles, ses clochettes tintinnabulantes, toute son ornementation surannée et charmante? On pourrait ainsi écrire une bien curieuse *Histoire de l'âme par l'habitation*. Le Casino de Palerme et les châteaux de Bavière en fourniraient déjà deux chapitres essentiels.

. . . .

« Ce n'est pas tout, disait un jour une femme à l'âme tragique, *il faut songer à bien finir*. » Elle pensait à la vie, je ne pensais, moi, qu'à mon voyage cette dernière après-midi de mon dernier dimanche en Sicile. Mais c'est égal, je le sentais bien, il fallait *songer* aussi *à bien finir!* Et je m'en fus, réflexion faite, à la *Villa Giula*, où l'on donnait une kermesse pour les pauvres.

Située à l'extrémité du quai de la Marine, la *Giulia* ou la *Flora*, — car cette villa a deux noms comme une femme, — est, on peut dire, le parc Monceaux de Palerme. Une corbeille de roses, un royaume de verdure, un paradis de féerie, un enchantement fleuri et un rêve parfumé où je n'ai regretté que le monument déplorable élevé aux frères Canaris. Non que je refuse d'admirer comme il convienne ces derniers héros de l'histoire grecque, mais parce que je déplore que le sculpteur ait cru devoir leur donner ces grotesques attitudes d'acteurs de mélodrame, et encore de quels acteurs! Les plus mauvaises soirées des plus regrettables drames de l'Ambigu n'ont dû exhiber rien de pire. Civiletti ne faisait en marbre que du mauvais Victor Hugo — celui des odes premier empire du début ou des poèmes apocalyptiques de la fin. Comme je préfère à toutes ces prétentions mal justifiées les allées de sycomores roses, d'arbres de Judée violets, et le bleu pâle des carrés de myosotis et le vert frais des bordures de buis! Il y avait tant de pétales sur les chemins, tant de zéphirs parfumés dans la tiédeur caressante de l'air. Des oiseaux chantaient sous les branches. Les yeux étaient éblouis, on défaillait comme aux soirs d'août; l'âme s'endormait bercée... c'était un enivrement surprenant déjà trois de nos sens... Avec des lèvres amies, c'eût été l'ineffable, l'au-delà :

>   Sous des palmiers verts embrasser des roses
>   Et ne plus savoir si des lèvres roses
>   Aux arbres du Rêve ont fleuri soudain,
>   Ou si la fleur aux moiteurs de satin
>   Devient une bouche aux lèvres de femme,
>   Une bouche folle où l'âme se pâme.
>   Le rossignol pleurerait son désir,
>   Le jour serait d'or, la mer de saphir,
>   Et l'on confondrait, sous un ciel de Sèvres,
>   La bouche des fleurs, le parfum des lèvres...

Mais le soir s'en venait à pas étoilés... J'avais eu raison *d'aller bien finir* cette dernière journée du dernier dimanche à la *Villa Giulia*. Sans doute, les femmes jolies étaient rares, mais il y avait tant de belles fleurs! Sans doute, la musique ne rappelait que de loin l'orchestre Lamoureux, mais le vin des cabarets de charité vous mettait tant de soleil dans l'esprit, — et puis le ciel était si clair, si magnifique que, somme toute, ce fut très bien. Alors, soudain, je me mis à les envier, ces pauvres en argent pour lesquels on fait des fêtes avec des fleurs, de la lumière, de la gaieté de quinze ans, car aux pauvres en bonheur est-ce que personne pense jamais? Et déjà, il y a bien des années, Alfred de Musset disait que non. « Heureux donc, heureux vous « qui êtes pauvres, car le royaume de Dieu est à vous !

« Heureux vous qui avez faim, car vous serez rassasiés ! »

. . . .

Et maintenant ai-je rendu suffisamment les impressions ineffaçables rapportées de cette Sicile que Banville appelait en poète « la terre des épis tremblants et des grands lys ? » D'abord, ce fut Messine, le port suranné, la vallée monotone devant l'enchantement du classique détroit ; puis Catane, la ville grecque, la ville délicieuse dans l'étrangeté d'un paysage de désastre que dominent les fumées menaçantes de l'Etna ; ensuite Syracuse, la petite ville provinciale perdue dans un désert de pierres historiques, la nécropole désolante de splendeurs à jamais finies. Enfin Palerme, la cité moitié sarrasine, moitié normande, avec ses trésors d'architecture, de sculpture, et la beauté merveilleuse de la *Conque d'or*. Encore, pour être à peu près complet, aurais-je dû parler de Taormine, — une station de printemps, à la mode, sur la côte, entre Messine et Catane ; des antiquités célèbres de Girgenti ; de celles non moins célèbres de Sélinonte et du bon vin de Marsala. Hélas ! je ne suis qu'un passant, plus curieux que d'autres seulement, puisqu'au retour j'ai lu des livres très savants pour mieux comprendre ce que j'avais vu. Mais je n'ai pas songé le moins du monde à écrire un *Guide*. Cela m'eût bien trop ennuyé. Quant à ceux qui répondraient que c'est déjà beaucoup qu'un aussi long travail sur une île aussi petite, je leur rappellerai simplement que Renan a écrit : « La Sicile est une motte de terrain aurifère non encore lavé. » — Et avant lui, Gœthe, ces paroles mémorables qui seront l'épigraphe, le résumé et la raison même de ce qui précède : « L'Italie sans la Sicile ne laisse aucune image dans l'esprit. C'est là qu'est la clef de tout. La Sicile est la reine des îles. »

II. — IMAGES

I

« DE CHARYBDE EN SCYLLA!... »

Pour M. Charles de Bétant.

C'est un jour de soleil qu'il convient d'aller à la *Trattoria Peloro*, c'est-à-dire à ce promontoire à une heure et demie au nord de Messine, où le gouvernement italien eut la prudence d'établir un phare. Il y a un tramway à vapeur — malheureusement! — Je dis malheureusement! car si les tramways à vapeur ont leurs avantages pratiques, ils ont aussi l'inconvénient capital de gâter les paysages et d'amener à trop bon compte trop de curieux aux endroits où il ferait si bon être seul. N'importe, de la lanterne du phare, l'horizon reste admirable ; au premier plan, le détroit de Messine qui prend ici des apparences de grand fleuve, — en face, Reggio, Orchi, Pezzo, Palmi, toutes les petites villes blanches de la Calabre, hérissées de montagnes bizarres, — puis à gauche, la pleine mer avec, devinées plus que vues, là-bas, les lointaines îles Lipari. Devant cet océan aux vagues voluptueuses, devant ce paysage parfaitement pur et d'une paix infinie, il m'est revenu en mémoire, en la comprenant mieux, — une phrase que j'avais entendue jadis, dite par quelqu'un qui avait beaucoup connu la souffrance! « Ce qui me retient à la vie, c'est toutes les belles choses que je n'ai pas encore vues! »

Ah! certes, que cette mer si belle pourrait devenir pour certains une raison de vivre, comme ce paysage de lumière et de paix, pour d'autres, et comme pour d'autres encore, les yeux si beaux, les yeux si graves des femmes que j'ai admirées, assises sur le seuil des portes, tout le long du village, en des attitudes presque hiératiques, la quenouille, la vertueuse quenouille aux mains!...

L'ennui de la Sicile et de l'Italie d'ailleurs, — ce sont ces gamins qui partout vous suivent, vous regardent, — s'obstinant avec une opiniâtreté digne d'une meilleure cause à vous demander des sous. Rien ne les rebute, ni le silence, ni les *via! via!* énergiques, — ils attendent patiemment, car ils savent que de lassitude l'étranger finira par ouvrir sa bourse. Et, si l'on s'amuse à lancer les pièces dans la mer, bravement, ils se jetteront à l'eau avec des adresses de jeunes chiens.

Deux de ceux-là, des frères à ce qu'ils disaient, — se sont mis à me suivre à ma sortie du phare. Je me suis assis sur le sable, ils se sont assis, — et comme je ne faisais point attention à eux, ils ont parlé :

— « Donne un sou, Monsieur, j'ai tant faim, tu es
« bon, tu as le cœur comme le visage! »

Pour les interloquer, j'ai répondu :

— « Mais c'est qu'alors je dois être très méchant! »

Ils n'ont rien ajouté, ils attendaient le son que méritait leur parole gentille. Leurs gestes avaient des nonchalances infinies. Je demande encore à l'aîné :

— « Pourquoi n'as-tu pas les yeux noirs comme
« ton frère? »

Ma question ne parut point avoir été entendue. Son visage ne manifesta aucune intention. Alors, je repris :

— « Comprends-tu ce que je te dis? »
— « Oui, Signor, je comprends bien. »

Mais ils n'avaient rien à répondre, ils attendaient leurs sous pour s'en aller ensuite mendier ailleurs, vers d'autres...

C'était sur la plage de la Méditerranée, près de Scylla, en face de Charybde, par une de ces journées exquises où le soleil se voile peu à peu de nuages très pâles. La mer était si calme, si mollement flottante, — Charybde, Scylla ne sont hélas! que des fables et les vers fameux de Schiller :

*Und es wallet und siedet und brauset und zieseht
Wie wenn Wasser mit Feuer sich mengt*[1],

ne furent jamais que littérature! Et allez donc, tous ces faiseurs de belles phrases ne valent pas un bon géographe à la vue courte et à l'esprit plat comme une galette!

II

VITRAIL D'ÉGLISE :
SAINTE AGATHE

Pour M. Édouard Rod.

On m'a montré, dans la cathédrale de Catane, le cercueil d'argent de sainte Agathe ; aux fêtes anniversaires du 3 février et du 17 août, on le promène en grande pompe, par les rues, et chaque année, — m'assure-t-on, — il fait nombre de miracles. D'autre part,

---

[1] Der Taucher.

le voile, ou plus exactement, la guimpe de la Sainte, solennellement déployée par l'évêque de la ville, arrêta jadis, selon des témoins dignes de foi, les torrents de lave de l'Etna. — A l'*Hôtel Oriental*, ma fenêtre donne sur la *Place des Martyrs*. Du matin au soir, j'aperçois immobile au sommet d'une colonne une statuette de femme se profilant sur le bleu ; la colonne est antique, mais la statuette est moderne, c'est celle de la patronne du pays, de cette bonne sainte Agathe que les Catanais n'oublient en aucune circonstance de leur vie et qu'il me vient, à mon tour, le désir de connaître et de vénérer. J'ai donc cherché dans les vieux livres chers à Anatole France, et voici ce que j'ai trouvé :

L'histoire est ancienne, sainte Agathe étant, d'après les Bollandistes, la première des quatre principales martyres de l'Occident. Au commencement du iiie siècle, au temps de Dèce empereur, naquit en une noble famille catanaise une jeune fille de la plus grande beauté et de la plus rare intelligence, mais, ajoute le pieux écrivain, « elle était tellement attachée à Jésus-« Christ qu'elle n'avait que du dégoût pour les créa-« tures ». Mes livres ne disent point que sa famille fût chrétienne ; j'aime à le supposer. Comme il est appert que la Sainte le fut, elle, longtemps, en secret, il me déplairait de pouvoir seulement la supposer capable d'un mensonge, même dans de telles circonstances. Les pieuses intentions ne sauraient blanchir les actes répréhensible. Le mensonge, quoi qu'on en dise, ne sera jamais excusable. J'ai tort sans doute, au point de vue dogmatique, mais, quoique j'y fasse, mes hésitations subsistent ; cette duplicité presque édifiante, je le reconnais, suffirait à ternir à mes yeux l'immarcescible blancheur, la chasteté sans désir de cette âme privilégiée. Je dis la chasteté, car il semble bien qu'entre les vertus de l'Eglise, celle-ci parut à sainte Agathe tout à la fois la plus difficile et la plus méritoire. Aussi fut-ce pour la conserver qu'elle résista aux méchants, étirée sur un chevalet, tenaillée par des pinces de fer, traînée sur des tessons de verre, roulée parmi des charbons ardents, jusqu'à ce que la mort bienfaisante enfin prît en pitié sa pauvre chair.

Son histoire est l'éternelle histoire des Saintes du calendrier : belle, noble, la première des vierges du pays, le proconsul Quintianus la distingua. Or, vous savez que sainte Agathe « n'avait que du dégoût pour « les créatures ». Elle repoussa donc l'amour, l'amour d'un puissant de ce monde, et s'en fut cacher sa beauté dans les montagnes. Peut-être avait-elle peur et se sentait-elle au fond de l'âme moins de dégoût pour la *créature* Quintianus qu'elle ne voulait en convenir. C'est mon plaisir de le penser, parce qu'ainsi sainte Agathe me semblerait non pas moins pure, mais plus capable de tendresse, plus femme, au sens humain du mot ; et d'ailleurs, s'il n'y avait point eu luttes, regrets, y aurait-il eu vraiment sacrifice volontaire, offrande agréable ? Quintianus, lui, vivait comme les hommes de ces temps-là, c'est-à-dire un peu plus mal que ceux d'aujourd'hui. Cette retraite lui fit comprendre que les refus de sainte Agathe n'étaient point caprices de petite fille, mais entêtements de jeune chrétienne. Or les ordres de l'empereur étaient formels. Ses ressentiments d'homme à bonnes fortunes concordant avec ses devoirs de gouverneur païen l'engagèrent à se porter envers cette jeune vierge à des excès de cruauté qui sont d'un fonctionnaire diligent, mais non d'un galant homme surtout évincé. Hélas ! qu'il en coûte d'avoir du dégoût pour les créatures proconsulaires ! La trop aimable Agathe devait l'apprendre à ses dépens, car vous pensez que Quintianius eut vite fait de retrouver la fugitive. Sachant qu'au soleil de Catane la chair est faible, il la mit en pension chez une nommée Aphrodise, qui remplissait dans cette ville, en ces temps-là, comme qui dirait l'office de Mme Tellier. Quintianius n'avait pas perdu tout espoir ; il pardonnait à la chrétienne en considérant la grâce de la femme. Trente jours se passèrent, et dame Aphrodise et ses neuf pensionnaires se fatiguaient de paroles et de caresses. Sainte Agathe demeurait inébranlable, tant et si bien que dame Aphrodise, qui avait l'expérience de ces sortes de choses, déclara au proconsul « que, puisqu'elle n'avait pas « réussi, il n'y avait plus rien à espérer ». La femme n'avait pas voulu céder, la chrétienne allait être mise à l'épreuve. D'abord, Quintianus lui ordonna de sacrifier aux dieux ; elle s'y refusa catégoriquement. Vous connaissez l'aventure ; *Polyeucte* vous l'avait apprise. Là-dessus nos deux amoureux firent de la théologie, de la polémique ; sainte Agathe eut l'esprit d'à-propos, et Quintianus, qui avait des raisons peu catholiques de lui en vouloir, finit par la souffleter et la faire jeter au cachot. Jusque-là l'histoire n'a rien que de très banal : une petite femme exaltée que poursuit un gouverneur galantin ; la petite femme ne veut pas marcher, le gouverneur abuse de sa position. N'est-ce pas aussi facile à imaginer qu'un roman d'adultère ?

Mais voici qu'au milieu des tortures, qu'en face de la mort douloureuse, se dégagea soudain de la fillette maladive et presque ridicule l'âme superbe, l'âme passionnée des grandes croyantes : « Renoncez à Jésus-Christ », lui disait Quintianus. — « Puisque, c'est lui, répondait-elle, qui est ma vie et mon salut ! » Et tandis qu'on lui coupait les seins, elle cria au proconsul à demi folle de souffrir : « Tyran impie et cruel,

« ne rougis-tu pas de faire couper des mamelles que
« tu as sucées au sein de ta mère ! » Alors ce fut la fin,
on la mit au chevalet, la fouetta de lanières aggravées
de clous, lui déchira le corps avec des ongles de fer,
lui brûla les côtes avec des pointes rougies, lui rasa les
mamelles avec des lames empoisonnées ; enfin, on la
coucha sur un lit de pots cassés mêlés de charbons
ardents. Ramenée à la prison, elle guérit en une seule
nuit et disparut miraculeusement, le 5 février 251, obtenant, d'après les Bollandistes, la double couronne du
martyre et de la virginité. Elle fut enterrée secrètement,
mais avec honneur. En 1501, lorsqu'on rouvrit sa bière,
on revit après douze siècles, dans toute sa beauté
charmante, le corps qui avait ensorcelé le proconsul
Quintianius ; il s'en exhalait des parfums de fleurs
printanières ; les mains, le visage étaient d'une fraîcheur de roses.

Beaucoup d'églises prétendent conserver des reliques
de la Sainte. On trouve notamment de ses seins à
Catane, à Rome, à Capoue, à Siponto, à Paris même,
à l'église de Saint-Merry, où elles ont été apportées,
dit-on, de Munich. Plus de vingt villes assurent posséder un de ses bras ; il y a confusion évidemment. De
plus, sainte Agathe n'a pas trouvé place dans les actes
authentiques et choisis des premiers martyrs de D. Ruinart ; on avance que les textes anciens donnés par les
Bollandistes ont été interpolés et semblent peu dignes
de foi. Pour ma part, je soupçonne fort dame Aphrodise
et ses neuf filles de n'avoir jamais existé. Quoi qu'il en
soit, toutes ces mamelles, tous ces bras, et toutes ces
reliques ont fait et feront sans doute encore des
miracles. Voyez la touchante crédulité de l'âme populaire ! On dit souvent que le peuple manque de foi, au
fond rien n'est moins vrai. Oui, ceux qui savent lire

manquent peut-être de foi, mais les autres, les esprits à demi obscurs, croiront toujours, naïvement, et c'est pourquoi, pour eux aussi, longtemps encore, il se fera des miracles.

Et maintenant que je *sais*, je suis au regret de penser que, quoi que j'y fasse, sainte Agathe de Catane me semblera toujours un peu la sœur spirituelle du *Sérénus* de Jules Lemaître.

III

AMOURS DE SICILE

Pour M. Luigi Capuana.

En arrivant à Trezza, pauvre village situé sur la côte sicilienne, non loin de Catane, en face des Faraglioni, ma voiture est assaillie. Des pêcheurs montent sur les marchepieds, m'offrant tous, en criant, de me conduire aux îlots. Selon la coutume on débat le prix : on parle d'abord, pour essayer, d'un tarif très élevé. Je n'en veux rien savoir. Alors, d'un geste affectueux, l'un d'eux me prends le bras :

— « Eh bien, Signor, comme vous voudrez !... »

Nous partons ; la barque est commode, la mer calme, la journée délicieuse...

A l'*Isola d'Aci* débarquement, puis au hasard, nous zigzaguons par les rochers. Je parle de choses et d'autres ; tout de suite me voici l'ami de mes deux guides. Ils sont charmants : l'un a les yeux bleus, les premiers que je voie en Sicile, et les cheveux blonds,

« plus dorés que l'hélichryse », comme dit Théocrite. Mais c'est un gros plein de soupe, lent à parler, lent à penser ; l'autre me paraît de race grecque, il a les yeux, les cheveux, la beauté des hommes d'ici et un esprit gai qui diffère agréablement de l'indolence italienne. Ils ont vingt ans l'un et l'autre. Il paraît qu'ils sont cousins. Dans l'été, ils doivent partir pour être soldats, et cela les ennuie, parce que ce sera fatiguant et que ce seront aussi des années, de la jeunesse et de la force perdues.

A mon accent, celui qui a les yeux noirs reconnaît que je suis Français. Il en est tout joyeux, car les Siciliens nous aiment beaucoup ; nous avons chez eux la réputation d'être plus généreux, de savoir mieux comprendre les choses qu'il faut deviner que les Anglais ou les Allemands. D'ailleurs, je me rends bien compte que, pour lui, la France c'est surtout le pays où l'on presse le vin de Champagne. Il en a bu une fois, voici trois ans, et jamais il ne pourra l'oublier.

Il est chaussé, l'autre pas.

— « Pourquoi as-tu des souliers?

— « Eh! parce que je suis comme vous, Signor. Au-
« jourd'hui, je ne travaille pas, je vais pour mon plaisir. »

L'île d'Aci, le plus grand des sept écueils des Cyclopes est une masse gigantesque de laves basaltiformes, sombres et luisantes. Ce rocher colossal, poli par les vagues, taillardé bizarrement avec de profondes crevasses où nichent les oiseaux de mer, reste, et cela lui donne une apparence singulière, recouvert, par places, d'une couche calcaire incrustée de coquillages fossiles, où poussent des herbes jaunies et de longues fleurs roses. La question n'est pas résolue de savoir si ces récifs furent détachés du rivage par un coup de mer, ou s'ils ont surgi d'eux-mêmes. — Reclus affirme que

« tout le sous-sol de la Sicile est en effervescence chi-
« mique. » — Par contre en la neuvième Rapsodie de
l'*Odyssée*, Homère nous raconte que ces flots sont les
cimes de montagnes que, dans sa fureur, Polyphemos,
éborgné, lança contre « la nef à noire proue » du très
rusé Odysseus. On se rappelle le vieux texte, l'arrivée
par *la blanche mer* d'Odysseus et de ses *chers* compagnons, l'anthropophagie du monstrueux cyclope, comment le roi d'Ithaké se sauva, lui et ses rameurs, grâce à
trois kratères d'un vin rouge « si doux qu'on y mêlait
« pour une coupe pleine vingt mesures d'eau, et son
« arome parfumait encore le kratère, et *il eût été dur de
« s'en abstenir !...* » Mais Homère ne fut qu'un aède ;
encore n'est-ce pas parfaitement avéré, puisque des
savants à lunettes allemandes prétendent pouvoir
affirmer qu'il n'exista point. Quoi qu'il en soit, cette
île d'Aci est d'un sauvage à faire peur. Du sommet,
une vue très découverte allant au Nord, jusqu'aux
montagnes rosées de la Calabre, — dessinant au Sud,
toute la côte sicilienne de Catane à Syracuse et se
perdant, à l'Est, dans l'inconnu mystérieux de la mer
et du ciel d'azur.

On grave son nom, c'est l'habitude ; j'écris le mien
dans les quelques alphabets dont j'ai l'usage. Puis en
redescendant, les yeux bleus me donnent une fleur, —
une de ces longues fleurs roses, — les yeux noirs
remarquent une inscription : *Giovanni, propriétaire*.
Et brusquement, avec une explosion de colère :

— « Propriétaire ! propriétaire de quoi ?... proprié-
« taire de ma femme ! »

En quatre coups de couteau le nom est balafré. Ah !
la Cacalleria Rusticana est d'aujourd'hui ! Les yeux
noirs font faire tant de choses ! Supposez une dispute,
que les yeux bleus racontent ce qu'ils n'auraient pas dû

voir et, un soir, au sortir de l'*ostérie*, il y aura des coups de couteau et peut-être un meurtre...

Mais déjà nous reprenons la barque et, lentement, par la pleine mer, nous faisons le tour des sept écueils. Ces rochers prismatiques, crevassés, brillants de cristallisations et de scories vitrifiées, tachent de plaques noires le bleu profond de l'onde. Vers le rivage arrondi en baie, d'innombrables pierres à fleur d'eau sèment partout la perfidie de leurs pièges. Les vagues y mettent un peu de blanc d'écume. Pourtant la mer est couverte de batelets errants. De pauvres pêcheurs ramassent péniblement de pauvres filets ; une pêche de rien, de petits poissons, longs comme le doigt, qui ne se vendent guère...

Et c'était le retour tout à fait, le débarquement, je disais adieu à mes bateliers. Sans raison, j'étais *presque* comme un peu triste de savoir cette excursion finie pour toujours. Une phrase naïve de Théocrite me passait dans la mémoire : *L'Etna est ma patrie et j'habite un bel antre sous les roches creuses...* Vous ne sauriez imaginer le charme que je lui prêtais, alors, je m'en souviens encore, à cette phrase pourtant bien simple ! *L'Etna est ma patrie*, c'est-à-dire je suis de cette contrée, mes yeux ont appris à voir devant cet horizon plus doux, sous ce soleil plus lumineux que les autres. *J'habite un bel antre sous les roches creuses*, c'est-à-dire je verrai longtemps ce pays de féerie, — je le verrai le jour, tout rose de lumière, je le verrai la nuit, tout blanc de lune, — et je le verrai si longtemps qu'à la fin la lassitude m'en viendra peut-être... C'était tout cela, et c'étaient d'autres choses encore, intraduisibles, indéfinies, instinctives que je retrouvais dans cette seule phrase. C'est pourquoi, quoique je parle aujourd'hui de souvenirs de naguère, presque de jadis, cependant je ne peux pas répéter sans émotion : *L'Etna est ma patrie, et j'habite un bel antre sous les roches creuses...* Hélas! il ne fait pas bon revenir, jamais, même en pensée, aux lieux où l'on a connu des impressions heureuses!... Pour vivre sans mélancolie il faudrait vivre sans souvenirs!...

IV

LES BERGERS DE THÉOCRITE

Pour le poète Edouard Taouu.

A visiter les ruines de cette sorte de Paris alexandrin, que fut la Syracuse antique, m'est venu le désir de pénétrer plus avant dans les secrets de cette ville morte, de soupçonner les habitudes, les pensées, les passions de ceux qui, autrefois, marchèrent par ces rues, s'assirent à ces théâtres, prièrent devant ces autels, vécurent dans ces maisons. Alors, je me suis souvenu d'un poète syracusain que j'avais jadis beaucoup aimé, et j'ai repris, sur le rayon des livres d'étude, les *Idylles* et les *Epigrammes* de Théocrite, pensant de faire tout à fait comme qui chercherait dans les *Humbles* de Coppée des indications sur les manières de vivre et d'aimer des Parisiens d'aujourd'hui.

Si je me rappelle exactement, nous savons fort peu de choses sur la vie de Théocrite : il serait né à Syracuse, 305 ans à peu près avant la naissance de Jésus-Christ, aurait fait ses études dans l'île de Cos, à l'internat du poète Philetos. Vers la trentième année, il

serait revenu au pays, y aurait vécu pauvre, y aurait
été malheureux. Ses *Idylles* n'avaient pas de succès, et
le prince d'alors, — Hiéron II, — voyant la patrie mena-
cée par les Carthaginois, les Mamertins et leurs alliés,
négligeait la poésie et les poètes, ce qui est excusable
en somme. Las d'attendre la fortune, misérable, découragé, Théocrite serait parti pour Alexandrie. Dès lors,
tout devient incertain. Resta-t-il à la cour d'Égypte ?
Revint-il à Syracuse ? Fut-il étranglé par ordre d'Hiéron ? Mourut-il, au contraire, de vieillesse après la prise
de Syracuse par les Romains, c'est-à-dire après 212 ?
Chi lo sa? — comme disent si volontiers les Italiens de
maintenant. Le seul point hors de doute, c'est qu'écrivant en pleine période alexandrine Théocrite est peut-
être le dernier des classiques, mais qu'il est, à coup
sûr, le premier des modernes ; M. Jules Girard se
demande même s'il n'est pas un peu décadent, — au
sens alexandrin du mot, il faut s'entendre.

Le court recueil qui nous est parvenu sous le nom
de Théocrite renferme les panégyriques des souverains du temps, — comme qui dirait les requêtes d'un
Clément Marot à un François Ier, — et des fragments
héroïques ainsi que Leconte de Lisle en écrivit et dont
il n'y a rien à dire sinon que c'est très fort, très savant
et très beau. Cependant à ces grands vers mytholo-
giques qui font la joie des archéologues, on peut, on
doit même préférer les idylles dont Heinius disait délicieusement qu'elles étaient « toutes de lait, plus douces
« que le plus doux miel », et que M. Boissier, qui n'est
certes pas un critique impressionniste, va même
jusqu'à qualifier de *divines*.

Or que sont ces *Idylles* dont le nom seul est suranné
et qui restent après deux mille ans aussi fraîches que
des roses coupées du matin ? Dieu merci, pas de

galantes conversations à l'eau de mélisse entre des bergers de porcelaine et des bergères de paravent, mais de simples, mais de réalistes petits tableaux de mœurs syracusaines, presque sans histoires et absolument sans analyses. Des paysages si l'on veut ou pour mieux dire, et si l'on me passe la définition, des états d'être. J'entends par là que Théocrite rend, sans la détailler, la satisfaction ou le malaise matériel que l'on éprouve à se trouver une telle saison, en un tel pays, en telle ou telle compagnie. Cela avec des nuances exquises, — car Théocrite est tout en nuances.

Une poésie semblable est nécessairement fort sensuelle, aussi celle-là l'est-elle infiniment. Par ses comparaisons d'abord : « Les loups me mangeront, et ce sera, pour toi, *comme si tu mangeais du miel!* » — puis par ses descriptions, par ses souhaits, par ses moindres détails : « Je te supplie par ta belle bouche », dira l'amant, et le chevrier souhaitera que « la belle bouche de Thyrsis soit pleine de miel, assouvie de rayons de miel ». Dans ses *Idylles* il y a tant de lèvres, tant de baisers, tant d'étreintes, tant de caresses et tant de spasmes que le lecteur finit par en éprouver comme un éblouissement. On comprendra que pour ces êtres grands comme la nature, et forts comme elle, l'amour soit le but, l'unique but de la vie. Tous, tant qu'ils sont, ils ignorent la déchéance, le mal, — le mal que nous a fait connaître le christianisme, — de l'œuvre de chair. — Selon la beauté plastique du mot, ils sont païens, ils le sont magnifiquement, avec franchise et bien plutôt il leur paraîtrait que le péché, le vrai péché, serait de laisser passer leur jeunesse en égoïstes, dans l'inutile et vaine continence. « Aimez qui vous aime, car le Dieu punit avec justice! » Tous sont bien de la même race que le cyclope Polyphemos, comme lui ils ché-

rissent leur Galatéia « non point avec des pommes, des
« roses ou des boucles de cheveux, mais avec des vio-
« lences passionnées et *en se souciant peu du reste* ».
Pourtant ils sont Grecs, et Diotime aussi, l'Immortelle,
était grecque ; mais à force de civilisation, ils en sont
arrivés à se refaire une âme rustique. L'amour rêverie,
l'amour sentiment leur paraissent bien difficiles à éprouver, et d'ailleurs ils ont à un trop haut degré le sens de
la beauté plastique pour trouver que cet amour-là ait
en lui sa raison et sa fin : « Voici que je ne l'ai point
« vu depuis douze jours, dit l'Enchanteresse, c'est qu'il
« cède à d'autres désirs et que je suis oubliée. » Le mois-
sonneur Battos aussi est amoureux depuis onze jours,
— cela lui paraît très long. Et toujours, pour tous,
« la présence est la moitié de la vie, *le reste est perdu* ».
Devant l'indifférence, la séparation, leurs regrets seront
faciles à consoler, car les sens n'ont pas longue mémoire,
— ou bien leur désespoir devenant une fièvre, une
folie, sera de ceux qui ne s'apaisent plus, et ils auront
alors vite fait d'en avoir fini avec une vie, pour eux,
désormais insupportable. Sans amour, est-ce que
l'existence serait possible ? Et sans baisers l'amour
saurait-il exister ? Mais ces méditations où l'on parle de
mortes, d'exilées, ces méditations douloureuses que
l'on s'endolorit le cœur à relire et qui sont presque
toute la poésie moderne, Théocrite et les chevriers de
Théocrite les ignorent totalement, absolument. Vivre
en aimant de toutes les forces de leur cœur et de leur
corps, mourir s'il le faut, mais ne jamais rêver, ni se
désoler en rêvant, voilà toute leur philosophie. Ce sont
des êtres forts et beaux que la neurasthénie n'a point
entamés et qui gardent intacte cette force inestimable,
la confiance en soi-même : « Je suis une des bouches
« sonores des Muses », proclame Simikhidas, « et l'on dit

« que je chante admirablement. » Le Bouvier ajoute très simplement : « Sur la montagne, toutes les femmes « disent que je suis beau et toutes consentent à m'em-« brasser. » Célébrer leur courage ou leurs lignes leur paraît tout naturel. — Ce sont des âmes simples.

Que tout cela est loin de nos habitudes. Pourquoi donc trouvons-nous encore que Théocrite soit délicieux ? Est-ce uniquement parce qu'il est, comme disait Leconte de Lisle, « un grand paysagiste » ? Ou doit-on penser plutôt que c'est parce qu'il reste un artiste, un véritable artiste. — J'entends même à notre point de vue moderne. Comme nos Villons, nos Régniers et comme ceux qui leur ressemblent en ce siècle, il possède un sens très rare et d'une subtilité toute byzantine des moindres ressources, des grâces les plus imprécises du style. Son écriture est pleine d'intentions, de détails inédits, et pour résumer d'un mot, ces observations plus faciles à faire qu'à transcrire, la langue de Théocrite est *éminemment suggestive* : « Héléna, dira en « artiste le poète, Héléna, dont les yeux contiennent « tous les désirs ! » — ou bien ailleurs, ces paroles de grâce : « O quenouille née de l'ivoire artistement ciselé », — ou encore ces détails qui synthétisent toute la poésie des champs : « Le cytise attire la chèvre, la « chèvre le loup, la charrue la grue, et moi, c'est vers « toi que mon amour m'entraîne. » — Combien modernes aussi ces vers qu'on dirait pour la grâce du beau geste qu'ils évoquent d'un Théodore de Banville « ou d'un Edmond Rostand : « Puissé-je enfoncer en-« core le van dans le grain, tandis qu'elle rira, les deux « mains pleines de gerbes et de pavots ! »

Quelquefois, volontiers même, Théocrite répète une phrase ainsi qu'un refrain de chanson d'aïeule. Cela donne à certains de ses poèmes je ne sais quel archaïsme.

quelle grandeur de mystère et d'angoisse: « Apprends
« d'où me vient mon amour, ô divine Séléné ! » — Et la
malheureuse que Delphis a abandonnée reprend le récit
de comment elle aima :

« — Vers le milieu de la route, à l'endroit où demeure
« Lykaôn, je vis Delphis et Eudamippos qui marchaient.
« Leur poitrine était plus luisante que toi, ô Séléna,
« car ils quittaient à l'instant, les travaux du gym-
« nase.

« — Apprends d'où me vient mon amour, ô divine
« Séléna !

« — Dès que je le vis, je fus hors de moi, et mon
« cœur, malheureuse, fut tout entier blessé. Ma beauté
« se flétrit. Je ne sais pas comment je revins à la mai-
« son; mais un mal aigu me dévora, et je restai couchée
« dix jours et dix nuits ! »

Et toujours revient magique comme une formule
d'incantation, disant l'irréparable de cette passion que
rien ne saurait guérir:

« — Apprends d'où me vient mon amour, ô divine
« Séléna ! »

Sans doute, on doit aussi sincèrement regretter avec
M. Girard de rencontrer dans ces *Idylles* tant de frères
syracusains du trop beau Narcisse et du très cher Hylas;
— mais il faut être indulgent et songer que Théocrite
n'écrivait pas sous le regard qui promet tant des Parisiennes jolies.

V

LES DEUX FACES D'UNE MÉDAILLE

Pour le peintre Charles Giron.

Des petits carnets où je m'amuse à noter mes impressions de voyage, je détache deux feuillets, écrits à neuf années de distance, — et parce qu'ils se complètent pittoresquement, je les donne, page à page, ainsi que dans les planches de numismatique on a coutume de reproduire, en regard l'une de l'autre, les deux faces d'une médaille :

LE RECTO

Syracuse, avril.

Je commence à aimer cette ville abandonnée ; mes yeux ont rencontré un visage d'une grâce émotionnante, — c'est une jeune fille, toute jeune, une étrangère, une Anglaise, je pense, car une Américaine pourrait avoir cette beauté, mais n'aurait pas cette poésie. Voici plusieurs jours déjà que j'ai le bonheur d'être son vis-à-vis à la table d'hôte du soir. Et jamais je ne lui ai vu boire aucune boisson fermentée, ni toucher à aucun aliment substantiel.

Semblable aux princesses des légendes, elle se nourrit distraitement, d'un quartier d'orange et d'un verre d'eau glacée. Grande, mince, elle a cette souplesse serpentine, particulière aux femmes de son pays, que Burne-Jones a su conserver aux touchantes héroïnes de ses douces peintures. Je remarque aussi que ses mains très maigres aux doigts très longs, que ses mains maladives tellement elles sont transparentes, se répandent sans cesse en mille gestes inquiets ou subtils dont la signification, faute d'habitude, m'échappe mélancoliquement. Vêtue de robes légères, de soie plissée, aux nuances indécises, n'allant point au-delà du vert d'eau ou du bleu très pâle, elle arrive la dernière, pour obéir, sans doute, à l'autorité paternelle ; mais sa mère a pitié, et bien avant le dessert les deux femmes, ayant repoussé leurs chaises, nous abandonnent à notre malheureux sort de personnes condamnées pour vivre à manger.

L'étrange famille, d'ailleurs : le père image frappante de l'officier anglais, au teint allumé par les alcools, aux membres développés par les sports, exhibe une de ces carrures athlétiques qui paraissent défier la maladie. Quant à la mère, grosse matrone bien nourrie, aux bajoues couperosées à la reine Victoria, elle ne paraît pas dédaigner non plus les saignantes tranches de rosbeaf et les petits verres de Whisky. Comment ont-ils pu donner le jour à cette créature d'élection, à cette angélique figure de rêve ?

On m'a conté qu'ils revenaient du Caire. Ils y ont sans doute passé l'hiver, dans l'espérance que le soleil d'Egypte conviendrait mieux à la constitution trop délicate de leur fille unique que les froides brumes de la verte Angleterre. Mais à la manière dont ils entourent leur enfant malade ; à écouter le père lui parler d'une voix atténuée, avec de bons sourires qu'il s'efforce de rendre confidentiels, — à voir surtout l'imposante matronc deviner les souhaits de sa fille et la flatter sans cesse de cajoleries et de prévenances, on sent que la Demoiselle idéale n'en a plus pour très longtemps, que la Mort l'a déjà élue !...

C'est qu'elle paraît vraiment condamnée. Si pâles que soient ses joues, elles restent cependant colorées d'une lueur de vie factice auprès des bandeaux cendrés de ses cheveux qui, à force d'être du blond des moissons à peine mûres, finissent par avoir des reflets argentés comme en ont les cheveux morts des vieillards. Et sa bouche, aux lèvres d'un dessin très chaste, sa bouche, églantine si peu carminée et qui jamais ne s'épanouira, semble pourtant vivante auprès de la nappe silencieuse de ses yeux, calmes comme des sources perdues dans une forêt ignorée. Des sources au bord desquelles ne serait point encore venu se mirer le prince chasseur; celui qu'attend toute jeune fille, mais auquel celle-là ne doit point songer tant il y a de mystères et d'ombres dans l'eau verdissante de ses prunelles !... Vierge idéale au front de roses, aux mains de lys, fleur de serre maladive et déjà cueillie, apparition si pure que les poëtes anglais auraient eu le bonheur de pouvoir l'appeler *éthéréale*, vraiment pour l'énigme blanche de son cœur et de son visage, elle mérite de s'endormir, pour toujours, à l'ombre des palmiers siciliens, par un soir de cette Avrillée enchantée, sans avoir soupçonné le mal que la vie peut causer, — emportant ainsi qu'un inestimable bouquet de fiancée ses fraîches illusions d'enfant, ses candides rêves de demoiselle !...

LE VERSO

Territet, septembre.

Voilà toute une semaine que je m'amuse à observer les habitudes de la famille Bicyclette... (Mais, oui, Madame, vous avez bien lu, la *Famille Bicyclette*.) A la vérité, je crois que la *Liste des Étrangers* l'appelle autrement, mais qui peut m'assurer qu'il n'y ait pas faute d'impressions? Ce surnom est le seul qui lui convienne, puisque du matin au soir, père, mère, garçonnet et fillette pédalent avec une persévérance toute britannique. Jusqu'à la nourrice que je ne désespère plus de rencontrer un de ces matins promenant en tricycle à pétrole, son nourrisson!

Ah! je vous assure que c'est un spectacle hygiénique d'assister, à huit heures sonnantes, au départ de la première promenade. Monsieur irréprochable dans des *knicker-bockers* qui dévoilent la misère de ses mollets de coq, Madame parfaitement décente dans une jupe demi-longue s'enlevant d'une allure qu'ils auront le courage musculaire de conserver de quinze kilomètres à l'heure. Il faut voir ensuite disparaître en file indienne, sur des machines acatènes, appropriées à leurs tailles respectives, tricotant des pieds et le dos courbé, Master Charlie et Miss Nelly, huit ans et sept ans, mais huit ans graves de petit John-Bull qui sait déjà qu'il est un homme — et sept ans charmants de future princesse qui, pour l'heure, préfère les tartines, ce qui ne l'empêchera nullement d'être demain une fiancée plus vaporeuse qu'Ophélie.

A midi, ma surprise est chaque jour nouvelle en retrouvant la jeune femme et son jeune mari, aussi frais et aussi dispos que s'ils sortaient des mains du masseur. Par exemple, je doute que dans ce cas leur appétit fût d'un aussi bel exemple de santé prospère. Sans qu'aucune obésité n'altère la sveltesse de leurs lignes. — Monsieur est même d'une maigreur de matou, — ils mangent comme il n'est pas admis d'oser manger en France. Œufs sur le plat, rosbeafs saignants, côtelettes premières et beefsteacks crus, il faut plusieurs services et copieux pour apaiser la faim qu'ils ont acquise à battre des records.

Ensuite vous croyez peut-être que Madame fera la méridienne. C'est que vous devinez mal cette petite femme aux muscles d'acier. Deux heures n'auront pas sonné au cartel du vestibule qu'elle sera déjà remontée sur sa bécane, en route pour de nouvelles excursions. Monsieur son époux est de la fête, c'est son devoir; mais Master Charlie et Miss Nelly restent cette fois dans les jardins de l'hôtel, confiés aux soins judicieux d'une institutrice anglaise qui a dépassé l'âge des flirts. Avec la nourrice opulente aux beaux rubans rouges qui, outre la charge de son nourrisson est habituellement préposée à la garde de deux fillettes de cinq et trois ans, les futures miss Bell et mis Jessie, — deux amours joufflus et ventrus que c'en est un scandale! — la famille est au complet. Si vous ne le saviez, jamais vous ne pourriez imaginer que cette frénétique bicycliste, mince comme une jeune fille, soit la mère indiscutable de cette folle nichée aux joues épanouies comme des potirons. En France, une telle mère Gigogne aurait des formes plus épaissies que la *Suzanne au bain* de ce mauvais plaisant d'Arnold Bœcklin. Ce que c'est pourtant de pratiquer les sports et d'avoir l'estomac en aussi bon état que la conscience. Au douzième enfant, Madame Bicyclette n'aura pas perdu cinq centimètres de tour de taille. Une telle santé devient effrayante.

Mais avant six heures, Monsieur et Madame sont rentrés. Alors (car dans ma curiosité, j'ai fait comme M. Émile Zola, j'ai interrogé les domestiques), ce sont dans les appartements de la famille Bicyclette, des allées et venues sans fin. Tous les cinq minutes la sonnette électrique carillonne. Et de l'eau chaude, de l'eau froide, des serviettes propres, un bain de pieds, un bain de siège, de l'alcool pour la lampe à chauffer les fers, des lacets pour le corset de Madame, du savon pour la barbe de Monsieur : le personnel de l'hôtel n'y peut suffire. Le résultat est digne de tant de peines. Vers sept heures et demie, impeccable, en smoking à châles de moire antique, une boutonnière d'orchidées sur le cœur, Monsieur descend au parloir attendre placidement l'arrivée de Madame qui apparait enfin, vers huit heures, frisée, parée, amincie et souriante que c'est un enchantement.

Alors, du bout de ses dents si blanches qu'elles semblent de porcelaine, l'Anglaise sportive mangera à peine trois cuillerées de crème d'asperges, deux bouchées de faisan, un biscuit, un raisin. Et déjà elle sera retournée sur la terrasse ombragée, parmi les corbeilles de chrysanthèmes moins fraîches que ses joues, au milieu de l'escadron volant de ses cavaliers fidèles. Oh ! en tout bien tout honneur ! C'est entendu, une Française pourrait avoir des amants ; une Anglaise, elle, n'aura jamais que des flirts ! — Ainsi, dans les salons, les soirs de bal, dans les galeries, les soirs de concert, jusqu'à minuit, jusqu'à une heure, et même plus tard, lorsque la fête se prolonge, flirtera-t-elle et rira-t-elle, intrépide, invincible, admirable !...

Que de fois ai-je essayé de pénétrer l'énigme de ces yeux clairs, de surprendre une des pensées de cette petite cervelle, secouée dix-huit heures par jour et qui sous ce front écrasé de frisures doit être aussi minuscule qu'une cervelle de linotte. En vain, dans l'eau grise de ces yeux sans profondeur, sur l'étroitesse de ce visage dont l'éternel sourire avait la grâce irritante des têtes de cire aux vitrines des perruquiers, jamais je n'ai su découvrir une pensée sincère, une émotion spontanée! Quel charme peuvent-ils bien lui découvrir ceux qui l'entourent d'hommages et d'admirations perpétuels?...

Une telle santé n'est point favorable aux attitudes poétiques. Nous voulons que celle que nous aimons aie la fragilité et la souplesse d'une liane. Michelet, qui comprit le charme de la femme et sut l'exprimer comme personne peut-être, appelait sa compagne préférée, *une éternelle malade!*... Mistress Bicyclette, au contraire, mériterait de s'appeler l'éternelle bien portante. Elle a l'endurance d'un *recordman* primé, le teint salubre d'un *cowboy*, son portrait pourrait être peint par Bob-Gyp, tellement sa coquetterie insupportable est une pantomime ridicule de poupée mal articulée.

Cependant, — et c'est pourquoi j'ai perdu quelques soirées à observer l'inconnue, — ces yeux m'en remémoraient d'autres dont la grâce est encore dans ma mémoire, ce visage, ces boucles blondes, me suggéraient un autre visage, d'autres bandeaux blonds, — il y avait dans cette femme aux gestes anguleux, à la voix criarde, comme la caricature d'une autre femme que j'aurais connue autrefois, idéale et inoubliable, mais où?... mais quand?... J'avais beau brasser mes souvenirs, je ne pouvais pas retrouver. J'avais l'intuition d'une observation que je ne parvenais point à préciser.

. . . .

Sans allonger de détails superflus, ces deux croquis, — qu'il me suffise d'ajouter qu'à la suite d'incidents peu curieux, je devais acquérir cette certitude désobligeante : la poétique fiancée de Syracuse, la prosaïque maman de Territet n'étaient qu'une seule et même personne.

Mon Dieu ! le printemps ne dure guère ! Qu'elles sont vite défleuries les fleurs maladives des pommiers ! A la place où celle que j'avais tant admirée ouvrait jadis sa corolle délicate, la vie, aujourd'hui, me montrait ironiquement une pomme reinette si appétissante que tous ceux qui passaient avaient envie d'y mettre la dent. Las ! où sont les fleurs d'antan ! Que le vent du Nord a eu tort de ne pas les effeuiller autrefois !...

VI

TAPISSERIE DE HAUTE LISSE : PASSES D'ARMES ET D'AMOUR DE ROGER COMTE DE CALABRE ET DE SICILE

Pour M. Georges de Porto-Riche.

Si vous passez jamais à Palerme, croyez-m'en, n'oubliez pas de visiter le *Palais Royal*. Il est fortifié comme une prison, flanqué de tourillons comme une forteresse, sculpté à jour comme une cathédrale, colossal et magnifique, aussi imposant par l'immensité de sa masse qu'admirable par les trouvailles ingénieuses de ses moindres détails. Il faudrait une semaine pour le visiter, un volume pour le décrire. Or je n'avais qu'une matinée et je tiens à être bref. Je néglige donc l'observatoire, avec sa vue à vol d'oiseau sur les cheminées et les toits de la Palerme d'aujourd'hui (Peuh ! ce n'est pas même aussi haut que la Tour Eiffel !...), et je préfère donner le temps et l'espace dont je dispose à la chapelle Palatine et à la salle de Roger ; « deux perles du monde », écrivait Renan, « deux monuments uniques en leur genre », assure, et son affirmation est à retenir, M. Reclus. Lorsque je suis entré dans la chapelle mystérieuse, il faisait à peine jour, et, par un effet d'optique aussi facile à expliquer qu'impressionnant à éprouver, l'église m'est apparue, lambrissée d'or et plafonnée d'or, pareille, dans sa splendeur fulgurante, avec ses piliers d'or massif, ses autels d'or vierge et le rayonnement prodigieux de l'or de la lumière se réfléchissant à l'infini sur l'or perpétuel des murailles à je ne sais quel oriental et fantastique sanctuaire des Indes ou de la Perse inconnue. Cependant, tout là-bas, dans la pénombre fauve de cette caverne ardente, sur l'estrade illuminée du maître-autel d'or, parmi des blancheurs d'encens, des camails rouges officiaient majestueusement avec des lenteurs harmonieuses. Et le rayon de *Parsifal* descendit sur l'ostensoir de vermeil lorsque les mains très pures du prêtre aux cheveux d'argent l'élevèrent en silence devant nos yeux éblouis !...

Mais deux enfants de chœur, têtes mutines auxquelles les vêtements sacrés ne parvenaient point à donner un peu de gravité, passèrent, tout à coup, à côté de moi, cherchant à se faire trébucher l'un l'autre, avec des gestes coquins et des paroles peu seyantes. Alors mon émotion se dissipa, et je pus tout à loisir, froidement examiner la coupole aux quatre arcs aigus et les voussures reliant le plafond aux parois. Des mosaïques byzantines couvrent les murs et les trois absides du chœur de personnages évangéliques aux dimensions colossales. M. Laugel l'a fort bien dit : « Ce grand livre à fond d'or était la Bible « du peuple, des illettrés, des soldats et des moines. » Près de la porte enfin, la marque de la Bête, au sens apocalyptique du mot, c'est-à-dire du gouvernement actuel : une chromolithographie d'Humbert Ier qui est un très digne roi, j'en conviens, mais dont la tête peu catholique, ornée d'une paire de moustaches toutes sportives, n'a vraiment que faire dans une chapelle.

A l'étage supérieur, la fameuse chambre de Roger. Ici encore, les murs, délicieusement, sont couverts de mosaïques de l'époque normande. En des encadrements aux courbes hésitantes, de blancs cygnes aux contours hiératiques se profilent naïvement sur des ciels d'or parmi des palmiers aux branches en soleil. Ou bien, ce sont, toujours sur les mêmes champs d'or, des végétations ornementales aux entrelacs desquelles apparaissent de singuliers animaux héraldiques aux lignes improbables. L'ensemble est surprenant d'effet inusité et le mobilier plutôt rare étant presque de style arabe, on peut conserver l'illusion de pénétrer, à la faveur de l'eunuque favori, dans les départements intimes de quelque sultan d'Orient !...

Tout en regardant, je me demandais les pensées, les habitudes de ceux qui, les premiers, habitèrent ces chambres idéales. Certes, ils furent des êtres bien différents de nous, et l'histoire de leurs faits et gestes, même dans la prose trop solennelle du baron de Bazancourt, donne une impression moyen âge tout à fait curieuse. Un vrai roman de cap et d'épée que celui de ces deux fils du pauvre gentilhomme Tancrède de Hauteville qui, partis des environs de Coutances, dans la basse Normandie, avec une poignée d'hommes, moururent quelques dix lustres plus tard, comtes, ducs, légats pontificaux de la Pouille, de la Calabre et de la Sicile, ayant reçu l'investiture du souverain pontife Urbain II. De l'année 1059 où Roger débarqua, près de Messine, avec soixante hommes, se cachant par les campagnes, épiant l'inconnu — à l'année 1086 où, la Sicile conquise, château-fort à château-fort, Enna, la dernière place forte sarrasine, se rendit enfin, sans condition, vingt-sept ans s'étaient écoulés, vingt-sept ans de combats extraordinaires où les Normands furent presque constamment vainqueurs, *suant de tous leurs efforts*, selon la pittoresque expression du chroniqueur Malaterra. Les villes conquises se révoltent opiniâtrement ; d'Afrique reviennent toujours d'incessantes armées sarrasines, plus nombreuses que des invasions de sauterelles, et sur les côtes, les Musulmans sans se lasser font des descentes, essayant à force de meurtres, à force d'incendies, de pillages, de viols, de rapts, de mises à feu et à sac, de réduire un adversaire dont le courage égalait la fortune. Chaque mois, il faut de nouvelles vaillances, de nouvelles *suées d'efforts*, de nouveaux combats d'un contre cent, comme en relate l'histoire grecque ou l'histoire suisse. M. de Bazancourt parle à bon escient, d' « entreprises miraculeuses par « leurs résultats, surnaturelles par leur audace, qui « commencèrent par une épée et finirent par un trône ! »

Une nuit, en 1059, comme il s'approchait de Messine, Roger tomba dans une embuscade sarrasine. Il n'avait d'autres armes que son épée et son bouclier. Après l'avoir fait tourner deux fois avec une force effroyable, Bennacler, le chef barbare, lui déchargea sur la tête une masse d'armes qu'il avait l'habitude de porter suspendue à l'arçon de sa selle. Le coup fut tel que le bouclier vola en éclats ; alors sans se déconcerter, Roger, laissant tomber le long de son corps son bras engourdi, saisit de l'autre son épée et, avant que le Sarrasin eût pu se remettre, lui fendit le crâne d'un seul coup. Une mêlée horrible s'en suivit ; des centaines de Musulmans furent massacrés. Et ainsi, pendant deux années, sans trêve, de l'automne au printemps et du printemps à l'automne, ce ne furent que passes d'armes, joûtes furieuses, qu'embuscades et que sièges jusqu'à ce dernier combat près d'Enna, dont l'issue rappela les plus sanglantes boucheries des hécatombes du moyen âge. Le Chroniqueur rapporte qu'à peine quelques Normands périrent, tandis que dix mille Sarrasins furent égorgés sans pitié, par les mains infatigables des Chrétiens et que le Dieu des armées métamorphosa pour la meilleure gloire de la Croix, en sinistres égorgeurs d'abattoir. En mémoire de quoi ce combat fut nommé *victoria sine sanguine*. Et le vainqueur, ce jour-là comme les autres jours de ces deux fabuleuses années, fut Roger, le frère cadet, celui que l'histoire appelle le grand comte et aussi le comte glorieux.

Quelle existence que la sienne ! Un coureur de montagnes toujours sur la brèche, dormant pour ainsi dire avec son casque, sa cuirasse et ses jambières. Un *condottiere*, presque un aventurier. Un jour, pauvre à ne savoir que manger, à manquer même d'une chemise : « Au siège de Trayna », rapporte la Chronique, « la pénu-
« rie des vêtements était telle que le comte et la comtesse
« ne possédaient plus qu'une seule chemise, dont l'un et
« l'autre se servaient alternativement, selon qu'il en
« avait un plus urgent besoin. » Un jour, au contraire, magnifique à faire construire, pour le seul plaisir de son caprice, ce merveilleux Palais Royal de Palerme tout en mosaïques d'or et en sculptures de marbre. Doué d'une vitalité peu commune, ni révoltes, ni félonies, ni deuils, ni surprises, ni maladies, ni trahisons

ne le trouvent jamais sans défense. Aux approches de la soixantaine, il guerroie toujours du même bras invincible, de la même volonté indomptée et indomptable. C'est en vain que son frère, le cher compagnon d'armes de tant de hauts faits relatés par les Chroniques, oublieux d'un si beau passé, se tourne tout à coup contre lui; c'est en vain que ses généraux préférés, ceux qui avaient été les bras très actifs de sa volonté très excellente, l'abandonnent l'un après l'autre, haineusement, traîtreusement, mordus au cœur par la vipère venimeuse de l'envie ; c'est en vain que son fils bien-aimé, Geoffroy, meurt de la lèpre, que son bâtard, son benjamin, son préféré entre tous, Jordan, meurt de la fièvre typhoïde, et en vain, toujours, qu'à quatre reprises successives, il perd les compagnes de sa virilité. Loin de l'accabler, des coups aussi répétés d'un sort aussi hostile, l'exaltent et le fortifient. Sans souci des lendemains, sans s'attarder jamais aux découragements de la pensée, il va de l'avant, suivant sa route, croyant à sa destinée, ayant confiance, toujours, en son étoile.

D'ailleurs, il fait plus que d'être brave, il est généreux; s'il sait combattre en héros, c'est également en héros qu'il sait pardonner. Considérez encore ces tableaux de l'histoire. Son frère, avec vilenie, l'a trahi, mais la fortune n'a point permis que le traître pût profiter d'une action aussi criminelle. Le félon réduit sans merci est fait prisonnier. L'ordre de mort est signé ; sa dernière heure semble venue. Chargé de chaînes, le chevalier déloyal est amené devant le Roi. Mais, ajoute la Chronique, « dès que le comte Roger aperçut son frère, « emporté par les nobles élans de sa tendresse fraternelle, il courut à sa rencontre, lui arracha ses fers « et l'embrassa tendrement ». D'autres fois et avec autant de générosité que de spontanéité, ce sera à ses

généraux qu'il pardonnera, à son bâtard même, à ce Jordan qu'il avait entouré de si paternelles sollicitudes, enfant de l'amour qui eût peut-être le meilleur amour de ce cœur à la rude écorce. Pourtant, comme les autres, Jordan, un instant, écouta les mauvais conseils, mais comme les autres, aussi, il succomba, il fut pris; sa misérable tentative méritait la peine capitale. Toutefois, dit ensuite l'historien « en se rappelant sa
« conduite passée si dévouée et si glorieuse, Roger
« consentit à lui pardonner, mais il le terrifia par
« l'exemple d'une grande sévérité, afin qu'il s'éloignât
« à jamais de la corruption du vice ». C'est qu'il sentait en lui, la force que l'illusion humaine croit invincible de la vie. Ecoutez plutôt : il a soixante ans bien sonnés, lorsque sa cinquième et dernière femme, la comtesse Adélaïde, met au monde Simon, et soixante-six ans lorsque naquit Roger, Roger Ier ou Roger II, selon les historiens, le continuateur glorieux de sa dynastie, le fondateur de la monarchie normande en Sicile, celui qui achèvera de faire de Palerme une capitale et du Palais Royal la merveille que j'ai dite. « Non », s'écrie le chroniqueur Alexandre, « la plume ne peut
« exprimer, l'esprit ne peut comprendre combien sa
« gloire est immense. »

Or, l'admirable et interminable roman d'aventures qu'est la vie de ce chevalier sans peur et sans reproches, nous offre de tels exemples de courage et de magnanimité, parce que celui qui en est le héros, le mousquetaire aussi vaillant à lui seul que les trois immortels du vieux Dumas, — garda toujours, inébranlablement, une dévotion parfaite, une soumission absolue aux lois divines des Evangiles et de l'Eglise. Si, comme l'écrit le baron de Bazancourt, *son sceptre fut une épée*, on peut dire que, prenant entre ses mains gantées de fer la lame invaincue de cette très victorieuse épée, il élevait la poignée rudimentaire et la brandissait comme une croix, une croix rougie du sang des infidèles, mais manifestement bénie par le Dieu des armées, et avec laquelle il partit pour la croisade très chrétienne contre les Sarrasins très païens. Son but est uniquement, absolument religieux. Il n'agit qu'avec l'approbation suprême des papes, que solennellement béni par les souverains Pontifes. C'est avec ces paroles qu'il haranguait ses capitaines : « Le Seigneur a dit : *Ecrasez sans « pitié la tête du reptile !* Que leur audace soit le signal « de la mort ! — Nous avons à venger, à la fois, notre « religion et nos frères. » Succès, gloire, avec une modestie touchante et qu'on peut croire sincère, car nous sommes à l'époque des sublimes dévouements religieux, à l'âge de la foi réelle, de la foi ardente, — il rapportait tous ses succès, toute sa fortune à l'Eternel. C'était avec le cri : « Dieu est pour nous, il combat avec nous ! » qu'il s'élançait à la bataille. Après les grandes victoires de Cerami, il prendra même pour devise et fera broder sur l'étendard que lui avait envoyé Alexandre VI: *Dextera Domini fecit virtutem, dextera Domini exaltavit me.* Plus tard, la Sicile soumise, il donnera aux églises le dixième de ses revenus, consacrera à la construction des temples un tiers des impôts et élèvera les évêques, les prélats du pays aux dignités les plus importantes. S'il avait la vie d'un bandit, sa foi était celle d'un enfant, agréable entre toutes, surtout en ces années de schisme, à l'Eglise de Rome. Il faut lire, dans le vieux texte latin, le récit de la vision qu'il eut, en 1098, lors du siège de Capoue. Un capitaine grec, vendu aux assiégés, devait l'assassiner durant la nuit, mais Roger vit en songe « le vénérable père Bruno, *venerabilis pater Bruno* », qui lui révéla le

danger de mort où il se trouvait. Réveillé en sursaut, Roger saisit ses armes, surprit Sergius et les traîtres, et ne fit pas moins de cent soixante prisonniers. En reconnaissance, il les donna en esclaves, à perpétuité, au saint Père Bruno et à ses successeurs. Le ton du preux chevalier est touchant de piété, presque enfantine à force d'être candide. « Le glorieux roi David », dit-il en commençant, « inspiré par le souffle divin, a dit :
« Je raconterai tous tes miracles; c'est pourquoi moi,
« Roger, comte de Calabre et de Sicile, je veux raconter
« ce fait qui est à ma connaissance. » — Et c'est avec la persuasion d'avoir été l'objet d'une faveur toute spéciale de Dieu qu'il raconte l'apparition de Saint Bruno, des larmes aux yeux, ayant pris le sac et la cendre et la voix d'outre-tombe des tragiques fantômes shakspeariens.

L'héroïsme d'un homme, la piété d'une vieille femme. A feuilleter ces Chroniques, on entend chanter dans le souvenir le cor d'Hernani. Grandiosement, ces histoires sonnent la fanfare du courage ; elles entonnent la chanson des épées exaltant la gloire des temps où la victoire n'était pas un calcul mathématique de scribe, le dos courbé sur une page blanche, mais dépendait toute de la valeur des bras, de la vigueur des muscles, — des temps magnifiques, — hélas! qu'ils sont finis depuis longtemps! — où les grands généraux n'étaient pas des de Molke, mais des Roger, lesquels étant les plus forts étaient aussi les plus généreux, disant ces paroles de justice et de beauté que ne pourrait répéter aucun général d'aujourd'hui : « Nous serons
« les premiers à combattre, puisque nous sommes les
« premiers à posséder ! »

III. — INTERMEZZO

PETITE HISTOIRE CRITIQUE DE LA CAVALLERIA RUSTICANA

Hommage à Mme Juliette Adam.

Le 14 janvier 1884, la compagnie dramatique de César Rossi, dont faisait alors partie Mme Duse, donnait, au théâtre Carignano de Turin, la première d'un drame inédit en un acte. Ce fut un grand succès. Le 17 mai 1890, la direction Edoardo Sonzogno donnait, au théâtre Constanzi de Rome, la première d'un opéra également inédit, également en un acte et, par surcroît, d'un auteur inconnu. Ce fut un succès de roman. Or, le drame était de M. Giovanni Verga, l'opéra de M. Pierre Mascagni, le sujet traité identique, et c'était cette *Cavalleria Rusticana*, cette *Chevalerie Rustique* qui, sous sa double forme de drame parlé et d'opéra chanté, se maintient et paraît devoir se maintenir au répertoire des théâtres de la péninsule. Cependant, pour qui connaît les habitudes italiennes, la réputation de l'opéra de M. Mascagni, plus encore que celle du drame de M. Verga, semblera un fait sans précédent dans l'Italie contemporaine, dépassant de beaucoup l'enthousiasme dont on se prit jadis, pour la *Gioconda* de Ponchielli, le *Méphistophélès* de Boïto, ou plus récemment pour l'*Othello* de Verdi et la *Vie de Bohême* de Puccini.

Là-bas, j'ai entendu dix fois la *Cavalleria Rusticana* de M. Mascagni : à Rome, au Constanzi, avec les artistes de la création : Mlle Bellincioni et M. Stagno;

à Naples, au San-Carlo, avec l'admirable Emma Calvé et M. de Lucia ; à Florence, à Catane, en plusieurs villes, avec des chanteurs de province. Il me serait difficile de décrire l'exaltation du public ; il faut avoir vécu en Italie pour comprendre et surtout pour croire à la possibilité de scènes pareilles. Or il en a été de même à Bologne, à Milan, partout, même à Vienne et même à Paris. Il ne sera donc pas sans intérêt de rechercher les causes probables d'un succès vraiment extraordinaire.

Deux mots d'abord de l'auteur du drame :

Après avoir débuté par des romans-feuilletons déplorables et des scènes de la vie élégante non moins déplorables, M. Giovanni Verga se mit, sur les conseils de son ami, M. Luigi Capuana, qui est lui-même un esprit très fin et assez sûr, à observer tout simplement les mœurs, les figures et les paysages de sa patrie. Or, M. Verga était Sicilien, de là toute une série de nouvelles réalistes et un roman d'une beauté tragique, les *Malavoglia*, dont M. Edouard Rod a publié une traduction agréable. Ces livres, peu connus, renferment de grandioses, de précises descriptions de cette mer Ionienne, si belle sous le soleil des étés, si menteuse les soirs où hurle la tempête. Ils évoquent les paysages splendides et sauvages d'Aci-réale, d'Aci-trezza, des environs de Catane, où, sur des ciels de saphir, se détachent les disques charnus, hérissés de dards, des figuiers de Barbarie. Ils racontent en phrases brèves et comme haletantes, les passions sauvages, les drames sanglants qui éclatent, pareils à des tempêtes d'équinoxe, dans les âmes rudimentaires des pêcheurs de sardines et des marchands de chevaux siciliens. Un critique napolitain a dit fort justement : « M. Verga « s'intéresse surtout aux extérieurs de la vie ; c'est pour-

« quoi il rend merveilleusement les habitudes des
« humbles, l'existence monotone d'un village, d'une
« contrée de pêcheurs, la corruption profonde, mais
« naïve, des paysans, la violence, volontiers cruelle,
« mais toujours spontanée de la vie rustique[1]. »

Au théâtre, M. Verga a donné quelques pièces qui sont, avec la *Giacinta* de M. Capuana et les *Tristes Amours* de M. Giacosa, les œuvres autochtones dont s'est le plus préoccupée la critique italienne. De ces drames, le plus célèbre est la *Cavalleria Rusticana*. L'idée première avait déjà fourni une des scènes de la *Vie des Campagnes*, publiée à Milan, en 1880. La comédie vint quatre ans plus tard. C'est un acte d'une concision toute classique. Le scénario est de grand intérêt. Mais il est trop connu pour que nous commettions l'impertinence d'en rappeler l'anecdote. Disons seulement qu'avant M. Mascagni M. Casteldon avait déjà écrit sur ce même sujet un opéra en deux actes qui n'eut d'ailleurs aucun succès. La traduction française de la pièce de Verga que tenta M. Paul Lolange fut jouée en novembre 1888, au Théâtre-Libre. Mais des insuffisances d'interprétation ne permirent point de saisir toute la vérité puissante de ce drame que M. Auguste Vitu appelait pourtant, au *Figaro*, digne de Beyle et de Mérimée. Nous comprimes bien que le critique parisien avait raison lorsque beaucoup plus tard, — en juin 97, — Mme Duse elle-même nous apparut enfin à la Porte-Saint-Martin, sous la jupe rouge, avec, aux oreilles, les fameux anneaux d'or de la tragique Santuzza.

Bien différente cependant de la calme existence du

---

[1] *All' Avanguardia*, par M. Vittorio Pica, 1 vol., Luigi Pierro editore, Napoli, 1890.

romancier Verga, mais curieuse et vraiment d'une autre
époque, apparaît l'heureuse destinée du jeune inconnu
que les critiques d'aujourd'hui appellent déjà pompeusement *Maëstro*. C'est du roman, du roman très invraisemblable. Écoutez plutôt :

Pierre Mascagni naît dans la poussiéreuse Livourne,
le 4 décembre 1863. Ses parents sont boulangers, mais
boulangers de distinction. Leur ambition est d'avoir un
fils avocat. On met donc notre jeune homme au collège.
Il n'y fait rien qui vaille, passant son temps à apprendre
le solfège et le plein-chant à la congrégation de Saint-
Louis-de-Gonzague ou à pianoter sur un mauvais clavecin de soixante-dix francs que son père en désespoir de
cause, et pour n'en plus avoir les oreilles rebattues, avait
fini par lui octroyer. Sur ces entrefaites, l'*Institut
Chérubini* de Livourne est ouvert ; de son propre chef,
Piétro s'y inscrit. Le père l'apprend, se fâche, enferme
son fils à double tour et lui déclare qu'il sera avocat ou
qu'il ne sera rien du tout. Or pour faire changer d'avis
à ce boulanger que l'habitude de pétrir la pâte n'avait
point rendu bon comme le pain, il fallut que Soffredini
lui-même affirmât les incroyables facultés musicales de
l'enfant, et qu'un oncle Stefano offrît de prendre à sa
charge les frais d'une éducation artistique. Cependant
Piétro n'avait encore que treize ans ; en Italie, on est
précoce. Ensuite, tout recommença à aller pour le
mieux dans la paisible demeure du meilleur des oncles,
en compagnie d'une servante, la vieille Rose, la perle
des servantes. Le jeune homme travaillait ferme ; ce
sont des années sans histoire, des années heureuses.
Déjà, en 1881, le futur maëstro achève un petit opéra
en deux actes — *En filant* — représenté à Livourne,
avec un succès d'amitié, puis son excellent oncle l'envoie
visiter l'exposition de Milan. Au concours musical, un

Pater, un *Ave Maria* de sa composition obtiennent des mentions de première classe. Au retour, la vanité satisfaite, il écrit une partition sur l'*Ode à la Joie* de Schiller, traduite par Maffei, lorsque subitement, en octobre 1881, l'oncle aux pièces de cent sous a le mauvais goût de mourir sans laisser de testament. Force est de rentrer à la boulangerie, où le père, lui, n'entend pas que l'on perde son temps à noircir des portées.

Soffredini pourtant ne perd pas de vue son protégé, il fait exécuter l'*Ode à la Joie* et procure à son auteur la protection d'un comte de Larderel. Alors pour la seconde fois Mascagni quitte la boutique paternelle et s'en va au conservatoire de Milan, achever ses études. Mais là encore, l'existence ne marche guère au gré de ses désirs : ce n'est plus la vie facile de Livourne. Dans la grande ville, les sympathies sont rares, le jeune homme s'ennuie, et tristement, il écrira : « Oh ! l'art, mon bel « art ! non, je n'atteindrai jamais la gloire désirée, la « gloire rêvée les yeux ouverts ! C'est fini, je ne connais « plus la paix !... Ce m'est une grande consolation de me « promener tout seul, par des rues écartées, de scruter « l'avenir ; il me paraît bien noir ; les plus lugubres « pensées me viennent à l'esprit. Et lorsque mes pas « incertains, hésitants, me conduisent dans quelque « rue illuminée, pleine de passants, alors je me cache « parce qu'il me semble que tous verront la mélancolie « de mon visage, et les larmes de mes yeux [1]... » Cela est très jeune, très italien, mais plein d'enthousiasme aussi, et ne rappelle aucunement les petits *snobs* atteints du mal artistique que M. Lemaître a si justement lancés. C'est que, malgré ses découragements, imaginaires en partie, Mascagni restait un travailleur et un

[1] Lettre de Pietro Mascagni à Carlo Ramussi.

obstiné. Avec une application digne de tous les résultats, même du succès il étudiait l'esthétique musicale avec Galli, la littérature dramatique avec Corio, l'harmonie, le contre-point avec Saladino et ce dernier fut, pour lui, un nouveau père spirituel.

Toutefois, les années passant, il fallait songer à se tirer d'affaire. Mascagni devient chef d'orchestre d'une de ces compagnies d'opérette toujours à la veille d'une faillite, qui parcourent l'Italie, restant deux mois ici, deux mois là, répétant imperturbablement les mêmes vieilleries avec des artistes impossibles, une mise en scène ridicule. C'est tout à fait le roman de misère des comédiens ambulants que l'on appelle *comique* depuis Scarron, et je ne sais, en vérité, pourquoi, car il m'a toujours bien plutôt paru *désolant*. Ainsi, au hasard des banqueroutes, passant de la compagnie Scognamiglio à la compagnie Cirella, puis à la compagnie Maresca, de mai 1885 à décembre 1886, Mascagni erra lamentablement, dans un état voisin à la mendicité, de Plaisance à Reggio, de Gênes à Ancône, de Pise à Naples. Dans cette dernière ville, la compagnie Cirella dissoute, découragé, sans un sou vaillant, Mascagni tombe gravement malade. Une femme a pitié de lui, le soigne comme l'on soigne ceux que l'on aime. En reconnaissance, il l'épouse, et cette femme, qui avait été bonne, devint la conseillère, l'amie sûre, celle qui devait prendre assez d'empire sur lui pour l'engager, d'abord, à renoncer à cette dangereuse existence d'expédients et à demeurer ensuite, tout bonnement, dans la petite ville napolitaine de Cérignole, quitte à abaisser ses grandes ambitions de futur maëstro aux immédiates réalités d'un modeste professeur de piano. Cependant cette femme ne voulait point la mort de son intelligence, mais seulement la conversion de sa conduite, et c'est pourquoi sans cesse elle l'encourageait à consacrer au travail de la composition toutes les heures de loisir. Et ce fut elle, encore, qui devait lui donner l'idée et le presser de prendre part au concours ouvert par l'éditeur Sonzogno pour un opéra en un acte. Mascagni pourra donc écrire avec vérité et tendresse : « Cette femme a réglé ma vie « par ses conseils, par ses sollicitudes ; sans elle, j'étais « perdu ! »

L'œuvre envoyée à Milan était la *Cavalleria Rusticana*. Elle fut couronnée ; aussitôt le théâtre Constanzi la mit en répétition et M. Mascagni vint à Rome, en troisième classe, presque sans argent, dit-on. J'ai rappelé le succès. Du lendemain de la première, la critique ne connut plus de mesure. On alla jusqu'à prétendre que Verdi aurait répété : « Maintenant, je peux mourir « content, je laisse un successeur ! » En réalité, pour M. Mascagni, c'était la vie facile, heureuse, et pour tous c'était la révélation d'un musicien charmant dont l'avenir dira s'il est de génie ou s'il n'est que de talent.

Le livret de MM. Targioni-Tozzetti et Guido Menasci suit scène à scène, mot à mot, la pièce de Verga ; les petits rôles seulement ont été remplacés par un chœur. Je n'insisterai pas et n'analyserai que la musique.

Le *Prélude*, ainsi dit la partition, n'est, en réalité, qu'une ouverture, selon l'ancienne formule, énonçant les principaux thèmes de l'opéra avec assez peu de cohésion. Mais ces thèmes étant mélodiques, orchestrés brillamment, l'ensemble est de grand effet, surtout la *Sicilienne* aux mélancoliques notes tenues, chantée derrière le rideau, par une voix de ténor. Sur un *fortissimo* suivi d'un *pianissimo* d'opposition toute moderne, l'action s'engage. D'abord, c'est un double chœur disant la grâce des Pâques fleuries ; les mélodies susurrent gracieuses, et l'accompagnement des instruments de bois leur donne un caractère de douceur bucolique. L'arrivée d'Alfio, la chanson des voituriers plaisent moins; les idées y sont vulgaires et, vraiment, l'écriture n'en paraît point heureuse. Mais voici que de l'église sort un *Alleluia* solennel, soutenu d'accords pompeux, une prière de théâtre comme il y en a tant et qui ne mérite vraiment aucune attention. Par contre, les quelques phrases où Santuzza raconte ensuite son malheur sont d'entre les bonnes pages. Ce récit n'a de *Romance* que le sous-titre vieux style qu'a cru devoir lui donner M. Mascagni. Sur un accompagnement comme angoissé, les paroles fiévreuses de Santuzza se détachent avec une intensité de passion émotionnante. La modulation tragique rend excellemment le désespoir de l'amante venue pour se plaindre, mais bientôt révoltée par l'outrage et par l'abandon de l'amant. Or ce passage subit de la tristesse à la colère, c'est déjà toute l'âme de cette Sicilienne qui aura la force d'un crime, mais non d'un pardon. Enfin Turiddu paraît et le duo commence, le fameux duo qui forme, à lui seul, le quart de la partition. Une dansante *Stornello* et des paroles coquettes de Lola l'interrompent comme d'éclats de rire, puis la pauvre abandonnée reprend ses supplications. Elle pleure, elle menace, sentant bien qu'après ce sera l'irréparable, et ces heurts d'une âme exaltée, la musique de Mascagni les rend supérieurement en leurs extériorités plastiques plutôt qu'en leurs raisons psychologiques, je le veux reconnaître, mais avec une violence et une continuité dont l'effet sur le public ne saurait être douteux.

Vous savez la suite: Turiddu entre brutalement à l'église; Alfio part furieux; Santuzza se sauve comme une folle. Quelques instants, la scène reste vide, et l'orchestre esquisse un paysage d'une grâce toute pascale. Malheureusement, d'autres harmonies, autrement harmonieuses, disant dans une musique autrement inspirée l'enchantement du Vendredi-Saint, reviennent à la mémoire. Il est des associations d'idées qu'il faut à tout prix éviter à ses auditeurs. Le *Brindisi* avec chœur qui suit un peu à la manière dont les morceaux les plus variés de ton et d'inspiration se suivent sur un programme de concert, demeure d'une banalité honorable. Nous sommes loin des merveilles bacchiques de *la Damnation de Faust*. Quant au *Finale*, brièvement traité, il ne dépare pas l'ensemble et sur ces quelques pages, d'un pathétique auquel atteignent seules les œuvres destinées à marquer s'achève la *Cavalleria Rusticana*.

Comment expliquer maintenant son succès immédiat, presque fabuleux, car il n'y a pas à s'en dédire, en une année, avec un opéra d'un seul acte, M. Mascagni est devenu célèbre. Deux raisons surtout me paraissent évidentes : la *Cavalleria Rusticana* est une œuvre patriotique, est une œuvre de transition, — cela à tous les points de vue.

Les quatre auteurs sont du royaume : M. Verga, de Catane ; M. Mascagni, de Livourne ; les deux librettistes, de Cérignole ; l'action se passe au pays, traite de mœurs de province, et la musique surtout est italienne, ayant le charme délicieux de ces romances dont l'oreille n'arrive guère à perdre la souvenance, — que l'on entend bizarrement accompagnées d'énervants grincements de guitare, la nuit, dans les *ostéries* de la péninsule. M. Mascagni a su les reprendre, les retravailler avec un art assez parfait. La *Chanson d'Alfio*, par exemple, s'inspire d'une complainte sicilienne ; la *Stornello* de Lola, d'une mélodie toscane ; le *Brindisi* de Turiddu, de plusieurs musiques napolitaines ; et, dans les larmes de Santuzza, on retrouve des choses perçues autrefois, en quelque lieu d'Italie, des choses jolies :

Quasi pe'l cielo matutino un bianco vol di colombo!

« Comme un vol de colombes sur le ciel matutinal », dira un poète dont l'œuvre est aussi musicale que le nom, M. Guido Mazzoni. Je me souviens d'avoir entendu, un soir d'avril, sur le port de Catane, des bateliers qui, tout en déchargeant leur barque, répétaient en chœur une chanson rappelant la *Sicilienne* de Turiddu. C'était une de ces soirées dangereuses des printemps de Sicile, la mer pâmée de chaleur roulait ses flots silencieux sous un ciel tout en étoiles, et la mélodie douce à pleurer, chantée tendrement par des voix ambiguës, venant des lointains mystérieux, acquérait un caractère irrésistible de volupté consolatrice et nostalgique. Or, ces impressions variées, au hasard des voyages, on les retrouve à entendre la *Cavalleria Rusticana*. Ceux qui l'applaudissent en Italie applaudissent certainement l'opéra d'un musicien, mais encore, et sans y penser, c'est surtout, l'âme du pays, de la patrie qu'ils retrouvent et qu'ils acclament, frémissante dans les paysages des décors, dans les paroles des acteurs, dans les mélodies des chansons, — et à Vienne, à Nice, ailleurs aussi, la *Cavalleria Rusticana* a pu plaire comme une œuvre étrangère, exotique, évoquant poétiquement la vie et la terre latines!...

A un point de vue moins psychologique, l'opéra de M. Mascagni est, ainsi que les derniers drames lyriques à succès, un compromis entre les traditions de l'ancien opéra Donizetti-Meyerbeer et les théories nouvelles de l'école wagnérienne. Ce que M. Saint-Saëns a fait dans *Ascanio*, M. Massenet dans *le Cid*, M. Verdi dans

Othello, toutes proportions et différences établies, M. Mascagni l'a fait dans la *Cavalleria Rusticana*. Le sujet n'est pas mythique, il est vrai, mais il n'est pas davantage historique. Rustique, populaire, d'un sens général, il n'a point cette précision qui déplaisait à Wagner. Jusqu'à un certain degré, Santuzza, Turiddu et Lola représentent l'éternel trio des douleurs d'amour. Dans la musique, cette idée de conciliation est encore plus visible. Tandis que le *Chœur d'introduction*, la *Chanson d'Alfio*, la *Prière à genoux*, le *Brindisi* de Turiddu sont des morceaux détachés, à coupes définies, destinés à plaire aux amis de l'ancien répertoire, toutes les scènes entre l'amant et les deux femmes restent de bons exemples de déclamation lyrique, brève de paroles, juste d'intonation et de geste... Dans l'écriture de sa musique, M. Mascagni, sans employer précisément le *leit-motif*, a des rappels de mélodies d'une agréable ingéniosité. Je sais que le procédé est banal et qu'en cherchant on en trouverait déjà des exemples dans *Zampa*. Mais enfin M. Mascagni a orchestré sa partition avec un souci de perfection bien moderne et dont il faut lui savoir gré ; sous sa plume, les motifs populaires prennent une ampleur, un développement grandioses. Sans doute ce n'est pas encore l'orchestration d'un Wagner, mais c'est déjà l'orchestration sonore et curieusement imprévue d'un Bizet. En dernière analyse d'ailleurs, M. Mascagni rappelle surtout Bizet ; il lui a fait quelques emprunts, et il a cette même grâce un peu mièvre, cette même émotion un peu nerveuse, je dirai presque un peu factice. Or, en Italie, comme partout, le public est las d'entendre une Lucie chanter sa folie en de périlleuses vocalises ; on demande autre chose, et si les journées wagnériennes effarouchent encore un auditoire venu dans l'intention de s'amuser, — ce qui n'est point le cas en Allemagne, — en revanche, des œuvres comme la *Cavalleria Rusticana*, où l'attention a des couplets comiques, des chansons à boire pour se reposer et où le drame pourtant reste en lui-même capable d'éveiller et de retenir l'intérêt, réunissent toutes les conditions nécessaires à un rapide et triomphal succès.

S'il est permis de s'exprimer ainsi, c'est donc par des causes purement extérieures que j'expliquerai l'enthousiasme du public italien. Indépendamment de ces raisons, l'œuvre de M. Mascagni ne me paraît mériter ni les panégyriques des Italiens, ni les injustices des wagnériens. C'est un opéra supérieur à la moyenne de ceux parus, ces dernières années, et qui eut surtout la double et véritable chance de venir à son heure et d'être lancé par le plus commercial et le mieux outillé des éditeurs.

QUATRIÈME PARTIE

LES SEPT PLAIES ET LES SEPT BEAUTÉS DE L'ITALIE CONTEMPORAINE

Pour saisir le sens exact des pages que voici, il ne faut point les isoler les unes des autres, car mes critiques parfois violentes, contre l'Italie des Crispi, de *la Cavalleria Rusticana* et de Rome-capitale réclament l'indispensable corollaire de ma très grande admiration pour les êtres et les œuvres de l'Italie contemporaine qui aident à ressusciter le passé merveilleux d'une contrée décidément privilégiée. Mais serait-il besoin d'insister? Ceux pour qui l'art demeure la meilleure raison de vivre savent bien que l'Italie reste la patrie de la beauté telle que la peuvent concevoir nos intelligences latines. Et ceux qui promenèrent leur fantaisie de Venise à Syracuse ont senti qu'ils sont nombreux les paysages devant lesquels on serait tenté de répéter la phrase dont le sentimentalisme démodé me ravit, qu'*on peut mourir content après les avoir contemplés*.

Par discrétion (ce que je raconte n'ayant pas toujours été imprimé déjà), j'ai préféré dans les passages touchant à la Chose Publique éviter les noms propres, la perspicacité de mes lecteurs devinera.

LES SEPT PLAIES

I

LE MENSONGE

Le mot est à coup sûr plus considérable que ma pensée. Je n'ai su en trouver de meilleur, — la *galeïade* de Tartarin étant essentiellement tarasconc et comportant des gestes bouffons, étrangers au caractère italien. D'ailleurs, le mensonge n'est qu'un de ces péchés véniels « qui affaiblissent la vie de la grâce sans nous la faire perdre entièrement, » — dira le *Catéchisme*, — et vous savez, peut-être, qu'un esprit amoureux de paradoxes et qui devait, hélas! payer bien cher ce besoin d'originalité, voyait une des causes de notre infériorité dans ce qu'il appelait la *Décadence du mensonge* parmi la société moderne. Enfin ce défaut, tel que le pratiquent volontiers les Italiens, semble plutôt une habitude de paroles, n'égarant que les touristes maladroits et dont les gens du pays ne sont pas dupes une fois sur mille. Dans ces conditions, le terme est acceptable, je l'expliquerai par des anecdotes :

Une jeune Française, mariée de la quinzaine et dont l'époux était sculpteur, s'installait chez de vieux Romains de la Rome papale. De menus objets lui faisaient défaut. La loueuse de chambre indiqua des magasins et, au retour de sa locataire, s'informa des emplettes. La jeune femme ouvrait des yeux épouvantés : la vie, à Rome, était d'une cherté abominable. La matrone n'y comprenait rien. Enfin, on s'expliqua, la nouvelle venue avait payé ce que lui demandaient les fournisseurs, c'est-à-dire un bon tiers de plus qu'il ne fallait. Alors ce furent des recommandations, coupées d'éclats de rire : jamais personne n'achetait ainsi, sans discussion, ce n'était pas la coutume, on marchandait partout, même dans les magasins tapissés de *prix fixes* en lettres dorées. Les Anglais seuls agissent autrement !... Encore, maintenant que Rome n'est plus papale, faudrait-il dire *agissaient* autrement. Le cas des Milords distribuant sans compter, les livres sterling est en train de devenir légendaire. Leur sens pratique s'est ému de passer pour les éternelles dupes de tous les vendeurs de bibelots d'Italie, et il en est peu, il n'en est point qui marchandent avec plus de ténacité, d'une voix plus arrogante, d'un air plus insolent.

Quoi qu'il en soit, cette coutume de demander, d'abord, le double du prix convenable est une des habitudes invétérées du commerce italien. Je me souviens qu'à Naples je marchandais, un soir que j'étais pressé, un sac de voyage. On me demandait une somme ridicule. Fatigué déjà de toutes les paroles qu'il me faudrait aligner, j'allais renoncer en disant : « — Oh ! si vous commencez ainsi, ce n'est pas la peine, je n'ai pas le temps ! » — lorsque le commis me répondit, avec un drôle de sourire, interloqué : « — Mais nous allons nous entendre, combien m'en donnez-vous ? discutons un peu ! Nous ne savons pas vendre autrement ! » — Le procédé est constant ; le commerçant propose un prix, le client un autre, la discussion s'engage impayable de pantomimes et de paroles, et après un quart d'heure perdu le marché se conclut plus ou moins avantageusement, selon que vous avez montré plus ou moins de savoir faire. Sur le chapitre, ce que j'ai vu de mieux, ce fut, après une demi-journée de pourparlers, l'acquisition pour 200 francs d'une console dorée, style empire, dont on prétendait vouloir 1.500 francs.

Alors, pour me servir d'une image plutôt hardie, le commerce italien serait donc basé sur le mensonge ? Il faut observer que le client sachant le piège se gardera d'y tomber, que seuls, les étrangers s'y laisseront prendre et encore, une fois peut-être, jamais deux, en sorte que ces mensonges inutiles dont personne ne voudrait être dupe ne servent, en réalité, qu'à ralentir les marchés et qu'à faire douter de la bonne foi des négociants. Pour quelques centaines de francs gagnés ainsi, bon an, mal an, que de temps perdu, de doutes semés dans le public ! Par crainte de trop payer, le client cessera d'être raisonnable et ce sera, en somme, bien plus souvent le marchand que l'acquéreur qui pâtira de ce fâcheux état de choses.

En politique, le procédé est pareil, mais ses résultats étant plus considérables sont aussi plus graves de conséquences désastreuses. Chaque année, dans la gestion des finances italiennes, il y a une époque critique. C'est au moment du payement des coupons de la Rente, au moment du règlement des comptes du budget, le quart d'heure de Rabelais en face du déficit plus ou moins sérieux, mais inévitable tant que l'Italie n'aura pas la sagesse de mettre son train de gouvernement en rapport avec des ressources qui, pour être considérables, n'en restent pas moins limitées. Alors, subrepticement, des messagers discrets partent de Rome s'en allant à la chasse aux millions anglais, français ou allemands, car les alliés politiques ne sont pas nécessairement les alliés financiers.

Or, cette année-là, — je parle de choses passées et qui seront bientôt historiques, — les banquiers londoniens et parisiens avaient trouvé leur intérêt à prêter la forte somme. La presse n'avait point à en parler, négociations et conclusions se passant à huis clos. L'échéance suivante, aux guichets de Londres comme à ceux de Paris, on refusa de continuer le crédit. La chose se sut. Comment? *Chi lo sa !...* Ce n'est point mon affaire de le dire. Je puis seulement raconter que, tandis que la presse transalpine évitait toute allusion trop nette aux malcomplaisances anglaises, des phrases directes et significatives s'imprimèrent sur notre compte. Tant et si bien que d'aucuns qui ont pour vocation de diagnostiquer, en style académique, l'état de la politique européenne insinuèrent, et, dans une revue de première importance, qu'il devenait puéril, à la vérité, de s'étonner de la froideur grandissante de l'Italie à notre égard, puisqu'aux vives avances du nouveau ministère d'alors nos banquiers avaient osé répondre par une fin de non-recevoir aussi péremptoire.

On le voit, le mensonge conditionnel avait eu les résultats opérés. La démarche fut si adroite, dans sa complication, que nos plus fins publicistes s'y laissèrent prendre, ignorant ce qui s'était passé, l'année d'avant, à Paris et, cette même année-là, à Londres. Pour montrer que je ne fais point du roman diplomatique, mais de l'histoire contemporaine, j'ajouterai que les banquiers allemands sauvèrent une situation qui était à cette époque plus compromise qu'elle ne l'est aujourd'hui. Cette conduite d'une psychologie à ravir un Talleyrand où, *premièrement*, en parlant lorsqu'il était bienséant de ne point parler et où, *secondement*, en ne disant qu'une partie de la vérité on en dénaturait la parfaite signification, témoigne d'une casuistique intérieure tout à fait peu rassurante. Pour nos intelligences gauloises, amies de la logique et de la franchise, les tergiversations, les réticences, les hyperboles et les euphémismes de tels esprits forment un sable mouvant sur lequel nous finissons, de crainte d'être dupes, par méconnaître jusqu'aux paroles sincères.

En cette occurence d'ailleurs, les faits prouvèrent, hélas ! ce que valaient les beaux discours dont on nous accablait depuis six mois. Plus avisés que nos diplomates de rédaction, nos banquiers avaient eu sans doute des tuyaux plus sûrs, car, tandis que nos journaux notaient, avec des encouragements d'amitié, cette aube attendue de jours meilleurs, plusieurs mois avant la date voulue, la Triple Alliance était renouvelée en grand mystère, en grande hâte. Tout finit cependant par se découvrir, et notre désillusion ne fut pas petite à constater que le bon vouloir d'un premier ministre, ami de la France et désireux, semblait-il, de s'en rapprocher effectivement, n'était, en somme, qu'un sentiment d'homme privé et qu'il devait sacrifier à la volonté, en ce cas absolue, du souverain. Puis les choses continuèrent comme par le passé, d'autant que l'ère crispinienne ne tarda point à recommencer.

Avez-vous compris, maintenant, ce que je veux dire lorsque je prétends que la franchise n'est pas (en commerce comme en politique, comme en d'autres domaines) la qualité dominante des Italiens d'aujourd'hui ?

II

LE MANQUE DES NUANCES

Ceci est plus facile à observer qu'à exprimer. Servons-nous encore d'exemples :

Aux fêtes des *Noces d'argent*, S. M. la reine Marguerite, dont les élégances fixent la mode italienne, parut en robe jaune canari, en mantille vert jeune-pousse, une ombrelle bleu de Prusse à la main. Ses préférences pour les couleurs vives sont connues; le prisme, à ses yeux, n'a pas de rayons trop éclatants, et d'entre les nuances, celle qu'a préférée son caprice de femme est le bleu turquoise, — teinte d'ameublement plutôt que d'habillement, on le remarquera. Or, les livrées de la cour étant rouges, on devine l'accord ultrawagnérien. La même observation se peut faire dans les salons de l'aristocratie, dans les théâtres fréquentés par la bourgeoisie, jusque parmi les servantes d'auberge et, plus on descend vers le sud, plus les Italiennes arboreront, au mépris de toute distinction, des toilettes aussi criardes que les ailes aveuglantes des perroquets les plus exotiques.

Enquérez-vous, d'autre part, de l'art italien contemporain et discernez ses tendances en négligeant, cela va sans dire, les œuvres d'imitation commerciales et indifférentes dont l'Amérique est friande et que l'Italie produit à foison. L'impressionnisme se pratique avec fureur: jamais les rayons lumineux n'ont été décomposés avec plus de parti pris. Ce sont des figures bizarres ou des paysages malades, marbrés de cobalt et d'indigo, à se croire transporté dans une planète inconnue. En sculpture, examinez, par exemple, une des œuvres les plus fameuses : *le Christ et la Magdeleine* de M. Cifariello. Le réalisme des détails s'affirme jusqu'au paradoxe. Notre Seigneur a un corps desséché de phtisique aux côtes déchirant la chair, aux effroyables os déformés. Ou bien, au théâtre, comparez enfin le jeu poétique, l'inoubliable perfection de Mme Sarah Bernhardt, idéalisant le dernier acte de la *Dame aux Camélias* à l'agonie vraie, épouvantable et obsédante de Mme Eléonora Duse. Dans tous ces domaines, modes, art ou théâtre, comme dans bien d'autres qu'il serait facile d'indiquer, architecture ou musique, vous discernerez une même tendance à préférer la couleur vive, même crue, aux charmes spécieux, aux délicatesses subtiles des teintes indécises. C'est à croire que l'œil et l'oreille italiens aient perdu le sentiment de la nuance, car qui pourrait oublier qu'autrefois ce peuple eût les premiers costumiers du monde. Et parlerai-je des graves Primitifs? des sculpteurs catholiques? des architectes du xvie siècle? ou même, des voix célestes qui chantèrent autrefois, sous les voûtes de la Sixtine? Il y a bien transformation réelle. Tandis que notre tact artistique allait s'affinant, se compliquant, le leur se simplifiait en se démocratisant.

Même constatation dans d'autres domaines. Il y a dîner d'apparat au palais du prince de X. La princesse passe pour une des femmes les plus fières de Rome. Cependant, à l'arrivée de chacune de ses amies, ce sont des élans subits, des baisers passionnés, de grandes exclamations d'enthousiasme. Comme nous voilà loin des glaciales *shake-hand* françaises. Parcourez les lettres

d'amour que s'écrivent les gens du peuple, et cela est moins difficile que vous ne le supposeriez, puisqu'à l'occasion des procès les journaux populaires en donnent volontiers de copieux échantillons. Les phrases les plus échevelées reviennent à chaque page. *La Religieuse Portugaise* n'a pas d'effusions plus ardentes, de paroles d'un amour plus éperdu. Je me souviens des invraisemblables billets qu'adressait à une blanchisseuse qu'il devait noyer par jalousie un maraîcher de la campagne romaine. D'ailleurs, selon le précepte de notre maître Stendhal, pratiquez quelques expériences, liez quelques amitiés, ayez quelques aventures. Tout de suite les grands mots, les phrases irrévocables. Vous n'êtes pas depuis huit jours le compagnon d'un inconnu ; votre fantaisie pour la voisine aux yeux noirs commence à peine que déjà l'un et l'autre signent leurs billets : « Ton ami pour toujours » ; « ton amie pour la vie ». Inutile d'ajouter que les événements démentiront, neuf fois sur dix, des déclarations aussi dénuées de simplicité. En sorte que ces paroles doucement paradoxales reviendront à la mémoire : « Tou-
« jours ! un de ces mots sans signification désormais,
« car la seule différence entre un caprice et une éternelle
« passion est que le caprice a des chances de durer plus
« longtemps. » Une Française de bon sens et de grande finesse qui avait beaucoup pratiqué les Italiens me disait que leur *Tout à toi, toujours, pour la vie!* équivalait à peine à notre banal : *Je reste votre dévoué*. La remarque que l'âme italienne a perdu le sens des nuances s'étend donc au domaine de la psychologie sentimentale, et cela est d'autant plus à considérer que pour adorer, en toutes choses, la douleur et la violence, les amants d'autrefois n'en savaient que mieux pratiquer l'art des suprêmes distinctions émotionnelles.

Ai-je besoin de rappeler Dante, Pétrarque, les Néo-Platoniciens, jusqu'aux poètes du présent siècle? C'est une des raisons qui nous empêcheront toujours, — je le crains, — d'apprécier complètement les œuvres les plus connues des modernes romanciers italiens. M. Gabriele d'Annunzio, mis à part, chez M. Antonio Fogazzaro déjà, que de pages nous paraissent à la réalité vivante ce que sont aux glaces de Venise certains miroirs grossissants.

Cependant la même remarque se peut encore relever dans le domaine intellectuel. Voyez en politique : depuis des années, les faits tendraient à prouver que nous n'avons pas, de l'autre côté des Alpes, d'adversaire plus acharné que M. Crispi. D'autre part, le Bismarck italien, tout en basant sa conduite parlementaire sur les réalités de la Triple Alliance, avait fini par reconnaître que son pays gagnerait cent pour cent à rester en bons rapports avec son ancienne et naturelle alliée. Aussi qu'avait-il imaginé?— de se proclamer, tout simplement, l'ami de la France, l'ami méconnu, calomnié (à tort, il est vrai) et en but, quoi qu'il fît, aux pires injustices gauloises. En vérité, une telle conduite frisait la puérilité, et je me refuse à croire qu'elle ait illusionné personne. Mais, à l'effet toujours de donner corps à cette fameuse légende d'un Crispi, ami de la France, notre diplomate, qui avait certes plus de volonté que de finesse, imagina, — est-ce jadis ou naguère? il n'importe, — de faire publier dans une feuille à sa dévotion et pour cause une copieuse, une interminable histoire de sa vie et de ses idées. Le texte était en français, destiné à impressionner notre public et notre presse. Les documents exhibés, de première main, la plupart inédits, tous d'une valeur documentaire certaine. Pourtant l'ouvrage passa inaperçu ; les premiers chapitres suscitèrent quelques sourires, puis on cessa de s'en occuper, car au lieu d'entremêler les critiques et les approbations en donnant à ces pages quelque apparence d'impartialité, M. Crispi qui les relisait, s'il ne faisait que les relire, s'obstina à leur vouloir le ton emphatique d'une louange indiscontinue. Son passé devenait un tissu de nobles actions prouvant, d'indiscutable manière, son attachement absolu à la cause française. Sa politique restait l'innocente victime d'un complot italophobe, et c'était, contraint par des circonstances adverses et radicalement opposées à ses sympathies électives, qu'il avait accepté cette fâcheuse combinaison de la Triple-Alliance. On perçoit le procédé; je ne m'arrêterai pas à en démontrer l'enfantillage et je m'étonnerai, au contraire, qu'un homme de la valeur de M. Crispi ait pu hésiter, un instant, sur ses résultats pratiques si je ne discernais précisément, dans cette hésitation même, comme une preuve nouvelle de cette absence de nuances caractéristique.

Ce trait me paraît donc commun à la vie extérieure et à la vie intérieure des Italiens d'aujourd'hui. Je ne dissimulerai pas qu'il mette de douloureuses solutions de continuité dans les rapports que nous pouvons entretenir avec eux, car si, au point de vue artistique, la question peut se discuter, en politique comme en choses de cœur, le manque de subtilité nous offusquera toujours péniblement, et, quoique nous fassions, nos sympathies, pareilles aux escargots, rentreront peu à peu, discrètement, dans leur coquille.

III

L'INFLUENCE ALLEMANDE

Vous avez sans doute lu bien souvent, — car c'est un des raisonnements dont use volontiers notre presse, — que l'Allemagne, en engageant l'Italie à conclure cette fameuse Triple Alliance, lui rendait inévitables, pour la création et l'entretien d'une armée et d'une marine de premier rang, des dépenses peu en rapport avec les ressources des finances nationales. Dans de telles conditions, l'équilibre du budget ne saurait être que problématique et la Triple Alliance aurait ainsi non seulement séparé de défiances, qui seront longues à s'oublier, deux peuples de même race, nés pour fraterniser, mais elle aurait, en outre, compromis l'avenir de la Rente italienne.

Après enquête sérieuse, je n'hésite pas à le dire, le raisonnement me paraît contestable: Bien loin de considérer l'armée et la marine italiennes comme les causes premières de ce fâcheux déficit perpétuel, je crois, au contraire, qu'elles en sont à peine des causes secondaires et dépendantes déjà de plusieurs autres plus importantes. L'ambition orgueilleuse de ceux qui mirent, au rang qu'elle occupe, l'Italie unifiée d'aujourd'hui a commencé tout le mal. Ils en appelèrent jadis au sentiment patriotique des masses, et prenant exemple sur les gloires du passé ils voulurent les gloires immédiates du présent. Est-il surprenant que dans le courant de leur éloquence se soient perdues les paroles de bon sens, de sagesse terre-à-terre? D'aucuns, cependant, s'en aperçoivent enfin de l'autre côté des Alpes. En s'installant, sitôt reconstituée, au rang de grande puissance, l'Italie a rappelé ce manque de prudence de certains nouveaux mariés qui, au lendemain de leurs noces, prétendent avoir un train de maison égalant celui de leurs parents. Le roman dira ce qu'il leur faudra d'efforts pour ne point succomber ou du moins pour ne pas déchoir. Mais pour les états comme pour les ménages, l'aventure est hasardeuse; je souhaite ardemment que l'Histoire future enregistre qu'après des années de luttes et de sacrifices, l'Italie finit par acquérir le bien être commercial et la paix financière. Quoi qu'il en soit, la multiplicité des ministères, des préfectures et des sous-préfectures reste, à cette heure, une charge autrement lourde pour les ressources italiennes que l'armée dont l'entretien d'ailleurs, même aux yeux d'un simple passant, laisse si fort à désirer et trahit tant d'insuffisances.

Cependant, pour n'avoir point déterminé l'état de choses actuel, la Triple Alliance, c'est-à-dire l'Allemagne (car dans ce trio de souverains tenant sous les plumets de leur casque la paix européenne, l'Autriche joue, de plus en plus, le rôle de personnage muet), — l'Allemagne, dis-je, n'en a pas moins exercé son influence sur l'Italie contemporaine et pour être moins grave, au point de vue économique, elle n'en est pas moins regrettable, au double point de vue pittoresque et intellectuel.

En effet, considérant l'Italie comme placée sous leur protectorat, les Allemands se sont mis à l'envahir. De Milan à Palerme, d'innombrables familles Buchölz promènent, à travers les rues peintes à fresques et les paysages historiques de la terre de beauté, leurs lunettes d'or, leurs voiles verts et leurs prétentions ridicules de personnes tombant en extase tous les trois pas. Renseignés comme pas un, ils suivent, ligne à ligne, le *Bædeker* écorchant, avec un accent à prendre la fuite, quatre ou cinq phrases d'italien et, dans leur satisfaction de marchands de bonnets de coton, on devine comme un air de se dire : « Puisque nous sommes un peu chez nous!... » L'opérette, le vaudeville ont-ils assez médit de l'Anglais à favoris roux et du Français commis-voyageur ? Les types prêtent à la charge, j'en conviens, mais le flegme grand seigneur de l'un et la gaieté bon enfant de l'autre excusent bien des travers, tandis que l'économie proverbiale, que l'admiration perpétuelle de l'Allemand, qui a sur toutes choses des notions d'instituteur et des sensations de portière, reste un des spectacles les plus exaspérants que je connaisse.

Naturellement, puisque d'aucuns étaient venus pour se distraire, d'autres devaient venir, et par centaines, et par légions, pour s'enrichir. Au point que, sur dix hôtels, cinq sont tenus par des Allemands; les magasins pullulent d'employés, de commis prussiens; le commerce en gros est pour ainsi dire concentré dans leurs mains, car ils ont précisément des qualités d'endurance, de ponctualité qui les rendent ici supérieurs aux Italiens. Entre leur patience, leur tenacité à toute épreuve et la belle indolence interrompue d'efforts sans lendemain des gens du pays, la concurrence ne tarde pas à devenir impossible. On assiste alors à ce spectacle déplorable d'étrangers enlevant peu à peu l'ouvrage des mains indigènes. Si vous saviez, avec quel dédain, la plupart de ces Germains à joues roses et à barbes blondes parlent du peuple auquel ils devraient cependant être reconnaissants de les laisser ainsi croître et prospérer? C'est l'éternel discours de la Fourmi qui n'est pas prêteuse et ne saurait être bienveillante, — de la fourmi qui ne comprend rien à la vie ni à l'art de Bohême. A son avis, le soleil n'est bon qu'à mûrir les moissons fructueuses qui rempliront de banknotes ses vastes portefeuilles. Pauvre cigale, avec ta cervelle légère et tes chansons jolies, quelle compagne la politique s'est-elle avisée de te donner? On ne saurait, en vérité, imaginer union plus mal assortie. La fourmi ne pourra que condamner ta vie errante au bon soleil et *le dolce far niente* de ta race exquise, buveuse de rosée céleste!... Jusqu'à ta religion qu'elle ne comprendra guère dans le prosaïsme cruel de la sienne. Ce sera de superstitions qu'elle traitera les fêtes qui te sont chères, où, chaque année, les Saints d'autrefois reviennent perpétuer l'effet de leurs miracles charmants. Ah! si tu n'y prends garde, pauvre cigale italienne que j'aime pour ta voix fantasque, la fourmi allemande te prendra jusqu'aux quelques pièces d'or que t'ont values les chansons jolies et les accords de ta mandoline dont, à se souvenir, le cœur sentimental défaille!...

La préface de la revue de grand luxe que les fervents de M. Gabriele d'Annunzio éditent à sa gloire me tombait sous les yeux, certain jour, et j'y lisais qu'entre autres buts le *Convito* se proposait celui « de défendre contre « les Barbares les pénates intellectuels de l'esprit « latin. Il est passé », disait encore ce prologue qu'inspira s'il ne le rédigea point le jeune et irrésistible auteur des *Vierges aux rochers*, « il est passé le temps « de la rêverie solitaire, à l'ombre des lauriers et des « myrtes. Rassemblant toutes leurs énergies, les intel- « lectuels doivent soutenir militairement la cause de « l'intelligence contre les Barbares, si l'instinct de la « vie ne s'est point endormi en eux. Voulant vivre, ils « doivent lutter et s'affermir sans cesse en face des mal-

« veillances, des inimitiés, de la force stupide et de l'am-
« biance malsaine. Allumé de son zèle pour l'art comme
« d'une flamme de colère, Benvenuto ne se battait-il
« pas pour une statue avec plus de colère que pour
« une maîtresse ?... » Évidemment ces Barbares, dont
il est ici question, furent ceux qui bombardèrent la
cathédrale de Strasbourg et brisèrent les allées de
statues de saint Cloud, « pleines de roses l'été ». Ah ! que
d'une manière funeste leur influence s'exerce dans
le domaine des choses intellectuelles et qu'il serait à
désirer que le succès favorisât la généreuse tentative des
amis de M. Gabriele d'Annunzio ! Car, imaginez-vous
que les Allemands menacent de donner aux concitoyens
de Dante et de Léopardi le goût des monographies
pédantes et inutiles. Tel Florentin dont le nom restera
au bout de ma plume se croit célèbre parce qu'il composa cent pages qu'ont lues dix personnes, sur la composition des vernis dont sont enduites les poteries
étrusques, et tel autre s'estime d'irrécusables droits à
l'immortalité pour avoir déchiffré une inscription pom-
péienne disant que *Julia Félix, fille de Spurius, propose
à louer du 1er au 6 des ides d'août un appartement, des
bains, un vénéreum, neuf boutiques et étaux pour cinq
années continues*. Les grandes revues de la péninsule sont
bourrées d'articles plus indigestes que des tranches de
bœuf sur des sujets aussi spéciaux, — et de charmantes
princesses qui, pour rien au monde, n'oseraient se
hasarder à les lire, affectent cependant de les tenir en si
haute estime qu'elles en viennent à considérer la littérature de vie et de rêve comme des jeux d'enfants per-
nicieux et méprisables. Jusque dans la poésie érudite,
historique et professorale de Giosué Carducci, je
retrouve cette tendance si contraire aux véritables dispositions de l'esprit italien. Parce que l'Allemagne

prussienne n'a plus l'inspiration de l'Allemagne de
Weimar ni le sens artistique de celle de Bayreuth, elle
voudrait réussir à persuader à l'Italie que ce sont là
futilités sans valeur :

> Que faisons-nous, vraiment, de ce poids inutile
> Et qui va balayant tous les sentiers fangeux.
> Que nous sert cette queue ! Il faut qu'on se la coupe
> Si l'on m'y croit, chacun s'y résoudra.

Et moins avisés que les renards du Bonhomme, les
Italiens sont en train d'obéir, d'oublier qu'ils avaient
à transmettre aux générations futures l'héritage
d'Arioste, de Boccace et de Bandello. Ah ! que ne
disent-ils à cet essaim de philosophes et d'archéologues
à lunettes :

> Mais tournez-vous, de grâce, et l'on vous répondra !

IV

LA PRESSE

Ils sont curieux à examiner les grands journaux de
la péninsule. Imprimés en caractères d'un œil fatigant
par sa finesse, ils ne contiennent, dans leur interminables colonnes, presque pas d'articles signés. Un
bulletin politique de médiocre importance, deux ou
trois alinéas sur les choses de l'étranger, puis, bout à
bout, des nouvelles du monde entier, prises à n'importe quelle source et traduites, en grande hâte, sans

nul souci d'élégance. Tous les potins de l'Europe se trouvent donc rapportés avec abondance. Je me souviens d'avoir lu, dans une gazette s'imprimant à Messine, trois colonnes sur un procès ultra-mondain de Paris dont, à cause de la haute position de l'amant très orléaniste, nos feuilles parlèrent à peine. Dans ces conditions, on devine l'importance de la *Chronique locale* : elle a l'information et l'indiscrétion d'un concierge décachetant les lettres. C'est le triomphe des *racontars* et des *on dit*. Une feuille populaire de Rome a même trouvé un système de reportage des plus pratiques. Toute personne venant aux bureaux du journal raconter ce qu'elle sait sur le procès en cause ou l'incident du jour et dont le récit peut être rédigé et inséré reçoit une gratification de deux francs, m'a-t-on dit. Vous pensez si, à ce taux, les renseignements doivent faire défaut. Madame a-t-elle des démêlés avec une cuisinière récalcitrante qui ne veut point s'en aller et menace de se servir du petit couteau? Monsieur a-t-il été surpris en conversation trop confidentielle avec une servante aux jolis frisons? Deux amis se disputant, un soir de *burcaille*, en sont-ils venus aux voies de fait? Un commis s'est-il essayé aux falsifications d'écritures? des créanciers ont-ils eu le mauvais goût de perdre patience? une sérénade a-t-elle été chantée en dépit de maman duègne sous les fenêtres de fille ingénue? Aussitôt la gazette est avertie et, avec des détails de juge instructeur, elle racontera d'où vous venez, comment vous vivez, quelles sont vos relations, vos préférences, vos antécédents et vos habitudes. Un romancier n'est pas mieux informé sur l'état civil ou l'état moral de ses personnages. Pour un voyageur soucieux d'étudier le peuple, une semblable lecture est unique, mais on comprendra qu'à la longue elle ne doive contribuer ni à développer les intelligences, ni à améliorer l'état des mœurs. D'autant que ces récits n'ont pas même l'agrément d'une forme piquante. Aucune réflexion ne les accompagne, aucune originalité ne les relève, ils sont relatés simplement, bêtement, avec la netteté et la franchise d'un phonographe.

Quant aux variétés littéraires, aux portraits d'hommes politiques, les journaux italiens n'en donnent guère. Les correspondants étrangers annonceront bien que M. Zola a terminé un nouveau feuilleton, mais, lorsque la version italienne paraîtra, il ne sera point conforme à la coutume de lui consacrer une étude plus ou moins détaillée. Evidemment le public n'y tiendrait pas. De même les comptes rendus des « premières » se bornent à quelques lignes d'une exagération qui les rend insignifiants. On donnait, à Florence, la *Gioconda* de Poncielli; la première chanteuse, une étoile d'autrefois, en était à sa dernière saison, condamnée irrévocablement par l'*éléphantiasis*. Des journaux trouvèrent moyen de la complimenter sur sa beauté. C'est à croire qu'aucun rédacteur ne s'était donné la peine de se rendre au théâtre. Notez que l'actrice méritait des applaudissements. Son tempérament dramatique était extraordinaire. La correction cependant voudrait que l'on ne félicitât point une bossue de sa sveltesse.

Comme je m'étonnais de cet état de choses avec des Italiens, ils convinrent pour la plupart de la justesse de mes observations, ajoutant seulement, en manière d'explication : « Que voulez-vous ? il est certain que nos journaux n'ont aucuns soucis d'art, que la politique les absorbe et les déborde ; mais, depuis une dizaine d'années, les conditions de la Chose Publique sont devenues, chez nous, trop importantes, trop grosses de menaces futures pour que nos intérêts et nos efforts ne soient point dirigés tous, exclusivement, de ce seul côté. Il faut un luxe matériel que nous ne possédons pas encore pour pouvoir prêter une oreille attentive à des discussions sur les mérites ou les infériorités d'un roman ou d'un opéra !... »

Une autre raison l'empêcherait encore, toute matérielle celle-ci, et que mes interlocuteurs ne songeaient point à me signaler ; les conditions pécuniaires de la presse quotidienne, — conditions si déplorables que j'en arrive à croire que le métier de journaliste doit, en Italie, être la dernière des carrières libérales. Or, si le premier venu devient assez vite capable de disserter sur les événements du jour ; d'ailleurs, les hommes politiques sont généralement heureux d'avoir un journal où exprimer leurs opinions, il n'en va plus de même, en matière de critique artistique ou littéraire. Des années d'études, de lectures et de voyages restent indispensables, car, en admettant qu'on naisse auteur dramatique ou romancier, on devient critique et, de Sainte-Beuve à M. Brunetière, les exemples ne seraient point pour me contredire. Aussi, en face de l'avenir qui leur paraît réservé dans la presse quotidienne, les hommes d'instruction sérieuse, et l'Italie en compte plus d'un, préfèrent sans doute se consacrer à l'enseignement secondaire, qui lui du moins donnera à ses mandataires une position en rapport avec leur culture et leurs goûts intellectuels. On devine aux mains de qui la presse est abandonnée ; de récents procès nous ont, hélas ! renseignés suffisamment, d'autant plus significatifs qu'ils touchaient à des journaux tenus parmi les plus respectables. M. Jules Case se plaignait, un jour, du manque d'honorabilité de la presse française, que faudrait-il dire de la presse italienne ?

Peu de temps après ma première arrivée à Rome, je me souviens d'avoir raconté à une personne d'excellente société que je devais avoir prochainement l'intérêt de dîner avec les rédacteurs de l'une des principales gazettes. Ce furent aussitôt des recommandations avisées. On n'était pas l'ami de ces messieurs : le journalisme n'était point en Italie ce qu'il est en France, et comme je manquais d'observations personnelles, je suivis ces conseils que je ne tardai point à reconnaître remplis d'une juste expérience. Toutefois, je tiens à l'ajouter, la lutte pour la vie est, dans ce monde-là, trop ardue pour que les individus soient complètement responsables de leurs écarts de conduite. On a beau jeu à blâmer les tergiversations de quelques-uns, mais si l'on réfléchit qu'après des années de luttes, des kilomètres de copie et combien d'efforts dépensés, ceux-là mêmes se trouvent, comme au premier jour, ou peu s'en faut, avec à peine de quoi vivre, on comprendra, en les excusant, sans les légitimer, leurs tentatives en quelque sorte désespérées. J'évite les chiffres toujours discutables, mais, d'une manière générale, j'ai remarqué que les journalistes italiens arrivés en sont réduits à se contenter d'honoraires que l'on n'oserait, à Paris, offrir à des débutants.

Ces considérations m'empêchent de tenir pour très efficaces, les tentatives de rapprochement que des hommes animés des plus excellentes intentions ne cessent de faire entre la France et l'Italie. Au point de vue littéraire, l'union est complète : nos romans sont préférés, nos pièces se jouent partout et vous savez l'enthousiasme dont nous nous sommes pris pour l'admirable d'Annunzio, sans parler de *Falstaff* ou d'*Othello*. Au point de vue politique, divers obstacles persistent, insurmontables ; la Trible Alliance d'abord, puis la presse, qui, mal conseillée, ne cesse d'envenimer, jour après jour, nos rapports d'ancienne amitié. Quand on pense qu'une des premières, si ce n'est la première gazette de là-bas, se donne la peine de traduire dans chacun de ses numéros toutes les phrases offensantes pour l'Italie qu'il lui a été possible de découvrir dans nos quotidiens. Les articles sympathiques des grands journaux sont ordinairement passés sous silence, mais qu'une feuille de la dernière catégorie et dont j'ignore souvent, jusqu'au nom, se permette une critique quelconque sur la vie politique italienne, aussitôt les ciseaux du rédacteur de couper et sa plume de traduire sans aucune indulgence, comme bien l'on supposera. Un tel procédé n'a pas besoin d'épithète. Je suis certain que ce livre aura fort à en pâtir et qu'on exagérera ce qu'il renferme d'hyperboliquement satirique pour s'abstenir de constater de quel amour profond il témoigne envers cette Italie dont il faut aimer les mortelles beautés et adorer la Beauté immortelle !

D'autres m'assuraient pourtant que les paroles de la presse influeraient moins en Italie qu'en France sur l'état des esprits. N'en croyez rien. De tels exercices répétés des années et des années sont la goutte d'eau dont la persistance finit par creuser jusqu'au granit. Si les peuples d'Italie en arrivent un jour, à nous oublier, l'histoire le dira, la responsabilité pour une part majeure en incombera à la presse officieuse !.....

V

LA DÉCENTRALISATION

Je ne traiterai la question qu'au point de vue littéraire, afin de mieux indiquer les déplorables résultats de cette organisation, — qui consiste à répartir dans plusieurs capitales la vie intellectuelle d'un pays.

A première vue, il faut le reconnaître, l'art moderne italien ne présente aucun caractère général nettement accentué, et je serai fort empêché d'en tracer en peu de lignes un tableau à peu près satisfaisant. C'est l'individualisme à outrance sans aucun groupement d'amitié, ni même d'intérêt. Malgré la célébrité un peu oubliée de son nom, M. Edmond de Amicis n'a pas formé de successeurs. Un instant, on put croire que l'*Ecole Vériste* rappellerait, en s'en différenciant, l'école de Médan, mais le groupe a vite eu fait de se désagréger. De même, en poésie, les odes savantes et charmantes de M. Carducci n'ont trouvé que peu d'imitateurs, et les trois ou quatre symbolistes de Naples restent d'importation et d'imitation absolument étrangères. Au théâtre, les uns font du réalisme à outrance, les autres reprennent des histoires bleues sans juger nécessaire ou sans trouver le moyen de réunir leurs tentatives dans un but commun, de manière à frapper plus fort et à s'imposer plus vite. En sorte que devant tant de noms et tant d'œuvres également mal connues, le public hésitant à choisir, dans son ignorance et sa paresse, craint de n'en point avoir pour son argent et préfère se retirer, épouvanté qu'il est d'ailleurs, à plus d'un titre, par cette marée montante de livres et d'auteurs. Afin qu'on ne m'accuse point d'italophobie, je citerai ces paroles d'une revue romaine. « Il semble, en vérité, « qu'ont recommencé, pour l'Italie, ces temps obscurs « où les Barbares des contrées extrêmes vinrent boule- « verser un sol que la poudre des étrangers avait « cependant formé. Dans leur course dévastatrice, ils « jetèrent bas toutes les images de la Beauté ; ils effa- « cèrent tous les vestiges de la pensée humaine. Mais « la présente barbarie est, selon nous, pire ou du moins « plus vile encore, car elle n'a pas même, comme celle « d'autrefois, la grandeur des violences aveugles et « irrésistibles[1]. » Le manque d'une capitale intellectuelle imposant au pays ses préférences et ses antipathies me semble être pour beaucoup dans ce regrettable état de choses. Voyagez par cette terre d'élection et de prédilection, interviewez les hommes en position de savoir, et vous serez surpris de constater que leurs préférences hésitent bizarrement d'objets et de sujets. A Florence, on vous nommera comme premiers romanciers d'Italie, des écrivains regardés, à Rome, comme de cinquième ou sixième ordre. C'est ainsi que le maladif Gabriele d'Annunzio, si admiré dans les provinces méridionales, l'est beaucoup moins dans celles du nord, tandis qu'inversement le sentimental, le très catholique Antonio Fogazzaro, que Turin, Venise et Florence applaudissent sans restriction, est à peine goûté à Rome et à Naples.

Un romancier italien, — et ce que je dis des romanciers pourrait avec plus de justesse encore s'appliquer aux poètes, aux auteurs dramatiques — n'a pas seulement un public, une ville à conquérir. De pro-

---

[1] *Le Concilo*, liv. I, Préface.

vince en province, l'entreprise est à recommencer. La vie humaine n'y suffirait pas L'écrivain même célèbre ne s'adresse qu'à un public très restreint. Cinq éditions, en Italie, c'est déjà considérable, au moins comme le trentième mille à Paris. Aussi les prétentions pécuniaires seront-elles, forcément, des plus modestes. On ne me croirait pas, si j'ajoutais combien, les droits de traductions exceptés, les romans de d'Annunzio rapportèrent à leur auteur. Comparez ce détail aux légitimes exigences de nos académiciens présents ou futurs et vous sentirez, du coup, à quel point la littérature doit être considérée de l'autre côté des Alpes, comme une chose de peu d'importance, d'honorabilité plus que médiocre. Dans une civilisation basée sur le respect de l'argent, comme notre civilisation moderne, il devient facile à comprendre qu'elle sera tenue en petite estime, une vocation qui donnera à ceux qui l'auront choisie à peine de quoi subsister.

On m'objectera, sans doute, l'exemple des petits États du xvie siècle et que le morcellement du territoire n'empêcha point l'art italien d'être, à cette époque, le premier du monde pensant. La remarque est plus spécieuse que probante, car les conditions de la vie artistique ont tellement changé qu'une comparaison avec le passé ne saurait plus être fertile en renseignements. Tandis que la faveur d'un prince d'Este ou d'un Laurent de Médicis suffisait, jadis, à établir la renommée et la fortune d'un poète, nos contemporains, au contraire, traitent directement avec un public qui seul, au hasard de préférences à peine influencées par les voix de la critique, assure ou refuse le succès moral et matériel, c'est-à-dire, dans nombre de cas, le pain quotidien. La première condition reste donc que ce public existe et qu'il présente une homogénéité suffisante pour que ses manifestations soient de quelque importance. Mais alors si au lieu d'un public nous en avons cinq ou six, séparés par des divergences de goût, de tempérament, d'éducation et surtout par des vanités patriotiques, — de sorte que l'on croirait déroger en admettant ce qu'admire son voisin, — nous assisterons à ce spectacle affligeant d'efforts qui, au lieu de s'entre-soutenir, en arriveront à se neutraliser, en se discréditant les uns les autres. A Florence, on affecte d'ignorer les essais de la jeunesse napolitaine. A Milan, on dit couramment que la vie littéraire de Rome est d'importance secondaire. Les maisons d'édition au lieu d'être réunies dans une capitale et de s'affirmer par une concurrence loyale sont disséminées dans cinq ou six grandes villes, se reposant complaisamment sur leurs lauriers respectifs. Les périodiques ont également leur siège n'importe où. Un magazine ne s'avisa-t-il pas de se fonder à Bergame? Il n'est si modeste ville de province qui n'ait sa revue et ne se figure bénévolement qu'elle soit en passe de devenir la première d'Italie. Les paroles exagérées des amis encourageraient cette illusion; mais, au quart d'heure de Rabelais, la vérité reprend ses droits et, après quelques semestres, les déficits ont raison de tentatives hasardeuses et hasardées.

Cependant c'est à considérer le théâtre italien contemporain et son organisation défectueuse que l'on aperçoit le plus nettement les multiples inconvénients de ce fâcheux état de choses. La capitale n'existant que géographiquement parlant et les finances ne permettant point de grosses subventions, il a fallu renoncer à l'établissement de troupes fixes jouant un répertoire classique. Le système adopté est celui des tournées ininterrompues avec arrêts plus ou moins prolongés, variant de huit jours à trois mois, selon l'importance de la cité. Dans ces conditions, nulle étude sérieuse n'est possible : obligés de renouveler sans cesse leur affiche, les acteurs savent plus ou moins une vingtaine de pièces qu'ils ne répètent guère, jouant au souffleur, selon le hasard de l'inspiration, le bon caprice de l'heure. Il n'est drame, si compliqué soit-il, — c'est un des principaux critiques italiens qui me l'affirmait, — il n'est comédie, si mouvementée soit-elle, qui obtienne d'être montée en plus de huit jours de répétitions. Il va sans dire que telle pièce, que telle actrice faisant fureur à Milan seront outrageusement sifflées à Rome et *vice-versa*, au hasard de raisons souvent inexplicables. Rien de stable, rien de permanent. Pour remplir leur caisse, les directeurs se verront dans l'obligation de changer constamment leur personnel et leur répertoire. C'est un perpétuel va-et-vient de voyages, d'arrivées, de départs, de pièces de tous genres, montées hâtivement, avec des décors épouvantables et n'importe quels costumes. On prévoit le résultat.

Tant et si bien que lorsque le comité des fêtes pour le *Quatrième Centenaire de Torquato Tasso* décida de reprendre l'adorable pastorale de l'*Aminta*, aucune des troupes en exercice ne présentait les éléments nécessaires à l'exécution d'une telle œuvre. En désespoir de cause, on s'adressa à l'Ecole de Récitation de Florence qui promit le concours de ses élèves. Puis de grandes choses se préparèrent. Ce fut au théâtre de l'Argentine de Rome : la reine, la cour, les notabilités de la capitale politique devaient assister à la représentation. Enfin le rideau se leva ; la scène était fleurie de roses et de camélias naturels ; c'était un bois véritable, un bois sentimental, un de ceux *qui sont chers aux Muses et aux Arts*. Sur de grêles et charmantes musiques de l'époque, les acteurs, costumés à ravir, commencèrent à dire les vers d'amour de cette pastorale sans action. Mais la salle était grande, leur voix se perdait; où l'art le plus subtil eût été nécessaire, ces élèves de plus de bonne volonté que d'expérience échouèrent aussi complètement qu'il est possible d'échouer. La presse se montra sans pitié. Imaginez *Bérénice* récité à l'Opéra, par les élèves du Conservatoire, et vous comprendrez l'effet de stupeur.

En résumé, je ne crois pas que ni la littérature, ni l'art théâtral de l'Italie contemporaine manquent de talents, d'esprits de premier ordre, mais au contraire que ces talents, eux, manquent d'un public homogène, disposé à les soutenir et à les imposer. Ils restent donc des forces isolées; aussi les résultats moraux et pécuniaires ne sont-ils pas en rapport avec les efforts dépensés. On prétend qu'en une heure de découragement M. Gabriele d'Annunzio aurait dit qu'il était résolu à ne publier que les traductions françaises de ses œuvres futures. Pour des raisons de même ordre, Mme Eleonora Duse a presque renoncé à jouer en Italie. Entre mille ces traits sont significatifs. Ils montrent que la lutte est impossible et qu'à vouloir, du Nord au Midi, s'imposer au public latin, les mieux doués perdent leur temps et leur peine.

Tels sont les effets précis de la décentralisation italienne.

VI

LA CAVALLERIA RUSTICANA

Je viens de raconter sur un ton plutôt bienveillant l'histoire critique de l'opéra-réclame de M. Mascagni. Je ne songe point à me retracter et, si ces lignes pourtant vont paraître me contredire, c'est que j'estime loisible, selon le point de vue auquel nous nous plaçons, de juger, de manières assez différentes, cette trop fameuse *Cavalleria Rusticana*. En effet, en tant qu'œuvre isolée, indépendante de son succès presque immoral, le drame de M. Verga sur les paroles duquel M. Mascagni adapta de si jolies romances des Abruzzes et de la Sicile méritait sans susciter de critiques ni d'admirations bien vives, de ne point passer complètement inaperçu.

Mais en face d'événements presque invraisemblables, de ce drame joué, en peu d'années, des milliers de fois, dans une centaine de langues, sur d'innombrables théâtres des deux hémisphères, — si l'on s'avise de comparer l'ouvrage avec sa renommée et de définir surtout l'influence qu'il exerce déjà sur les destinées de l'opéra italien on ne pourra que déplorer un engouement hors de toute proportion et que mal augurer des *cavallerias rusticanas* de deuxième et de troisième ordre qui commencent à infester les moindres scènes de la péninsule.

La comédie sanglante de MM. Verga et Mascagni a, je ne dis pas inauguré, — car il n'y a rien de nouveau sous le soleil, — mais remis à la mode un genre entre tous détestable : — l'opéra réaliste. Certes, des différentes formes du théâtre moderne, la plus conventionnelle restera toujours le drame musical. Comme pour atténuer ce qu'il avait de trop ridicule et pour que l'éclat du spectacle en voilât les invraisemblances, Meyerbeer et Scribe préférèrent les sujets historiques, les luttes tragiques d'empereurs et d'impératrices. Puis Wagner vint, et trouvant peu naturel qu'un homme ayant vécu à une époque déterminée s'exprimât en cavatines, il ne voulut traiter que des sujets mythiques, perdus dans le lointain des légendes, afin qu'à la beauté extérieure du décor s'ajoutât la possibilité d'entendre s'expliquer dans une langue supérieure en beauté à la nôtre des êtres d'une race également supérieure. La thèse n'est plus discutable, et l'on peut sans autres explications blâmer ceux qui ont prétendu obliger des pêcheurs siciliens à traduire leurs passions sur des airs de romances. Notez qu'il ne s'agissait point de berquinades poudrées comme dans notre cher vieil opéra-comique français dont les grâces restent et resteront exquises. Ce n'est pas le duo rajeuni de Colin et de Colinette dans le décor oriental d'Acci-trezza ou de Catane. Hélas ! ce seront, au contraire, des sujets violents, des crises de jalousie, des amours incestueuses, avec des égorgements au couteau, jusqu'à la folie furieuse ou jusqu'à la mort, tout l'accessoire croquemitaine des drames les plus sombres. La mise en scène accentue encore les côtés horrifiants. J'ai vu M*me* Bellincioni apparaître la figure couverte de sang, les vêtements en lambeaux, toute sa frappante beauté sicilienne défigurée et salie. On comprendra que de telles situations ne soient pas précisément prétextes à trilles ou à cadences, — des cris, des coups de grosse caisse, des fanfares de cuivres éperdus ; en général, les dernières phrases de ces drames sont criées entre deux furieux accords d'orchestre.

Ainsi l'exemple de cette malheureuse *Cavalleria Rusticana* aura mis à la mode l'opéra en un acte, d'action sanguinaire, sans préparations suffisantes, sans gradations de nuances, et surtout sans intermèdes de poésie. Or si le drame a besoin de mouvement, de péripéties et de surprises, on commence à discerner que l'opéra demande, au contraire, une extrême simplicité de moyens jointe à une stricte sobriété d'épisodes. D'autre part, la dénomination de drame lyrique qu'affectent de préférer nos compositeurs l'indiquerait au besoin, les passions en lutte pour la vie ou pour la mort ont à s'exprimer *lyriquement* et non *logiquement*. Trop d'explications retardent l'expression mélodieuse du musicien. D'ailleurs, perdues dans les ondes sonores, ces explications ne passent guère la rampe, et le public inquiété par les allées et venues de tant de personnages inconnus ne se laisse pas aller à subir l'enchantement de la musique. A l'appui de mon dire, remarquez à une audition de la *Cavalleria Rusticana* les passages qui laissent une impression musicale : c'est la romance encadrée dans l'*Ouverture*, le *Styrienne* de Lola, l'*Intermède*, la facile *Chanson à boire*, tous les hors-d'œuvre d'une partition dont les enjolivures ne suffisent point à masquer le manque d'inspiration sincère. Mais les scènes explicatives du début ne portent guère, écourtées qu'elles sont par la nécessité de resserrer en un acte tout un drame, et encore l'histoire est-elle ici d'un maître écrivain vraie dans sa psychologie et d'une logique apparemment latine.

Mais c'est dans les œuvres d'imitation, telles qu'à *Santa-Lucia*, *Silvain*, *Au bas port*, *Ruit Hora*, *la Sœur de March*, pour n'en pas nommer d'autres, que l'on peut observer l'effet de théories aussi déplorables. Au lever du rideau, des paysans grossiers, les mains avides de sang et dont nous ne savons rien, se précipitent sur la scène, le brûlot aux dents, furieux de passions rudimentaires. Tout de suite, ce sont des combats corps à corps, des coups de couteau; la police arrive, les curieux se massent et voilà, pour finir, l'agonie hideuse, l'agonie avec du sang véritable et des cris de goret. Naturellement, le public est empoigné. C'est toujours impressionnant de voir mimer la mort jusqu'en ses détails les plus répugnants. Mais, je le demande, la sensation a-t-elle rien d'artistique? Aux reines couronnées de pierreries de Meyerbeer, aux idéales figures de légende de Gounod, aux guerrières portant le casque et la lance de Wagner ont succédé des blanchisseuses et des marchandes des quatre saisons. La déchéance est complète; dans de telles aventures la musique n'a que faire; aussi bien la plupart de ces partitions sont-elles d'une médiocrité totale et pour les exécuter suffit-il de savoir bien crier.

Dire pourtant que ce sont les scènes historiques où les amoureuses de Donizetti égrenaient autrefois les cadences perlées de leur folie, où les basses bouffes des frères Ricci trompetaient leurs inextinguibles rires, où la divine Desdémone de Rossini avant la tragique Desdémone de Verdi exhalait sa plaintive *Romance du Saule* — dire que ce sont ces mêmes scènes qu'envahissent actuellement des hordes braillantes de paysans brutaux et de filles du bas peuple. Affaires de mode, passagères, souhaitons-le! et contre lesquelles le succès d'ailleurs limité aux provinces du Nord, du merveilleux *Falstaff* de Verdi ne fut, hélas! d'aucun secours. Les résultats pécuniaires de la tentative de M. Mascagni furent trop inespérés pour ne pas susciter bien des imitations et pour ne point engager M. Mascagni lui-même à refaire avec d'autres notes et sur des paroles à peine changées la *Cavalleria Rusticana*. Je dois ajouter que ses essais d'idylles musicales ou d'opéras romantiques ayant été moins heureux, il devait tout naturellement revenir au genre violent et antiesthétique qui lui avait valu la célébrité. C'est ainsi que nous eûmes *Silvain* en attendant mieux.

Ah! l'opéra italien est bien malade; il est atteint d'une *mascagnite* aiguë, et il est à désirer que Verdi et ses disciples de la dernière heure chassent glorieusement, du temple de l'art profané ces changeurs de monnaies étrangères, ces vendeurs de musiques foraines.

VII

LES CAFÉS-CONCERTS

— « Je l'ai prédit », me disait avec philosophie une Florentine d'âge et d'expérience, « il y a dix ans, lorsque « les premiers cafés-concerts s'ouvrirent en Italie, j'ai « prévu tout le mal qu'ils nous font ! » — Elle sous-entendait *au point de vue intellectuel*, car ma vieille amie n'était pas moraliste, et, bien qu'elle déplorât quelles formes d'art inférieures les cafés-concerts offrent à leur public, elle ne croyait point que des chansons plus ou moins libertines pussent avoir grande influence sur la moralité d'un chacun.

La médiocre bourgeoisie, le petit peuple ont besoin de plaisirs à hauteur de son état d'esprit. Autrefois, les théâtres où l'on jouait des farces, souvent anonymes, en dialectes populaires suffisaient à sa joie. Aujourd'hui, ces compagnies s'en vont périclitant. Au gros nez bon enfant du Pulcinella napolitain, aux inénarrables braies blanches du Stentorello florentin, à Pierrot enfin sous ses multiples et facétieuses métamorphoses, on préfère le café-concert d'importation étrangère avec ses dorures de pacotille et l'invraisemblable stupidité de son répertoire. Signe de déchéance certaine, car si simples que fussent les pièces populaires, encore fallait-il un certain effort d'attention pour en suivre les multiples péripéties. La mémoire, l'imagination, l'intelligence travaillaient à l'insu du spectateur. Les cafés-concerts ne réclament plus de tels efforts ; un couplet succède à un autre, et neuf fois sur dix on ne comprend rien. Un cigare aux lèvres, on passe la soirée à empiler des fonds de bocks en regardant avec des yeux engourdis par l'alcool et le manque d'oxygène, ce lamentable défilé de chanteuses sans âge et de chanteurs sans voix. A minuit, j'avais l'impression très nette d'avoir non point *passé* mais *tué* ma soirée, et je renonçais à imaginer l'état d'âme de ceux qui, entrés par hasard, pour distraire leur ennui, étaient repartis satisfaits, prêts à revenir le lendemain et bien souvent et chaque soir, peut-être, jusqu'à la clôture de la saison.

Encore si de gentes Italiennes aux chignons transpercés d'épingles romaines reprenaient d'une voix fraîche les romances populaires de cette terre musicale ! Mais point, les artistes du pays chantant en italien sont rares, et le public paraît mal les apprécier. C'est que le tempérament national, tragique ou bouffon, reste réfractaire à l'art d'indiquer des sous-entendus, d'expliquer des insinuations, — toujours le manque de nuances. D'ailleurs, il faut le reconnaître, dans ce milieu artificiel, les chansons du peuple perdent leur grâce de fleurs sauvages. Et je ne vois que M. Fridolino qui ait réussi avec des chansons italiennes d'un genre un peu nouveau dont il est le créateur et auquel les imitations ne manquent déjà pas. Revêtu d'habits de femme, en macette ou en nonne, avec des gestes ridicules, il détaille d'une voix de tête presque jolie des couplets d'un sens et d'une facture abominables. Mais que dire, puisque les spectateurs applaudissent et que de Naples à Turin Fridolino est populaire ?

En majeure partie, les troupes se composent donc d'étrangères, servant d'asiles pour la vieillesse aux danseuses-chanteuses américaines, aux romancières très tyroliennes, aux innombrables diseuses fin de siècle qui, après avoir fait ou essayé de faire les beaux jours de leur patrie, se sont vues réduites, faute d'engagement, à exhiber par le monde des charmes très passés et une voix qui fut. Si ces étoiles n'étaient pas de dernière grandeur, bonnes à mettre définitivement au magasin d'accessoires, ce défilé deviendrait digne des faubourgs de Cosmopolis. Nulle part le cosmopolitisme exagéré de la moderne civilisation italienne ne s'affirme plus clairement que sur les programmes de ces cafés-concerts. Déjà, aux temps fabuleux de la pourriture romaine, les empereurs offraient aux peuples des cirques des spectacles où paraissaient des acrobates, des histrions venus des quatres points cardinaux. Malheureusement aux colysées de marbre et d'or contenant des quatre-vingt mille spectateurs ont succédé de petites salles étouffantes, illusoirement décorées en carton-pierre, et les spectacles d'aujourd'hui restent à niveau de nos races toutes plus ou moins affectées d'une ataxie de la volonté.

De même que les artistes du moyen-âge à bout d'imagination satanique avaient fini par créer ce type complexe de la chimère qui résumait leurs plus abracadabrantes inventions, de même les directeurs de cafés-concerts italiens, dans leur fièvre d'exotisme, en sont arrivés à produire des *Chanteuses internationales*, c'est-à-dire des artistes disant dans cinq ou six langues qu'elles ne parlent point, cela va de soi. Non, véritablement, on ne saurait rien imaginer de plus burlesque qu'une Allemande authentique qui, sans savoir un mot de français, s'efforce, d'une voix maladroite, de détailler le *Petit Bleu* ou la *Valse des Roses*. Mais, puisque des statistiques établissent que le demi-monde, pour un bon tiers, se recrute parmi de jeunes personnes munies de leurs *Brevets Supérieurs*, c'est à celles-ci que les imprésarios devraient demander des chansons polyglottes et non à de pauvres filles dont la bonne volonté est notoire, mais dont l'éducation première, brusquée par les circonstances, ignore déjà si l'Angleterre est au sud ou au nord de l'Italie.

Quant au répertoire, il est d'une banalité écœurante. Nous en fournissons les trois quarts. Il y a longtemps que M. Brunetière constatait, non sans une certaine amertume, que d'autres pays donnaient à l'étranger des opéras ou des oratorios, tandis que notre spécialité semblait être décidément les chansons de *Beuglant*. L'idée a le fond de vérité d'un paradoxe. Il est certain que de l'autre côté des Alpes, Xanrof, Bruant, Paulus sont populaires. Je ne parle pas bien entendu des chansons d'Yvette Guilbert, leur renommée est universelle; mais en Italie, du moins, j'ai de bonnes raisons pour estimer que l'on n'en comprend guère la déconcertante originalité. Le public les applaudit en tant qu'articles de Paris. Toutefois, lorsque de sa voix spirituelle, avec ses éternels gants noirs et ses robes plus que modestes, l'Unique consentit à en détailler quelques-unes devant ces braves Napolitains, chacun, croyant à une fumisterie, se mit à siffler. On alla jusqu'à craindre des complications diplomatiques : une députation des cercles *ultra-chic* à la divette courroucée termina l'incident. Il reste à méditer, cependant, pour toutes celles que tenteraient les classiques voyages d'Italie. Il faut laisser courir ces aventures aux doublures de dixième ordre dont ne veut aucun directeur parisien. L'entreprise bien qu'aléatoire doit pourtant être fructueuse. Pour éviter les droits d'auteur, ces artistes commerçantes ont imaginé de refaire avec d'autres paroles les couplets de l'Inimitable. Les *Demoiselles à marier* deviendront les *Demoiselles aux yeux baissés ; les Ingénues, les Innocentes*, etc. Ça se chante sur le même air ou presque. Je signale le tour à *la Société des auteurs*. Ai-je besoin d'ajouter qu'à la place d'insinuations on a mis d'insupportables crudités, — ces demoiselles n'ont pas la main légère ; c'est là, sans doute, qu'on peut entendre les couplets les plus osés et sur des sujets dont vraiment vous ne vous faites aucune idée. On a beau jeu pour parler ensuite de la corruption parisienne. Ainsi s'accréditent les légendes, et la plupart de celles sur notre compte qui ont cours à l'étranger n'ont, en fin d'enquête, pas de raisons mieux établies.

Mais à prendre de telles habitudes les compatriotes de Goldoni et de Rossini oublieront vite et au profit de quoi, je vous en fais juge, — qu'ils possèdent d'impayables comédies populaires, d'invraisemblables opéras-bouffes qui correspondraient sans doute, — si la mode le permettait, — mieux, infiniment mieux à leur état d'esprit que ces piètres raclures cosmopolites ramassées dans la grande foire aux vices européens.

LES SEPT BEAUTÉS

I

L'ORGUEIL

Il s'agit d'indiquer que la grandeur de l'Italie moderne dériverait moins de l'élan patriotique des masses que de l'épanouissement, magnifique à force d'être excessif, de cette faculté distinctive de l'âme italienne : l'orgueil. L'orgueil! ce péché capital que l'Eglise, en sa profonde connaissance du cœur humain, met en tête des sept péchés capitaux, c'est-à-dire qu'elle enseigne par là, qu'il est tout à la fois le plus grave et celui auquel nous cédons le plus volontiers. Voyez, en effet, la définition du *Catéchisme* : « L'orgueil est cette « estime déréglée de soi-même qui fait qu'on se pré- « fère aux autres et qu'on veut s'élever au-dessus « d'eux. » Si je comprends bien, l'orgueil serait donc l'hypertrophie de l'énergie et de la volonté, le développement, condamnable par son excès seulement, de facultés excellentes dans leur principe, et qui, même depuis que des cœurs battirent sous des poitrines humaines, furent toujours les suprêmes mobiles des actions les plus généreuses.

On le devine, la limite devient subtile, et il est à prévoir qu'elle dut être franchie plus d'une fois dans le déchaînement de passions, aussi irrésistibles que les passions patriotiques. Il n'entre point dans mes desseins d'esquisser l'histoire de *Risorgimento*, — cette histoire que M. Carducci nous promet depuis un quart de siècle et qu'il est tellement à désirer qu'il ait la force d'écrire. Cependant, pour illustrer ma thèse de quelques faits, ne vous semble-t-il pas qu'en inaugurant les guerres de l'Indépendance par la folle insurrection de 1848, l'énigmatique Charles-Albert faisait acte d'énergie et superbement! Vers le but idéal, il dirigeait l'effort inconscient de la nation qui ne voulait pas se résigner à mourir. Mais, au contraire, lorsqu'en dépit des traités, lorsqu'au mépris de la foi donnée Garibaldi, au printemps de 1867, menait à la conquête de Rome des bandes de volontaires qui avaient plus d'enthousiasme que de cartouches, ne vous semble-t-il pas que l'intraitable républicain faisait acte d'orgueil plus encore que de patriotisme? C'est qu'alors il s'agissait bien moins d'aider à la libération d'un petit peuple qui, d'ailleurs, ne demandait nullement à être libéré, que de flatter la vanité d'un parti, lequel s'est refusé toujours, à vouloir comprendre que Rome était, que Rome sera éternellement, la capitale de la chrétienté avant de pouvoir devenir la capitale de l'Italie!

Dans le domaine diplomatique, n'est-il pas évident qu'en dénonçant, à l'heure voulue, les tyrannies et les spoliations de l'Autriche, qu'en préparant dans un mystère de complot, l'alliance avec le visionnaire qui faillit perdre la France, le comte Cavour faisait fond sur les plus nobles, sur les plus légitimes aspirations de ses compatriotes? Il joignait son effort conscient à l'effort inconscient des masses, et, avec une continuité d'énergie qu'on ne peut qu'admirer, il allait, avec tous les moyens à sa portée, réaliser la patrie italienne. Tandis que, plus tard, une fois la tâche glorieuse terminée, lorsque M. Crispi, dépassant les temps et sans écouter les conseils de la prudence, voulut mettre, tout d'un coup, son pays au rang des grandes puissances et lorsque, dans ce but, il exalta l'alliance avec l'Allemagne et poussa avec une folie qui a coûté cher au roi Humbert, à l'extension coloniale, ne sentez-vous pas qu'il flattait précisément, chez ses concitoyens, « cette estime déréglée de soi-même qui fait qu'on se « préfère aux autres et qu'on veut s'élever au-dessus « d'eux ». Grisée parce que la génération des fils avait enfin obtenu cette liberté pour laquelle les pères avaient versé leur sang, l'Italie passionnée et violente dans une joie dont elle était comme affolée, ne demandait qu'à aller de l'avant, qu'à croire à son astre, maintenant qu'elle n'en était plus réduite à l'attendre [1] ! Entre les avis des sages qui lui rappelaient qu'avant de rêver aux entreprises lointaines un pays, appauvri par de si longues guerres d'indépendance, avait, d'abord, à rétablir son système économique, de façon que selon la parole traduite du bon « roy » chaque paysan, le dimanche, pût manger le macaroni. Entre ces conseils de prudence et les harangues enivrantes comme le vin d'Asti, des tribuns qui parlaient avec grandiloquence de nouvelles gloires et de victoires nouvelles, le pays ne pouvait hésiter. Le mirage patriotique dura longtemps ! Dans son orgueil la nation ne voulait pas convenir qu'elle se fût trompée et ceux qui avaient — hélas ! il faut dire : — intérêt ! — les faits ne l'ont que trop montré ! — à ce qu'elle persistât dans une voie aussi périlleuse, firent, pour l'y maintenir, le bien comme le mal. Les avertissements ne devaient pas suffire ; il fallut des faits pour avoir raison d'un tel système politique.

Encore maintenant se trouve-t-il un parti assez insensé pour estimer que le gouvernement a eu tort de ne pas résister, de ne pas aller jusqu'aux représailles

---

[1] Allusion à la devise de Charles-Albert : « J'attends mon astre ! » que Victor-Emmanuel, devenu roi d'Italie, modifia ainsi : « J'ai mon astre ! »

coûte que coûte, tant qu'il resterait un sou dans les caisses, un régiment dans les casernes de l'Etat. Dans l'extraordinaire discours qu'il prononça devant les électeurs d'Ortona-sur-Mer, M. d'Annunzio s'est fait le défenseur d'une théorie aussi aventureuse. Ecoutez les paroles du poète magnifique dont l'orgueil patriotique dépasse toutes les épithètes possibles : « Hélas!
« par les mains ineptes et immondes de ceux qui nous
« gouvernent, tout fut déformé et avili sans remède!
« Dans une contrée ardente et atroce, là-bas, au-delà
« de l'Océan, une poignée de braves dévoués à la mort
« combattaient dans un cercle de pierres blanches,
« n'ayant pour tout aliment que l'ivresse de la gloire.
« Pareil au statuaire qui jette le bronze liquide dans
« le moule creux d'où sortira la statue parfaite, ainsi
« m'apparait le capitaine anxieux qui sait qu'il va
« accomplir une œuvre belle avec la flamme des âmes
« ivres qu'il commande. Egalement grandes, l'une de
« loin, l'autre de près, la Patrie et la Mort étaient
« témoins et attendaient, avec une même palpitation,
« le don idéal. *Mais une parole basse a traversé la mer
« et interrompu le geste. La Patrie et la Mort furent
« trompées à Macalla; la Beauté fut violée dans ce cercle
« de pierres blanches. Ce n'est pas en vain! Ce n'est
« pas en vain! Pour de tels délits, il est une Erynnie!*
« Et depuis le malheur et la honte durent toujours! »

Comment de telles paroles ont-elles pu être écrites sérieusement ? En vérité, il est admirable qu'un pays où elles semblent l'expression d'inquiétantes minorités ait su trouver des majorités suffisantes pour soutenir un gouvernement qui avait l'héroïsme d'oser reculer, d'oser proportionner ses désirs à ses moyens, d'oser songer à la vie avant de songer à la gloire. Mais que dureront ces sages résolutions ? Il serait téméraire de croire l'Italie à jamais revenue de ses ambitions coloniales. Pour quelques années, — et je dis quelques années, tandis qu'il faudrait peut-être dire quelques mois, — la dure leçon maintiendra ses effets salutaires puis, car les peuples n'aiment pas à garder mémoire de leurs défaites, le Parlement et la nation se retrouveront comme par le passé, à la merci du premier Crispi qui reviendra les conduire à la faillite et au désastre avec des paroles exaltant le patriotisme, semblera-t-il, tandis qu'en réalité elles ne flatteront, dans un but obscur et bas, que cette passion, le premier des péchés capitaux et celui auquel l'Italie n'a jamais su dire non — l'orgueil.

Mais sur ce point, dans toute cette histoire, aucun chapitre n'est rempli de plus d'enseignements que celui relatif à la Question Romaine. Tant que Rome, en effet, ne fut pas devenue la capitale du jeune royaume, les patriotes italiens estimèrent que la tâche de Cavour et de Victor-Emmanuel n'était pas terminée. Les traités signés, les paroles données, les obligations envers les puissances catholiques qui tenaient au maintien du pouvoir temporel leur importaient peu. Ils ne voulaient pas considérer non plus que par sa position perdue au milieu des déserts du Latium, que par son manque de vie industrielle et commerciale, que par l'immensité de son histoire et la sainteté de sa mission, Rome, moins qu'aucune ville de la péninsule, ne semblait destinée à être la capitale nouvelle qu'il fallait à un état nouveau. Comme une ville du Nord, Turin si vaillante ou Milan si travailleuse — eût mieux été dans les traditions de la dynastie savoyarde que la ville des consuls, des Césars et des papes ! Hélas ! s'ils convoitèrent Rome, les hommes du *Risorgimento* et presque tous, ceux qui tendaient vers la libre pensée et ceux qui étaient demeurés catholiques, c'est qu'il leur parut admirable, ainsi qu'on place une couronne d'or sur le front d'un roi, de couronner leur œuvre grandiose en donnant à leur patrie, enfin reconstituée, comme capitale, la ville unique qui, après avoir été la Métropole de toute civilisation, est devenue la Ville-Mère de la Chrétienté catholique. Mais dans leur orgueil, ils ne songèrent pas que cette couronne était décidément trop lourde pour le jeune front auquel ils la destinaient et que la gloire de la Rome-Capitale ne pouvait que s'éteindre auprès de l'éternité de la Rome-Catholique. Ce fut en vain qu'ils essayèrent de construire une ville moderne à côté de la ville antique : à peine sorties de terre, leurs maisons retombèrent en ruines ! Quoique à Monteciterio de grandes paroles aient été prononcées, le cœur de Rome battra toujours de l'autre côté du Tibre, car dans la salle aux bancs étroits les députés n'agiteront jamais que les destinées d'un peuple, tandis que le vieillard vêtu de blanc, qui médite et qui prie dans les chambres hautes du Vatican garde, en ses mains, avec les clefs de saint Pierre, les destinées de l'humanité catholique !

II

LE COSMOPOLITISME

C'est une heureuse idée qu'a eue M. Paul Bourget de faire une Italienne de l'héroïne de *Cosmopolis*. Le symbole est frappant, destiné, je pense, à rappeler que si d'autres races sont plus cosmopolites, d'un cosmopolitisme plus affiché, aucune ne l'est plus spontanément, moins par snobbisme que par la pente naturelle de ses inclinations. L'Anglaise au chapeau d'homme qui va en Birmanie comme nous allons à Versailles, la Russe aux bagues d'émeraude, décadente et morphinomane, sentimentale et sadique, la grande dame Serbe, Bulgare ou Roumaine qui promène par les cinq parties du monde ses trente-six coffres armoiriés, sont sans doute plus internationales. Remarquez cependant que ces femmes exceptionnelles ne sont devenues ainsi, des sortes d'orchidées humaines, que par une longue suite de voyages expérimentaux, qu'après de longues transplantations qui métamorphosèrent leur personnalité intellectuelle durant les sept années pendant lesquelles se renouvelait leur organisme vivant. Tandis que sans quitter sa belle patrie, presque sa maison natale, la comtesse italienne tout en conservant les séductions de sa race est devenue, par la seule vertu des choses dont elle fut entourée, la sœur spontanée, la sœur adorablement sincère de ces *heimathlos* de la fin des civilisations européennes. C'est que l'Italie est ce que ne sont point l'Angleterre, ni la Russie, un pays cosmopolite, la patrie élue par beaucoup de ceux qui délaissant leur pays s'en vont au hasard, à la recherche de la vallée bénie, de la ville idéale où leur âme espère rencontrer le bonheur.

D'ailleurs, rien n'est plus facile à observer que le cosmopolitisme de la vie italienne. Suivez les affiches des théâtres : les drames de Dumas fils y alternent avec ceux de Sudermann, les opéras de Wagner avec ceux de Massenet, les opérettes de Strauss avec celles d'Offenbach. — A Rome, chez Loescher ; à Florence, chez Piagi ; à Milan, chez Galli, regardez les étalages des libraires, visitez leurs boutiques, les volumes allemands ou français y sont aussi nombreux que les livres italiens et vraiment plus de réclame sera faite pour un roman de Bourget, pour un traité de Grégorovius, que pour un ouvrage de Mme Neera ou de M. d'Annunzio. Ouvrez aussi les journaux, et n'importe lesquels, la *Tribuna* comme le *Secolo*, le *Mattino* comme le *Corriere della sera*, et dans tous vous trouverez une place considérable accordée aux actes et paroles de l'étranger. — Allez dans le monde enfin et je n'entends pas seulement la société diplomatique plus importante en Italie qu'en aucun autre pays, par ce simple fait qu'à Rome il y a deux séries d'ambassades, puisqu'il y a, en toute vérité, deux gouvernements, et aussi jaloux l'un que l'autre de conserver leurs prérogatives respectives, — mais je parle même des milieux les plus italiens comme les salons d'ailleurs aussi fermés que les portes du Baptistère, de la noblesse florentine, ou ceux déjà plus faciles à connaître des princes napolitains, et vous constaterez à quel degré excessif ces milieux sont empreints, sont même saturés de cosmopolitisme. La remarque n'a pas échappé aux rapides coups d'œil de M. René Bazin, qui a écrit sur l'Italie contemporaine tant de pages aimables de cette observation à fleur d'âme et à fleur de choses qui est la caractéristique de son esprit pareil à un joli papillon voltigeant.

Deux raisons entre mille me paraissent expliquer surtout ce curieux état de mœurs : la déchéance qui va s'accentuant, d'année en année, de la langue italienne et le caractère immémorial de la vie latine.

Dans un récent travail, M. Pasquale Villari, qui fut ministre de l'Instruction publique et qui est un historien de grande valeur, c'est-à-dire parfaitement à même de connaître la question et de la bien comprendre, constatait à l'aide de chiffres et de faits à quel point désolant la plus jolie des langues latines était de moins en moins pratiquée à l'étranger. « Il faut reconnaître, « disait l'historien, que l'italien s'étudiait bien plus à « l'extérieur dans le passé que dans le présent. Je ne « parle point des époques de la reine Elisabeth ou de « François Ier, alors que dans les cours d'Angleterre « et de France l'italien était langue commune, com- « prise de tous, comme aujourd'hui, en Italie, le fran- « çais. Mais encore à l'époque où Mazzini se trouvait « à Londres, où Saffi enseignait à Oxford, l'italien « s'étudiait beaucoup plus que maintenant. Il y a peu « de jours, un vieil Écossais me disait : « Quand j'étais « jeune, il y avait deux professeurs à Edimbourg, et « c'était avec peine qu'ils pouvaient suffire à la tâche. « Actuellement, il n'y en a plus qu'un et qui a encore « assez de loisirs pour s'en aller donner des leçons à « Glascow. » Ce recul de la langue italienne dans le vaste « champ littéraire du monde civilisé ne doit pas nous « laisser indifférents[1]. » Au point de vue qui nous occupe, la première conséquence de cet état de choses est d'engager les Italiens à l'étude et à la pratique des langues étrangères. Aussi, en nul pays, sans doute, la société intellectuelle, — et je parle du monde élégant comme du monde universitaire, — n'est-elle d'un poly-glottisme mieux exercé. Tous les artistes qui séjour-nèrent à Rome connurent certains salons dont il est fait mention dans la dédicace de *Cosmopolis*, et dans lesquels sans hyperboles, on parle plus anglais ou français qu'italien ! Il va sans dire qu'exercés par de telles habitudes les lettrés n'hésitent pas à lire des livres, beaucoup de livres étrangers. C'est pourquoi, — ajoutons-le en passant, — les traductions italiennes

---

[1] Voir la *Nuova Antologia* du 16 décembre 1897.

sont si peu fréquentes et de si maigre résultat. Les bibliothèques de ceux qui ont assez de culture et de fortune pour s'en octroyer étant toujours en plusieurs langues, le développement de ces liseurs-là sera tout naturellement aussi d'une largeur de vues, d'un internationalisme de pensées fort rare parmi nous.

C'est qu'aucune vie non plus ne préparerait et n'entretiendrait aussi bien que la vie italienne ce cosmopolitisme intellectuel. En effet, par la douceur de son climat, la beauté de ses paysages, la clémence de ses hivers, ce pays a toujours été le séjour de prédilection d'innombrables voyageurs. Et des artistes en plus grande foule encore sont aussi venus de tout temps visiter les merveilleuses galeries ou publiques ou privées qui font de la péninsule un vaste musée de l'histoire humaine. Parlerai-je enfin des convois interminables qui, partis des contrées les plus reculées, convergent à cette Rome éternelle à laquelle mènent tous les chemins de cette terre et qui peuvent ensuite mourir dans la paix, puisqu'ils s'agenouillèrent sur les dalles de Saint-Pierre, sous la bénédiction du souverain Pontife. Entre les touristes, les peintres et les pèlerins, des centaines de milliers d'étrangers s'abattent ainsi, chaque année, sur la péninsule. Autrefois déjà, au temps où les trajets en chaises-postes ne favorisaient guère les déplacements, alors qu'il fallait huit grands jours et un détachement de carabiniers pour aller de Florence à Rome, l'Italie était peut-être la seule contrée de l'Europe où l'on fit des voyages d'agrément. Le pâle *Journal* de Montaigne, les piquantes *Lettres* du Président de Brosses, celles moins curieuses de Dupaty le rappelleraient au besoin. On sait combien cet état de choses s'est aggravé depuis les chemins de fer, au point qu'il n'est fille un peu dotée qui veuille se priver du traditionnel voyage de noces au pays des orangers, — et tous les artistes, d'où qu'ils viennent et quels qu'ils soient, font une fois au moins leur tour d'Italie comme les gais compagnons faisaient jadis leur tour de France.

Ce constant va-et-vient de voyageurs amène forcément un constant va-et-vient d'idées et de choses étrangères, et cela d'autant plus que la situation présente n'est ni assez heureuse, ni assez active pour que ces flots exotiques se perdent dans les flots de la vie nationale. La bonne moitié des capitales est disposée en vue du séjour des étrangers. Toutes les maisons de Florence et de Rome ont des pensions ou des chambres à louer. On devine à quelle faillite frauduleuse serait inmanquablement voué le commerce italien si cette incessante importation de touristes venait à s'arrêter. Ce n'est pas trop de dire qu'elle fasse vivre un bon tiers de la population. Aux mois fatigants par leur chaleur ou dangereux par leurs fièvres, quand les étrangers n'y sont guère, ces provinces semblent à moitié désertes, tellement les Italiens ont appris à partager leur patrie avec des inconnus, débarqués des quatre points cardinaux et qui, tous, les aident en quelque mesure à pratiquer l'échange réel des idées, à rendre la terre latine de plus en plus internationale. De fait, n'était-ce pas en revenant de ce pays-là que Stendhal pouvait dire et que nous sentons tous qu'il faut répéter le vers qui a survécu de l'opéra-bouffe oublié : *Vengo adesso di Cosmopolis!...... Je viens à l'instant, de Cosmopolis!......*

III

L'ENCHANTEMENT DE ROME

> Plus longtemps on séjourne à Rome et mieux on remarque qu'une fois le cœur du monde a battu ici et que le cœur de l'art y bat encore, puisque les chefs-d'œuvre sont toujours là!....
>
> (Karl Stauffer. *Lettres à M*^{me} *Lydia Escher*.)

Le pape Grégoire XVI, qui aimait les arts mais qui n'aimait pas les sciences, avait coutume de demander aux étrangers admis à prendre congé de lui combien de semaines ils étaient demeurés à Rome. Si le séjour avait été bref, le Saint-Père disait simplement : *Adieu!* Mais si le séjour avait été long, il ajoutait une bénédiction paternelle : *Au revoir!* — J'en avertis mes lecteurs, ce que je vais écrire ne sera véritablement entendu que de ceux auxquels Grégoire XVI aurait dit : *Au revoir!* Quant aux autres, ils m'accuseront d'exagération ou ne me comprendront guère. Qu'ils me croient plutôt sur parole. Je m'en vais dire la vérité.

Cette première observation est courante. Les personnes qui ont vécu une saison ou deux dans la péninsule, à l'inverse de celles qui reviennent d'Espagne ou de Grèce, aiment toutes à parler de leur voyage. Elles aiment surtout à trouver d'autres causeurs revenant eux aussi de la terre classique avec qui elles puissent ranimer des souvenirs que le temps efface mélancoliquement. Une sorte d'intimité s'établit aussitôt, tellement le fait d'avoir habité la péninsule constitue une sorte de franc-maçonnerie intellectuelle. C'est au point que deux inconnus, discourant de l'Italie, au coin d'une cheminée de fumoir, se quitteront charmés l'un de l'autre, leurs paroles ayant semé dans leur cœur la graine d'une amitié future à laquelle la vie n'a plus qu'à fournir un rayon de soleil et une goutte d'eau, c'est-à-dire des circonstances favorables pour qu'elle donne, un jour, des feuilles persistantes et des fleurs qui durent.

Au fond et en étudiant des cas particuliers, vous le découvrirez, des dispositions d'une aménité aussi rare, proviennent qu'ils regrettent tous, tant qu'ils sont, souvent d'une manière latente, de n'être pas demeuré plus longtemps, de n'avoir pu émigrer dans la patrie privilégiée. Et quand je dis patrie, j'entends surtout Rome, car si la douceur de Florence, la mélancolie de Venise ou la volupté de Naples ont leurs fanatiques, aucune ville italienne, pas même Palerme avec ses palmiers ou la Riviera avec ses roses, — n'a comme Rome le privilège de retenir ceux qui ont l'imprudence de s'endormir à l'abri de ses toits. Ce que j'en ai découvert, ce qu'on m'en a cité de peintres, d'artistes ou de simples voyageurs qui, débarqués avec l'idée de rester un mois ou deux, n'ont pas eu, ensuite, le courage de repartir et, de sursis en sursis, ont fini par se résoudre à transporter leurs pénates dans la ville aux sept collines! Le mythe des sirènes est éternel. Du fond des siècles, la prédiction demeure : « D'abord, vous rencon-
« trerez les sirènes! (et je ne sais au monde, sirène
« plus troublante que Rome!). Elles séduisent tous les
« humains qui s'approchent de leurs demeures. Ah!
« malheur à l'imprudent qui se laisse charmer! Son

« épouse, ses enfants jamais n'auront à se réjouir de
« son retour!... » Le vieil Homère a raison. Si vous en
avez le courage « Hâtez-vous, ô hâtez-vous d'échapper
« à ces bords dangereux!... »

Dans le capharnaüm bizarre, encombré d'idées hétéroclites qu'est le *Rome* de M. Emile Zola, l'auteur des *Rougon Macquart* ayant reconnu cette extraordinaire séduction qu'à toujours exercée la ville des Césars et des Papes voulut en découvrir la raison et crut la trouver dans la gloire « du long passé de splendeur et de « domination qui pèse si lourdement sur les épaules « modernes ». L'observation est superficielle comme tout ce que M. Zola écrivit sur l'Italie; elle est d'ailleurs insuffisante, car elle n'explique déjà pas pourquoi les femmes, les ignorants ou les mondains n'échappent guère, eux non plus, à l'enchantement de la sirène romaine. De tous ceux qu'elle a convertis, beaucoup savaient à peine l'histoire latine ou l'histoire du moyen âge. M. Zola ne pensait qu'aux lettrés et aux professeurs. D'autres, — comme le peintre suisse Stauffer, — en disant que le cœur de l'art bat encore au Capitole, ne songèrent qu'aux artistes ; — et d'autres encore, — voir Lamennais, Veuillot, la grande école catholique, — en ne parlant avec enthousiasme que du Vatican, des basiliques ou du souverain Pontife ne s'adressèrent qu'aux seules âmes croyantes.

Je ne disconviens point que ces observations n'aient leur exactitude, leur vérité relative. Je crois simplement qu'elles restent à fleur d'âme, n'expliquant pas tout, puisqu'enfin il est d'autres villes que celle-là ayant aussi un passé de victoires ou d'inappréciables galeries d'art ou des sanctuaires dont la sainteté attire d'innombrables pèlerins, et pourtant aucune de ces villes fameuses, ni Athènes, ni Madrid, ni même Lourdes ne

savent retenir et charmer les érudits, les artistes ou les
fidèles comme l'antique et l'éternelle Rome ! — C'est
qu'il y a autre chose décidément, une force de mystère,
un charme secret, agissant également sur les uns et
sur les autres et sur tous ceux d'où qu'ils viennent et
quels qu'ils soient qui demeurent assez longtemps
pour subir l'effet d'une grâce qu'on peut dire inéluctable.

On a souvent répété que l'air de Paris rend plus
intelligent, — et de fait, dans ce milieu français intellectualisé jusqu'au dilettantisme, les esprits que la vie de
province eût éteints acquièrent toute la signification
dont ils sont susceptibles. De la même manière, on peut
prétendre que l'air de Rome rend, je ne dis pas plus
sentimental, mais plus sensible. Si l'esprit se développe
en France, c'est le cœur en Italie qui apprend à battre
et à sentir. Dans l'atmosphère enfiévrée des rues
romaines où les douceurs de la *malaria* passent toujours
en des heures connues, — à l'ombre de ces édifices
datant des premiers âges de notre civilisation et qui
assistèrent, impassibles témoins, au déchaînement de
tant de folies, à l'éclosion de vertus et de vices extrêmes,
parmi ce décor prodigieux où les obélisques des Ramsès
sont surmontés de la croix des papes et où les bicyclettes
roulent sur les dalles où passèrent les chars des Césars
triomphateurs, — sous cette lumière enfin d'une
qualité unique (et si les coloristes sont seuls à définir
que l'air du Latium atténue les nuances en les illuminant,
tous éprouvèrent au moins un bien-être indéfinissable
devant la transparence de ces paysages de soleil et de
béatitude), — bref, dans cette ville de fièvre, de passion,
de beauté et de lumière, la sensibilité humaine se
développe et s'affine. A qui vient lui demander des
impressions religieuses, archéologiques ou artistiques,

Rome donne avant tout des leçons de sensibilité. C'est pourquoi ceux qui ont des yeux pour voir, des oreilles pour entendre et un cœur pour aimer sentiront au séjour de la Métropolis, leurs facultés se réveiller et leurs passions devenir plus violentes. Alors, le croyant, l'archéologue et l'artiste ne verront plus rien en dehors de leurs préférences et parce que leur pensée vivifiée par leur sensibilité s'appliquera exclusivement aux sujets qui sont « chair de leur chair et sang de leur sang », bien des voiles seront tirés, bien des obscurités dissipées. Ensuite ils se souviendront de Rome comme du lieu où s'accomplit un des actes les plus considérables de leur développement, et ils garderont une reconnaissance qui durera autant que leur vie à la ville qui durera autant que notre monde, — selon la prédiction de Maccaulay.

D'abord physique, provenant de la nature de l'air qu'on respire, de la qualité de la lumière qui vous éclaire, de mille choses mal définies par les sciences, mais perceptibles pour les organisations modernes : oppositions des races, âmes des choses trop anciennes, effets des longues pluies d'automne, des accablantes torpeurs d'été — la sensation ne tarde pas à s'intellectualiser. L'œil a tant de beautés à contempler, l'esprit tant d'énigmes à pénétrer que le désir d'apprendre, qui est le commencement de la science, s'éveille par la seule magie du décor. Et ceux mêmes qui aimeraient leur ignorance et n'en voudraient changer ne pourront se retenir d'échapper à la première impression toute physique et d'aimer Rome comme on aime une femme !...

Chez certaines natures neurasthéniques, ce sentiment produit même des effets extrêmes. J'en citerai deux cas que j'eus l'occasion d'observer :

— C'était une femme d'intelligence sans aucune

espèce de snobbisme, et son âge la délivrait du souci de paraître. Toute une après-midi, j'étais resté près d'elle, sous un tulipier dont les tulipes vertes embaumaient l'atmosphère. Comme j'ignorais sa vie, la conversation avait été, d'abord, hésitante. Puis l'Italie ayant été nommée, nous eûmes trouvé notre chemin de Damas. Et pendant longtemps nous ne tarîmes pas sur ce thème qui nous était, à tous deux, si particulièrement cher. Étiez-vous là ? Avez-vous vu ceci ? Tout le panier de cerises de nos souvenirs y passa. Or comme cette dame, à la suite de circonstances privées, ne pouvait plus retourner en Italie, je vis qu'il y avait de la tristesse dans ses propos et dans ses yeux pensifs!... Quelques jours plus tard, l'ami qui m'avait présenté me rencontra :

— Ah! mon cher, vous avez fait une belle besogne! Savez-vous qu'après votre départ Mme X... eut une crise de fièvre et qu'elle est encore couchée ?...

— Qu'est-ce que vous me dites-là ?

— Mais oui, vous l'ignoriez donc ?... Elle aime trop l'Italie. C'est une vraie souffrance pour elle de ne pas pouvoir y vivre. Aussi dès qu'on lui en parle, qu'on ravive ses souvenirs et ses regrets, elle est sûre de son affaire : une crise de fièvre, dix jours de lit!...

La seconde histoire est plus caractéristique encore.

— A Paris, dans un des derniers salons où l'on s'ennuie, je rencontrai naguère une cosmopolite d'apparence et d'esprit, originale jusqu'à l'exception. Nous parlâmes voyages, bientôt il fut question de l'Italie et de Rome. A ce nom, je crus que mon interlocutrice allait se trouver mal, tant son admiration s'exprimait en termes passionnés avec l'extraordinaire éclat de ses yeux fendus d'Orientale. Alors, je voulus préciser, citer le pont Saint-Ange ou la *Villa Albani*. Je fus interrompu par ce récit peu banal :

— Ah! Monsieur, ne demandez rien et ne me parlez pas de toutes ces choses, vous me feriez mourir de chagrin. C'est que, voyez-vous, j'aime Rome, je l'aime à la folie, mais je ne la connais pas. Pourtant j'y suis passée sept mois, voici quelques années, en 93, avec ma pauvre sœur. Mais elle était si malade que pendant ces sept mois, je n'ai pas osé la quitter une seule fois. J'ai vécu, ainsi, enfermée comme une Carmélite, sans rien voir que l'horizon de nos fenêtres : la place Barberine, le couvent des Capucins. Hormis les deux trajets de la gare à l'hôtel et de l'hôtel à la gare, je ne suis jamais sortie... Vous m'entendez : *jamais sortie!*... Après tout qu'importe? puisqu'il m'a suffi de vivre dans l'air de Rome pour m'éprendre de cette ville et pour l'aimer ainsi que l'on doit aimer sa patrie !...

IV

LE DÉCOR CATHOLIQUE

Oh! les légendes! Les écrivains protestants ont-ils assez répété que la vue de la Rome papale de 1510 acheva d'éclairer le moine Martin Luther sur la décadence du christianisme catholique! Il est probable que la cour élégante et militaire du belliqueux Jules II devait ressembler assez peu au Vatican silencieux comme un cloître et froid comme une prison du diplomatique Léon XIII. Cependant, au moment d'expliquer l'attrait extraordinaire qu'exerce sur tant d'âmes sincères la beauté du décor catholique italien et comment un séjour dans la Rome papale d'aujourd'hui a été le prétexte de tant de conversions intéressantes, j'ai éprouvé le désir de connaître le détail des reproches que pouvait adresser le Germain peu civilisé aux dilettantes de la Renaissance, contemporains ou compatriotes de Jules II et de Léon X.

C'est ici que mes difficultés commencèrent, car si les historiens confessionnels ne tarissaient point en phrases, d'ailleurs faciles, sur les effets de ce fameux voyage, ils paraissaient moins se soucier d'en relater les péripéties et passaient tous sans insister. Il m'a donc fallu finir par croire que cette tâche était ingrate et que ce ne fut point sans raison que dans ses *Conférences* sur Luther le comte de Gasparin, par exemple, préféra la laisser de côté, puisque Merle d'Aubigné lui-même, le grand historien religieux, celui des auteurs protestants qui me paraît avoir examiné de plus près toutes ces questions, n'a trouvé à relever que les faits suivants. (Je feuillette sans parti pris les seize pages qu'il consacre à ce voyage à Rome dans le premier volume de l'*Histoire de la Réformation.*)

D'abord, en Lombardie, première déception : le monastère où vient frapper le pèlerin est un repaire de bons vivants qui passent leur temps à faire ripaille sans songer à observer d'autres règles que celles de leur fantaisie. Luther indigné parle de dénoncer au Pape de tels scandales. Le portier est obligé d'avertir le voyageur qu'il courrerait des dangers en ne partant point immédiatement. Il est clair que si ces Chartreux épicuriens n'avaient pas craint les réprimandes du Saint-Père ils eussent laissé le moine qu'ils avaient hébergé et scandalisé faire à sa guise toutes les dénonciations et les réclamations possibles. Avec un peu de perspicacité Martin Luther aurait pu se dire que ces désordres, par la crainte où se trouvaient ceux qui les commettaient de les voir révélés, n'étaient donc nullement permis, n'étaient pas même tolérés par la Curie Romaine et qu'il devait bien se garder de conclure d'un cas spécial aussi détestable à l'impureté générale de la vie des couvents italiens. Mais les réformateurs sont gens de passion plus que d'analyse!...

Ensuite le moine allemand débarquant à Rome, aux approches de la Saint-Jean, entendit le proverbe trastévérin : « Bienheureuse est la mère dont le fils dit une « messe la veille de la Saint-Jean ! » Ayant voulu donc à son tour rendre sa mère bienheureuse et n'étant point parvenu à pouvoir dire une messe, tant la presse était grande à tous les autels, il s'indigna. On se demande, en vérité, de quoi?... Un autre se fût émerveillé d'un tel élan de dévotion. Puis ce sont les facéties absolument déplorables, je le reconnais, d'un prêtre expédiant les messes à la douzaine, qui le scandalisent. Mais qu'en fallait-il conclure? que ce prêtre était un mauvais prêtre, infidèle à son apostolat et nullement que le Saint-Siège autorisât de telles licences, puisqu'en réalité il ne les autorisait pas. Pour une pierre fendue, la cathédrale s'écroulerait-elle? Plus tard ce sont des anecdotes scandaleuses, des indiscrétions de valets mal payés sur les débordements de la famille Borgia, d'autres racontars dont il ne songe même pas à contrôler l'authenticité, sur le soi-disant accouchement en pleine rue de la soi-disante papesse Jeanne; ce sont de tels propos sans rimes ni raisons, qui suffisent à l'inquiéter, à ébranler sa foi déjà fort hésitante. N'y a-t-il pas de quoi nous surprendre? La pauvreté de ces accusations est telle qu'il ne semble pas besoin de les discuter.

Enfin, ce sont les conversations de ses collègues qui achèvent de l'exaspérer. « J'étais, dit-il, un jeune « moine grave et pieux. De telles paroles m'affligeaient « vivement. Si l'on parle ainsi, à Rome, à table, libre- « ment et publiquement, que sera-ce si les actions « répondent aux paroles ? » Le passage devait être cité, car s'il témoigne de la bonne foi du réformateur, il témoigne aussi de son manque de sens psychologique. Si Martin Luther avait eu la moindre notion de la vie et de l'âme italiennes, il aurait écrit au lieu des phrases que nous venons de lire : « J'étais encore un Allemand monotone et mélancolique. De tels discours me scandalisaient horriblement. J'avais peine à comprendre qu'à Rome, à table, on pût pour le seul plaisir d'émettre des paradoxes, se laisser aller ainsi, à mille fantaisies de paroles. Prenant à la lettre chacun des discours que j'entendais, je commettais journellement les pires injustices. Mon manque de souplesse intellectuelle m'empêchait de soupçonner que tel diseur de balivernes était, au demeurant, le meilleur des prêtres. Il me semblait impossible que l'on pût plaisanter en ayant l'air de parler sérieusement. Si l'un se permettait quelques variations sur le texte liturgique, j'en concluais aussitôt qu'il était athée ; si l'autre hasardait des polissonneries, je le tenais, de ce chef, pour le plus débauché des hommes. Ma pesanteur germanique n'arrivait pas à concevoir la subtilité latine. En fait d'amusements, je n'ai jamais compris que les plaisanteries de corps de garde. Mes *Propos de table* n'en témoignent que trop. C'est que mon esprit n'avait rien d'attique. Je fus l'enfant de pauvres mineurs d'Eisleben ; mon éducation ne se fit pas à l'ombre des lauriers d'Académus. Il faut m'excuser ; je puis réclamer les circonstances atténuantes !... »

Quoi qu'il en soit, si la Rome papale, si le catholicisme furent pour quelques Luthers des causes de scandale, pour combien d'autres, au contraire, ne furent-ils pas des causes d'édification, car ils sont nombreux, en vérité, ils sont légion ceux qui pourraient dater le réveil de leur vie intérieure de leur premier séjour dans la ville « éternellement blanche des lys des Vierges, éternellement rouge des roses des martyrs ». Il n'entre point dans le dessin de ces notes rapides de rechercher les raisons psychologiques ou théologiques qui firent de Rome le moyen de tant d'abjurations fameuses. (Aux personnes qu'intéresseraient ces questions, il suffit de rappeler le *Parfum de Rome* de Louis Veuillot et une très émouvante confession que publia M. Théodore de la Rive sous ce titre significatif *De Genève à Rome*[1].) Mais avec la sincérité d'un voyageur plus artiste que théologien, je voudrais simplement esquisser quelques-unes des impressions que me procura le décor catholique italien.

J'ai dit, ailleurs, autrefois, les sentiments de tristesse qui m'emplissaient l'âme, le froid qui me tombait sur les épaules et sur le cœur en pénétrant dans une chapelle calviniste, et bien que onze ans soient passés depuis, je me sens prêt, s'il le fallait, à récrire la page sans en modifier l'expression générale[2]. Pourtant et la vérité me fait un devoir de l'ajouter, les centaines d'églises catholiques de France et d'Allemagne dans lesquelles me portèrent mes pas errants ne me semblèrent pas beaucoup plus réconfortantes. Et ce ne fut que de l'année où je connus les basiliques d'Italie que je compris où il fallait venir pour trouver des Mai-

[1] Voir en particulier toute la fin du volume à partir de la page 141.
[2] Voir les *Evolutions de la Critique française*. p. 240.

sons de Dieu qui fussent hospitalières aux fils des hommes. Oh! comment traduire en quelques mots la paix ensoleillée des églises de Florence, la paix silencieuse de celles de Venise, l'atmosphère embaumée de celles de Naples et surtout cet air léger, cet air idéal, comme chargé de plus d'oxygène, spécial à l'Église-Mère, que j'ai toujours respiré à Saint-Pierre de Rome et que je n'ai jamais retrouvé que là. Dans un fâcheux roman dont il faut bien parler, puisque nombre de personnes persistent à le tenir pour un tableau de l'Italie catholique d'aujourd'hui, M. Émile Zola ayant commencé à comparer ces églises à des salles de concert ne cesse de reprendre et de compléter cette métaphore au point de la rendre tout à fait déplaisante. Or, je vous en fais juge, pourquoi a-t-il voulu jeter un tel discrédit sur ces nefs pleines de soleil et de prières ?... Tout simplement, j'en ai peur, pour une idée littéraire, une vieille idée romantique que les églises doivent être froides et mystérieuses, éclairées par des verrières lointaines, aux nuances crépusculaires. Peu importait au nouvel Eugène Sue que de telles églises fussent antipathiques et désertes? Peu lui importait que les offices y fussent chantés devant d'infimes auditoires de vieilles et de femmes en deuil? Elles répondaient mieux à l'image d'une cathédrale que lui avaient apprise son éducation première, et cela suffisait pour qu'il les préférât aux asiles de paix et de lumière des belles villes d'Italie. C'est ainsi, à les bien examiner, que les soi-disant théories religieuses de l'auteur des *Trois Villes* finissent, sous la lourdeur des phrases éclatantes, par n'être qu'un pauvre ramassis de lieux communs...

D'ailleurs, si les églises italiennes sont des salles de spectacles, parce que passantes et passants y rentrent à toute heure, les femmes avec leur jeunesse, les hommes avec leurs pensées et que l'acte de s'agenouiller pour dire une prière ne constitue point chez ce peuple un acte grave, réservé aux jours de détresse, mais un acte coutumier, n'impliquant aucune idée triste, un acte aussi naturel que le salut matinal de l'enfant à sa mère, — d'ailleurs si ces cérémonies avec leurs musiques idéales donnent cependant à quelques-uns l'impression d'un concert, puisque dans ces églises gaies, aux plafonds dorés, les fidèles communient mieux dans la beauté que dans le repentir, — d'ailleurs enfin, si tout le catholicisme italien (et je le répète, je ne m'occupe que du décor, non du dogme) si ce catholicisme italien avec sa conception bienveillante de la vie, avec ses cérémonies touchantes dont l'origine remonte au-delà des premiers vicaires de Rome, paraîtra aux esprits sévères, entaché de quelque paganisme, fort éloigné en tous cas de l'esprit des Saints Evangiles, il n'en reste pas moins qu'en nul pays d'Europe la religion n'est pratiquée avec plus de ferveur et non point par désir de mortification ou par retour sur soi-même, c'est-à-dire par élan vers l'infini, mais plus simplement, partant plus unanimement, avec une naïveté plus émotionnante, dans le désir qu'aura toujours la créature d'avoir une âme, un Maître auquel confier joies et peines, espérances et détresses, lumières et ténèbres, tout ce qui constitue, en un mot, l'existence d'ici-bas.

C'est ainsi que j'en suis arrivé à croire qu'il y a la même différence entre le catholicisme italien et le catholicisme français qu'entre le catholicisme français et le protestantisme génevois. Les générations de belles Transtévérines qui s'agenouillent à toutes les heures de l'année, devant la Madone dorée de San Agostino sont plus près sans doute d'avoir résolu le problème religieux que les clercs à longues robes, que les Réformateurs à longs discours. Ne discutez pas mes paroles, mais souvenez-vous que Notre-Seigneur Jésus-Christ a dit : « Il faut être doux et humble de cœur ! »

V

LES ROMANS DE M. GABRIELE D'ANNUNZIO

On a souvent écrit que les *Contes* de M. Gabriele d'Annunzio rappelaient Flaubert et Maupassant, ses *Romans de la Rose*, Bourget et les Russes ; ses *Romans du Lys*, Tennyson et les préraphaélites anglais. De fait on n'a pas eu de peine à montrer, par exemple, que les *Annales d'Anne* paraissent une version italienne d'un *Cœur simple*, ou à quel point l'*Intrus* imite les procédés psychologiques jusqu'à l'apparence graphique de *Crime et Châtiment*, ou encore que les *Vierges aux rochers* renferment une véritable suite de transcriptions en prose des plus célèbres toiles de la « Préraphaélite Brotherhood ». Cependant, quand on a dit ces choses, — et dans l'œuvre du romancier italien les imitations sont fréquentes ; je me souviens d'une étude où M. Larroumet en dressait le catalogue inexorable, — on a cependant ni analysé, ni même décrit en quoi que ce soit le génie de M. d'Annunzio.

Un lecteur qui, sur la foi de ces opinions, ouvrirait l'*Enfant de Volupté* avec l'idée d'ouvrir un roman à la Bourget ou l'*Intrus* en croyant à une planche d'anatomie morale à la Dostoiewsky, — serait étrangement surpris de feuilleter des pages si peu semblables à celles qu'ont coutume d'écrire l'élégant romancier français ou le sombre analyste russe. Avec raison, il pourrait se plaindre du manque de clairvoyance des critiques. De simples questions de forme les ont induits en erreur: ou plutôt il n'y eut pas erreur, il y eut simplement légèreté de leur part. Après avoir feuilleté, d'un doigt rapide ces livres dont la beauté est un enchantement perpétuel, ils crurent pouvoir en parler comme ils parlaient de ceux que confectionnent à la douzaine tant d'honorables confrères. Il faut les excuser, le temps leur avait manqué pour vivre avec ces romans, pour les interroger, pour les relire, les repenser et en griser leur imagination, et surtout pour les aimer, pour les aimer vraiment, de cette affection presque physique que les amateurs éprouvent pour certains bibelots, les femmes pour certaines parures, les voyageurs pour certains paysages. Alors, et alors seulement, pénétrant au-delà de la surface tour à tour brutale ou décadente, sentimentale ou préraphaélite, ils eussent compris que ces vêtements splendides ou bizarres n'étaient que des costumes plus ou moins somptueux dont pour un livre ou deux M. d'Annunzio s'était plu à parer sa pensée.

Dans une préface célèbre il déclarait prendre pour devise : « Ou se renouveler ou mourir! » Mais pour lui, se renouveler, ce fut comme il en sera toujours pour tout artiste purement artiste et ainsi que Victor Hugo l'a dit : « Etre au centre de tout comme un écho sonore! »... Etre au centre de l'art moderne, et non seulement de l'art, mais aussi des pensées d'aujourd'hui. — Et c'est ici que le cas se singularise en se compliquant : — si M. d'Annunzio a imité beaucoup de livres et beaucoup de tableaux, il a aussi répété beaucoup de théories. D'abord, Renan lui suggéra le dilettantisme et l'intellectualité de l'*Enfant de Volupté*, puis Schopenhauer la doctrine de la haine des sexes qui fait la puissance du *Triomphe de la Mort*, enfin Nietzsche celle du « Superhomme » qui sera la grandeur des *Roman du Lys*, et ainsi pour d'autres philosophies et d'autres œuvres passées ou présentes. D'ailleurs, cette facilité qu'a M. d'Annunzio à changer d'un volume à l'autre, non seulement ses procédés d'écriture, mais jusqu'à ses procédés de pensée, a égaré de la manière la plus absolue toute une seconde série de critiques qui eux n'étaient pas de ces écrivains pressés dont je parlais au début, mais qui étaient des hommes de parti ayant leur siège fait; de ceux qui luttent pour une idée à laquelle ils ont consacré leur vie. Ne s'arrêtant plus à la seule apparence des phrases, mais choisissant dans cette œuvre les livres ou les passages qui leur paraissaient confirmer les théories auxquelles ils croyaient, ils firent, tour à tour, de M. Gabriele d'Annunzio un névrosé de la décadence, un païen de la Renaissance, un Compagnon de la Vie Nouvelle, un moraliste catholique. Il faut lire leurs études pour imaginer jusqu'à quelles déclarations put les conduire un aveuglement aussi prémédité. L'un d'eux même, et le plus célèbre, voyait dans *les Romans de la Rose* et *du Lys*, dans ces pages d'une sensualité presque sadique, les œuvres initiales d'une Renaissance de l'idéalisme intellectuel; un autre, âme sincère, âme loyale dont l'individualisme causa la perte, s'aventurait à traiter de moralisantes les peintures les plus licencieuses de l'*Enfant de Volupté* et de l'*Intrus*.

Cependant ces premiers jugements superficiels assimilant M. d'Annunzio à tel ou tel écrivain célèbre, — ces seconds jugements de parti pris ne sachant et ne voulant voir qu'une des faces de cette œuvre à mille faces ; tous ces *faits* ont une signification, ils montrent que le cas de cet écrivain placé, en effet, au centre des choses intellectuelles comme un écho sonore, se rapprocherait assez du cas de l'acteur, lequel au caprice des pièces qu'il lui conviendrait d'interpréter revêtira tour à tour, les costumes les plus divers en exprimant aussi, tour à tour, les sentiments les plus antithétiques. Pour rendre la vie brutale des campagnes, M. d'Annunzio avait demandé à Flaubert sa forme brève et violente. Pour rendre le dilettantisme mondain de la plus cosmopolite des *high-lifes*, il avait emprunté à Bourget sa grâce minutieuse, ses élégances britanniques. Et ainsi de suite, car le tableau est trop facile à dresser pour qu'il convienne de le compléter. Mais de même qu'en interprétant les œuvres dignes de leur génie les grands acteurs les recréent selon la nature de leur tempérament (rien n'est plus éloigné de l'*Hamlet* de Mounet-Sully que l'*Hamlet* d'Irving), de même, en paraissant interpréter les philosophies d'autrui, M. d'Annunzio les a repensées, c'est-à-dire qu'il les a transformées comme en les imitant, il a renouvelé les procédés qu'il paraissait d'abord copier avec une servilité dont on ne fut pas sans lui adresser quelques reproches. En sorte qu'une fois dissipées ces vaines apparences, qu'il écrive du Bourget, du Tennyson ou du Tolstoï, c'est toujours, pour notre parfaite joie, M. d'Annunzio que nous retrouvons. Comme c'est toujours Mounet-Sully que nous admirons, qu'il joue du Sophocle, du Shakspeare ou du Racine. Ce qui revient à croire que ce qu'il y a d'original, — je ne dis pas d'intéressant, il faut le remarquer, — dans l'œuvre de Gabriele d'Annunzio, ce n'est ni l'exécution, ni la pensée, mais le prodigieux tempérament artiste, le plus rare peut-être que l'Italie ait connu depuis Léopardi et qu'avouent avec tant d'ingénuité, avec tant de magnificence aussi, toutes les pages de tous les livres, depuis les premières des *Terres Vierges* jusqu'aux dernières des *Vierges aux Rochers*.

Or, dans cette nature supérieure, deux qualités me paraissent surtout discernables : la puissance tragique et le sens de la beauté.

Qu'il évoque la longue descente vers l'idiotisme d'une humble servante de province, l'existence débauchée d'un Don Juan à monocle ou les sombres pensées qui précèdent un crime passionnel ; qu'il esquisse des paysages de mer, de plaine ou de cité ; qu'il décrive la vie populaire, la vie élégante ou la vie de rêve, M. d'Annunzio le fait avec une netteté de lignes, avec une ampleur de vision qui n'est point la grandiloquence, mais qui est la maîtrise. Quelque violentes que soient les scènes qu'il retracera, il saura toujours en communiquer au lecteur toute l'émotion allant jusqu'à l'intolérable. Vraiment la littérature contemporaine ne renferme pas de tableaux plus pathétiques que le suicide des amants du *Triomphe de la Mort*, ni de pages plus fantastiques que celles où le « Superhomme » hésite entre les grâces alliciantes des trois *Vierges aux Rochers*. D'ailleurs, en dehors des choses d'amour dont il ne sait point parler en plaisantant, car il n'a pas la note badine ainsi que tous les êtres de passion, les moindres détails sous sa plume prennent souvent une importance extraordinaire. Ses décors de salons font songer aux palais tendus de soies d'Asie des peintures du Véronèse ; ses vues des Abruzzes ont le panthéisme immense de la poésie indienne ; ses descriptions d'estropiés ou de fous, l'horreur macabre des fresques de l'Ecole espagnole. Et pourtant, en nulles contrées plus lointaines, Rossetti ni Burne-Jones n'ont jamais évoqué de femmes plus idéales que les trois princesses aux mains de lys. Ainsi, toujours, sans effort, M. Gabriele d'Annunzio exprime complètement ce qu'il veut exprimer. Mais c'est surtout dans les scènes de passion qu'il semble avoir dépassé les limites du possible, avoir franchi les portes de la vie ! Comparés aux siens, tous les romans d'amour paraissent mornes et ternes. Avec une gravité presque religieuse, il a su raconter l'existence affolante, la fièvre mortelle de ceux qui s'aiment du grand amour. Toute la joie humaine chante dans ses épithalames. Des cordes du cœur il a tiré les suprêmes accords. Je ne pense pas que sans se désorganiser la nature humaine puisse rien éprouver au delà. Il est sur la limite extrême qui sépare la vie de la folie.

Toutefois ces scènes d'une violence inouïe ne deviennent jamais déplaisantes, parce que, jusque dans le crime et jusque dans l'horreur, M. d'Annunzio garde le sens et le respect de la Beauté. On l'a dit, mais il faut le répéter, il excelle à créer autour de ses personnages une atmosphère supérieure de beauté. Sous ses doigts en or pur, la vie banale s'est changée. C'est un miracle qu'il accomplit sans effort, par la vertu naturelle de son génie latin. Ses yeux voient, ses paroles décrivent en beauté comme les yeux et les paroles d'autres en mélancolie, par exemple Loti ou en ironie, témoin Barrès. Sur la grâce des femmes et sur la force des hommes il a écrit des pages ciselées comme des aiguières de Cellini, chantantes comme des musiques de Mozart, nouvelles comme des branches d'orchidées.

... En considérant sur ma table ces huit volumes de proses raffinées et splendides, je me sens pris d'une véritable reconnaissance pour celui dont la lumineuse intelligence nous procure tant de jouissances d'art, d'un art aussi magnifique. Et, tout naturellement, je suis tenté de lui répéter quelques-unes des phrases de gratitude qu'il adressait jadis à la Beauté dans une prière fameuse. Modifiant à peine ses phrases, je lui dirai, certain que bien des lecteurs rediront avec moi :

« O Maître si jeune, soyez loué dès maintenant et éter-
« nellement pour les admirables blessures que vous
« avez dévoilées, pour les belles tempêtes que vous
« avez déchaînées, pour les belles coupes que vous avez
« décrites, pour les beaux vêtements dont vous avez
« paré vos héroïnes, pour les beaux palefrois que vous
« avez rappelés, pour les belles femmes que vos livres
« ont chantées ! Soyez béni pour tous vos massacres,
« toutes vos ivresses, toutes vos magnificences et toutes
« vos luxures ! Puisque c'est avec ces sentiments qu'ont
« été écrits ces romans dans lesquels tu peux infi-
« niment et absolument te mirer, ô Beauté de ce monde,
« ainsi que dans cinq vastes et profonds océans !... [1] »

Sans doute la moderne littérature italienne compte plusieurs écrivains de valeur ; l'inquiétude morale de M. Fogazzaro, la perfection classique de M. Carducci, la force de M. Verga, l'abondance de Mme Serao et la grâce de Mme Neera, pour ne citer que ceux-là, ne semblent pas à dédaigner. Cependant ce ne sont point de ces écrivains extraordinaires qui s'imposent et dont forcément la renommée franchit Alpes et frontières. Sans doute, mieux on les connaît et plus on les apprécie. Mais on pourrait aussi passer à côté d'eux sans les remarquer. Et même Italiens d'Italie jusque dans leur conception des choses, jusque dans leurs manières de s'exprimer, ils peuvent risquer d'égarer notre

---

[1] Voir les *Vierges aux Rochers*, trad. Hérelle, p. 53.

jugement et de nous déplaire comme trop différents des écrivains auxquels nous sommes habitués. Mais M. d'Annunzio est enfin venu, cosmopolite d'esprit et de culture, humain, profondément humain, de tous les temps et de tous les pays, ne gardant de sa qualité d'Italien qu'un exotisme superficiel qui nous paraît un charme de plus. En ces années d'anarchie littéraire, alors que les brumes du Nord descendaient lugubrement sur notre horizon intellectuel, il s'est avancé lui, le plus jeune des artistes connus de son pays: en sa main, il tenait les roses couleur de chair, les lys couleur de rêve et les grenades couleur de sang de ses symboliques trilogies et fidèle à la mission que ses ancêtres, sans le savoir, lui avaient confiée en lui léguant le nom de sa famille, M. Gabriele d'Annunzio a été, en Europe, l'annonciateur de la seconde Renaissance italienne.

VI

LE « FALSTAFF » DE VERDI

Les historiens n'auront garde d'oublier le 19 février 1893 ; l'avènement de *Falstaff* à la Scala de Milan marque une date dans les fastes de l'opéra italien. Vraiment, il est extraordinaire que le vieux maître roncolois dont le nom restera attaché à quelques-unes des plus célèbres manifestations de la période rossinienne ait eu l'honneur d'inaugurer la période suivante. Il posa, si l'on peut dire, la pierre initiale de l'édifice inconnu que la génération des Puccini, des Franchetti, des Sgambati et d'autres élèvera pour continuer la tradition glorieuse qui veut que l'Italie soit la patrie du soleil, de la Beauté et de la Musique !

Or, si, pour n'importe quel musicien, c'eût été une chose difficile que d'écrire la partition de *Falstaff*, c'en devait être une plus difficile qu'à aucun autre à l'auteur précisément de *la Traviata*. Comment allait-il faire celui qui avait passé les trois quarts de sa vie à mettre en cavatines les plus sombres histoires d'amour pour chanter gaiement une histoire fantasque en réduisant la musique, selon le précepte mille fois cité de Glück, à sa véritable fonction « de seconder la poésie en fortifiant « les situations, sans interrompre le drame d'ornements « superflus » ? Il y avait là une double question de tempérament et de principe, dont la solution telle que nous l'offre la partition de *Falstaff*, témoigne de la prodigieuse vitalité et de la grande intelligence du vieux maëstro.

A vrai dire toutefois, la question de tempérament n'était qu'apparente. Si Verdi n'avait jamais écrit de comédie musicale, c'est que, découragé de l'échec d'une *Journée de Règne*, — le seul opéra comique qu'il eût tenté et dans quelles conditions! — il n'avait plus dès lors cherché à avoir l'occasion de récidiver. C'était cependant sa secrète ambition ; une lettre au critique musical, le marquis Monaldi, l'avoue avec candeur :
« Il y a quarante ans que je désire composer un opéra
« comique ; cinquante, au moins, que je connais les
« *Joyeuses commères de Windsor*; seulement les *mais*
« habituels qui sont partout s'opposaient toujours à la
« réalisation de ce désir. Boïto a écarté tous ces *mais*
« et m'a fait une comédie lyrique qui ne ressemble à

« aucune autre. Je m'amuse à en écrire la musique
« sans projets d'aucunes sortes, et je ne sais même pas
« si je pourrais finir. Je vous le répète, je m'amuse !... »
Il n'en reste pas moins merveilleux qu'à soixante-dix-
huit ans Verdi ait pu trouver en lui la vie d'écrire des
pages d'une clarté aussi ensoleillée et au travers desquelles passent les effluves parfumés des plus joyeux
printemps d'Italie.

Toute l'animation des commères caquète et ricane
dans le quatuor sans accompagnement où tourbillonnent
les notes piquées, diézées et spirituelles. Toute la jeunesse de ceux qui ont vingt ans et des lèvres fraîches
pour s'aimer de baisers chante dans les scènes de
fiançailles entre Nanette et Fanton, alors que toujours
renaît, frais comme les symboliques roses d'un impossible rosier qui ne se lasserait pas de refleurir, le refrain
où la voix sentimentale de la jeune fille se marie avec
une douceur persuasive à la mélodie presque virile du
ténorino en mal d'amour. Or cette même folie joyeuse,
cette même tendresse passionnée, cette même jeunesse
surtout, cette jeunesse sacrée et divine, vous les retrouverez dans les scènes de l'inoubliable *Manon* de Puccini,
comme dans sa charmante *Vie de Bohème* et ailleurs,
aussi, dans certaines pages de *M. de Pourceaugnac* de
Franchetti et même des trop fameux *Paillasses* de Léon-
cavallo.

Mais la question de principe subsistait et dans toute
son intégrité. L'histoire des grands hommes offre peu
d'exemples de conversions survenant aussi tard, après
une carrière aussi brillante. Sans s'accorder le facile
plaisir de médire des premières œuvres de Verdi, on
peut convenir que la musique n'y avait pas pour unique
fonction *de seconder la poésie en fortifiant les sentiments
et les situations*. Les brindisis et les roulades de cette

malheureuse *Traviata*, les romances et les cris de ce pauvre *Rigoletto* vous tintent encore aux oreilles. Il faut savoir gré à Verdi d'avoir renoncé à de si faciles applaudissements. Wagner sans doute n'y fut pas étranger, et l'on peut douter que sans les *Maîtres Chanteurs Falstaff* eût été écrit. Mais si le musicien italien subit l'influence du musicien allemand, en ce sens qu'il finit par reconnaître la justesse et par s'inspirer de quelques-uns des principes que l'auteur de la *Tétralogie* avait remis en lumière, — il ne l'imita point au sens littéral, puisqu'il sut différemment mettre en pratique ces mêmes principes, suivant ainsi, non pas l'exemple qu'il avait sous les yeux, mais la loi naturelle de son propre génie. Voyez plutôt, déjà, il ne voulut point remarquer que le sujet anglais pouvait dans une pittoresque recherche de couleur locale, l'engager à exhumer de vieux thèmes populaires. C'eût été l'école wagnérienne : Verdi n'en était pas. Sa partition ne présente aucun caractère britannique ; les fifres et les cornemuses n'y content nulle part les rêveries de l'Écosse. Évidemment, il ne demandait au libretto que d'imaginer des scènes gaies ; pour le reste, peu lui importait que l'action se passât en Chine ou à Tombouctou? C'était affaires du décorateur et du costumier. Aussi, dans leur joie légère, mousseuse comme le vin d'Asti, dans leurs bouffonneries tragiques, telles les folles parades d'un Paillasse, dans la sensualité si tendre de leurs phrases d'amour, les pages de *Fastlaff* sont-elles bien italiennes, — du pays de Boccace, de Goldoni et de Cimarosa.

Il se refusa de même à admettre le système des *leitmotif*, — car on ne saurait donner ce nom aux trois ou quatre phrases qui reviennent à trois ou quatre reprises, — et du coup l'orchestre perdit la profonde signification psychologique qu'avait su lui donner le maître de Bayreuth. Dans la polyphonie luxuriante qui accompagne ces six tableaux, il ne faut point chercher de commentaires explicatifs sur l'état d'âme des personnages. C'est un tapis de fleurs étincelantes, déroulé sous les pieds des acteurs, un cadre et une toile de fond délicieux, mais rien de plus. Docilement, cet orchestre suit les voix humaines, volontiers même il renforce leur accent répétant les mélodies à l'unisson ou à la tierce. Et, à part certains passages, tels que la fugue du dernier tableau, il est plus brillant que profond et reste toujours italien, — c'est-à-dire d'une vivacité et d'une exubérance communicatives.

Nous voilà donc assez loin du drame wagnérien. En vérité, je m'étonne qu'à propos de *Falstaff* et des nouveaux opéras italiens certains critiques aient songé à seulement prononcer le nom de Wagner. Préoccupés de beaucoup moins de problèmes que le vieux Titan de Bayreuth, Verdi en racontant la folle aventure de *Falstaff* comme Puccini la sentimentale histoire de Rodolphe se sont bornés à traduire du mieux qu'ils pouvaient les librettos qu'ils avaient choisis. Renonçant aux idiotes répétitions de paroles, à toutes les ficelles de l'opéra défunt, ils renoncèrent aussi aux procédés vulgaires de l'ancienne musique de théâtre. Ainsi, au lieu d'écrire dix fois de suite le même thème, de développer, jusqu'à la satiété une idée, ils crurent que chaque phrase méritait une mélodie. Etant riches, ils semèrent dans une partition autant de motifs que leurs pères en mettaient dans vingt opéras. Sous ce rapport, *Falstaff* devient même extraordinaire. Plus on l'étudie et plus on s'émerveille du charme, de l'imprévu des moindres réponses.

Enfin, avant toutes choses, avant les questions d'esthétique ou de personnalité, ce qui fait l'admirable valeur de ces opéras, c'est leur sincérité, leur passion, la spontanéité irrésistible qu'ils ont toujours dans le rire comme dans les larmes. La Manon et le des Grieux de Puccini n'ont pas achevé leur première conversation d'amour que l'angoisse vous étreint le cœur tant les tragiques accords de l'orchestre prédisent avec grandeur la fatalité poignante de l'avenir. Bardolfo et Pistolet, au début de *Falstaff*, n'ont pas fini, en parodiant l'antiphonie, de reconduire en l'éconduisant l'impayable Dr Cajus, que déjà vous monte aux lèvres une gaieté pétillante et légère comme la pluie de notes dorées qui, intarissablement, jaillit et ruisselle à travers la symphonie de l'accompagnement. Certes, d'autres musiciens ont des théories d'art plus subtiles, une philosophie plus profonde, un sens plus grandiose de l'âme humaine et de ses mystères, mais il n'est au monde musique plus humaine, plus vibrante que la musique italienne. C'est que les autres, les plus grands comme les médiocres, les Wagner comme les Gounod, les Humperdinck comme les Massenet, écrivent avec leurs pensées et avec leur cerveau, — tandis que les Italiens (je parle des artistes et non des faiseurs de *Cavallerias Rusticanas!*) écrivent avec leur cœur, avec leur vie. C'est toujours le même phénomène qui recommence à se reproduire dans les diverses branches de l'art. Si les représentations d'une Eléonora Duse, si les romans d'un Gabriele d'Annunzio, si les opéras d'un Puccini sont enchanteurs, irrésistibles, c'est qu'à travers toutes ces phrases parlées, écrites ou chantées, on sent étrangement palpiter une âme, battre un cœur, vivre une vie !

Et j'ai choisi *Falstaff* plutôt que la *Vie de Bohême* pour caractériser les tendances de la nouvelle musique

italienne, puisque, par ordre chronologique, l'œuvre de
Verdi reste bien la première. Il me plaisait aussi parmi
tant de têtes noires ou blondes de poser la couronne
verte sur la tête blanche du vieux maître que nous
aimons comme l'aimaient nos grand'mères, mais pas
pour les mêmes œuvres, ni pour les mêmes raisons.
La *Traviata*, *Falstaff!* Deux écoles, deux arts, deux
époques et pourtant un seul musicien, un seul artiste,
un seul homme. N'est-ce pas merveilleux? — Nous touchons au génie!

VII

LA DUSE

Depuis qu'il a été rapporté que Mme Duse évitait la
réclame, chacun s'est plu à raconter ses débuts, à
décrire de mille manières, de l'interview à l'analyse
psychologique, la personnalité de cette cérébrale de la
décadence. N'en déplaise toutefois aux critiques français, le record de la légèreté amusante a été tenu par
un Italien, le comte Primoli, — et celui de la psychologie pure par une Allemande, Mme Laura Marholm.
Après ces deux études, il n'y a qu'à se taire, puisque l'un
s'est proposé simplement « d'essayer trente esquisses
de cette créature à mille âmes », — et que l'autre n'a
pas craint de remettre en discussion, — à propos d'une
actrice! — les lois du génie et de la nature féminine.

Quoi qu'il en soit, reconnaissons que Eléonora Duse
est, à coup sûr, une grande artiste. Remarquez cependant que je dis *artiste* et non *actrice*. C'est qu'aussi

bien les qualités artificielles qui sont, d'ordinaire, l'apanage des comédiennes font précisément défaut à cette femme qui s'applique à paraître en toute occasion, aussi naturelle que le permettent les conventions du théâtre. Ainsi pas de fards, presque jamais de bijoux, les toilettes indispensables, une mise en scène, des décors d'une simplicité provinciale, — et ce courage unique d'oser jouer avec les cheveux gris de la quarantaine. Mais pour compenser ces déficits qui nous frappent d'autant mieux que ce sont évidemment les plus clairs mérites des théâtres parisiens d'avoir jusqu'à l'exagération le souci de la parure, de la mise en scène et du décor, — une émotion communicative, une constante vibration nerveuse, *cette voix du cœur* surtout *qui seule au cœur arrive*, en sorte que l'actrice ne paraît plus mimer un rôle, mais sous nos yeux stupéfaits le vivre véritablement, souffrant de vraies souffrances, pleurant de vraies larmes, allant dans la reproduction de la mort jusqu'à l'extrême limite du possible. Quoiqu'elle soit devenue cosmopolite, objet d'exportation, *Via New-York* ou *Monte-Carlo* et qu'elle joue quand elle consent à jouer (ce n'est pas toutes les saisons), partout sauf en Italie, Eléonora Duse résume en les marquant du sceau de son originalité, les qualités et les défauts du théâtre italien. Elle a la violence de Virginia Marini, la spontanéité de la si jolie Tina di Lorenzo et cette absence d'étude dans le geste, dans le débit, dans l'attitude qui donnent je ne sais quoi d'une charade de château aux meilleures représentations des théâtres de là-bas.

Pourtant l'art de la Duse n'est rien moins qu'improvisé. Il suffirait, pour s'en convaincre, de rappeler le long passé théâtral de l'artiste et combien son répertoire actuel est restreint. Songez qu'elle a quelque chose comme vingt-huit années de planches et qu'avant d'arriver à jouer supérieurement dix ou douze drames de Dumas, de Sardou et quatre ou cinq comédies d'auteurs cosmopolites, elle s'est essayée dans des centaines de pièces allant des mélos populaires aux tragédies d'Alfiéri, des farces de Goldoni aux féeries de Shakspeare. Cependant, à observer M™° Duse à deux représentations de l'une des pièces qu'elle répète, le plus volontiers, comme la *Dame aux Camélias*, on remarquera qu'elle ne joue jamais, tout à fait, de la même manière. Visiblement, elle improvise, selon les hasards de l'heure, les élans de sa sensibilité. Néanmoins, voici des années qu'elle récite le rôle de Marguerite Gautier, et l'on sent qu'elle l'a scruté avec une profondeur admirable. D'où vient donc cette apparence de laisser aller? Tout simplement de ce qu'à l'inverse des habitudes françaises M™e Duse étudie un rôle en sa vérité psychologique beaucoup plus qu'en sa réalisation plastique.

On sait que pour nos actrices françaises, apprendre un rôle consiste, en effet, à en fixer les intonations, les gestes, les moindres attitudes. Dans son *Journal*, Edmond de Goncourt raconte qu'aux répétitions de *Renée Mauperin* M. Porel eut besoin de tout une après-midi pour enseigner, — à Mlle Darlaud, je crois, — à tomber à genoux d'une certaine façon. Rien de pareil ne serait possible en Italie, où les pièces sont constamment jouées au souffleur. Aussi les études, les longues études de M™° Duse ont-elles porté sur le texte : elle s'est appliquée à se mettre complètement dans la peau et dans la chair des héroïnes qu'elle voulait incarner, à revivre le conflit passionné des drames, à devenir non pas seulement l'interprète de la pensée de l'écrivain, mais un peu comme sa collaboratrice, — une collaboratrice ardente et souvent magnifique, mais qui en prend vraiment trop à son aise avec les textes et les indications des brochures. Les exemples sont innombrables: où les paroles lui semblent insuffisantes Mme Duse ajoute. Au quatrième acte de la *Dame aux Camélias*, trouvant que Marguerite ne peut pas rester muette aux reproches injustifiés d'Armand, elle imagine, — vous lisez bien, elle imagine, — de ponctuer les imprécations d'appels désespérés! Dans *Magda*, elle se contentera, et cela est plus admissible, d'une petite toux significative. Ailleurs, Ibsen ayant indiqué pour le déguisement de *Nora* le costume napolitain, elle adoptera je ne sais quelle arlequinade blanche et noire, parce que cela lui chante mieux. Le procédé est constant: étudier un rôle, c'est pour Mme Duse le comprendre jusqu'à le compléter, mais ce ne sera jamais en fixer les allures, puisqu'elle entend, quand elle le jouera, ne pas le répéter en poupée supérieurement articulée.

Cependant, si Mme Duse est plus artiste qu'actrice, elle est encore plus femme qu'artiste. Mme Laura Marholm l'a posé avec une précision philosophique; elle est, par excellence, « la femme moderne sur la scène ». Or cela, surtout en France, car en pays allemands les conditions sont différentes, ne s'était pour ainsi dire jamais vu.

Nos actrices, les dernières comme les premières, lorsqu'elles jouent des rôles d'amoureuses, sont toutes, à un point stupéfiant, extraordinairement dénuées d'humilité; jamais elles ne consentiraient à être la femme esclave, la femme servante, celle qui implore une parole, un regard d'amour de son seigneur et maître, comme une pauvresse implore la charité des passants. C'est qu'aussi bien, — et je ne le regretterai pas, — de tels sentiments sont contraires à notre conception de la dignité féminine et tout à fait étrangers à l'âme d'une étoile adulée, applaudie, couverte d'or et de fleurs.

Voyez, par exemple, quand il a plu à Mme Sarah Bernhardt d'incarner *Magda*, qu'a-t-elle fait ? — Contrairement au texte, contrairement au bon sens, elle a joué ce rôle en Altesse conquérante. M. Sudermann avait raconté le retour au foyer paternel d'une enfant prodigue, à laquelle les années d'exil avaient semblé longues. Mais allez demander à la grande tragédienne d'accepter un rôle de modestie ? Elle n'en fit qu'à sa tête ; nous vîmes une écervelée bouleversant tout sur son passage, et la pièce, il faut l'ajouter, nous parut d'un illogisme inquiétant. Tandis qu'il devint, au contraire, naturel à Mme Duse d'être, en vérité, la suppliante, la lamentable Magda. Ce rôle-là ne le jouait-elle pas dans toutes les pièces, avec inquiétude, avec énervement. Si elle n'incarne pas complètement Marguerite Gautier, la courtisane amoureuse, n'est-ce point parce qu'elle est trop femme, ayant trop conscience de son infériorité, trop petite fille, chercheuse de câlineries ayant besoin avant tout d'aimer et d'être aimée et jamais, oh ! jamais ! Impéria, l'hétaïre admirable, dont le sourire ensorcelle les hommes, celle qui « se laisse aimer sans aimer elle-même » !

D'ailleurs, c'est ainsi qu'elle interprète tous ses meilleurs rôles : Nora de la *Maison de Poupée*, Santuzza de la *Cavalleria Rusticana*, *Fédora*, *Denise*, même en dépit du livre, la Mirandolina de la *Locandiera*. Elle ne saurait avoir le geste triomphant. C'est discrètement qu'elle entre en scène, vêtue avec une simplicité indigente, préférant le blanc ou le noir, les nuances demi-deuil, allant rarement jusqu'aux couleurs ; ses chapeaux, Mme Marholm l'a remarqué, ont l'air de chapeaux de veuves et tout dans ses attitudes, ses moindres gestes, la timidité de ses grands yeux sur lesquels trop volontiers ses paupières aiment à retomber indique, atteste, répète la modestie d'une femme à

26

laquelle le besoin d'amour, le besoin de vivre, c'est-à-dire de souffrir, ont seuls donné la force d'exprimer ses pensées, d'oser traduire la passion, le désir de passion qui la dévore. Nulle, comme Eléonora Duse, n'a jamais rendu l'amour triste, l'amour abandonné, l'amour qui pleure et qui a froid et qui meurt du regret de la caresse inoubliable des mains qui sont parties. Elle est l'Ariane idéale du théâtre moderne ; tout ce qui n'est pas l'amour esclave échappe à ses moyens.

Mais qu'importe, n'y en a-t-il pas d'autres pour être Lady Macbeth ou Floria Tosca ? Un poète l'a dit, un de ceux qui connurent le mieux les passions pour les avoir beaucoup pratiquées et parmi quelles expériences, — hélas ! l'Histoire a trop répété le martyre de sa vie ! — Souvenons-nous qu'il l'a proclamé, — et si j'étais sculpteur, j'aimerais à sculpter un médaillon d'Eléonora Duse, de sa pensive et mélancolique figure, en mettant pour légende, ces deux vers d'Alfred de Musset ; ils seront le plus bel éloge et le plus véridique que l'on puisse adresser à cette âme ardente :

> Ce que l'homme ici-bas appelle le génie,
> C'est le besoin d'aimer, — hors de là tout est vain !

FIN DE LA QUATRIÈME ET DERNIÈRE PARTIE

TABLE DES MATIÈRES

	Pages.
Dédicace	v
Introduction	vii

PREMIÈRE PARTIE

LA COTE D'OR. — LA COTE D'AZUR. — LES LACS ITALIENS

I. — NOTES DE VOYAGE

I. **Dijon.** — Paysages de la Côte-D'or. — Le parc de Dijon	1
II. **Lyon.** — Les bords de la Saône	4
III. **Antibes.** — *Le châlet des Alpes.* — M. Paul Margueritte. — Guy de Maupassant. — Les dernières années du romancier de *Notre Cœur*. — Guy de Maupassant et Paul Bourget. — Combien la théorie « le style c'est l'homme » semble discutable. — Les habitudes de travail et de pensée de M. Paul Margueritte. — Conversations et souvenirs (Note sur l'*Essor*)	5
IV. **Antibes.** — L'Hôtel du Cap. — Les vieilles Misses. Paysages du golfe Juan	13
V. **Domo d'Ossola.** — La montée du versant suisse. — La table d'hôtes du Simplon. — La Krummbach-Doveria. — La nature alpestre considérée au point de vue esthétique. — Gondo. — Les vallées piémontaises. — Les cigales. — L'arrivée à Domo d'Ossola. — Officiers italiens. — La vie de garnison. — Promenade nocturne. — Le village mort.	18
VI. **Pallanza.** — Le cocher et la payse. — Paysages piémontais. — Le val Anzasca. — Masone. — Vogogna. — Premosello. — Ornavasso. — Gravellona.	

— La foire. — Course de chars sur la route. — Le Lac majeur. — Les îles Borromées. — L'arrivée à Pallanza. — Paysages et rêveries nocturnes....... 26

VII. **Pallanza.** — Les îles Borromées. — Le palais de l'Isola Bella. — Le vestibule. — La salle du trône. — Les galeries. — Les collections. — La petite princesse à la robe jaune. — Les jardins. — Les terrasses. — Fleurs et fruits. — Statues et points de vue. — Le retour : les bateliers. — Considérations esthétiques sur le corps humain............ 32

VIII. **Locarno.** — Le grand départ. — Les amis de la route : le cocher, les bateliers, la marchande d'oranges. — La pluie qui tombe. — L'espérance de l'Italie... 38

II. — IMAGES

I. — *Souvenirs d'enfance*........................... 41
II. — *Nocturne*..................................... 44
III. — *Profil d'impératrice*....................... 48
IV. — *Plage toscane (impressions contrariées)*.... 53
V. — *Ballet d'étudiants* 55

DEUXIÈME PARTIE

LES CAPITALES :
FLORENCE, ROME, NAPLES ET VENISE

I. — NOTES DE VOYAGE

I. **Florence.** — La vie à Florence. — Les musées : La Pallas retrouvée de Botticelli. — La bonne manière de visiter les musées. — Mlle Suzanne Reichemberg et l'*Annonciation* de Neri di Bici. — La littérature italienne. *La littérature officielle :* Mme Mathilde Serao. — *La littérature confidentielle :* M. Gabriele d'Annunzio. — Promenade aux Cascines. — Figures et chroniques de la société florentine. — *Le Jeu du ballon.* — L'aristocratie florentine. — Cosmopolis. — La société anglaise : Vernon Lee et Ouida. — Les cafés-concerts : le roman de « la chanteuse à diction » en Italie. — Les théâtres d'opéra : Mlle Bellincioni et M. Stagno. 59

II. **Florence**. — A propos des représentations des *Tristes Amours* de M. Giuseppe Giacosa (traduits en français par M. Paul Alexis sous le titre : *la Provinciale*) au théâtre du Vaudeville, à Paris. — 1° La France ignore les littératures étrangères. — 2° Le théâtre ne peut pas donner des tableaux de mœurs fidèles et complets. — 3° La sensibilité italienne diffère de la sensibilité française............ 65

III. **Florence**. — La position de M. Gabriele d'Annunzio tout à la fois célèbre et inconnu. — Son portrait. — *Les Romans du Lys*. — Les traductions françaises. — *Les Romans de la Grenade*. — *Le Feu*. — Sa méthode de travail. — La Renaissance italienne. — L'opinion de M. d'Annunzio sur ses confrères italiens : MM. Fogazzaro, Giacosa, Verga et Mme Ada Negri. — L'opinion de M. d'Annunzio sur ses confrères français : MM. Paul Bourget, Pierre Loti, Anatole France, Paul Margueritte, Jean Lorrain et Emile Zola. — Ses goûts musicaux, ses maîtres préférés, ce qu'il pense de Wagner. — Ses opinions politiques. — M. d'Annunzio et les soi-disant embellissements de Florence. — Son goût des sports. — Sa théorie de la haine. — Son amour pour Florence.................... 69

IV. **Florence**. — Pourquoi les sonnets d'amour de Mistress Browning furent publiés sous le titre de *Sonnels traduits du portugais*. — Pèlerinage à la tombe d'Elisabeth Browning, au *Cimetière anglais* de l'Avenue du Prince-Eugène................ 82

V. **Florence**. — Mes séjours à Florence. — Souvenirs du Comte Michel'Ange Bastogi et du commandeur P. C. Ferrigni. — Le marquis Matteo Ricci. — Le marquis Altieri di Sostegno................ 85

VI. **Rome**. — Le Corso. — Le café *Aragno*. — Habitudes romaines. — Le Corso pendant le carnaval. — Les *Giovanotti* de Rome. — L'Anglaise au balcon..... 91

VII. **Rome**. — Le Janicule. — La Rome moderne. — Le Pincio. — La Rome mondaine. — La Rome latine. — Panorama de Rome vu des jardins du Pincio. — Les paroles de Marie Bashkirtseff. — L'Ode de Carducci................................. 96

Pages.

VIII. **Rome.** Les villas de la campagne romaine. — La Villa Mattei : S. E. le cardinal Mermillod. — La Villa Doria-Pamphili. — L'entrée. — Le jardin privé. — Le lac : les fontaines. — *Les Colombaires :* le monument érigé en l'honneur des Français enterrés là en 1849, par le prince Philippe-André Doria. — La voix des paons 100

IX. **Rome.** — Exposition, à la Villa Médicis, des envois des Prix de Rome. — *Les Noces de Flore* de M. Levalley. *Madeleine voit le Christ pour la première fois,* de M. Devambez. — Le médaillon d'*Orphée* de M. Coudray. — Les dessins que M. Bertone a rapporté des fouilles de Palmyre. — La Villa Médicis jugée et bien jugée dans la *Manette Salomon* des frères de Goncourt 104

X. **Rome.** — Sur la tombe du peintre suisse Emile David. — Le *Cimetière protestant de Saint-Paul-hors-les-murs.* — La gardienne des tombes. — La tombe du vieux peintre. — Le culte des morts. — Paysages, figures et rêveries. — Lady Vivian. — La tombe de Shelley 109

XI. **Vicence.** — La position de M. Antonio Fogazzaro en Italie et en France. Ses romans, ses poésies, ses œuvres philosophiques, sa personnalité intellectuelle et morale. — Vicence. — Paysages de la Vénétie. — Le portrait de M. Antonio Fogazzaro. — Les curiosités de Vicence.— Ce que M. Antonio Fogazzaro pense des auteurs français qui ont écrit sur l'Italie : le président de Brosses, Taine, George Sand, M. Paul Bourget. — Détails sur la composition du *Petit Monde d'autrefois* et du *Petit Monde d'aujourd'hui.* — Les opinions religieuses et politiques de M. Fogazzaro : la Question Romaine, la Loi des Garanties. — Les opinions littéraires : comment il juge MM. Carducci, d'Annunzio, Verga, Capuana, Rovetta et M*me* Negri — et dans la littérature française, M. Edouard Rod et M. Karl-Joris Huysmans. — Conclusion................ 115

XII. **Venise.** — Venise au mois de juin. — La solitude. — L'inertie du peuple. — La chaleur des journées. — Les militaires et les marins. — Profils perdus de l'impératrice Eugénie et de l'impératrice Elisabeth. — La nécessité du départ........................ 127

XIII. **Budapest.** — Le départ de Venise, un soir d'été, par la mer, pour Fiume. — Les lagunes. — Le Lido. — La grande mer. — Le golfe Quarnero. — L'île de Cherso. — L'Istrie. — La Croatie, Abazzia, le couple hongrois aux beaux diamants. — Fiume, le débarquement, la côte, les habitants, Boritza. — En express de Fiume à Budapest, les chemins de fer hongrois. Agram. — La Patrie hongroise. — Les champs de blé de la Hongrie. — Croquis : la femme à la cruche, le bouvier, les fiancés. — La Puszta. — Le Danube. — Le coucher du soleil sur le Danube. — Les paroles de l'archiduc Rodolphe . 132

XIV. **Budapest.** — La ville moderne. — Un peu d'histoire. — Ce que vaut cette ville : combien y coûte la vie. — L'horreur de la civilisation moderne. — Les Tziganes. — La musique tzigane. — Dernières impressions budapestoises.................. 145

II. — IMAGES

I. — *Le Musée Dante à Florence (impressions contrariées)* 151
II. — *Tourlourous italiens*................ 153
III. — *Les théâtres romanesci*............. 155
IV. — *La ménagerie des musées*............. 159
V. — *Phonographie psychologique*........... 163
VI. — *La gardienne des roses*.............. 167
VII. — *L'abreuvoir des Sénégalis*.......... 169

III. — INTERMEZZO

I. Chansons napolitaines............ 173

TROISIÈME PARTIE

AUTOUR DE L'ETNA

I. — NOTES DE VOYAGE

I. **Messine.** — L'arrivée, vue du port, première impression défavorable. — Les anciens voyageurs. — Le vicomte de Marcellus, Paul de Musset. — Seconde

TABLE DES MATIÈRES

Pages.

impression meilleure. — Les rues modernes. — Rixe de gamins. — Le lundi des Pâques fleuries. — Messinoises et Messinois. — La cathédrale, *le Salut*. — Chapelles en plein vent. — Le culte de la Sainte-Vierge à Messine et à Rome; les légendes, la vérité psychologique et éternelle. — Curiosités de Messine: les souvenirs architecturaux de la domination normande. — L'oratoire de Saint-François: un tableau libertin. — La rue des monastères. — Le cimetière. — Mes adieux à Messine. — Le Mont des Capucins. — Le phare. — Dernières paroles... 189

II. **Catane.** — Le littoral au hasard des excursions. — Paysages de lave et de printemps. — Aci-Castello. — L'histoire, le présent. — La ligne de la mer. — La chanson du *Petit bateau*. — En route pour Nicolosi. — L'hôtelier allemand et la dame japonaise. — Les Monts Rossi. — L'Etna et les paysages de lave. — Le Vésuve et l'Etna. — Rêveries et digressions. — Aci-réale: les fleurs et les femmes d'Aci-réale. — L'arrivée à Catane, la pluie, les pâturages. — La ville sous un ciel d'or............ 201

III. **Catane.** — Le nom de Catane. — Les beautés de la ville: le port, la *Villa Bellini*, le *Corso Etna*. — Les antiquités de Catane: le théâtre antique, le couvent de Saint-Nicolas. — Saint Benoit. — Les camélias de l'avrillée........................... 210

IV. **Catane.** — Un livre de M. Luigi Capuana sur les romanciers et les nouveaux dramaturges français. — L'œuvre et la silhouette littéraires de M. Capuana. — Ce qu'il pense d'Armand de Pontmartin, d'Alphonse Daudet, de Jules Sandeau, d'Emile Augier, d'Henry Becque et d'Edouard Rod. — M. Capuana et le théâtre symboliste. — Comment il comprend M. Pierre Quillard, Mme Rachilde, M. Malterlinck et M. Charles Morice........................... 216

V. **Catane.** — Le marché aux poissons. — La maison de la fée Morgane. — Le départ. — Les deux patries de l'homme, celle de la naissance et celle du cœur........................... 221

VI. **Syracuse.** — Une promenade dans les rues de la Syracuse d'aujourd'hui. — Vingt-cinq siècles d'histoire en deux mille mètres carrés. — La colonie grecque. — La province romaine. — L'émirat sarrazin. — La cité normande. — Le port du moyen-âge. — Le chef-lieu italien. — L'histoire architecturale et le symbole permanent de la cathédrale de Sainte-Marie-des-Piliers. — Promenade nocturne. — L'histoire du chat. — La paix de Syracuse. — Le tombeau de Platen. — Description d'après M. Julius Rodenberg dans sa *Traversée de Printemps*. — La maison natale de Platen à Anspach ; sa tombe à Syracuse (Note sur l'étude consacrée à Platen par M. Paul Besson). — La vie moderne : les boutiques des barbiers, le nombre incroyable des soutanes. — Traits de mœurs syracusaines. — Petite enquête sur le clergé du pays. — Réflexions de M. Salvator Politi et conclusions de l'auteur... 222

VII. **Syracuse.** — La ville antique. — Difficulté de s'orienter. — L'Eryéle. — Les galeries. — La vie des garnisons d'autrefois et celle des garnisons d'aujourd'hui. — Le hameau du Belvédère. — La vue du Sémaphore. — Le petit cocher Peppino. — Les latomies. — L'oreille de Denys. — Le vin de Syracuse. — Les catacombes de San Giovanni. — Le frère convers et *l'oiseau déguisé*. — La rotonde d'Antioche. — Les autres antiquités. — Le théâtre grec. — L'invocation à la Mort de Leconte de Lisle. — Les collections du Musée : la Venus anadyomène... 235

VIII. **Syracuse.** — Le port et les rivages. — La grotte de Neptune. — Le vieux port. — L'Anapo. — Les sources du Pisma. — Cyané. — Les grenouilles. — La fontaine d'Aréthuse. — Dernière soirée à Syracuse... 247

IX. **Palerme.** — Le charme spécial de Palerme : la ville. — La croix des deux principales rues. — Les théâtres, les jardins, les nouveaux quartiers, les tramways. — La baie de Palerme comparée à celle de Naples. — La montagne. — Le Pellegrino : son histoire, l'ascension, la statue et la grotte de Sainte-Rosalie. — Le panorama de la terrasse du télégraphe. — Le retour. — Rencontre d'une Française et d'un Français. — Les chèvres et les chevriers. — Sensations bucoliques. — Le musée, sa fâcheuse distribution. — Les neuf métopes de Sélinonte. — Leur état actuel. — Celles du VIe, celles du Ve et celles du iv⁰ siècle avant Jésus-Christ. — Descriptions et dissertations archéologiques. — La statue du *Faune* de Torre del Greco. — Les mosaïques de la *Place de la Victoire*. — Les cours fleuries de violettes du Musée. — La Palerme arabe. — La Palerme normande. — La cathédrale. — Les tombes. — Le cloître de Monréale. — Itinéraire de l'excursion. — Le village, la cathédrale, le cloître. — Le jardin en terrasse d'où l'on aperçoit toute la Conque d'or. — Rêveries et mirages.................... 252

X. **Palerme.** — Les jardins de Palerme : Le jardin d'acclimatation de la route de Montréale. — Les palmiers et les serres du jardin botanique de la *Via Lincoln*. — Les orchidées de la *Villa Sofia*. — Les lézards de la terrasse des frères mineurs de Sainte-Marie-de-Jésus. — Le Casino de la *Favorite*. — Symbole exact et charmant de l'âme de la fille de Marie-Thérèse qui le fit construire. — Essai d'une histoire de l'âme par l'habitation. — Le jardin botanique. — Le monument de Civiletti aux deux frères Canaris. — Une fête de charité. — Impressions de soleil, de printemps et de bonheur. — Résumé et conclusion du voyage en Sicile...... 266

II. — IMAGES

I. — *De Charybde en Sylla!*........................... 277
II. — *Vitrail d'église : Sainte Agathe de Catane*......... 279
III. — *Amours de Sicile*................................. 284
IV. — *Les bergers de Théocrite*........................ 288
V. — *Les deux faces d'une médaille*.................. 294
VI. — *Tapisserie de haute lisse : Roger, comte de Calabre et de Sicile*.. 301

III. — INTERMEZZO

I. — Petite histoire critique de la *Cavalleria Rusticana*.. 311

QUATRIÈME PARTIE

LES SEPT PLAIES ET LES SEPT BEAUTÉS DE L'ITALIE CONTEMPORAINE

Pages.

I. — Introduction 323

LES SEPT PLAIES

I. **Le mensonge.** — Définition du mensonge tel que le pratiquent volontiers les Italiens. — Habitude de paroles plutôt que péché véniel effectif. — Le commerce basé sur le mensonge. — Anecdotes. — La politique extérieure de l'Italie surtout dans ses rapports avec la France, basée sur une interprétation un peu libre de la vérité. — L'anecdote des banquiers londoniens, parisiens et berlinois et du renouvellement de la Triple-Alliance 324

II. **Le manque de nuances.** — Depuis les toilettes italiennes (S. M. la Reine Marguerite) jusqu'à l'art contemporain dans ses diverses manifestations, toute la vie extérieure des Italiens d'aujourd'hui manque de nuances. — Depuis les faits et gestes de la société élégante, depuis les habitudes et les plaisirs du peuple lui-même (lettres d'amour d'un maraicher romain) jusqu'aux combinaisons les plus adroites de la politique italienne (M. Crispi se proclamant l'ami de la France, son autobiographie laudative), la vie intérieure des Italiens d'aujourd'hui manque de nuances 329

III. **L'influence allemande.** — La Triple Alliance n'est pas la cause du mauvais état des finances italiennes, car ce n'est point l'armée, mais la multiplicité des ministères et toute la complication de l'organisation intérieure qui obère, chaque année, le budget italien. — Mais elle a cependant rempli la péninsule de ridicules touristes allemands et de commerçants qui, mieux préparés et plus actifs, accaparent le peu d'affaires du royaume. — M. Gabriele d'Annunzio et les Barbares. — L'influence de l'Allemagne sur la littérature italienne contemporaine 334

IV. **La presse.** — La description des journaux italiens. — Les habitudes d'information de la petite presse. — Les raisons du peu de valeur intellectuelle, artistique et morale de cette presse. — L'instabilité de la situation économique. — Les mauvaises conditions pécuniaires du journalisme. — Les difficultés qu'un tel état de choses met au rapprochement amical de la France et de l'Italie 339

V. **La décentralisation.** — Le manque d'une capitale imposant au public ses sympathies et ses admirations diminue dans de très notables proportions l'importance de la vie intellectuelle italienne. — Les écrivains goûtés dans le nord n'obtiennent souvent aucun succès dans le sud. — Le théâtre italien contemporain : l'instabilité des troupes, le système des tournées à perpétuité. — L'aventure du *Quatrième Centenaire* de Torquato Tasso 345

VI. **La Cavalleria Rusticana.** — Les deux manières possibles de juger l'opéra-réclame de M. Mascagni selon qu'on le considère en lui-même ou selon que l'on considère l'influence qu'il a exercée sur les destinées de l'opéra italien contemporain. — Il a remis à la mode l'opéra réaliste en un acte. — Petite histoire du livret d'opéra. — Description du genre et de quelques-unes des œuvres qu'a inaugurées la *Cavalleria Rusticana*. — Considérations esthétiques et critiques 351

VII. **Les cafés-concerts.** — Comment, depuis dix ans, les cafés-concerts ont remplacé les théâtres populaires de comédies en dialectes et d'opéras-bouffes. — L'état d'âme du public qui va au café-concert. — Le répertoire et le personnel de ces établissements. — La chanteuse internationale. — Les faubourgs de Cosmopolis. — Images de la décadence. — L'aventure d'Yvette Guilbert en Italie. — M. Fridolino et ses imitateurs. — Un des moyens d'échapper aux exigences des statuts de la Société des Auteurs. — Conclusions 355

LES SEPT BEAUTÉS

I. **L'orgueil.** — La définition de l'orgueil : hypertrophie de l'énergie et de la volonté, mobile d'héroïsme dans son principe, péché capital dans son développement. — La grandeur de l'Italie moderne est due surtout à l'épanouissement excessif de l'orgueil patriotique. — Exemples empruntés à l'histoire du *Risorgimento* : L'insurrection de 1848. Acte d'énergie. — L'insurrection de 1867. Acte d'orgueil.—L'alliance de Cavour avec Napoléon III. Acte de volonté. — La Triple Alliance de M. Crispi. Acte d'orgueil. — La politique coloniale de l'Italie est une politique d'orgueil. — Le discours politique de M. Gabriele d'Annunzio devant ses électeurs d'Ortona-sur-Mer. — La Question Romaine. — Montecitorio et le Vatican.................... 360

II. **Le cosmopolitisme.** — L'Italie est cosmopolite non par snobbisme, mais par la pente naturelle de ses inclinations. — Voyez sa vie intellectuelle : les théâtres, les librairies. — La société élégante, les ambassades romaines (M. René Bazin). — Les causes : 1° La déchéance de la langue italienne. — Le discours de M. Pasquale Villari. — 2° Le caractère international de la vie latine. — La péninsule envahie de malades, de pèlerins et de curieux..... 365

III. **L'enchantement de Rome.** — Le mot de Grégoire XVI. — A qui s'adresse cette Beauté. — Les voyageurs revenant d'Italie aiment à raconter leurs impressions et à les comparer avec celles d'autres voyageurs. — Toute l'Italie est charmante, mais c'est Rome surtout qui retient et ensorcelle le voyageur. — La prédiction des sirènes. — Comment M. Zola, les artistes et les écrivains catholiques ont expliqué cette séduction. — Ils n'ont vu qu'un côté de la question. — L'enchantement de Rome. — L'histoire de la dame qui ne pouvait plus revenir et celle de l'étrangère à laquelle il avait suffi de traverser Rome pour s'en éprendre.. 371

IV. **Le décor catholique.** — L'effet de Rome sur le moine Martin Luther. — Discussion, d'après l'*Histoire de la Réforme* de Merle d'Aubigné, des reproches que Martin Luther adressait à la cour papale de Jules II. — A l'inverse de Martin Luther, bien des âmes religieuses se sont converties à la vue de la Rome papale d'aujourd'hui. — L'impression que donne la beauté du décor catholique contemporain. — Les églises de Rome. — Combien dans ce pays la religion est spontanée, universelle, vraiment populaire. — Le charme et la beauté du catholicisme italien.................. 377

V. **Les romans de Gabriele d'Annunzio.** — En disant que M. d'Annunzio a, dans ses romans, imité nombre d'écrivains, on exprime une apparence de vérité sans expliquer son génie. — En disant qu'il avait subi, tour à tour, nombre d'influences philosophiques contradictoires, on exprime aussi une apparence de vérité sans expliquer son génie. — Son cas se rapproche de celui de l'acteur de génie. — La parole de Victor Hugo. — Ce qui le rend unique et supérieur, c'est son tempérament : — 1° Sa puissance tragique. — 2° Son sens de la beauté. — Conclusion. — M. d'Annunzio, véritable annonciateur en Europe, de la seconde Renaissance italienne........................ 384

VI. **Le « Falstaff » de Verdi.** — *Falstaff*, œuvre initiale de la nouvelle école musicale italienne. — Verdi écrivant une pièce comique oubliait sa réputation d'auteur tragique. — C'était pourtant son désir; sa lettre au marquis Monaldi. — La gaieté, la tendresse, la fraîcheur de cette partition. — En écrivant *Falstaff* comme il l'écrivit, il reniait son œuvre antérieure. — Cependant *Falstaff* n'imite pas les *Maîtres Chanteurs*. — La richesse mélodique, la spontanéité orchestrale, la sensibilité profonde, la vie de cette partition. — Qualités distinctives des meilleures œuvres de la nouvelle école.......... 391

VII. **La Duse.** — Mᵐᵉ Duse est plus grande artiste que grande actrice. — Elle étudie ses rôles plus en leur vérité psychologique qu'en leurs réalisations plastiques. — Sa manie de collaborer au texte des auteurs. — Mᵐᵉ Duse est plus femme qu'artiste. — Son interprétation de *Magda*. — Sa manière désolée et implorante de comprendre et de traduire l'amour. — Son charme et son génie; les deux vers d'Alfred de Musset................. 397

Table des matières.................. 403

TOURS. — IMPRIMERIE DESLIS FRÈRES, 6, RUE GAMBETTA.

www.ingramcontent.com/pod-product-compliance
Lightning Source LLC
Chambersburg PA
CBHW060548230426
43670CB00011B/1731